金代宗室研究

Study on the Royal Clan of the Chin Dynasty

李玉君　著

科学出版社
北　京

内 容 简 介

金代的宗室阶层是一个特殊的群体，他们的存在不是孤立的，而是既与皇帝有着特殊关系，又是金代社会的一个重要的、有机的组成部分。理解金代宗室的历史，恰如其分地考察、评价宗室管理机构、教育科举、政治贡献、社会地位、婚姻关系、文化成就，不仅有益于加深我们对历史上宗室制度变迁的了解，有利于我们全面地认识金代社会，而且有助于我们以一个新的视角去看待金朝的兴衰史。所以，有必要全方位、整合地对金代宗室阶层进行研究。金代的宗室阶层，究竟是怎样一群人，在整个金代的地位如何，对金代的政治、经济、文化的发展起了一个怎样的作用，这些问题在本书中皆有答案。

本书适合历史学等专业师生、文史爱好者及其他读者阅读参考。

图书在版编目（CIP）数据

金代宗室研究 / 李玉君著. —北京：科学出版社，2016

ISBN 978-7-03-049027-8

Ⅰ. ①金…　Ⅱ. ①李…　Ⅲ. ①宗族－政治制度－研究－中国－金代　Ⅳ. ① D691.2

中国版本图书馆 CIP 数据核字（2016）第 141857 号

责任编辑：郝莎莎　肖丽娟 / 责任校对：彭　涛
责任印制：肖　兴 / 封面设计：北京美光制版有限公司

科学出版社 出版
北京东黄城根北街 16 号
邮政编码：100717
http://www.sciencep.com

北京凌奇印刷有限责任公司 印刷
科学出版社发行　各地新华书店经销
*
2016 年 6 月第　一　版　开本：720 × 1000　1/16
2016 年 6 月第一次印刷　印张：19　1/4
字数：370 000

POD定价：　128.00元
（如有印装质量问题，我社负责调换）

国家社科基金后期资助项目
出版说明

后期资助项目是国家社科基金项目主要类别之一，旨在鼓励广大人文社会科学工作者潜心治学，扎实研究，多出优秀成果，进一步发挥国家社科基金在繁荣发展哲学社会科学中的示范引导作用。后期资助项目主要资助已基本完成且尚未出版的人文社会科学基础研究的优秀学术成果，以资助学术专著为主，也资助少量学术价值较高的资料汇编和学术含量较高的工具书。为扩大后期资助项目的学术影响，促进成果转化，全国哲学社会科学规划办公室按照“统一设计、统一标识、统一版式、形成系列”的总体要求，组织出版国家社科基金后期资助项目成果。

全国哲学社会科学规划办公室

2014 年 7 月

序

当李玉君博士国家社科基金后期资助项目结项成果《金代宗室研究》的书稿摆放在我办公桌上面的时候，我顿觉心潮澎湃，思绪随着一页一页翻动着的书稿，又回到并非遥远的昨天。

记得我刚来吉林大学不久，即将本科毕业的李玉君同学就向我表示，愿意报考我的硕士研究生。李玉君在读本科的时候，就曾利用假期前往北京向著名学者李学勤教授请教做学问的真谛，表现出了对知识的追求和进行学术研究的渴望，赢得了众多师生的赞赏。因此，我很高兴地对她说，只要你能考入吉林大学，我愿意带你一起学习。正如所料，李玉君没有辜负我的期望，以优异的成绩顺利考入吉林大学，开始了她攻读硕士学位的学术生涯。李玉君酷爱学习，刻苦努力，攻读硕士研究生期间就发表了几篇文章，获得好评，两年后即被保送攻读博士学位。

由于李玉君的硕士论文写的是《金完颜亮时期的民族政策研究》，我们商定仍然在金代民族方面选定博士学位论文。考虑到金朝是以女真族为统治者建立的王朝，加强对女真族的研究就显得十分重要，于是，我们便将目光放在了金代女真族研究方面。但由于金代女真族研究是一个比较大的课题，一时难以驾驭，我们又开始考虑缩小研究范围的问题，并将金代女真族的一部分即女真族上层中的“皇族”纳入我们关注的视野。金代的皇族是一个特权阶层，虽然学界对皇族中的一些人物有所研究，但还没有人从皇族的视角对金代皇族群体进行研究，更没有人对这一特权阶层具有哪些特权、这一群体对金代社会的治乱兴衰有何影响等问题进行深入探讨和研究。于是，我们便按照李玉君的想法，将她的博士论文锁定在金代皇族研究方面，并在一些老师和同学的建议下，正式定名为《金代宗室研究》。

论文选题确定之后，李玉君开始夜以继日地搜集国内外相关资料，不仅注意搜集《金史·宗室表》所列人物的相关资料，还注意搜集她根据《金史》等正史史料以及笔记、文集、县志和碑刻等考古资料考证出的未列入《金史·宗室表》的80余位宗室成员的姓名及其相关资料，并按宗室成员的辈份列出《金代宗室谱系图》。在全面搜集金代宗室相关资料的基础之上，李玉君开始对金代宗室进行整合研究，用了三年时间，完成了《金代宗室研究》博士论文。

综观李玉君的博士论文，感觉比较突出的地方有以下几个方面：

第一，从群体研究视角，对金代宗室的政治、经济、管理、教育、婚姻、法律等方面进行了全面系统的研究。书中有对宗室在行政、军事和监察等机构中任职情况的考察，有对宗室的经济生活状况和生活方式的研究，还有对宗室专门管理机构大宗正府的机构设置、官员选任和执掌的研究等。文章分析了宗室中帝王、公主、帝王之外的男性宗室的婚姻情况，并总结出金代宗室婚姻的特点；有对宗室教育内容、教育方式的论述，对宗室的文化建树、文化建树形成的原因、特点及所产生的影响的考论；还讨论了金代的法律变革活动和金代帝王的相关法律思想，金代帝王、宗室大多儒学修养较高并熟知中原王朝治国典故，故其法律思想体现了对中原王朝的文化认同，等等。论述全面具体，是我国第一部全面系统研究金代宗室的著作。

第二，文章对金代宗室这一特权阶层在政治、经济、教育、法律等方面的特权（包括待遇）及其社会影响进行了研究。认为金朝初年宗室所享有的特权不是很多，贵族之间差距不是很大；宗室所具有的一些特权都在社会可以接受的范围之内，宗室超越特权胡作非为之事较少；宗室群体为金代初期的社会发展做出了一定贡献。后来，宗室的特权逐渐增多，宗室内部矛盾日渐激化，宗室违法乱纪之事也开始出现；朝廷虽然注意惩治宗室犯罪，但也难以保障社会清明，严重地影响了金代社会的发展，甚至加速金朝走向衰亡。因此，我们完全可以说，金王朝的兴盛有宗室的一份功劳，金朝走向衰亡，宗室也应负有一定的责任。

其三，书中通过对史料的梳理和考证，提出一些颇有见解的新观点，体现了作者的学术研究功力。比如，书中对金代“郎君”问题的考证，即通过文献梳理，不赞成一些学者依据《三朝北盟会编》等史籍的相关记载，认为“郎君”是对金代“宗室”“皇族”“金朝完颜氏男性皇族”的称呼的观点，认为金朝“郎君”的含义主要有两个，一是人们对一些宗室及非宗室贵族青年男子等的称呼；二是指在尚书省、亲王府任职的从事护卫、稽查案牍、管理纸笔以及听从尚书省和亲王府随时差遣之事的官员和小吏。也就是说，在金朝被称为“郎君”者并非全是“宗室”，也包括不少非宗室贵族人员。书中对婆卢火的考订也有新意，认为在金朝至少有五个婆卢火，其中包括宗室婆卢火，从而否定学界认为婆卢火是徒单氏、不是宗室完颜婆卢火的观点。书中对金代大宗正府的机构设置、相关官职的设置时间等问题的考察，也提出了自己的看法。此外，还根据《金史》等正史史料以及笔记、文集、县志和碑刻等考古资料考证出未列入《金史·宗室表》的80余位宗室成员的姓名，体现了作者的学术研究和考证的功力。书中有图表十余幅，都是李玉君精心搜集金代各种史料编绘而成，简要明了，与正文互相辉映，为本书增彩不少。

由于李玉君攻读博士学位期间取得了一定的成绩，故毕业之际荣获吉林大学优秀博士毕业生的称号。李玉君博士毕业以后，来到辽宁师范大学历史文化旅游学院工作，无论是工作能力还是学术研究水平都有较大幅度提升，很快即由讲师晋升为副教授、特聘教授，还担任学院主管科研工作的副院长，获得国家社科基金青年项目，入选辽宁省百千万优秀人才工程计划、辽宁省高等学校优秀人才支持计划、辽宁师范大学杰出人才资助计划，等等。与此同时，李玉君博士在《史学理论研究》《史学月刊》《光明日报（理论版）》等刊物发表学术论文近50篇，其中有2篇文章被《新华文摘》全文转载。

李玉君博士在陆续发表的有关金代宗室研究方面的文章的基础上，对她的博士论文进行较大幅度的修改和充实，无论是研究内容还是文字表述都有较大丰富和提升。功夫不负有心人，多年的辛勤耕耘，终于有了收获——李玉君依据重新修改后的博士论文《金代宗室研究》申报的国家社科基金后期资助项目，得到评审专家的认可，成功立项。这无疑是一件振奋人心的好事，我自然十分高兴，特对李玉君博士获立国家社科基金后期资助项目并顺利出版《金代宗室研究》一书表示衷心祝贺，同时，也希望李玉君博士再接再厉，争取更大成绩！本书即将付梓之际，李玉君博士盛情邀我作序，我推辞不过，只好写了上面这些话，与李玉君博士及诸君共勉。

赵永春

2016年5月于长春

目　录

序 …… (i)

绪论 …… (1)

一、选题意义 …… (1)

二、研究现状 …… (2)

三、研究思路及方法 …… (18)

四、本书创新点及难点 …… (21)

第一章　金代宗室的界定及其相关问题研究 …… (25)

第一节　金代宗室的范围与相关称呼 …… (25)

一、宗室的界定 …… (25)

二、皇族与内族 …… (26)

三、金代的“郎君” …… (29)

第二节　金代宗室谱系及《金史·宗室表》补正 …… (42)

一、金代宗室谱系及人口 …… (42)

二、《金史·宗室表》订补 …… (46)

三、《金史》中婆卢火身份新证 …… (51)

第二章　金代宗室的任官与特权 …… (55)

第一节　宗室的入仕升迁途径 …… (55)

一、军功 …… (55)

二、世袭 …… (57)

三、荫补 …… (58)

四、科举 …… (61)

五、出职 …… (64)

第二节　宗室在中央机构中的任用 …… (67)

一、金初勃极烈与宗室 …… (67)

二、都元帅府、元帅府及枢密院中宗室的任用 …… (68)

三、中央尚书省及御史台中对宗室的任用 …… (72)

第三节　京、都长官中对宗室的任用 …… (80)

第四节　宗室致仕与死后赠官 …… (82)

第三章　金代宗室的经济生活与历史文化认同……(87)
第一节　宗室的经济来源……(87)
一、常规性收入……(87)
二、非常规性收入……(94)
三、宗室成员经济生活的差距……(100)
第二节　金代宗室的行为礼仪和日常生活方式的汉化……(101)
一、从历史文化认同角度看金代宗室生活方式的转变……(101)
二、金代宗室的日常生活内容和方式……(102)
第四章　金代对宗室的管理与防范……(110)
第一节　宗室的管理机构……(110)
一、宗室的专门管理机构大宗正府……(110)
二、宗室的兼理机构……(122)
第二节　宗室的犯罪与惩罚……(125)
一、宗室犯罪的类型……(125)
二、宗室犯罪的量刑处置……(134)
三、宗室犯罪处罚的特点……(141)
四、宗室中的奴告主案……(147)
第三节　金代对宗室的防范对策……(150)
一、虚封爵位　限制任官……(150)
二、待遇优厚　亲亲之道……(152)
三、无情杀戮　迁徙禁锢……(153)
四、倡导忠孝　驯良教化……(155)
第五章　金代宗室的婚姻……(158)
第一节　宗室婚姻状况……(158)
一、帝王的婚姻……(161)
二、公主的婚姻……(172)
三、帝王之外的男性宗室的婚姻……(179)
第二节　宗室的婚礼……(181)
一、婚姻六礼……(182)
二、宗室妇女的贞节观念……(184)
第三节　宗室婚姻特点与影响……(186)
一、宗室婚姻的特点……(186)
二、宗室婚姻的影响……(190)

第六章　金代宗室的教育与文化建树……………………………………(202)
第一节　金代宗室教育中认同中原文化的价值取向………………………(202)
第二节　金朝宗室教育的实施方式和具体内容……………………………(206)
一、宗室教育实施方式……………………………………………………(206)
二、宗室的教育内容………………………………………………………(211)
第三节　金代宗室的文化建树及影响………………………………………(217)
一、金代宗室的文化成就…………………………………………………(217)
二、宗室文化成就的形成原因……………………………………………(227)
三、宗室文化成就的特点与影响…………………………………………(230)
第七章　金代宗室法律思想的文化认同取向……………………………(238)
第一节　金代认同中原汉法的法制变革……………………………………(238)
第二节　宗室的法律思想和刑罚观念………………………………………(242)
一、“罪疑从轻”的执法原则……………………………………………(242)
二、“慎刑”“轻刑”的量刑方法…………………………………………(244)
三、以“民无冤滞”作为评判官员称职与否的标准………………………(246)
四、施刑重视精神惩戒……………………………………………………(247)
五、以法律维护儒家伦理道德……………………………………………(248)
结语……………………………………………………………………………(252)
附图　金代宗室谱系图………………………………………………………(257)
附表　补《金史·宗室表》一览表……………………………………………(261)
参考文献………………………………………………………………………(269)
索引……………………………………………………………………………(290)
后记……………………………………………………………………………(293)

绪　论

一、选题意义

宗室在中国古代史上是一个特殊的社会阶层，在“家天下”的封建社会中，一个人取得了皇位，他的家族后裔便成为“天潢贵胄”，取得普通家族无法比拟的各种权力。与此同时，宗室问题也涉及政权的存亡、王朝的更迭。历代宗室阶层对社会均有较大影响，皇家成员只凭血缘身份便可封以高爵，享有较高的等级地位及政治、经济、文化等各方面的特权。宗室教育影响整个皇室家族的素质品行，宗室的文化造诣对整个社会文化的进步具有导向作用，特别是皇帝个人的喜好、素质、行政作风等对当时社会具有相当大的影响。近年来，随着历史学研究的深入，研究领域的扩大，国内外的学者们开始重视研究宗室这一特殊社会阶层。与金代同时期的宋代，关于其宗室的研究仅专著就有三部：〔美〕贾志扬著、赵冬梅译《天潢贵胄——宋代宗室史》[①]，何兆泉《两宋宗室研究——以制度考察为中心》[②]，张邦炜《宋代皇亲与政治》[③]。关于清朝宗室研究的专著有赖惠敏《天潢贵胄——清皇族阶层结构与经济生活》[④]，〔美〕李中清、郭松义主编《清代皇族人口行为和社会环境》[⑤]，等等。可见，对作为国之枝叶的宗室的研究越来越被研究者所重视。但是，却不见金代关于宗室研究的专著。

近年来，随着金史研究日益繁荣，关于金代各群体、阶层的专门性研

① 〔美〕贾志扬著，赵冬梅译：《天潢贵胄——宋代宗室史》，南京：江苏人民出版社，2005年。

② 何兆泉：《两宋宗室研究——以制度考察为中心》，上海：上海古籍出版社，2016年。

③ 张邦炜：《宋代皇亲与政治》，成都：四川人民出版社，1993年。

④ 赖惠敏：《天潢贵胄——清皇族的阶层结构与经济生活》，台北：近代史研究所，1997年。

⑤ 〔美〕李中清、郭松义主编：《清代皇族人口行为和社会环境》，北京：北京大学出版社，1994年。

究也日益深入[①]，从而我们对金代社会的理解也不断加深。可是关于金代宗室阶层的专门性研究却被忽视和冷落。我们所见的研究金代宗室的成果，多散见于关于金代研究的各种论著中。

金代的宗室阶层是一个特殊的群体，但他们的存在不是孤立的，而是既与皇帝有着特殊关系，又是金代社会一个重要的、有机的组成部分。金代宗室阶层有很多引人注目的地方，理解金代宗室的历史，恰如其分地考察、评价宗室管理机构、教育科举、政治贡献、社会地位、婚姻关系、文化成就，不仅能够加深我们对历史上宗室制度变迁的了解，有利于我们全面地认识金代社会，而且有助于我们从一个新的视角去看待金朝的兴衰史。有幸的是在传世金代史料中有关宗室的记载较为丰富，而且前辈学者曾经对金代宗室的世系、宗室的姓氏、皇位继承、宗室内部斗争、宗室的教育等诸问题都有过零散的考察，但将宗室作为一个社会阶层进行全面、系统、深入地研究，以往学术界注意得则很不够，所以全方位、整合地研究金代宗室阶层显得尤为必要。金代的宗室阶层，究竟是怎样一群人，在整个金代的地位如何，对金代政治、经济、文化的发展起到了怎样的作用？在那样一个民族融合高潮的历史时期，金代宗室群体作为一个特殊的社会阶层，对女真族的文化价值取向及整个历史时期的民族融合起到了什么样的作用？这些都是本文在宏观上需要探讨的问题。

二、研究现状

对金代宗室的研究，严格意义上说，从元代就开始了，元人脱脱等编《金史》，在《金史·本纪》中用编年的方式叙述金宗室的特殊成员——皇帝的政绩；在《礼志》中详细地叙述了宗室的各种礼仪文化生活；在《宗室表》中记录了271位宗室成员的名字，并且确定了这些宗室成员在整个家族中的准确位置，展示了金朝宗室的世系；在《列传》部分还叙述了宗室的生平事迹，共有114位有传记的宗室。《金史》纂修于元末至正年间，此后，明朝人关注金史者较少，所以章学诚曾说明朝学者“于辽金正

① 主要有李艺：《金代词人群体研究》，中国社会科学院研究生院博士学位论文，2002年；宋立恒：《金代社会等级结构研究》，中央民族大学博士学位论文，2005年；王德朋：《金代汉族士人研究》，北京：中国社会科学出版社，2006年；张瀚：《金代社会阶层研究》，辽宁大学硕士学位论文，2007年。

史，束而不观”[①]。明人王圻的《续文献通考》将辽金与宋代并列，明代以前部分，多取材于宋、辽、金、元四史，其中有关于金代宗室大事编年的内容。

到了清代，由于满人与女真族均崛起于东北，而且满人与女真族还有着渊源关系，加之清代中期边疆史地学的兴起及清代的治学风气等原因，推动了金代史学研究的热潮，出现了不少研究金史的著作，当然这些著作中也不乏有对金代宗室的论述。杭世骏所著《金史补》[②]，目前仅能看到2本，不分卷，第一本中有对《太祖本纪》《太宗本纪》的补充。凌廷堪倾心金史，曾作《金衍庆宫功臣赞》[③]，对金代开国功臣（绝大多数为宗室成员）备加推扬。凌廷堪研究金代宗室的文章还有《书金史太宗纪后》《金宣宗迁汴论》[④]。庄仲方的《金文雅》是流传下来的最早的金代诗文总集，全书有16卷，共选入80人的作品，包括赋、五言古诗、七言古诗、诏令、册文、奏疏等27类。张金吾《金文最》[⑤]搜集有金一代之文成120卷，全书包括赋、骚、册文、制诰、策问、奏疏、铭等42类。《金文雅》和《金文最》中不仅有大量宗室成员的作品，而且很多作品为研究金代宗室提供了有用的历史文献。李有棠撰《金史纪事本末》52卷，对金代史实、人名异同等多有考订，对金代宗室情况的记述也散见于其中。顾炎武的《日知录》，评论金章宗时期防削宗室：“防制刻削兄弟，而其祸卒至于此，岂非后王之永鉴哉！”[⑥]

清人施国祁历时20多年研究《金史》，根据《金史》各种版本互校，同时也用其他书校勘《金史》，订正了不少版本及史实方面的讹误，校注齐备，并著《金史详校》《金源札记》等书。钱大昕《廿二史考异》卷85中有对《金史》宗室表的补充，对金代宗室姓氏的说明和对人名的考订，以及对宗室成员完颜亮恶迹的辨正。赵翼《廿二史札记》中对“金史失当处”进行辨正，其中“金初父子兄弟同志”“金考察官吏”等篇持

---

① （清）章学诚：《章氏遗书》卷9《为毕制军与钱辛楣宫詹论续鉴书》，北京：文物出版社，1982年。

② （清）杭世骏：《金史补》，东方文化研究所藏清抄本。书前面有3个印“艺风堂藏书”“曾经芝风勘读”“东方文化研究所”。可见本书曾为缪荃孙收藏，后来又流到“东方文化研究所”。

③ （清）凌廷堪：《金衍庆宫功臣赞》，《校礼堂文集》，北京：中华书局，1998年。

④ （清）凌廷堪：《书金史太宗纪后》《金宣宗迁汴论》，《校礼堂文集》，北京：中华书局，1998年。

⑤ （清）张金吾：《金文最》，北京：中华书局，1990年。

⑥ （清）顾炎武：《日知录》卷9《宗室》，上海：上海古籍出版社影印文渊阁《四库全书》本，1987年。

论通核，综合确当，对认识金朝宗室，特别是对认识金代宗室地位的变化帮助匪浅，还认为应该将海陵父德宗宗干列于《世纪补》。陆陇其《金代史论八篇》，不仅总结金代的兴衰得失，且借论金史而暗指时弊，有《读金史世宗本纪》《读金史章宗本纪》等篇。万斯同《金将相大臣年表》和黄大华《金宰辅年表》①，对金代将相大臣和宰辅的仕历情况做了详细的统计，当然其中不乏对宗室成员历任都元帅、左右副元帅和枢密使、枢密副使情况的统计。万斯同《金诸帝统系图》②绘制了金代皇位继承的统系图。卢文弨《金史补脱》③补《金史》之《礼志》及《太宗诸子传》脱文。由上可见，清人对金代宗室的研究确实非常用心，但是不可否认也篡改了不少金代史料，给今人研究带来了不便。

通过以上叙述，我们可以看出，二十世纪以前对金代宗室的研究多停留在对史料的编纂整理、考订补遗及轶文辑录上。从二十世纪三十年代和四十年代开始，金代宗室研究得到进一步拓展。学者们首先把目光投向了宗室姓氏人名的考察，陈述先生可以说在这方面颇有建树，相继发表了《金史氏族表例言》④《金史氏族表初稿》⑤《契丹女真汉姓考》⑥3篇论文。1960年，陈述先生将以上3篇文章收进《金史拾补五种》⑦，收入时作者在内容上又做了一些补充和修正。《金史拾补五种》包括《金史氏族表》6卷、《女真汉姓考》2卷、《金赐姓表》2卷、《金史同姓名表》1卷、《金史异名表》1卷，这本书在很大程度上廓清了金皇室宗族的世系，也在一定程度上解决了《金史》极为混乱的同名、异名问题。朱希祖先生的《金源姓氏考》⑧也是一篇研究金代姓氏的论文，当然其中也有对金代宗室姓氏的考证。到了二十世纪八十年代，崔文印先生的金史工具书《金史人名索引》⑨问世。其又于1983年发表了论文《〈金史〉人名杂考》⑩，此文指出了陈述先生《金史拾补五种》中一些明显错误和一些值得商榷的

① （清）万斯同《金将相大臣年表》、黄大华《金宰辅年表》1卷，《二十五史补编（第6册）》，上海：开明书店辑印，1936年首次发行。

② （清）万斯同：《金诸帝统系图》1卷，《二十五史补编（第6册）》，上海：开明书店辑印，1936年首次发行。

③ （清）卢文弨：《金史补脱》1卷，群书拾补本，见百衲本《金史》，北京：国家图书馆，2014年。

④ 陈述：《金史氏族表例言》，《中山大学文史学研究所月刊》1934年1月2卷3、4期。

⑤ 陈述：《金史氏族表初稿》，《历史语言研究所集刊》5本3、4分，1935年。

⑥ 陈述：《契丹女真汉姓考》，《东北集刊》1941年第2期。

⑦ 陈述：《金史拾补五种》，北京：科学出版社，1960年。

⑧ 朱希祖：《金源姓氏考》，《中山大学文史研究所月刊》1934年1月2卷3、4期。

⑨ 崔文印：《金史人名索引》，北京：中华书局，1980年。

⑩ 崔文印：《〈金史〉人名杂考》，《文史（第20辑）》，北京：中华书局，1983年。

地方，重新考订了一些宗室成员的名字，如完颜光英、完颜允中、完颜允功等。

下面我们将分专题介绍二十世纪以后学界对金代宗室研究的成果。

（一）对金代宗室政治权力的研究

首先，通史著作中有对宗室权力的论述。杨树藩《辽金中央政治制度》[①]在金代部分第一章“统治的主体”中认为,金代皇帝的大权分为对国家方面的大权，包括立法、司法、行政三个方面；对帝室方面的大权，包括册立皇太子及立后的权力。此外，还对太子的继承权力和皇帝、太子的辅佐机关的情况进行了论述。王明荪《金初的功臣集团及其对金宋关系的影响》[②]一文探讨了金初功臣集团的形成及其在金初朝廷内对宋政策、宋金关系中的地位与影响，这些功臣集团中的人物绝大多数为宗室成员，可见宗室成员在金初政治舞台上的巨大作用。张博泉《金代黑龙江“宰执”探赜》[③]一文认为，金代黑龙江地区“宰执”都出自女真各家族，大部分出自宗室家族、世婚贵姓家族，出自一般女真姓氏家族的“宰执”很少。并分析了金代黑龙江“宰执”的素质和特点。李锡厚《金朝的“郎君”与“近侍”》[④]一文详尽地论述了金代宗室在决策机构中地位的变化，作者认为金初宗室（郎君）成员参与决策的权力比较大，熙宗以后实行专制主义中央集权，宗室（郎君）不仅不再受皇帝的信任，反而成为皇帝加强皇权的最主要障碍。宗室（郎君）又被皇帝身边的奴仆——“近侍”所取代。陶晋生《金代的政治结构》[⑤]一文初步地分析了金代特殊的政治结构，从太祖、太宗时期的勃极烈制度到熙宗的政治改革，再到海陵王的政治改革，到世宗时代，政治结构大致定型；并对政权结构的特点、统治阶层的构成情况进行了论述，认为金代政治结构的一大特色是表面采用中国制度，实际引进女真新血来支持统治政策和保证异族特权。程妮娜的《论金世宗、章宗时期宰执的任用政策》[⑥]一文，采用了大量的数据分析，认为世宗、章宗以前宰执几乎清一色为女真宗

① 杨树藩：《辽金中央政治制度》，北京：商务印书馆，1978 年。

② 王明荪：《金初的功臣集团及其对金宋关系的影响》，《政治大学边政研究所年报》1979 年第 10 期。此文亦收录到《宋辽金史论文稿》，台北：明文书局，1981 年。

③ 张博泉：《金代黑龙江“宰执”探赜》，《学习与探索》1991 年第 1 期。

④ 李锡厚：《金朝的“郎君”与“近侍”》，《社会科学辑刊》1995 年第 5 期。

⑤ 陶晋生：《金代的政治结构》，《历史语言研究所集刊》第 41 本第 4 分，1969 年。

⑥ 程妮娜：《论金世宗、章宗时期宰执的任用政策》，《史学集刊》1998 年第 1 期。

室大贵族，世宗朝以后虽然国家实行文治仁政，以汉制为主兼容女真制，但是任用宰执时仍以女真人为主。吴凤霞《金世宗的君臣共治思想与历史文化认同》[①]一文认为金世宗君臣共治思想的根源在于他对中国传统政治和历史文化的认同。他践行其君臣共治思想也主要是求谏和求贤，应肯定的是，金世宗比肩汉唐的政治追求推动了金朝政治文明和文化发展。李拓《金代宗室斗争研究》[②]认为金代的宗室斗争几乎贯穿了整个王朝始终，对宗室斗争的防范与管理恩威并施，并探讨了金代宗室斗争的特点。俞豁然《海陵王与金世宗"潜邸旧臣"研究》[③]从海陵王、世宗潜邸旧臣的形成背景、组成，介绍了他们的影响，最后叙述了这些潜邸旧臣的各自结局。徐洁、赵永春《金朝皇家宗庙制度考论》[④]认为金朝基本实行"七世之庙"制度，在特殊情况下，庙室经历了一个变易的过程，出现"八世十二室"等局面，金朝太庙属"同堂异室"之制。

（二）对金代宗室经济基础的研究

对金代宗室经济基础的研究可以说非常薄弱，迄今为止，尚未见到专门论述宗室经济基础的文章或著作。关于金代经济方面的论著，多论及经济制度及整个社会的经济状况等，鲜有提及宗室的经济基础、经济来源。如张博泉《金代经济史略》[⑤]，漆侠、乔幼梅《辽夏金经济史》[⑥]，鲁亦冬《中国全史·中国宋辽金夏经济史》[⑦]，葛金芳《宋辽夏金经济研析》[⑧]，乔幼梅《宋辽夏金经济史研究》[⑨]等著作。

有些论文虽没有专门论述金代宗室的经济情况，但是有点滴涉及。张达昌《金代女真政权经济基础考》[⑩]一文考证了女真政权赖以生存的经济基础，宏观地分析了金政权形成时期、太宗熙宗改革时期、海陵改革时期及

① 吴凤霞：《金世宗的君臣共治思想与历史文化认同》，《史学集刊》2012年第6期。
② 李拓：《金代宗室斗争研究》，辽宁大学硕士学位论文，2013年。
③ 俞豁然：《海陵王与金世宗"潜邸旧臣"研究》，渤海大学硕士学位论文，2014年。
④ 徐洁、赵永春：《金朝皇家宗庙制度考论》，《社会科学战线》2012年第5期。
⑤ 张博泉：《金代经济史略》，沈阳：辽宁人民出版社，1981年。
⑥ 漆侠、乔幼梅：《辽夏金经济史》，保定：河北大学出版社，1994年。
⑦ 鲁亦冬：《中国全史·中国宋辽金夏经济史》，北京：人民出版社，1994年。
⑧ 葛金芳：《宋辽夏金经济研析》，武汉：武汉出版社，1991年。
⑨ 乔幼梅：《宋辽夏金经济史研究》，济南：齐鲁书社，1995年。
⑩ 张达昌：《金代女真政权经济基础考》，《辽金史论集（第7辑）》，郑州：中州古籍出版社，1996年。

大定时期金政权的经济基础，对宗室的经济来源略有提及。王曾瑜《金代户口分类制度和阶级结构》①一文提及金代宗室对土地、奴隶的占有情况。曾代伟的《金朝物力通检推排法浅论》②系统地阐述了金代通检推排法的颁布、修订、施行及经验教训，指出通过此法分享了贵族富豪家财，不能简单地斥之为是对普通民户的搜刮掠夺。

（三）对金代宗室文化的研究

1. 金代宗室汉化研究

王德忠《金朝宗室与汉文化》③一文认为金朝宗室学习和吸收汉文化大致可以分为前后两个时期：前期是指金朝初年至完颜亮时期，这个时期的特点是金朝宗室尤其是皇帝对学习汉文化表现出很大的热情，汉文化开始对金朝的统治产生积极作用；后期主要指世宗、章宗时期，这个时期是金朝宗室接受汉文化成就最为显著的时期，同时也是金朝统治全面走向汉化的时期。说金朝宗室是女真族学习和吸收汉文化的先行者，这个评价是符合实际的。李锡厚《改弦易辙终究要胜过抱残守缺——金朝统治集团内部汉化与反汉化之争》④一文，论述了金朝统治集团内部汉化与反汉化之争，金朝汉化是一个曲折的历史过程，尽管少数统治者阻挠汉化，但终究阻挡不了一个民族全面接受汉文化的历史趋势。胡淑慧《论完颜璟的汉文化成就及汉化政策》⑤一文，认为金章宗完颜璟是汉文化成就最高也是对推行汉文化最有贡献的一位。他创造了宽松的思想、制度、政策、文化环境，鼓励和引导女真族人认同、接受、研习汉文化，最终形成金朝学习研究汉文化蔚然成风、儒学忠孝仁义观念深入人心和人才辈出的局面。

2. 金代宗室的文学艺术成就

学界对金代宗室文化成就特别是对诗词成就的研究可以说成果

---

① 王曾瑜：《金代户口分类制度和阶级结构》，《历史研究》1993 年第 6 期。

② 曾代伟：《金朝物力通检推排法浅论》，《民族研究》1997 年第 5 期。

③ 王德忠：《金朝宗室与汉文化》，《北方民族文化（昭乌达盟师专学报）》1992 年增刊。

④ 李锡厚：《改弦易辙终究要胜过抱残守缺——金朝统治集团内部汉化与反汉化之争》，《华夏文化》1994 年第 4 期。

⑤ 胡淑慧：《论完颜璟的汉文化成就及汉化政策》，《西南交通大学学报》2008 年第 3 期。

丰硕。相关著作中也有点滴对宗室文学成就的论述，如张晶《辽金诗史》[①]《辽金元诗歌史论》[②]、詹杭伦《金代文学史》[③]、周惠泉《金代文学学发凡》[④]《金代文学论》[⑤]《金代文学研究》[⑥]等。还有作品对宗室的文学作品有所辑录，如周惠泉等《辽金文学作品选》[⑦]、薛瑞兆等《全金诗》[⑧]、阎凤梧等编《全辽金文》和《全辽金诗》[⑨]、唐圭璋编《全金元词》[⑩]，刘锋焘《金代前期词研究》[⑪]，等等。相关论文中，研究宗室文学成就的有田同旭《论金元帝王诗与民族文化融合》[⑫]，研究了宗室中的特殊成员帝王之诗歌，认为其诗歌反映着金帝对待中原文化的不同态度，体现了中原文化对北方民族的深远影响。其诗歌有利于中原传统诗歌吸收新的艺术，推动中原传统诗歌的发展与社会的进步。

研究金宗室成员个人文学作品的文章很多，主要是研究完颜亮、完颜璹、完颜雍、完颜璟等人的文学成就。研究金宗室完颜亮诗词的主要有景爱等《谈完颜亮的诗词》[⑬]、张克等《试论女真族诗人完颜亮》[⑭]、李成《论女真帝王海陵完颜亮的诗词艺术》[⑮]、胡传志《完颜亮诗词命运的启示：对因人废文的典型个案的观察》[⑯]，等等。完颜璹是金朝宗室文学家之翘楚，有“百年以来，宗室中第一流人”[⑰]之称。王菊艳《完颜璹的诗词翰藻创作与金代的民族文化融合》[⑱]一文，认为完颜璹的诗词鲜明地反映出女真人学习汉文化的虔诚态度，同时折射出了女真人的民族文化精神，从中我们还可以领略到女真民族对中华文化的贡献。周

① 张晶：《辽金诗史》，长春：东北师范大学出版社，1994年。
② 张晶：《辽金元诗歌史论》，长春：吉林教育出版社，1995年。
③ 詹杭伦：《金代文学史》，台北：贯雅文化事业有限公司，1993年。
④ 周惠泉：《金代文学学发凡》，长春：东北师范大学出版社，1994年。
⑤ 周惠泉：《金代文学论》，长春：东北师范大学出版社，1997年。
⑥ 周惠泉：《金代文学研究》，台北：文津出版社，2000年。
⑦ 周惠泉等：《辽金文学作品选》，长春：时代文艺出版社，1986年。
⑧ 薛瑞兆等：《全金诗》，天津：南开大学出版社，1995年。
⑨ 阎凤梧等：《全辽金文》《全辽金诗》，太原：山西古籍出版社，1999年。
⑩ 唐圭璋：《全金元词》，北京：中华书局，1979年。
⑪ 刘锋焘：《金代前期词研究》，成都：西南交通大学出版社，1998年。
⑫ 田同旭：《论金元帝王诗与民族文化融合》，《民族文学研究》2008第2期。
⑬ 景爱等：《谈完颜亮的诗词》，《满族文学研究》1984年第1期。
⑭ 张克等：《试论女真族诗人完颜亮》，《湖北师范学院学报》1987年第1期。
⑮ 李成：《论女真帝王海陵完颜亮的诗词艺术》，《黑龙江民族丛刊》2004年第1期。
⑯ 胡传志：《完颜亮诗词命运的启示：对因人废文的典型个案的观察》，《民族文学研究》2007年第3期。
⑰ （金）元好问：《中州集》卷5《密国公璹小传》，北京：中华书局，1959年，第272页。
⑱ 王菊艳：《完颜璹的诗词翰藻创作与金代的民族文化融合》，《辽金史论集（第9辑）》，郑州：中州古籍出版社，1996年。

延良在《完颜璹的文化翰藻与词旨归趣》[①]一文中阐述了完颜璹词作的文化翰藻境界、流派风格及其词作的四个思想情感特征：怀古而伤今、感物而伤时、阐理而谈教、雅闲之趣。姜剑云、孙昌武《论完颜璹创作中的佛禅意蕴》[②]认为完颜璹诗词作品中渗透了非常浓厚的佛禅意蕴，或者说表现为对佛禅的体悟，描写随缘自适的心态；或者表现淡薄功名之心、幽隐闲逸之趣。其佛禅意蕴的生成原因大致可以分为政治因素、个人因素和文化因素三方面。对完颜璹的诗词作品有过论述的还有李速达[③]、伊葆力[④]、姜丽华[⑤]、周惠泉[⑥]等人。周延良《完颜雍心性素养与文化词品》[⑦]一文重点考察了完颜雍的心性素养与其词作产生、形成的文化基础，并提出和证明了文化本体与文化序变规律的理论观点。周延良《金源完颜璟文行诗词考评》[⑧]一文中，作者考察了完颜璟的诗词在文学、文化结构上不同于完颜雍和完颜亮的两个原因。第一，完颜璟对汉文化的认知与接受完全是一种自觉行为；第二，完颜璟的"文化混血"可能与他的肌体混血成正比例。李淑岩、王金峰《完颜璟的文化素养和诗词品质》[⑨]一文分析并论述了金章宗的文化素养及其汉语文学创作在金源文学史上的特点、地位。刘崇德、于东新《论金代完颜皇族词》[⑩]认为金完颜皇族词人词风经历了由雄健踔厉到典雅华美，再到简淡萧散的演变过程，这一变化源于胡汉文化融合过程中，是胡化汉化力量的此长彼消、互动互化所致。

张仓礼《金代词人群体的组成》[⑪]一文将金代词人群分为五个部分，其

---

① 周延良：《完颜璹的文化翰藻与词旨归趣》，《民族文学研究》2000 年第 4 期。

② 姜剑云、孙昌武：《论完颜璹创作中的佛禅意蕴》，《河北大学学报》2003 年第 2 期。

③ 李速达、矫石：《完颜璹佚文〈龙泉禅寺言禅师塔铭〉》，《北京辽金文物研究》，北京：北京燕山出版社，2005 年。

④ 伊葆力：《完颜璹佚文〈龙泉禅寺言禅师塔铭〉》，《金代碑石丛稿》，郑州：中州古籍出版社，2004 年。

⑤ 姜丽华：《一位末代女真贵族的悲情——读完颜璹〈沁园春〉词》，《文史知识》2007 年第 2 期。

⑥ 周惠泉：《论完颜璹》，《北方民族》2000 年第 4 期；《金代女真诗人完颜璹简论》，《社会科学战线》1985 年第 2 期。

⑦ 周延良：《完颜雍心性素养与文化词品》，《民族文学研究》2002 年第 4 期。

⑧ 周延良：《金源完颜璟文行诗词考评》，《民族文学研究》2004 年第 2 期。

⑨ 李淑岩、王金峰：《完颜璟的文化素养和诗词品质》，《黑龙江教育学院学报》2006 年第 6 期。

⑩ 刘崇德、于东新：《论金代完颜皇族词——以胡汉文化融合进程为中心》，《河北大学学报》2010 年第 1 期。

⑪ 张仓礼：《金代词人群体的组成》，《东北师范大学学报》1987 年第 4 期。

中的一个部分是完颜氏词人。王昊《论金词创作的形态和群体特征》[①]，也划出了女真族贵族“完颜氏词人群体”。刘扬忠先生根据唐圭璋先生所编《全金元词》进行统计，把金代词人按地域划分为七个词人群，其中有女真皇族完颜氏词人群[②]。宗室词人群体的地位由此可见一斑。

关于金代宗室史学成就的文章有如下几篇。吴凤霞《女真贵族的史学自觉与金代实录的编纂》[③]一文，认为金代所修的实录之所以较为详慎，金代一些女真贵族重视历史、关注实录修纂及史学发展是其中重要原因之一。陈国良《女真族史学开拓者、金代史学奠基人——完颜勖》[④]、金北人《完颜勖与金代女真史学》[⑤]和王世莲《试论完颜勖》[⑥]三篇文章充分地肯定了金代宗室史学家、女真族史学开拓者、金代史学奠基人完颜勖的史学成就。

（四）对金代宗室教育的研究

目前，学界对金代宗室教育的研究可以说是非常薄弱，在一些研究金代教育情况的论著中，我们可以看到少量论及宗室教育情况者。张博泉《金代教育史论》[⑦]认为，金代教育的发展进程是波浪式，每个时期又有着不同的特点。金代教育结构从层次上看，有宫庭教育、中央教育、地方教育和私人教育。其中宫廷教育属皇室中的教育，是专为太子、诸王、侍卫亲军、宫女所设。兰婷《金代宫廷教育》[⑧]认为，金代在汉、女真两大学校教育系统以外，还存在宫廷教育这样非正规的教育形式，主要包括皇族宗室子弟教育、侍卫亲军教育和宫女教育。其中，统治者尤为重视对皇族、宗室子弟的教育，力图把他们培养成为德才兼备的人才，以巩固女真政权。金代宫廷教育提高了皇族、宗室子弟及宫廷服务人员的整体素质。兰婷、王伟《金代皇室教育》[⑨]认为金代的皇族教育是非正规的教育形式，目的是通过教育将皇族宗室子弟培养成为德才兼备之人以巩固女真政权。文中论述了金代太子师保傅教育、皇室教育方式、教育目的和教育内容等。

---

① 王昊：《论金词创作的形态和群体特征》，《文学遗产》1998 年第 4 期。
② 刘扬忠：《金代山西词人群》，《晋阳学刊》2003 年第 4 期。
③ 吴凤霞：《女真贵族的史学自觉与金代实录的编纂》，《史学集刊》2008 年第 2 期。
④ 陈国良：《女真族史学开拓者、金代史学奠基人——完颜勖》，《黑河学刊》1989 年第 2 期。
⑤ 金北人：《完颜勖与金代女真史学》，《蒲峪学刊》1992 年第 1 期。
⑥ 王世莲：《试论完颜勖》，《北方论丛》1985 年第 6 期。
⑦ 张博泉：《金代教育史论》，《史学集刊》1989 年第 1 期。
⑧ 兰婷：《金代宫廷教育》，《东北史地》2007 年第 6 期。
⑨ 兰婷、王伟：《金代皇室教育》，《吉林师范大学学报》2010 年第 2 期。

（五）对金代宗室婚姻的研究

对金代宗室婚姻的研究，日本学者三上次男在二十世纪四十年代初就开始了，1940 年 8 月他发表了文章《辽末金室完颜家族的通婚形态》[①]，《金史》中记载金朝的外戚共有九姓：徒单、拏懒、唐括、蒲察、裴满、纥石烈、仆散、乌林答、乌古论，三上次男先生认为拏懒氏并非外戚之族，传统的外戚之家只有八姓。后来他将这篇文章收录到了自己的著作《金史研究》[②]中。桑秀云《金室完颜氏婚姻之试释》[③]一文讨论了金室完颜氏的婚姻对象、金室婚姻的纵横观，以及完颜氏与八婚姻家的婚姻形态之由来、所代表之意义。王可宾《女真公主述要》[④]一文归纳了金代公主婚嫁的几个特征：完颜宗室与某几个异姓部长和贵族之家世为姻婚；残存群婚、收继婚等较多的遗风旧俗；世宗前后女真公主的婚姻在婚仪等方面发生了较大的变化。刘浦江《渤海世家与女真皇室的联姻——兼论金代渤海人的政治地位》[⑤]一文，认为渤海世家与女真皇族的联姻始于金初，太祖时就有计划地选取辽阳渤海大族之女作为宗室诸王的侧室。在金代，与女真皇族联姻者主要是渤海的大氏、李氏和张氏。与女真皇族联姻对渤海人有特殊的政治意义，提升了渤海人的政治地位。曾代伟《试论金朝婚姻制度的二元制特色》[⑥]，认为金朝的婚姻制度具有鲜明的二元制特色，阐释了金朝推行婚姻二元制的动因及金朝婚姻二元制的建构模式。王世莲《金代非女真族后妃刍议》[⑦]一文，探讨了金代非女真族后妃的一般情况、发展变化及其对金代社会的影响。作者认为金代非女真后妃所占比例之大是辽、元时期鲜见的，非女真族后妃的社会地位、社会影响随着女真社会的发展、变化而不断提高、逐渐增强。董四礼《金朝后妃制度初探》[⑧]一文，认为太祖、太宗时期是后妃制度的草创时期，熙宗朝及以后后妃制度出现与渐趋完备，海陵朝以后后妃制度得以逐渐完善和进一步发展，世

---

① 〔日〕三上次男：《辽末金室完颜家族的通婚形态》，《东洋学报》1940 年 8 月 27 卷 4 号。

② 〔日〕三上次男：《金史研究》，《金代政治・社会の研究》，东京：中央公论美术出版，1973 年。

③ 桑秀云：《金室完颜氏婚姻之试释》，《历史语言研究所集刊》，1969 年 39 本上册。

④ 王可宾：《女真公主述要》，《北方文物》1990 年第 3 期。

⑤ 刘浦江：《渤海世家与女真皇室的联姻——兼论金代渤海人的政治地位》，《大陆杂志》1995 年 1 月 15 日 90 卷 1 期。

⑥ 曾代伟：《试论金朝婚姻制度的二元制特色》，《西南民族学院学报》1995 年第 5 期。

⑦ 王世莲：《金代非女真族后妃刍议》，《求是学刊》1992 年第 2 期。

⑧ 董四礼：《金朝后妃制度初探》，《黑龙江档案》2006 年第 2 期。

宗时后妃制度有了进一步的发展，章宗时后妃制度得以确立，卫绍王、宣宗、哀宗时后妃制度开始衰败。范歆玥《金朝贵族女性摄政问题初探》①、王对萍《金代女性政治生活研究》②、张宏《金代后妃的选纳范围与标准》③、吴垚《金朝后妃家族徒单氏研究》④、彭赞超《金代后妃家族蒲察氏研究》⑤、张宏《浅析金代后妃的选纳途径》⑥等文中也都有对金代宗室婚姻相关问题的探讨。

（六）对金代宗室成员的个案研究

对于金代宗室成员的个案研究可以说是金代宗室研究中成果最多的，由于著述太多，我们将分为三个部分，有重点地加以介绍。第一部分介绍学界对金代帝王的研究，第二部分介绍对金代公主和后妃的研究，第三部分介绍对普通皇室成员的研究。

1. 对金代帝王的研究

对金太祖的研究专著有两本：李唐《金太祖》⑦和张延荣、刘庆《耶律阿保机·完颜阿骨打》⑧，这两本书都是完整地叙述阿骨打辉煌一生的传记。研究金太祖的论文，主要是颂扬与评价太祖灭辽战绩，都肯定了金太祖阿骨打的历史地位。如王崇时《略论完颜阿骨打》⑨，张博泉、程妮娜《完颜阿骨打略论》⑩，庆春《完颜阿骨打是女真族的民族英雄》⑪，赵永春《完颜阿骨打对宋政策探析》⑫，刘肃勇《完颜阿骨打进占东京辽阳府的策略与措施》⑬，等等。

---

① 范歆玥：《金朝贵族女性摄政问题初探》，《东北史地》2011 年第 1 期。
② 王对萍：《金代女性政治生活研究》，西北师范大学硕士学位论文，2011 年。
③ 张宏：《金代后妃的选纳范围与标准》，《兰台世界》2011 年第 11 期。
④ 吴垚：《金朝后妃家族徒单氏研究》，哈尔滨师范大学硕士学位论文，2013 年。
⑤ 彭赞超：《金代后妃家族蒲察氏研究》，哈尔滨师范大学硕士学位论文，2014 年。
⑥ 张宏：《浅析金代后妃的选纳途径》，《兰台世界》2012 年第 28 期。
⑦ 李唐：《金太祖》，台北：河洛图书出版社，1979 年。
⑧ 张延荣、刘庆：《耶律阿保机·完颜阿骨打》，北京：军事科学出版社，1992 年。
⑨ 王崇时：《略论完颜阿骨打》，《延边大学学报》1980 年第 2 期。
⑩ 张博泉、程妮娜：《完颜阿骨打略论》，《辽金史论集（第 1 辑）》，上海：上海古籍出版社，1987 年。
⑪ 庆春：《完颜阿骨打是女真族的民族英雄》，《四平师院学报》1981 年第 2 期。
⑫ 赵永春：《完颜阿骨打对宋政策探析》，《辽宁师范大学学报》2004 年第 5 期。
⑬ 刘肃勇：《完颜阿骨打进占东京辽阳府的策略与措施》，《东北史地》2008 年第 1 期。

研究金太宗的有周喜峰《试论金太宗吴乞买在金代历史中的作用》[①]等。

研究金熙宗的文章相对较少，有李禄峰《金熙宗与宇文虚中》[②]、王耘《金熙宗文治措施述略》[③]、孙田《论金熙宗改革引起的宗室贵族斗争》[④]和孙佳《金熙宗以来地方行政路考论》[⑤]等文章。

研究金海陵王完颜亮的论著非常多，毁誉不一。周峰《完颜亮评传》是一本专著。此书全面地描述与评价了完颜亮的一生，为还原出一位完整、全面的完颜亮做出了很大的努力。关于完颜亮的论文大体集中在研究完颜亮的政治经济改革、弑君篡位、杀人、用人、迁都燕京、淫乱宗室妻女、伐宋等问题上，论文主要有陈鸣钟《略谈金主亮南侵》[⑥]，罗继祖《完颜亮小议》[⑦]，崔文印《略谈金海陵王完颜亮的评价问题》[⑧]，董克昌《关于评价完颜亮的几个问题》[⑨]，张克、杨阳《完颜亮论》[⑩]，赵永春《金代完颜亮研究述略》[⑪]，等等。

关于金世宗的研究，旧史中对其评价很高，称之为“小尧舜”。许多论者认为，旧史记载有夸大之处，但在完颜亮统治期间，的确实行了一些有利于推动社会前进的措施，因此可谓一个有作为的帝王和有能力的政治家。刘肃勇的《金世宗传》[⑫]是一本中肯评价金世宗一生作为的传记。研究金世宗的论文主要集中在其治世思想、人才观念、教育思想、民族政策、对外关系等方面。文章主要有张博泉《试论金世宗的治世思想及其得失》[⑬]、刘肃勇《论金世宗称帝后推行的几项主要政策》[⑭]、乔幼梅《论金世宗》[⑮]、王德忠《金世宗与宋孝宗之比较研究》[⑯]、付百臣《略论金世宗的

① 周喜峰：《试论金太宗吴乞买在金代历史中的作用》，《理论观察》1991年第1期。
② 李禄峰：《金熙宗与宇文虚中》，《文史杂志》2006年第6期。
③ 王耘：《金熙宗文治措施述略》，《黑龙江史志》2008年第13期。
④ 孙田：《论金熙宗改革引起的宗室贵族斗争》，《边疆经济与文化》2014年第1期。
⑤ 孙佳：《金熙宗以来地方行政路考论》，《史学集刊》2012年第2期。
⑥ 陈鸣钟：《略论金主亮南侵》，《新史学通讯》1956年第12期。
⑦ 罗继祖：《完颜亮小议》，《辽金史论集（第2辑）》，北京：书目文献出版社，1987年。
⑧ 崔文印：《略谈金海陵王完颜亮的评价问题》，《辽金史论集（第1辑）》，上海：上海古籍出版社，1987年。
⑨ 董克昌：《关于评价完颜亮的几个问题》，《北方文物》1987年第4期。
⑩ 张克、杨阳：《完颜亮论》，《学习与探索》1988年第3期。
⑪ 赵永春：《金代完颜亮研究述略》，《中国史研究动态》1992年第3期。
⑫ 刘肃勇：《金世宗传》，西安：三秦出版社，1987年。
⑬ 张博泉：《试论金世宗的治世思想及其得失》，《黑龙江文物丛刊》1983年第3期。
⑭ 刘肃勇：《论金世宗称帝后推行的几项主要政策》，《湘潭大学学报》1984年第2期。
⑮ 乔幼梅：《论金世宗》，《宋辽夏金经济史研究》，济南：齐鲁书社，1995年。
⑯ 王德忠：《金世宗与宋孝宗之比较研究》，《史学月刊》1999年第6期。

吏治思想与举措》[①]、姚从吾《金世宗对中原汉化与女真旧俗的态度》[②]、王德厚《金世宗与女真人的"汉化"》[③]、程妮娜《金世宗、章宗时期宰执的任用政策》[④]、刘肃勇《金世宗的民族思想及其民族政策》[⑤]，等等。

研究金章宗、金哀宗等皇帝的论著相对较少，周峰、范军的专著《金章宗传》[⑥]全面地描述与评价了章宗的治国之道、家务之失、南征北伐、诗词才艺等方面。相关论文主要有如下几篇：宋德金《金章宗简论》[⑦]，余德育《金章宗思想和作为略论》[⑧]，金宝丽《评金章宗在金朝发展中的作用》[⑨]，范军、周峰《论金章宗的文治》[⑩]，雷奎怀《独木难撑将倾屋：金哀宗完颜守绪》[⑪]，沈淦《试论金哀宗》[⑫]，史韵《金废帝的个性探究和历史评价》[⑬]等。

2. 对公主、后妃的研究

目前，学界对金代公主、后妃的个案研究相对比较薄弱。研究公主的仅见两篇文章，一篇是王信民《辽金元的契丹女真蒙古公主》[⑭]，另一篇是王可宾《女真公主述要》[⑮]，作者掇拾女真公主事略，补《金史》无《公主表》之阙，并初步探讨了女真公主的封号与婚姻。研究金代后族的论文仅见对贞懿皇后、昭德皇后、熙宗皇后裴满氏等人的研究，相关文章有如下几篇：刘肃勇《金代贞懿皇后年谱新证》[⑯]、鲁任《金代渤海族女政治家贞懿皇后》[⑰]、景爱《贞懿皇后与清安寺之变》[⑱]、树林娜《金代贞懿皇后述

① 付百臣：《略论金世宗的吏治思想与举措》，《社会科学战线》2005 年第 4 期。
② 姚从吾：《金世宗对中原文化与女真旧俗的态度》，《"台湾大学"文史哲学报》1952 年第 4 期。
③ 王德厚：《金世宗与女真人的"汉化"》，《黑龙江民族丛刊》1991 年第 4 期。
④ 程妮娜：《金世宗、章宗时期宰执的任用政策》，《史学集刊》1998 年第 1 期。
⑤ 刘肃勇：《金世宗的民族思想及其民族政策》，《沈阳师范学院学报》1987 年第 2 期。
⑥ 周峰、范军：《金章宗传》，北京：中国广播电视出版社，2003 年。
⑦ 宋德金：《金章宗简论》，《民族研究》1988 年第 4 期。
⑧ 余德育：《金章宗思想和作为略论》，《金史研究论丛》，哈尔滨：哈尔滨出版社，2000 年。
⑨ 金宝丽：《评金章宗在金朝发展中的作用》，《黑龙江史志》2007 年第 3 期。
⑩ 范军、周峰：《论金章宗的文治》，《北京文物与考古（第 6 辑）》，北京：民族出版社，2004 年。
⑪ 雷奎怀：《独木难撑将倾屋：金哀宗完颜守绪》，《贵阳师专学报》1994 年第 4 期。
⑫ 沈淦：《试论金哀宗》，《佳木斯教育学院学报》1999 年第 3 期。
⑬ 史韵：《金废帝的个性探究和历史评价》，《和田师范专科学校学报》2005 年第 5 期。
⑭ 王信民：《辽金元的契丹女真蒙古公主》，《历史月刊》1997 年 10 月第 117 期。
⑮ 王可宾：《女真公主述要》，《北方文物》1990 年第 3 期。
⑯ 刘肃勇：《金代贞懿皇后年谱新证》，《社会科学辑刊》1987 年第 1 期。
⑰ 鲁任：《金代渤海族女政治家贞懿皇后》，《北方民族》1993 年第 1 期。
⑱ 景爱：《贞懿皇后与清安寺之变》，《文物天地》1985 年第 6 期。

略》[①]、刘肃勇《〈金史〉卷六四贞懿皇后传补证》[②]、连群《小议金世宗昭德皇后》[③]。于国石《熙宗皇后裴满氏干政小考》[④]考证了皇后裴满氏开始干政的时间和因干政而发生的熙宗被杀、海陵夺位等几起有影响的事件，认为裴满皇后干政涉及一些重大问题，不仅反映了金代统治者之间的矛盾与斗争，也可以看出当时皇权的强化和金代社会向前发展的一个侧面。

3. 对普通皇室成员的个案研究

研究非帝王宗室的个案的论著主要集中在研究完颜宗弼、完颜宗翰、完颜晏等人。对完颜宗弼的研究有景爱的专著《历史上的金兀术》[⑤]，它是一本关于金兀术的传记，完整、全面地记述了金兀术一生成长的历程及其在中国历史舞台上的活动。书中不乏很多作者的个人见地与考证。关于完颜宗弼的论文也有不少，主要是研究其生平、在金宋战争中的作用等方面。论文主要有吴泰《在金宋战争中的兀术》[⑥]、方衍《论金兀术（上、下）》[⑦]、陶晋生《金完颜宗弼论》[⑧]和《岳飞与完颜宗弼》[⑨]、辛更儒《有关完颜宗弼生平和评价的几个问题》[⑩]、张博泉《略论完颜宗弼》[⑪]，等等。

对金代宗室完颜昌、完颜宗翰、完颜银术可、完颜宗干等人的研究，主要是研究他们在政治改革、对外战争、金宋关系中的地位、作用等方面。主要论文有：陶晋生《完颜昌与金初的对中原政策》[⑫]、赵永春《完颜昌对宋态度的转变及其成因》[⑬]、陈国良《金代杰出的政治家军事家——完颜宗翰》[⑭]、王文素《浅析完颜宗翰在抗辽斗争中的地位和作用》[⑮]、赵永春《完颜宗翰对宋政策述论》[⑯]、王禹浪、王宏北《论完颜宗翰——兼谈金

① 树林娜：《金代贞懿皇后述略》，《辽东史地》2006 年创刊号。
② 刘肃勇：《〈金史〉卷六四贞懿皇后传补证》，《江海学刊》2008 年第 3 期。
③ 连群：《小议金世宗昭德皇后》，《黑龙江农垦师专学报》2002 年第 4 期。
④ 于国石：《熙宗皇后裴满氏干政小考》，《辽金契丹女真史研究》1990 年第 1 期。
⑤ 景爱：《历史上的金兀术》，北京：中国社会科学出版社，2008 年。
⑥ 吴泰：《在金宋战争中的兀术》，《文史知识》1983 年第 9 期。
⑦ 方衍：《论金兀术（上、下）》，《黑龙江民族丛刊》1987 年第 2、3 期。
⑧ 陶晋生：《金完颜宗弼论》，《国史释论（上册）》，台北：食货出版社，1987 年。
⑨ 陶晋生：《岳飞与完颜宗弼》，《岳飞研究（第 4 辑）》，北京：中华书局，1996 年。
⑩ 辛更儒：《有关完颜宗弼生平和评价的几个问题》，《学习与探索》1993 年第 6 期。
⑪ 张博泉：《略论完颜宗弼》，《学习与探索》1983 年第 5 期。
⑫ 陶晋生：《完颜昌与金初的对中原政策》，《幼狮学志》1970 年第 9 卷 3 期。
⑬ 赵永春：《完颜昌对宋态度的转变及其成因》，《史学集刊》2004 年第 2 期。
⑭ 陈国良：《金代杰出的政治家军事家——完颜宗翰》，《东北地方史研究》1988 年第 4 期。
⑮ 王文素：《浅析完颜宗翰在抗辽斗争中的地位和作用》，《大庆社会科学》1993 年第 10 期。
⑯ 赵永春：《完颜宗翰对宋政策述论》，《北方文物》2004 年第 1 期。

朝初年的金、宋关系》[①]、赵永春《金初女真族名将银术可》[②]、王文素等《完颜银术可在抗辽伐宋中的作用浅析》[③]、任崧《试论金代改革家完颜宗干》[④]、于国石等《女真族杰出的政治家宗干》[⑤]、吴本祥《试论完颜宗干的历史作用》[⑥]，等等。

对金代宗室成员完颜斜也、完颜宗雄、完颜撒改、完颜晏等人的研究，主要是考察其生平、事迹。主要论文有王文素《论历史上的完颜斜也》[⑦]《抗辽名将完颜宗雄》[⑧]、王可宾《穆宗子蒲察事迹考略》[⑨]、刘丽丽《略论金源郡忠毅王完颜撒改》[⑩]、王则《完颜守道评述》[⑪]、王世莲《完颜晏及其家世考述》[⑫]、东梁《完颜晏史事考辨》[⑬]、金北人《金初平服乌底改部叛乱的完颜晏》[⑭]和《金代晚期卓越的爱国者——完颜承晖》[⑮]、贺树德《也谈金代有显宗》[⑯]，等等。

此外，日本、英国学者也写了不少研究金代宗室成员个案的文章：主要有日本学者外山军治的《金将宗翰在山西的活动》[⑰]《金朝的海陵王》[⑱]《金世宗》[⑲]《金章宗与李妃》[⑳]，村田治郎的《金兀术的传说》[㉑]，英国学者

---

① 王禹浪、王宏北：《论完颜宗翰——兼谈金朝初年的金、宋关系》，《哈尔滨学院学报》2005年第1期。

② 赵永春：《金初女真族名将银术可》，《北方民族》1995年第2期。

③ 王文素等：《完颜银术可在抗辽伐宋中的作用浅析》，《辽金史论丛——纪念张博泉教授逝世三周年论文集》，长春：吉林人民出版社，2003年。

④ 任崧：《试论金代改革家完颜宗干》，《北方论丛》1986年第6期。

⑤ 于国石等：《女真族杰出的政治家宗干》，《辽金史论集（第7辑）》，郑州：中州古籍出版社，1996年。

⑥ 吴本祥：《试论完颜宗干的历史作用》，《辽金史论集（第9辑）》，郑州：中州古籍出版社，1996年。

⑦ 王文素：《论历史上的完颜斜也》，《绍兴文理学院学报》2008年第3期。

⑧ 王文素：《抗辽名将完颜宗雄》，《学术交流》1996年第2期。

⑨ 王可宾：《穆宗子蒲察事迹考略》，《北方文物》1998年第3期。

⑩ 刘丽丽：《略论金源郡忠毅王完颜撒改》，《黑龙江史志》2007年第4期。

⑪ 王则：《完颜守道评述》，《博物馆研究》2006年第4期。

⑫ 王世莲：《完颜晏及其家世考述》，《学术交流》1989年第2期。

⑬ 东梁：《完颜晏史事考辨》，《北方文物》1991年第2期。

⑭ 金北人：《金初平服乌底改部叛乱的完颜晏》，《北方民族》1992年第2期。

⑮ 金北人：《金代晚期卓越的爱国者——完颜承晖》，《蒲峪学刊》1991年第1期。

⑯ 贺树德：《也谈金代有显宗》，《北京史苑》1982年第2期。

⑰ 〔日〕外山军治：《金将宗翰在山西的活动》，《东洋史研究》1936年8月1卷6号。

⑱ 〔日〕外山军治：《金朝的海陵王》，《东洋史研究》1942年8月7卷4号。

⑲ 〔日〕外山军治：《金世宗》，《青木还历言行录》1948年2月。

⑳ 〔日〕外山军治：《金章宗与李妃》，《大阪外国语大学学报》1973年2月29号。

㉑ 〔日〕村田治郎：《金兀术的传说》，《学海》1947年4卷4号。

罗文的《完颜宗翰：作为汉学家的女真将军》[①]，等等。

（七）对金代宗室其他方面的研究

对金代宗室其他方面的研究，主要是研究金代宗室的宗教信仰、后裔等方面。

日本学者对金代宗室宗教信仰情况的研究有两篇专文，野上俊静《金帝室与佛教》[②]和桂华淳祥《关于金代皇室佛教信仰的史料》[③]。富育光、孟慧英《金代女真族的萨满教》[④]认为萨满教在金代女真族中形成两种走向，在女真宫廷、贵族中间由萨满教转向佛教，在广大女真族民间则始终保持萨满教信仰。都兴智《金代女真人与佛教》[⑤]文中谈到金代宗室成员特别是帝王对佛教态度的演变情况，但是至今还没有发现有女真人出家为僧尼的实例，更不要说是宗室成员了。

关于金亡后遗裔的研究，刘晓先生从元代史料出发，在《耶律楚材评传》[⑥]中曾引《大元马政记》认为蒙古对金朝宗室作为人质的曹王讹可在金亡后还给予礼遇。他的另一篇论文《成吉思汗公主皇后杂考》[⑦]引用域外及元代史料说明公主皇后很受尊敬，而且对保存金皇室血脉有作用，还指出章宗后妃、公主皇后之母袁夫人的下落。《完颜氏变迁记》[⑧]一书的作者、完颜兀术的后裔完颜玺，经过20多年调查甘肃省泾川县王村镇完颜家族的来历及其发展概况，较为完整地记述了完颜氏的变迁。完颜玺还有一篇文章《金兀术的后裔们》[⑨]。长白清子《完颜麟庆及女真皇族完颜氏后裔》[⑩]、景爱《访金世宗后裔王佐贤先生》[⑪]、何志虎等《泾川完颜家族祖先遗像考释》[⑫]、海峰《揭开“完颜部落”神秘面纱》[⑬]、

---

① 〔英〕罗文：《完颜宗翰：作为汉学家的女真将军》，《宋元研究》1996年26号。

② 〔日〕野上俊静：《金帝室与佛教》，《大谷学报》，1934年1月15卷1号。

③ 〔日〕桂华淳祥：《关于金代皇室佛教信仰的史料》，《印度学佛教学研究》1983年12月32卷1号。

④ 富育光、孟慧英：《金代女真族的萨满教》，《黑河学刊》1988年第3期。

⑤ 都兴智：《金代女真人与佛教》，《北方文物》1997年第3期。

⑥ 刘晓：《耶律楚材评传》，南京：南京大学出版社，2007年。

⑦ 刘晓：《成吉思汗公主皇后杂考》，《民族史研究（第5辑）》，北京：民族出版社，2004年。

⑧ 完颜玺：《完颜氏变迁记》，长春：吉林摄影出版社，2007年。

⑨ 完颜玺：《金兀术的后裔们》，《西部人》2004年第6期。

⑩ 〔日〕长白清子：《完颜麟庆及女真皇族完颜氏后裔》，《金史研究论丛》，哈尔滨：哈尔滨出版社，2000年。

⑪ 景爱：《访金世宗后裔王佐贤先生》，《黑龙江日报》1987年9月8日。

⑫ 何志虎等：《泾川完颜家族祖先遗像考释》，《甘肃社会科学》2005年第2期。

⑬ 海峰：《揭开“完颜部落”神秘面纱》，《科学大观园》2006年第20期。

关伯阳《金朝贵胄完颜氏后裔在国内的主要分布及状况》[①] 等都是研究金代皇族遗裔的文章。

以上，笔者征引了史家关于金代宗室研究的主要论著及其观点，目的是展示学界对金代宗室阶层研究的现状。其文中观点正确与否不在本文的讨论范围之内。通过上述论文、著作，可以看出学术界对金代宗室的研究已取得比较丰硕的成果，且这些成果有助于我们进一步深入研究宗室。但是对金代宗室的研究仍存在一些不足，主要表现在以下几个方面：

其一，在上述的研究成果中，金代宗室研究还没有形成一个独立的研究方向。这些成果基本都是在研究金代其他问题的时候附带提及对金代宗室情况的一些见解，但终因各论著的侧重点不尽相同，对宗室问题之论述均不够系统或仅点到为止。至今学界没有文章或著作全方位地整合研究金代宗室。

其二，研究方法比较单一。除少数文章外，绝大多数仍采用传统的历史学研究方法，缺少对比较史学、计量史学、人类学、社会学、民族学等学科相关研究方法的运用。

其三，史料匮乏是金史研究的一个难题。以往对金代宗室的研究多限于《金史》等金代文献史料，大量的金代考古材料、金石材料及大量的宋、元、明、清史料没有得到足够的重视。

其四，研究时主要集中在几个固定问题、固定客体的研究上，且少有新的拓展。研究偏重于对宗室成员的个案研究，多就某个宗室成员个人进行探讨，如完颜阿骨打、完颜亮、完颜雍、完颜宗翰、完颜宗弼、完颜宗干、完颜璹等，没有把宗室阶层作为一个群体进行整合研究和全面考察，更没有将整个金代宗室问题置于文化认同的大背景下去考察研究。

其五，金代宗室研究中还存在很多盲点。比如对宗室管理机构大宗正府的研究、对宗室经济来源的研究、对宗室犯罪处罚的研究和对宗室文化成就的研究，等等（笔者的部分研究成果除外）。

三、研究思路及方法

通过上述对金代宗室研究情况的回顾，总结以上研究中存在的问题与

---

① 关伯阳：《金朝贵胄完颜氏后裔在国内的主要分布及状况》，《辽金契丹女真史研究》2007年第1、2期。

不足，笔者认为有必要对金代宗室做全面、系统的整合研究，但是前人的研究成果仍给予笔者很多研究的灵感与思路。宗室作为一个特殊的家族，与普通的家族有很大的不同。本书拟从政治史、经济史、家族史、文化史、法制史、教育史等方面来研究金代宗室。

本书研究思路为，除绪论和结语外，共分七章，现将这几个部分写作的大体思路加以介绍：

第一部分是绪论。在这部分将介绍本书的选题意义，梳理学术界的研究现状，总结目前研究存在的不足，并阐述研究思路与方法、创新点、难点。

第二部分，即论文的第一章，重点是界定金代宗室范围。根据《金史》的记述及学界一些学者的观点，认为金代宗室是指始祖函普及其两兄弟的后裔。更正了学界很多学者认为金代"郎君"是对金代的"宗室""皇族""金朝完颜氏男性皇族"的称呼的错误观点。更正学术界对金代宗室成员"婆卢火"的误解。此部分还在前人研究的基础上，根据笔者所掌握的史籍及当时的碑志诗文等史料，对《金史·宗室表》做出补充与考订，共补宗室 80 余人。

第二章，探讨金代宗室成员的入仕途径及入仕时享有的诸多特权。包括探讨宗室在都元帅府、元帅府、枢密院及三省（主要是尚书省）六部中的任职情况，考察宗室在行政、军事和监察等机构中的任职情况，然后分析金代宗室的任用情况，总结其特点。还探讨宗室致仕、死后赠官情况及其特点。

第三章，探讨金代宗室的生活状况和生活方式，论述宗室经济状况的差距，并分析形成差距的原因。包括探讨宗室的经济来源：分常规性收入和非常规性收入两种。常规性收入包括为官的俸禄、勋爵食邑与王俸、养赡钱粮、地租收入等。非常规性收入包括皇帝赏赐、赙赠、收受贿赂、欺诈百姓、战争掠夺等。本章认为金代宗室成员在为国家创造财富的同时也给国家的财政和人民的生活带来了负担。在日常生活方式和礼仪方面，宗室成员仿效中原王朝贵族阶层的生活方式，一方面形成了礼仪和秩序，另一方面也染上了奢靡之风。

第四章，主要探讨金代宗室的专门管理机构大宗正府的机构设置、官员选任和执掌。这是本书一个较大的创新部分，目前学界还没有论著对金代大宗正府的情况加以探讨。包括探讨了宗室的兼理机构御史台、太常寺及其他相关机构，这些机构与大宗正府相互配合，各司其职，各自从不同的方面对宗室进行有效管理。还探讨了宗室成员犯罪类型、惩罚方式及处罚宗室犯罪的特点。其中因为宗室成员是皇位的潜在竞争者，金朝皇帝大多疏忌宗室，故宣扬忠孝观念也成为防范宗室的政治手段。

第五章，探讨金代宗室的婚姻状况。分别分析了宗室中帝王、公主、帝王之外的男性宗室的婚姻情况，并总结出宗室婚姻的某些特点，主要有婚有恒族、服务政治、门当户对、同姓不婚、重亲为婚等特点。还论述了金代宗室的婚姻礼仪和宗室婚姻的意义，这其中有许多方面出自对中原王朝的仿效。

第六章，主要论述金代宗室的教育与文化建树。对金代宗室的教育内容、教育方式加以论述，并考论了宗室的文化建树、文化建树形成原因、特点及所产生的影响。

第七章，主要论述金代的法律变革活动和金代帝王的相关法律思想。女真族在汉化过程中，仿效中原王朝逐步修订了有一定成就的成文法。其中作为笔者的意志即相当于法律的金代帝王，他们的法律思想对法律条文的制订有着至关重要的作用。金代帝王、宗室大多儒学修养较高并熟知中原王朝治国典故，故其法律思想体现了对中原王朝的文化认同。

结语，在前面几章具体考察研究宗室的基础上，归纳、梳理金代宗室的特权，阐述本书研究的价值。

研究方法如下：

其一，不能孤立地研究金史，而是应把它置于中国历史长河中进行考察，将金史与唐、辽、两宋等朝代联系起来研究，尤其要注重与宋、辽的比较研究。金代宗室阶层作为金代社会的一个特殊阶层，亦不能孤立地进行研究；而是不仅要结合其他社会阶层进行研究，还要将其放到当时的中国这样一个宏观的社会环境中进行研究。

其二，注重综合运用历史学、社会学、考古学等相关学科的研究方法。采用历史学的研究方法，通过分析、整理与考辨金代宗室史料，力图理清金代宗室政治、经济、文化、婚姻、教育及法律等方面的情况，尽可能全面地呈现金代宗室这一特殊社会阶层的历史面貌。在采用传统历史学研究方法的同时，注重运用计量史学研究方法，通过对大量图表的统计与分析得出了相应的结论。采用社会学的方法，运用社会分层论。所谓社会分层是按照一定的标准将人们区分为高低不同的等级序列。笔者所要研究的金代宗室阶层是社会分层及女真族分层中最顶尖的一层，但即使在这一层中人们身份、地位也有所不同，且可以将其划分为不同的层次进行研究。

其三，采用微观考证与宏观论述相结合的方法。微观考证是尽量在细节上弄清楚具体的史实。宗室的事情，由于一些史籍的曲笔、隐讳，故其记载常有偏差，所以考证史实、用事实去论证显得尤为必要，比如金代宗室的相关称呼、《金史·宗室表》的补充、宗室相关管理机构的设置问题等。宏观论述是以各种相关史料为背景，并通过综合归纳以说明其影响，体现其研究意义。

其四，本书在对金代宗室的研究中，除了运用正史史料外，还大量地引用了行程录、野史笔记、诗文、会典会要等方面的传世文献和考古、碑碣资料，力求在前人研究的基础上对金代宗室进行全面的整合研究，并就本书所涉及的若干问题根据相关的基础资料加以考订、解析，以补前人研究之阙遗。同时，也注重运用辽人、宋人的材料，但是对宋人的记载进行甄别考证，因为宋人的记载多为道听途说。对碑碣资料的使用也加以甄别，因为墓碑之类的史料往往倾向于歌颂死者，其真实性应该受到质疑。

其五，本书的写作不流于形式：详论资料多的章节，多论写作过程中心得体会多的地方；少论或不论所掌握的资料少的、前人已有定论或考证清楚的事情而笔者又无创见的章节。

其六，金朝比较看重宗室的亲疏远近及嫡庶之别，所以，要明确宗室的近属和疏属，不能对他们一概而论，而是要分清亲疏远近的差别。此外，还要认识到金代宗室的发展呈现出一定的阶段性，不能将某一时期的情况一概加于整个金代宗室。

四、本书创新点及难点

关于创新点。基于上述以往对金代宗室研究中的不足，本书已在以下诸方面取得突破与创新：

其一，本书首次对金代宗室进行整合研究。通过上文的论述，可见当前学界对宗室的研究成果已经比较多了，但是把整个宗室作为一个特殊的社会阶层进行整合研究的却没有。金代的宗室作为一个比较特殊的社会阶层，其特殊的社会地位彰显了对这一阶层进行整合研究的必要性，故本书将在充分利用传统的历史学研究方法的同时，注重运用社会学分层理论研究金代宗室，同时也将人类学、民族学知识应用于其中。通过对金朝宗室的整合研究，总结出宗室阶层在诸多方面有别于其他社会阶层的独有的特点。

其二，大宗正府是管理宗室的重要机构，学界对金代宗室管理机构大宗正府的研究基本是空白。本书详细地考察了金代大宗正府机构设置、相关官职的设置时间、曾在大宗正府任职的人员情况、宗正官员的选任标准、大宗正府官员的具体执掌等方面，认为：金朝大宗正府设置于 1135 年，当时只设判、同判大宗正事，直至大定元年（1161 年）才设同签大宗正事一职；宗正官基本以皇族亲属充任。特别是判大宗正事一职由爵位显赫、出身尊贵的宗室诸王来担任。宗正官的人选要以“能干者充”，且宗正官员往往以他官兼领，或者是兼任他官；金朝宗正官的执掌主要是序定昭穆、修撰玉牒、监督监察、训导教育、宗庙祭祀、安葬改葬及掌管宗室家族杂事。

其三，本书还考察了宗室入仕、任官、经济来源的情况，认为金代中央机构中对宗室的任用情况，从海陵朝开始急剧减少，到了世宗时期虽然有所提升，但是提升的幅度并不大，在章宗、宣宗、卫绍王时期宗室的任用比例又有所下滑；金代前期中央重要机构任用的基本都是宗室近属，海陵以后有不少宗室疏属跻身重要官职，章宗以后任用的宗室成员基本都是疏属。金代宗室的生活状况并不完全是“锦衣玉食”“钟鸣鼎食”，由于各种原因，不少疏支宗室的生活却比较窘迫。

其四，根据《金史》等正史史料及笔记、文集、县志等，考证出金代 80 余位未列入宗室表的宗室成员姓名，否定学界认为婆卢火是徒单氏、不是宗室完颜婆卢火的观点，认为在金朝至少有五个婆卢火。《金史》中移剌屋、移剌古二人都被冠以宗室，时间都在金朝前期。关于此二人的身份，笔者认为存在两种可能。一是此二人是金朝宗室，“移剌屋”与“移剌古”为女真人名，正如《金史》卷 104 有东京猛安人、以太子太傅致仕、曾拜尚书右丞的蒲察移剌都一样，此二人全称为“完颜移剌屋”与“完颜移剌古”。二是此二人为契丹人，为辽朝宗室，辽代“耶律”在金朝改称“移剌”，有可能是前朝的宗室遗裔。

其五，本书有十余个图、表，这些图、表绝大多数是笔者精心搜集金代各种史料而列，能够直观地说明金代宗室的相关问题。

其六，在金代的史籍中，常常见到“郎君”这个称呼，郎君在金初的征战中及金初宋金交往中发挥了重要的作用。对于这个称呼的解释，治金史的学者们基本已经取得共识：根据《三朝北盟会编》等史籍的记载，多认为“郎君”是对金代“宗室”“皇族”“金朝完颜氏男性皇族”的称呼，其实，在金朝被称为“郎君”者并非全是“宗室”，也包括不少非宗室贵族人员。笔者认为金朝“郎君”的含义主要有两个：一是人们对一些宗室及非宗室等贵族青年男子的称呼；二是指在尚书省、亲王府任职的从事护卫、稽查案牍、管理纸笔及听从尚书省和亲王府随时差遣之事的官员和小吏。

其七，金代的宗室还有“内族”之称。《金史·宗室表序》言：“金人初起完颜十二部，其后皆以部为氏，史臣记录有称‘宗室’者，有称完颜者……大定以前称‘宗室’，明昌以后避睿宗讳称‘内族’，其实一而已。”但考之史籍，在明昌之前也有称宗室为内族的记载。笔者认为史籍中出现大定以前称“内族”的情况，有可能是后来的史官用明昌以后改称的“内族”一词去称以前的宗室，也有可能沿袭了辽代称宗室为“内族”的传统。

其八，学界有人认为金代没有流刑，本书考察金代宗室犯罪后所实施的处罚方式，发现有不少近似流刑的例子。

其九，有学者认为未见女真人出家为僧尼，“虽贵戚、望族，多舍男女为僧尼”并不包括女真人在内。笔者通过对金代宗室的研究，发现至少有两位女真宗室成员出家为僧尼，一人为宗隽女，一人为曹王次子、皇孙祖敬。

其十，总结出宗室死后赠官的三个特点：金朝宗室被赠官的多是远支宗室，近支宗室死后所追赠、追封的是王爵；赠官的品阶一般高于生前所任的官职；所赠之官基本上都是虚衔的散官，其中文官、武官都有。

其十一，在金朝，宗室犯罪，只要不触犯君权、不危害金国政权，大都从宽发落，且常处以精神处罚。中国古代文人好标榜一句话“士可杀而不可辱”，也就是说人们不怕杀头，怕的是被侮辱，于是便有了“辱而不杀”的惩罚办法，我们姑且称之为“精神处罚”，主要是精神上折磨和人格上侮辱、摧残。笔者认为金朝对宗室实施的杖责就属于精神处罚，因为对宗室犯罪后施杖并不重，主要目的是“以小人之罚罚之”，使其知廉耻，不再犯罪。

其十二，金朝常发生奴告主事件，这与中国古代亲属相隐、奴为主隐的传统精神不完全一致。有学者根据金朝屡见奴告主案，认为金代法律允许奴告主，但笔者认为这是值得商榷的。金朝宗室家族中奴告主案件得以成功，并不一定是因为金朝法律允许奴告主，最主要的原因是金海陵朝对奴婢的政策有所改变，海陵朝规定“虽主决奴婢，亦论以违制”，加之对宗室的防范与打压，对奴告主案件的鼓励与赏赐，使得奴婢们积极告发主子，甚至是诬陷。笔者研究金朝宗室的时候，对不少宗室包庇家奴犯罪、其家奴为所欲为的行径顿生疑惑：一个小小奴婢竟如此胆大妄为。在这里，笔者好像得到了一个合理的解释：不少宗室是害怕家奴的举报与诬陷，故待家奴很好，往往包庇家奴犯罪，以至他们为所欲为。

其十三，金朝宗室与异姓女真世家大族联姻，是互相借联姻的强大家族来彼此扩大影响力和政治权力的行为，是互利互惠的。宗室与世家大族联姻对金政权的建立及建立后政权的巩固起到不可低估的作用：金朝统治者通过联姻换取大族的支持，以达到长治久安的目的；这些通婚的家族也获得一系列的好处，赏赐、加官、进爵。这与西周实行的“同姓不婚”有着相似的作用。西周只与外姓通婚，通过与异姓宗族、异姓诸侯国的婚姻关系，使外姓承认和服从周族的最高统治，建立起稳固的联盟，保证姬姓万世一统的家天下。金朝也正是通过这样一个庞大的亲属集团巩固着政权，这也是宗室婚姻与其他阶层婚姻最大的不同之处。

其十四，通过分析金朝宗室文化成就，可知其文化成就具有全面性、阶段性、家族性等几个方面的特点。金代宗室在文学、史学、书法、绘画、收藏、音乐等方面均有建树。在金代宗室中，有文学造诣者基本都集中在世宗一系，世宗家族中父子皆文人，这应该与世宗家族多年的深厚文化积累有一定关系。世宗时期虽然反对女真人说汉话、穿汉服、弃武学文等遗弃刚强好武之风的漫延，但并不反对学习十七史、十三经等汉文化，同时更为大力提倡发扬本民族文化，其所提倡的女真文化与汉族文化殊途同归，都以好学、向上为本质要求，其家族成员也正是在这种熏陶下，在文学艺术创作上取得了卓越的成就。宗室文化成就具有其自身的发展历程，金初刚刚起步，是打基础的阶段；金中叶出现了宗室文化创作的繁荣局面；到了金后期宗室文学艺术创作逐渐衰落。

难点如下：

其一，由于时间有限，将金朝宗室阶层与其他社会阶层进行横向对比研究、与其他朝代的宗室进行纵向对比研究，是本书的一大难点。

其二，关于宗室管理机构大宗正府、宫师府等方面的研究，不仅前人没有研究，而且资料比较少，研究起来会存在一定的难度。

其三，关于大量运用传统材料之外的其他史料。通过史料收集情况，可知本书在这方面想要取得突破是比较难的，但仍应该尽力而为。

其四，理论提升。笔者认为，宗室作为一个特殊的社会阶层，仅细致研究其政治权力、经济生活、文化成就等方面是不够的，还应明确目的是整合研究，最后还要进行理论上的提升。想要做到这一点还需要付出更多的汗水。

第一章　金代宗室的界定及其相关问题研究

第一节　金代宗室的范围与相关称呼

本节主要是给宗室下定义并确定本书所要研究的范围。在金朝，宗室还有“皇族”“内族”的称呼。学界不少学者还根据《三朝北盟会编》语“其宗室皆谓之郎君”，认为金代的宗室亦被称为“郎君”，这种观点值得商榷。

一、宗室的界定

要研究宗室，首先要明确宗室的含义。宗室一词有多种含义，最初是指宗庙，见于《诗·召南·采苹》：“于以奠之？宗室牖下。”《毛传》云：“宗室，大宗之庙也。大夫、士祭于宗庙，奠于牖下。”《汉语大词典》中对宗室的解释还有：“宗族，同宗族之人；特指与君主同宗族之人，犹言皇族；犹言大宗；宗子之家；犹本源。”清顾炎武《日知录·上下通称》曾言“今人以皇族称为宗室，考之，古不尽然，凡人之同宗者，即相谓曰宗室”①，即宗室还指父亲的亲属，相当于宗族的含义。本书中所要研究的宗室，不是普通百姓的同宗族之人，而是与君主同宗族之人，即皇族。

“宗室”一词在篇幅不大的《金史》中频频出现，共计237次，金代宗室到底包括哪些人？《宗室表》是一个最有力的说明。《宗室表》中记载了金代宗室世系的基本资料，基本收录的是始祖函普及其两兄弟的后裔。《金史·宗室传》中还有这样一句话：“始祖兄弟三人，保活里之

① （清）顾炎武著，（清）黄汝成集释，秦克诚点校：《日知录集释》，长沙：岳麓书社，1994年，第869页。

后为神土懑、迪古乃，别有传。”[1]《宗室传》中还将始祖兄弟阿古乃之后胡十门等人列入。《金史·石土门传》记载：“石土门，汉字一作神徒门，耶懒路完颜部人，世为其部长。父直离海，始祖弟保活里四世孙，虽同宗属，不相通问久矣。景祖时，直离海使部人邈孙来，请复通宗系。”[2]《金史》卷66《宗室传》中不仅有《始祖后裔传》，还有始祖兄阿古乃之后《胡十门传》和始祖兄后裔《合住传》，《金史·熙宗纪》有“诏以去年宋币赐始祖以下宗室”[3]，可见还有非始祖以下的宗室，即函普两兄弟的后裔。可见在《金史》中“宗室”就是指始祖函普及其两兄弟保活里与阿古乃之后。张博泉也曾指出金朝“宗室家族主要是指出自始祖同一系的完颜各家族，也包括与始祖同宗属兄弟的完颜家族”[4]。

本书遵循《金史》及张先生的观点，将始祖及其两兄弟的后裔纳入本书的研究范围。但是在这里还需要做出一些说明。第一，关于函普两兄弟保活里和阿古乃的后裔的记载不多，事迹也不多，所以本书的研究范围基本是函普的所有后裔。第二，函普的后裔很多，不少后裔在史书中没有记载，没有记载的这些人不在本书的研究范围之内。第三，关于公主、后妃的情况，虽然不属于宗室的范围，但是有些章节为了说明问题，还是将其一并论述。

二、皇族与内族

上文谈到，在金朝，宗室还被称为“皇族”。《金史·完颜赛不传》记载，元光二年（1223年）六月，“诏谕宰臣曰：‘枢密副使赛不本皇族，先世偶然脱遗。朕重其旧人，且久劳王家，已命睦亲府附于属籍矣。卿等宜知之。’”[5]完颜赛不为始祖函普弟保活里之后，那就是说始祖及其兄

① （元）脱脱等：《金史》卷66《宗室传》，北京：中华书局，1975年，第1561页。以下凡引此书均省略作者和版本。

② 《金史》卷70《石土门传》，第1621页。

③ 《金史》卷4《熙宗纪》，第80页。

④ 张博泉：《金代黑龙江“宰执”探赜》，《学习与探索》1991年第1期。程妮娜先生认为：所谓完颜氏宗室大家族，在金建国前，是指完颜氏部落大联盟长的历代祖先的后人；金建国后，则是专指历代皇帝的家族。见程妮娜：《金代政治制度研究》，长春：吉林大学出版社，1999年，第25页。韩世明先生认为：金朝宗室是指“金皇室直系血亲，即按出虎水完颜部始祖函普的后裔”。见韩世明：《辽金生活掠影》，沈阳：沈阳出版社，2002年，第169页。程先生的观点与张博泉先生所认定的宗室范围一致，韩先生的观点为宗室是指函普的后裔，这个范围与《金史》中所论述的宗室的主体部分一致。

⑤ 《金史》卷113《完颜赛不传》，第2481页。

弟之后在金朝被视为皇族了[①]，这样，在金朝，“皇族”就与“宗室”的概念相一致。《金史》还记载宗室子从坦，贞祐四年（1216年），“行枢密院于河南府，上书曰：‘用兵累年，出辄无功者，兵不素励也。士庶且充行伍，况于皇族与国同休戚哉。皆当从军，亲冒矢石为士卒先，少宽圣主之忧。族人道哥实同此心，愿隶臣麾下。’”[②]宗室子从坦自称自己属于皇族。《金史·完颜匡》载：“显宗尝谓中侍局都监蒲察查剌曰：‘入殿小底完颜讹出、侍读完颜撒速，与我同族，汝知之乎？’对曰：‘不知也。’显宗曰：‘撒速，始祖九世孙。讹出，保活里之世也。始祖兄弟皆非常人，汝何由知此。’”[③]内族“合周者一名永锡”[④]，贞祐四年，合周“以御史大夫权尚书右丞，总兵陕西。合周留渑池数日，进及京兆，而大兵已至，合周竟不出兵，遂失潼关。有司以敌至不出兵当斩，诸皇族百余人上章救之”[⑤]。“内族合周避敌不击，且诡言密奉朝旨，下狱当诛。诸皇族多抗表乞从末减。”[⑥]“御史大夫权尚书右丞永锡被诏经略陕西，宣宗曰：‘敌兵强则谨守潼关，毋使得东。’永锡既行，留渑池数日，至京兆驻兵不动。顷之，潼关破，大元兵次近郊。由是永锡下狱，久不决。……宗室四百余人上书论永锡，皆不报。”[⑦]以上几条史料中，一会儿言“诸皇族百余人上章救之”，一会儿言“宗室四百余人上书论永锡”，可见在《金史》中所指的皇族就是宗室，二者混用，即皇族就是宗室。明人王圻所撰《续文献通考》卷189《帝系考·金》之下列有“皇族”一目，主要是依据《金史·宗室表》等记载编入，收有始祖八世孙匡（本名撒速）和“不知世次”的始祖兄阿古乃之后挞不也、合住、胡十门、浦速越、余里也、布辉等，始祖弟保活里之后滓不乃、石土门、习失、思敬、阿斯懑、迪古乃等，所记与《金史·宗室表》大体相同[⑧]。清人所编《续文献通考》卷204《帝系考》下亦列有“皇族”一目，主要记载《金史·宗室表》所

---

① 函普兄弟保活里的后裔完颜忠（迪古乃，字阿思魁，石土门弟）也被俄学者B·E·拉里契夫认定为“金帝国亲王”，其神道碑现在藏于俄罗斯符拉迪沃斯托克地志博物馆，可见外国学者也将未追封为帝的函普兄弟的后裔视为皇族了。见林沄：《完颜忠神道碑再考》，《北方文物》1992年第4期。

② 《金史》卷122《忠义传二》，第2662页。

③ 《金史》卷98《完颜匡》，第2164页。

④ 《金史》卷114《斜卯爱实传》，第2516页。

⑤ 《金史》卷114《斜卯爱实传》，第2516页。

⑥ 《金史》卷107《张行信传》，第2368页。

⑦ 《金史》卷122《忠义传二》，第2662页。

⑧ （明）王圻：《续文献通考》卷189《帝系考·金·皇族》，明万历三十年（1602年）年刻本。

列宗室，并做了一定的补充和修订[①]，说明明人王圻所撰《续文献通考》和清人所撰《续文献通考》均将宗室视为“皇族”，并与《金史·宗室表》所认为的金宗室应该包括始祖三兄弟之后完全一致。因此，本书吸纳《金史》和《续文献通考》等书的观点，认为金代“宗室”即是“皇族”，文中“宗室”和“皇族”二词混用。

金代的宗室还有“内族”之称，《金史·宗室表序》：“金人初起完颜十二部，其后皆以部为氏，史臣记录有称宗室者，有称完颜者……大定以前称‘宗室’，明昌以后避睿宗讳称‘内族’，其实一而已。”[②]《宗室表》言明昌以后为避睿宗讳改称“宗室”为“内族”，但是考之史籍，在明昌之前也有将宗室称为内族的记载。金太宗于天会八年（1130年）六月下诏：“以昏德公（即宋徽宗赵佶）六女为宗妇。”[③]赵佶立即上谢表说：“臣佶伏奉宣命，召臣女六人，赐内族为妇，具表称谢。”[④]可见在太宗朝赵佶已经将金宗室称为内族了。“齐，本名扫合，穆宗曾孙。父胡八鲁，宁州刺史。大定中，以族次充司属司将军，授同知复州军州事，累迁刑部员外郎。上谕曰：‘本朝以来，未尝有内族为六部郎官者，以卿历职廉能，故授之。’”[⑤]大定二十九年（1189年），“河溢于曹州小堤之北。……命彰化军节度使内族裔、都水少监大龄寿提控五百人往来弹压”[⑥]。可见，大定中期及后期已有内族的称呼。

《金史·宗室表》明确记载：“大定以前称‘宗室’，明昌以后避睿宗讳称‘内族’。”史籍中出现大定以前称“内族”的情况，有可能是后来的史官用明昌以后改称的“内族”一词去称以前的宗室，也有可能沿袭了辽代对宗室的称呼。史书记载，在辽代已经称宗室为内族了。《辽史·刑法志上》言：“夫小民犯罪，必不能动有司以达于朝，唯内族、外戚多恃恩行贿，以图苟免，如是则法废矣。”[⑦]《辽史·百官志一》：“遥辇痕德堇可汗以蒲古只等三族害于越室鲁，家属没入瓦里。应天皇太后知国政，析出之，以为著帐郎君、娘子，每加矜恤。世宗悉免之。其后内族、外戚

① （清）《续文献通考》卷204《帝系考》，杭州：浙江古籍出版社影印版，1988年。

② 《金史》卷59《宗室表》，第1359页。

③ 《金史》卷3《熙宗本纪》，第61页。

④ （金）佚名编，金少英校补，李庆善整理：《大金吊伐录校补·昏德公表》，北京：中华书局，2001年，第529页。

⑤ 《金史》卷66《宗室传》，第1564页。

⑥ 《金史》卷27《河渠志》，第673页。

⑦ （元）脱脱等：《辽史》卷61《刑法志上》，北京：中华书局，1974年，第940页。以下凡引此书均省略作者和版本。

及世官之家罪犯者，皆没入瓦里。”[①] 太平六年（1026 年）十二月，“诏大小职官有贪暴残民者，立罢之，终身不录；其不廉直，虽处重任，即代之；能清勤自持者，在卑位亦当荐拔；其内族受赂，事发，与常人所犯同科”[②]。《辽史·兴宗本纪二》载，重熙十年（1041 年）冬十月，“壬辰，复饮皇太后殿，以皇子生，肆赦。夕，复引公主、驸马及内族大臣入寝殿剧饮”[③]。据此，笔者做出了一个大胆的推测：金朝沿袭辽朝对皇室的称呼，也称宗室为内族，在明昌之前宗室、内族两种称呼是并行的，但是常用的称呼是宗室，明昌之后，因为避睿宗讳故只称内族了（《辽史》中“内族”也不排除为金朝史官为避讳而改）。

可见，在金代，宗室作为一个与皇帝有血缘关系的群体还被称为“皇族”“内族”，所以在本书中这些表示宗室的词语是可以混用的。

三、金代的“郎君”

学界还有学者根据《三朝北盟会编》语“其宗室皆谓之郎君”，认为金代的宗室亦被称为“郎君”。学者们多认为金朝“郎君”是对金代的“宗室”“皇族”“金朝完颜氏男性皇族”的称呼。其实不然，在金朝被称为“郎君”者并非全是“宗室”，还包括不少非宗室贵族人员。实际上，金朝“郎君”的含义主要有两个：一是人们对一些宗室及非宗室等贵族青年男子的称呼；二是指在尚书省、亲王府任职的从事护卫、稽查案牍、管理纸笔及听从尚书省和亲王府随时差遣之事的官员和小吏。现论述如下。

“郎君”一词，在历史上的不同时期所指内容有所不同。汉代，二千石以上官员可以任用其子为郎，称“郎君”。“汉以后，则凡身事其父者，皆呼其子为郎君，而郎君遂为贵介及裙屐少年之美称”[④]，“郎君”一词成为贵族子弟之称呼。隋唐以后，“郎君”一词含义增加，主要是对年轻人、主人的儿子、自己的儿子或女婿、女子对恋人或丈夫的称呼，宫中内臣常称太子为“郎君”，新进士也被称为“郎君”，等等。辽朝初期称贵族子弟为“郎君”，后来一些官衙设立郎君官，“郎君”一词又成为一种官称。金朝受辽人影响，也称贵族子弟为“郎君”，且在一些官衙中设

① 《辽史》卷 45《百官志一》，第 702 页。
② 《辽史》卷 17《圣宗本纪八》，第 200 页。
③ 《辽史》卷 19《兴宗本纪二》，第 226 页。
④ （清）赵翼著，栾保群、吕宗力点校：《陔余丛考》卷 37《郎君、大相公》，石家庄：河北人民出版社，1990 年，第 677 页。

置郎君官，赋予“郎君”一词以“贵族子弟”和“职官”等多种含义。学界对金代以前的“郎君”研究较多，但对金代的“郎君”研究较少，仅有李锡厚《金朝的“郎君”与“近侍”》[①]一文问世，笔者拜读之后，仍存在一些疑问，认为金代“郎君”问题值得进一步讨论。

（一）金代“郎君”并非全部指“宗室”

学界多认为金朝“郎君”是对“宗室”“皇族”“金朝完颜氏男性皇族”的称呼。陈述先生曾说过：“按女真之俗，自皇子以至族子，皆称郎君。”[②]李锡厚先生通过对《大金皇弟都统经略郎君行记》碑文进行考证，认为“女真建国以后，宗室称郎君”[③]。景爱先生认为到了金代“郎君变成了宗室贵族独享的专称，非宗室成员不能称为郎和郎君”[④]。崔文印先生在为《大金国志》“郎君吴矢谋反，路虎连坐，被诛”一条作校证时说：“其人（吴矢）非郎君。”[⑤]言外之意为吴矢是辽朝降将，不是金朝宗室，不能称为“郎君”，实际上也是认为只有金朝宗室才能称为“郎君”。张作耀等人也认为“金宗室子弟称为郎君，权力很大，虽卿相亦须向郎君跪拜，郎君不用还礼，犹如主人对待奴仆”[⑥]。王曾瑜先生在其文中亦认为“金朝称皇族为‘郎君’”[⑦]。

确实，传世的相关史籍多记载金代宗室称“郎君”。徐梦莘《三朝北盟会编》卷3有一篇记述女真由来的文字，日本学者三上次男称之为“女真记事”[⑧]，崔文印将其收入《大金国志校证·附录》时改称“女真传”，文中即称女真“宗室皆谓之郎君。事无大小，必以郎君总之，虽卿相尽拜于马前，郎君不为礼，役使如奴隶”[⑨]。佚名《北风扬沙录》、宇文懋昭

---

① 李锡厚：《金朝的“郎君”与“近侍”》，《社会科学辑刊》1995年第5期。

② 陈述：《契丹舍利横帐考释》，《燕京学报（新第8期）》，北京：北京大学出版社，2000年，第87页。

③ 李锡厚：《金朝的“郎君”与“近侍”》，《社会科学辑刊》1995年第5期。

④ 景爱：《历史上的金兀术》，北京：中国社会科学出版社，2008年，第20页。

⑤（宋）宇文懋昭撰、崔文印点校：《大金国志校证》卷27《开国功臣传》，北京：中华书局，1986年，第383页。以下凡引此书均省略作者和版本。

⑥ 张作耀等：《中国历史辞典（第2册）》，北京：国际文化出版公司，2000年，第864页。

⑦ 王曾瑜：《宋朝的奴婢、人力、女使和金朝奴隶制》，《文史（第29辑）》，北京：中华书局，1988年，第218页。

⑧〔日〕三上次男著，金启孮译：《金代女真研究》，哈尔滨：黑龙江人民出版社，1984年，第396页。

⑨（宋）徐梦莘：《三朝北盟会编》卷3《政宣上帙三》，上海：上海古籍出版社，2008年，第19页。以下凡引此书均省略作者和版本，并简称为《会编》。

《大金国志》、杨循吉《金小史》等书的相关记载与《三朝北盟会编》的记载基本相同，清人阿桂等《满洲源流考》中也提到了“金时宗室皆称郎君”①，李有棠《金史纪事本末》亦言“金时宗室皆称郎君”②，等等，大约都源于《三朝北盟会编》③。

徐梦莘《三朝北盟会编》有关金朝“宗室皆谓之郎君”，尤其是“卿相尽拜于马前，郎君不为礼”等记载，虽然与金朝历史实际有些出入，但这种认识基本上代表了宋朝一部分人对金朝“郎君”的看法，他们多称金代宗室为“郎君”，如称完颜宗望（斡鲁补、斡离不、窝里孛、斡里雅布，太祖子）为“大圣皇帝次子郎君”④“皇子郎君”⑤“二郎

① （清）阿桂等撰，孙文良、陆玉华点校：《满洲源流考》卷17《国俗二·政教附字书》，沈阳：辽宁民族出版社，1988年，第329页。

② （清）李有棠著，崔文印整理：《金史纪事本末》卷11《规取陇蜀》，北京：中华书局，1980年，第231页。

③ 日本学者三上次男认为《三朝北盟会编》的女真记事是根据《北风扬沙录》来的，认为陈乐素《三朝北盟会编考》谓女真记事是根据李焘的《四系录》来的可能是个错误（《金代女真研究》，第441页）。刘浦江《关于金朝开国史的真实性质疑》（《历史研究》1998年6期）一文，说“陈乐素先生怀疑它是引自李焘《四系录》的文字，但我并不这么认为”，他认为是“徐梦莘笔者根据各种有关记载而对女真历史的一个综述，其中有采自《松漠纪闻》《亡辽录》《北风扬沙录》等书的内容”。这种认为《会编》取自《北风扬沙录》的认识似有进一步讨论的必要。徐梦莘治学严谨，引用各书均注明出处，此段文字并未注明所引用书籍，全书引用书目中亦无《北风扬沙录》一书。查《北风扬沙录》一书，元代以前各种目录书均不见著录，亦未见有人引用。元末明初陶宗仪始将其书收入《说郛》丛书，不题撰人。《四库全书》未收该书，《四库全书总目提要·存目》也未介绍该书。黄虞稷《千顷堂书目》卷5《别史类》始称该书“一卷，记金国始末”，未记撰人。厉鹗《辽史拾遗》引录该书也称无名氏。清倪灿、卢文弨《补辽金元艺文志》将该书列在金朝条下，称“不知撰人”。钱大昕则将此书补入《补元史艺文志·杂史类》（见《二十五史补编·补元史艺文志》），因致后来有人称其书为元人所撰。唯有清人重编《说郛》时才将该书改题为宋陈准撰。昌彼得《说郛考》称清人重编《说郛》“题宋陈准撰，不详所本”，又说“观书中称‘本朝建隆二年始遣使来朝贡’，则宋人所撰无疑”（台北文史哲出版社，1980年，第213页）。查今传涵芬楼《说郛》本，并非称“本朝建隆二年”，而是称“宋朝建隆二年”，似无法确凿认定该书就是宋人所撰。或许该书是宋元人抄撮《三朝北盟会编》中有关女真记事部分文字以成《北风扬沙录》一书，抑未可知。将如此来路不明的书籍说成为徐梦莘所引，不免有些牵强。至于《大金国志》《金小史》《满洲源流考》《金史纪事本末》等书的相关记载，均源于《三朝北盟会编》，当无疑义。

④ （金）佚名编、金少英校补、李庆善整理：《大金吊伐录校补》第39篇《回书誓文及差康王少宰出质》，第41篇《回奏宋主》，第44篇《宋少主新立誓书》，北京：中华书局，2001年，第133、138、146页。以下凡引此书均省略作者和版本。

⑤ 《大金吊伐录校补》第45篇《宋少主与左副元帅府报和书》，第50篇《宋主回书》，第55篇《遣李棁持宝货物折充金银书》，第56篇《又书》，第57篇《宋主为分画疆界书》，第59篇《宋主回书》，第60篇《又书》，第62篇《宋主遣报谢使副回书》，第66篇《宋主回谢书》，第67篇《又书》，第70篇《宋主遣计议使副书》，第71篇《又乞放肃王书》，第79篇《宋主再乞免割三镇书》，第150、160、172、175、178、183、186、192、204、205、212、215、230页；《三朝北盟会编》卷50，引《宣和录》，第381页。

君”[①]等，称完颜昌（挞懒、达懒，穆宗子）为“达赉郎君”[②]“挞懒郎君”[③]“挞辣郎君”[④]“托落郎君”[⑤]“监军郎君”[⑥]等，称完颜昌之子为“星哈都郎君”[⑦]（萨罕图郎君）、“胜花都郎君”[⑧]，称撒离喝（撒剌喝、合、杲、萨里罕、萨里干，安帝六代孙）为“萨里干郎君”[⑨]，称完颜宗敏（窝里混、阿骨保、阿鲁补、鄂尔和，太祖子）为“自在郎君”[⑩]，称宗干（斡本，太祖庶长子）为“骨仑郎君”[⑪]，称金太祖之弟韶瓦（硕哈）为“郎君”[⑫]，称金太宗之兄弟为“郎君”[⑬]，称宗翰（粘罕、粘没喝、粘哥）等人为“郎君”[⑭]，称宗翰子为“设野马郎君”[⑮]，等等。

宋人虽然多称金朝宗室为“郎君”，但并未仅称金朝宗室为“郎君”，也有称金朝非宗室为郎君者，如《三朝北盟会编》、许亢宗《宣和乙巳奉使金国行程录》、李心传《建炎以来系年要录》、傅雱《建炎通问录》、范仲熊《北记》等书均称完颜希尹（兀室、悟室、乌舍、骨

---

① 《大金吊伐录校补》第44篇《宋少主新立誓书》，北京：中华书局，2001年，第146页；《宋史》卷66《五行志》，第1449页。

② （宋）李心传：《建炎以来系年要录》卷16，建炎二年六月己卯条，引朱胜非《秀水闲居录》，北京：中华书局，1956年，第334页。以下凡引此书均省略作者和版本，并简称为《要录》。（宋）周应合：《景定建康志》卷48，台北：商务印书馆影印文渊阁《四库全书》本，第489册，1986年，第652页。

③ 《三朝北盟会编》卷118炎兴下帙十八，第867页。

④ 《三朝北盟会编》卷176炎兴下帙七十六，第1273页；《会编》卷220炎兴下帙一百二十，引《秀水闲居录》，第1585页；（宋）罗大经：《鹤林玉露》卷5甲编，北京：中华书局，1983年，第79页。

⑤ 《建炎以来系年要录》卷30，建炎三年十二月己亥条，引王铚《赵立传》，第593页；（宋）王明清：《挥麈后录》卷9，北京：中华书局，1961年，第197页。

⑥ 《三朝北盟会编》卷222，引《张公行实》，第1601页。

⑦ 《建炎以来系年要录》卷148，绍兴十三年三月丁亥条，第2388页。

⑧ 《大金国志校证》卷12《熙宗孝成皇帝四》，第176页。

⑨ 《建炎以来系年要录》卷131，绍兴九年八月庚午条，第2111页。

⑩ 《三朝北盟会编》卷18政宣上帙十八，引《金虏节要》，第128页；《大金国志校证》卷2《太祖武元皇帝下》，第31页。

⑪ 《三朝北盟会编》卷12政宣上帙十二，引马扩《茅斋自叙》，第85页。

⑫ 《三朝北盟会编》卷4政宣上帙四，引马扩《茅斋自叙》，第30页；《三朝北盟会编》卷15政宣上帙十五，引赵良嗣《燕云奉使录》，第105页。

⑬ 《三朝北盟会编》卷97靖康中帙七十二，引《宣和录》，第717页；《三朝北盟会编》卷196炎兴下帙九十六，第1413页；《三朝北盟会编》卷198炎兴下帙九十八，第1429页。

⑭ 《三朝北盟会编》卷2政宣上帙二，第14页。

⑮ （宋）佚名：《呻吟语》，《奉使辽金行程录》，长春：吉林文史出版社，1995年，第197页。

舍、谷神）为“兀室郎君”[①]“乌舍郎君”[②]“固新郎君”[③]“骨舍郎君”[④]“左监军兀室郎君”[⑤]等。洪皓《鄱阳集·赠彦清》:“门下栖迟近一年，郎君高义薄云天。倘能一语宁三国，应有嘉名万古传。”又曰:“息肩弛担未多时，便祝郎君愿德弥。念母年高班绛老，为儒学浅愧萧师。三年不问交邻道，万里宁知复命期。南国人情都不远，赋诗怀远莫相疑。”[⑥]（老母亦以是月生，行年七十有三矣，有感而作）诗中所说的“郎君”则是指完颜希尹之子彦清。完颜希尹是“欢都之子”[⑦],《金史·宗室表》称:“金人初起完颜十二部，其后皆以部为氏，史臣记录有称宗室者，有称完颜者。称完颜者亦有二焉，有同姓完颜，盖疏族，若石土门、迪古乃是也；有异姓完颜，盖部人，若欢都是也。”[⑧]按《金史》所说，完颜希尹家族不但不是宗室，就连同姓完颜之“疏族”都不是，而是“异姓完颜”，因此，完颜希尹及其父欢都、祖劾孙、曾祖石鲁均不入《宗室表》，而且，既没有将他们说成是始祖函普的后人，也没有将他们说成是始祖函普两兄弟的后人。陈述先生的《金史拾补五种》亦没有将完颜希尹列入宗室之中。这说明，完颜希尹并非宗室早已经成为人们之共识。可见，将完颜希尹说成是“郎君”，并非是将宗室说成“郎君”。进一步的例证还有，蒲察胡盏为女真蒲察氏，被称为“胡琖郎君”[⑨]，完颜活女为完颜娄室之后，被称为“利涉军路万户孛堇鹘眼郎君”[⑩]。

李心传《建炎以来系年要录》记载，“郎君仲和什者谋反，下大理狱，

① 《三朝北盟会编》卷20政宣上帙二十，第145、147页；《三朝北盟会编》卷25政宣上帙二十五，第183页；许亢宗:《宣和乙巳奉使金国行程录》,《奉使辽金行程录》，长春：吉林文史出版社，1995年。该行程录作者，据陈乐素等先生考证，应为钟邦直，考论精确，已为学界所接受。然愚意以为，宋人出使辽金“语录”的实际执笔者，往往并非大使笔者，但却以大使名义上奏，如同今日着录论著作者只看论着署名（并非考证实际作者为谁）以及整理古籍多出注尽量不改原文一样，还是遵从有关史书之记载仍署名许亢宗为好。

② （清）阿桂等撰，孙文良、陆玉华点校:《满洲源流考》，沈阳：辽宁民族出版社，1988年，第184页。

③ 《建炎以来系年要录》卷1，建炎元年十二月庚子条，引傅雱《建炎通问录》，第26页。

④ 《三朝北盟会编》卷61靖康中帙三十六，引范仲熊《北记》，第459页。

⑤ 《三朝北盟会编》卷110炎兴下帙十，引傅雱《建炎通问录》，第804页。

⑥ （宋）洪皓:《鄱阳集（卷1）》，台北：商务印书馆，1986年影印文渊阁《四库全书》本，第1133册，第396、397页。

⑦ 《金史》卷73《完颜希尹传》，第1684页。

⑧ 《金史》卷59《宗室表》，第1359页。

⑨ 《三朝北盟会编》卷206;《建炎以来系年要录》卷141，绍兴十一年九月癸亥。

⑩ （清）徐松:《宋会要辑稿（第八册）》兵一四之三一，北京：中华书局，1957年，第7008页。

事连宗磐等”[①]。宇文懋昭《大金国志》的记载与此大体相同，唯将“郎君仲和什”改成“郎君吴矢”[②]，“仲和什”“和什”“吴矢”应当为一人，《金史》《三朝北盟会编》《辽史》等书作“吴十”。崔文印为《大金国志》作“校证”时引《辽史》卷28《天祚纪》：天庆六年（1116年）“五月……东京州县族人痕孛、铎剌、吴十……等十三人皆降女直”，谓吴矢为“辽降将”，甚确。但他又说“其人非郎君”[③]，似不确。因为《建炎以来系年要录》和《大金国志》明明白白地说吴矢是“郎君”，即使是宋人说错了，也是宋人对金朝“郎君”的看法，我们不好说吴矢不是“郎君”。如果将这句话改成“其人非宗室”，应该是最贴切不过的。因为此人确非宗室，但宋人却称他为郎君，说明宋人所说的金朝的“郎君”并非全指宗室，而是包括非宗室，甚至包括投降金朝的契丹降将。这方面的例子还有许多，比如，苗耀《神麓记》称金人完颜昌（挞懒）被罢都元帅职务以后，曾与家人等密谋，欲至祁州问罪，“有亲信契丹人召哲郎君，知其谋，遂告诉于兀术”[④]。张汇《金虏节要》称“阿骨打既死，粘罕专于军事，乃遣女真万户温敦郎君蒲卢虎、赛里郎君契丹都统马五，东寇居庸关以应之”[⑤]。《三朝北盟会编》记载，绍兴三十一年（1161年）十二月二十八日“淮北寿春府有任契丹男三郎君，天平军节度使、河北路安抚制置使王任，检校少保、天雄军节度使、河北等路安抚使王友直，将带军马八百余人前来”[⑥]。这里所记的“召哲郎君”“赛里郎君”“男三郎君”究竟为何人？目前尚难考证，但可以肯定地说，他们多为契丹人，都不是宗室。可见，宋人所记载的金朝“郎君”不仅包括非宗室中的异姓完颜，也包括女真族以外的契丹人等。

金人也多称宗室为“郎君”，如称宗望（斡离不，太祖子）为“皇子郎君”[⑦]“太子郎君”[⑧]“二太子郎君”[⑨]，称完颜昂（景祖弟孛黑之

① 《建炎以来系年要录》卷130，绍兴九年七月己亥条，第2095页。《四库全书》本“郎君仲和什”作“郎君和什”。

② 《大金国志校证》卷27《蒲路虎传》，第382页。

③ 《大金国志校证》卷27《蒲路虎传》校证［一八］，第394页。

④ 《三朝北盟会编》卷197，引苗耀《神麓记》，第1421页。

⑤ 《三朝北盟会编》卷24，引张汇《金虏节要》，第181页。

⑥ 《三朝北盟会编》卷248，绍兴三十一年十二月二十八日条，第1780页。

⑦ 《三朝北盟会编》卷28靖康中帙三，第210页；《三朝北盟会编》卷29靖康中帙四，引郑望之《靖康城下奉使录》，第212页；（清）张金吾：《金文最》卷86《褚承亮墓碣》，北京：中华书局，1990年，第1254页，以下凡引此书均省略作者和版本。

⑧ 《三朝北盟会编》卷23政宣上帙二十三，引《北征纪实》，第171页；《三朝北盟会编》卷36靖康中帙十一，第271页；《三朝北盟会编》卷44靖康中帙十九，第330页。

⑨ 《三朝北盟会编》卷53靖康中帙二十八，第398页。

孙）为“金牌郎君”[①]，称撒离喝（安帝六代孙）为“啼哭郎君”[②]，称宗弼（兀术，太祖子）之子完颜幃为“郎君”[③]，称世宗子完颜永中之子爱王大辨（石古乃）为“郎君”[④]等。《大金国志》又记载“大功臣如粘罕（宗翰）、斡离不（宗望）、兀术（宗弼）、蒲路虎（宗磐）、兀室（希尹）、挞懒（完颜昌）之徒，国人谓之‘郎君’，皆有大功”[⑤]。在这些人物当中，除了完颜希尹（兀室）是非宗室以外，其他都是宗室。

金人虽然也称宗室中的一些人物为“郎君”，但没说只有宗室才能称“郎君”、非宗室不能称“郎君”。从有关金史的著作中，仍然可以看出，金人也称一些非宗室人员为“郎君”。如上述《大金国志》的相关记载就说“国人”（金人）称兀室（希尹）为“郎君”。1979年，考古工作者在完颜希尹家族墓地第三墓区（完颜守道墓区）发现一块“阿里郎君墓”碣石和一些碣石碎片，在第一墓区（完颜守贞墓区）采集到“吵看郎君之墓”[⑥]石碑一块，说明金人不仅称完颜希尹为“郎君”，也称完颜希尹的孙子完颜守道、完颜守贞为郎君，完颜希尹家族不是宗室，已见上述，此不赘述。此外，金人还称裴满忽睹、蒲察石家奴等非宗室人员为“郎君”。《金史·忽睹传》记载“及留守中京，益骄恣，苟可以得财无不为者。选诸猛安富人子弟为扎野，规取财物，时号‘闲郎君’”[⑦]。查《金史》，忽睹，其父“裴满达（本名忽挞），婆卢木部人”“为人淳直孝友”，其女嫁熙宗，“为悼平皇后”[⑧]。显而易见，忽睹属于外戚之家，并非宗室。《三朝北盟会编》等书收有金熙宗时韩昉所作诏书，称“皇叔虞王宗英（太宗子斛沙虎）、滕王宗伟（太宗子阿鲁补）、殿前左副点检浑

---

① 《金史》卷84《昂传》，第1886页。

② 《建炎以来系年要录》卷32，建炎四年三月乙巳条，第620页；《宋史》卷366《吴玠传》，第11409页；《大金国志校证》卷10《熙宗孝成皇帝二》，第148页；《鹤林玉露》卷之一丙编；《齐东野语》卷15等书均记载，撒离喝因被宋军击败，“惧而泣，金人因目为啼哭郎君”，这里虽然说金人称撒离喝为“啼哭郎君”，但找不到有关金人称撒离喝为“啼哭郎君”的直接记载，似宋人加于金人头上具有贬义的一种称呼，待考。

③ 《大金国志校证》卷17《世宗圣明皇帝中》，第240页。

④ 宋人伪书《南迁录》称“爱王”为“郎君”，见张师颜：《南迁录》，北京：中华书局，1985年。《大金国志》因袭《南迁录》观点，亦称“郎君”，见《大金国志校证》卷19《章宗皇帝上》，第260页。

⑤ 《大金国志校证》卷3《太宗文烈皇帝一》，第38页。

⑥ 王世华：《完颜希尹家族墓地略考》，中国人民政治协商会议吉林省舒兰市委员会文史资料委员会内部发行，1996年，第9、13页。

⑦ 《金史》卷120《世戚传》，第2615页。

⑧ 《金史》卷120《世戚传》，第2615页。

睹、会宁少尹胡实剌、郎君石家奴、千户述孛离古楚等，竞为祸始”[①]，称石家奴为“郎君”。《金史》中记载的“鲁国公蒲察石家奴”“乌林答石家奴”“福山县令乌林答石家奴”都不是宗室，其中，乌林答石家奴为海陵时期守城军官，拥立世宗即位，福山县令乌林答石家奴的政绩主要见于宣宗贞祐年间，应不是诏文中所称郎君石家奴。唯有鲁国公蒲察石家奴生活在太祖至熙宗时期。蒲察部石家奴因娶太祖之女，也称驸马石家奴，海陵王完颜亮时封鲁国公，世宗大定年间，“大褒功臣，图像衍庆宫”，因“异姓之臣莫先焉”而被列为“衍庆亚次功臣”[②]，显然不是宗室。此外，大定十年（1170年）刻奴哥马郎君之墓碑文[③]中的奴哥马郎君及刘凤翥先生考证的金代大定十六年（1176年）刻契丹大字《李爱郎君墓志》[④]（以前被误称为《应历碑》）中的“李爱”也不是宗室。

可见，无论是宋人还是金人，都是既称金朝宗室中的一些贵族为“郎君”，又称非宗室中的一些贵族为“郎君”。这充分说明，金朝的“郎君”并非宗室的专称，而是对宗室及非宗室等贵族青年男子的称呼。

（二）金代“郎君”也是官称

金代“郎君”还是一种官称。实际上，金朝沿袭辽朝制度，也在一些官衙中设置郎君官，在《金史》一书中出现的“郎君”一词很多都是作为官职出现的，如《从坦传》称“从坦，宗室子。大安中，充尚书省祗候郎君”[⑤]，《选举志》称“东宫妃护卫，十人，大定十三年（1173年），格同亲王府祗候郎君”[⑥]，《百官志》称尚书省架阁库管勾官辖下有“走马郎君五十人”[⑦]，说明金朝在尚书省、亲王府、架阁库等官僚机构中设有“尚书省祗候郎君”“亲王府祗候郎君”“走马郎君”等官。

“尚书省祗候郎君”，也称“省祗候郎君”“省郎君”等，是在尚书省设置的祗候郎君官。《金史·百官志》称，金朝在尚书省官员尚书令、左

① 《三朝北盟会编》卷116炎兴下帙六十六，第1199页；又见洪皓：《松漠纪闻》，长春：吉林文史出版社，1986年，第46页；（宋）佚名：《呻吟语》，《奉使辽金行程录》，长春：吉林文史出版社，1995年，第206页。

② 《金史》卷80《阿离补传》，第1811页。

③ 辽宁省博物馆：《辽宁省博物馆藏碑志精粹》，北京：文物出版社，2000年，第218页。

④ 刘凤翥、王云龙：《契丹大字〈耶律昌允墓志铭〉之研究》，《燕京学报（新第17期）》，北京：北京大学出版社，2004年，第61页。

⑤ 《金史》卷122《忠义传二》，第2661页。

⑥ 《金史》卷53《选举志三》，第1187页。

⑦ 《金史》卷55《百官志一》，第1219页。

丞相、右丞相、左丞、右丞、左司郎中、右司郎中、左司员外郎、右司员外郎之下设有“尚书省祗候郎君管勾官，从七品，掌祗候郎君，谨其出入及差遣之事”[①]，说明金朝在尚书省所设“祗候郎君”官，直接归“尚书省祗候郎君管勾官”管辖。《金史・选举志》“省祗候郎君”条又载：“大定三年（1163年），制以袒免以上亲愿承应已试合格而无阙收补者及一品官子，已引见，止在班祗候，三十月循迁。初任与正从七品，次任呈省。内祗在班，初、次任注正从八品，三、四注从七品，而后呈省。班祗在班，初九品，次、三正从八品，四、五从七品，而后呈省。已上三等，并以六十月为满，各迁一重。”[②]《金史•百官志四•百官俸给》“百司承应俸给”条又称：“六部等通事、诰院令史、国史院书写、随府书表、亲王府祗候郎君、典客署引接书表，钱粟八贯石，绢二匹，绵二十两。走马郎君、一品子孙十贯石，内祗八贯石，班祗七贯石，并绢二匹，绵二十两。”[③]可知，“尚书省祗候郎君”又分“在班祗候”“内祗在班”“班祗在班”三个等级，最低享受九品官待遇。

“亲王府祗候郎君”，也称“王府祗候郎君”“府郎君”等，是在亲王府设置的祗候郎君官。《金史・百官志三》“亲王府属官”条下记载的亲王府属官有傅、府尉、司马、文学、记室参军、诸驸马都尉等，没有提到王府祗候郎君，但在其他纪、传、志及百官志的其他条目中则多次提到王府祗候郎君。如上述《金史・选举志三》提到东宫妃护卫“格同亲王府祗候郎君”，《金史・百官志四・百官俸给》提到“亲王府祗候郎君、典客署引接书表，钱粟八贯石，绢二匹，绵二十两”，此外，《选举志二》在记述金人“入仕之途尚多，而所定之时不一”时说“王府祗候郎君”的仕进之途“定于世宗之时”[④]，《金史・选举志四・廉察之制》在记载金朝廉察之制时，提到“王府郎君”“始以选试才能用之，不须体察”[⑤]。从这些记载中可以看出，“王府祗候郎君”应该是一种官名之称。《金史・完颜元宜传》还记载，大定十八年（1178年）扎里海因自请参预弑杀海陵王完颜亮之罪而“充赵王府祗候郎君”[⑥]，也就是说，扎里海在大定十八年以前还不是郎君，大定十八年以后才当上赵王府祗候郎君官，这里所说的“赵王府祗候郎君”应该是一种官称。

---

① 《金史》卷55《百官志一》，第1218页。
② 《金史》卷53《选举志三》，第1181页。
③ 《金史》卷58《百官志四》，第1346页。
④ 《金史》卷52《选举志二》，第1158页。
⑤ 《金史》卷54《选举志四》，第1203页。
⑥ 《金史》卷132《逆臣传》，第2832页。

“走马郎君”一词在《金史》中只出现三次。其一，《金史·百官志一》记载尚书省等机构及官员时，称尚书省架阁库管勾官管辖之下有“走马郎君五十人”[①]，是说走马郎君归属架阁库管勾官员管理。其二，《金史·百官志一》“尚书省祗候郎君管勾官”条下，称“尚书省祗候郎君管勾官，从七品，掌祗候郎君，谨其出入及差遣之事”，随后，小字注曰：“承安二年（1197年）以前，走马郎君拟注。泰和令，以左右女直都事兼。正大间，改用亲从人。”[②]这里的小字注是说，在承安二年以前，尚书省祗候郎君管勾官主要在走马郎君中选任，说明走马郎君地位低于尚书省祗候郎君管勾官。其三，《金史·百官志四》“百官俸给”条附“百司承应俸给条”，称“走马郎君、一品子孙十贯石，内祗八贯石，班祗七贯石，并绢二匹，绵二十两”[③]，是说走马郎君同一品官子孙一样享受国家颁授的俸禄，其地位略高于内祗（内祗在班）和班祗（班祗在班）。据上述《金史·选举志三》“省祗候郎君”条所载，初任“班祗在班”为九品，“内祗在班”为从八品，“在班祗候”为从七品[④]。如果走马郎君的地位高于“班祗在班”和“内祗在班”的话，就应该与“在班祗候”地位差不多，当为从七品官。然而上述《金史·百官志一》又称，“尚书省祗候郎君管勾官”在承安二年以前要从走马郎君中选任，尚书省祗候郎君管勾官是从七品官，也就是说，地位低于尚书省祗候郎君管勾官的走马郎君应该是低于从七品的官吏。再据《金史·百官志一》“架阁库”条记载，走马郎君直接归属于架阁库管勾和同管勾领导，架阁库管勾为正八品，同管勾为从八品[⑤]，按此推论，地位低于架阁库管勾和同管勾的走马郎君应该是不超过九品的官吏。《金史·百官志四》又记载，从九品朝官“钱粟一十贯石”[⑥]，与“走马郎君、一品子孙十贯石”的待遇相同，是知，走马郎君仅相当于从九品的官吏。

关于尚书省祗候郎君、亲王府祗候郎君、走马郎君等郎君官吏的职掌，《金史》中没有直接记述，我们只能从相关记述中探求。《金史·百官志一》记载，尚书省祗候郎君管勾官“掌祗候郎君，谨其出入及差遣之事”[⑦]。尚书省祗候郎君管勾官是尚书省祗候郎君的直接上司，其职掌

① 《金史》卷55《百官志一》，第1219页。
② 《金史》卷55《百官志一》，第1218页。
③ 《金史》卷58《百官志四》，第1347页。
④ 《金史》卷53《选举志三》，第1181页。
⑤ 《金史》卷55《百官志一》，第1218页。
⑥ 《金史》卷58《百官志四》，第1345页。
⑦ 《金史》卷55《百官志一》，第1218页。

应该是尚书省祗候郎君所具体负责的事务，如是，则知尚书省祗候郎君主要负责检查出入尚书省之行人、保证尚书省安全及听从尚书省随时差遣之事。同书又记载，走马郎君所隶属的架阁库管勾和同管勾的职责是"掌总察左右司大程官追付文牍，并提控小都监给受纸笔"[①]，架阁库管勾和同管勾是走马郎君的直接上司，他们的职掌范围也应该是走马郎君所具体从事的事务，是知，走马郎君还有稽查案牍、管理纸笔等职责。另据《金史·选举志》记载，"东宫妃护卫，十人，大定十三年（1173年），格同亲王府祗候郎君"[②]，可知，亲王府祗候郎君的主要职责是护卫亲王和亲王府家族等事。综合上述这几段论述，可以看出，尚书省祗候郎君、亲王府祗候郎君和走马郎君的主要职责应该是从事尚书省和亲王府护卫，稽查案牍，管理纸笔，以及听从尚书省和亲王府随时差遣之事。《金史·百官志四·百官俸给》将亲王府祗候郎君、走马郎君的俸给列在"百司承应俸给"条下，将"省祗候郎君"列在"燕赐各部官僚以下"条下，与"六部令、译史、通事"并列，是知，亲王府祗候郎君和走马郎君属于百司承应人，而尚书省祗候郎君则属于百官之列。

尚书省祗候郎君、亲王府祗候郎君、走马郎君的选任多来自于宗室，但并非仅限于宗室，也包括一些非宗室人员。

《金史·选举志三》"省祗候郎君"条记载，"大定三年（1163年），制以袒免以上亲愿承应已试合格而无阙收补者及一品官子"[③]之中选任，明确规定，尚书省祗候郎君要在宗室袒免以上皇亲和一品官子弟中选任。袒免亲，是古代确认亲疏关系的斩衰、齐衰、大功、小功、缌麻五服之外无正服的远亲。《礼记·大传》称"四世而缌，服之穷也；五世袒免，杀同姓也；六世，亲属竭矣"[④]。《唐律疏义》谓"高祖亲兄弟，曾祖堂兄弟，祖再从兄弟，父三从兄弟，身四从兄弟、三从侄、再从侄孙，并缌麻绝服之外，即是袒免"[⑤]。王元亮《唐律释文》称"袒免，凶服之至轻浅之别也。据《礼》，缌麻之外亲戚，如有死丧，不可与凡例一同，故袒其偏，而加免于首也，故谓之袒免"[⑥]。袒免以上亲就是指五服之外的袒免亲和五服之

① 《金史》卷55《百官志一》，第1218页。
② 《金史》卷53《选举志三》，第1187页。
③ 《金史》卷53《选举志三》，第1181页。
④ 陈澔注：《礼记》卷6《大传》，上海：上海古籍出版社，1987年，第190页。
⑤ （唐）长孙无忌等撰，刘俊文点校：《唐律疏议》卷14《户婚疏》，北京：中华书局，1983年，第264页。
⑥ （唐）长孙无忌等撰，刘俊文点校：《唐律疏议》附录王元亮重编《唐律释文》，北京：中华书局，1983年，第622页。

内的全部亲属。从袒免以上亲中选任尚书省祗候郎君，就是从宗室中选任祗候郎君。金朝自从世宗制定这一原则之后，世代遵守，没有改变。如章宗明昌元年（1190年）八月“敕麻吉以皇家袒免之亲，特收充尚书省祗候郎君，仍为永制”①，即遵循这一原则选任尚书省祗候郎君。在这一原则指导下，有很多宗室人员被选充为祗候郎君，如昭祖玄孙崇成，在大定二十五年（1185年）“章宗为原王”时，被选“充本府祗候郎君”②。安帝五代孙婆卢火之子吾扎忽，“善骑射，年二十，以本班祗候郎君都管，从征伐有功，授修武校尉”③“从坦，宗室子。大安中，充尚书省祗候郎君”④，等等。

金朝虽然规定在袒免以上亲即宗室中选任祗候郎君，但没有规定只能在袒免以上亲中选任祗候郎君、不能在袒免以上亲以外选任。从上引史料中可以看出，金朝在制定从袒免以上亲中选任祗候郎君的同时，又规定在“一品官子”中选任祗候郎君。金朝的一品官并非全由宗室担任，如身为外戚的渤海大族李石就于大定七年（1167年）升任“司徒”，大定十年（1170年）又由“司徒、御史大夫”升为“太尉、尚书令”⑤，司徒、太尉、尚书令皆为正一品官员。徒单克宁虽然是女真人，但并非姓完颜，其非宗室的身份是很明显的，他于大定十四年（1174年）由枢密副使升为平章政事，大定二十年（1180年）又由平章政事升为尚书右丞相⑥，大定二十一年（1181年）又由右丞相升为左丞相，既而又由左丞相转为枢密使，大定二十六年（1186年）又由司徒、枢密使升为太尉、尚书左丞相，大定二十八年（1188年）又以太尉、左丞相升为太尉兼尚书令⑦，他所任职的平章政事、尚书右丞相、尚书左丞相、枢密使皆为从一品，司徒、太尉、尚书令皆为正一品。纥石烈胡沙虎、仆散师恭也不姓完颜，胡沙虎所任太师、尚书令⑧为正一品，仆散师恭所任太尉为正一品，右丞相、枢密使⑨为从一品等。世宗朝契丹人完颜元宜⑩（耶律元宜）、移剌道⑪都曾

① 《金史》卷9《章宗本纪一》，第215页。
② 《金史》卷65《始祖以下诸子传》，第1542页。
③ 《金史》卷71《婆卢火传》，第1639页。
④ 《金史》卷122《忠义传二》，第2661页。
⑤ 《金史》卷6《世宗本纪上》，第146页。
⑥ 《金史》卷7《世宗本纪中》，第174页。
⑦ 《金史》卷8《世宗本纪下》，第203页。
⑧ 《金史》卷132《逆臣传》，第2837页。
⑨ 《金史》卷5《海陵本纪》，第106页。
⑩ 《金史》卷89《移剌子敬传》，第1988页。
⑪ 《金史》卷88《移剌道传》，第1968页。

担任从一品的平章政事一职等。可见，金朝不仅有非宗室的女真人担任一品官，还有渤海人、契丹人等担任过一品官。可以说，由非宗室担任一品官的例子不胜枚举。金朝在“一品官子”中选任祗候郎君，应该也包括这些非宗室的一品官，这些非宗室的一品官子弟被选为祗候郎君，均应属于非宗室郎君。

据《金史·选举志二》记载，大定十七年（1177 年），“命吏部定制，宰执之子、并在省宗室郎君，如愿就试令译史，每年一就试，令译史考试院试补外，缌麻袒免宗室郎君密院收补”[①]。这里所使用的“在省宗室郎君”一语，无疑是为了与在省非宗室郎君加以区别才使用的词语，如果在尚书省供职的“郎君”都是宗室的话，就没有必要使用“在省宗室郎君”一语，而是完全可以直接使用“省郎君”一语。那样不是更加简便吗？这说明在尚书省祗候郎君中确有非宗室郎君存在。《金史·选举志三》载，大定十七年，“制试补缌麻袒免以上宗室郎君”[②]，《金史·选举志四》载“大定二十八年（1188 年），制以阁门祗候、笔砚承奉、奉职、妃护卫、东宫入殿小底、宗室郎君、王府郎君、省郎君，始以选试才能用之，不须体察”[③]等史料所说的“宗室郎君”应该都是这个意思，不能按“郎君”均是宗室来理解。

尚书省祗候郎君和亲王府祗候郎君中有非宗室存在，也能找到一些具体事例：如完颜撒改（不是景祖孙），为上京纳鲁浑河人，其先居于兀冷窟河，“天眷元年（1138 年），授本班祗候郎君详稳”[④]。《金史》又记载，大定十八年（1178 年），“以扎里海充赵王府祗候郎君”[⑤]，扎里海不见于《金史·宗室表》及陈述《金史拾补五种》所补宗室人员，应当也不是宗室。可见，金朝尚书省祗候郎君、亲王府祗候郎君、走马郎君并非全部由宗室充任，也包括非宗室中一品官等贵族子弟。

综上所述，可见学界由于受到徐梦莘《三朝北盟会编》等书有关女真“宗室皆谓之郎君。事无大小，必以郎君总之，虽卿相尽拜于马前，郎君不为礼，役使如奴隶”等记载的影响，多认为金朝“郎君”是对金代“宗室”“皇族”“金朝完颜氏男性皇族”的称呼，非宗室成员不能称为郎君。实际上，徐梦莘《三朝北盟会编》等书只说“宗室皆谓之郎君”，并没有

---

① 《金史》卷 52《选举志二》，第 1170 页。
② 《金史》卷 53《选举志三》，第 1176 页。
③ 《金史》卷 54《选举志四》，第 1203 页。
④ 《金史》卷 91《完颜撒改传》，第 2011 页。
⑤ 《金史》卷 132《逆臣传》，第 2832 页。

说非宗室不能称为“郎君”。从上面的论述可以看出，金朝的“郎君”并非全指宗室，而是也包括一些非宗室贵族。实际上，包括《三朝北盟会编》在内的各种史籍，在记载人们称金朝一些宗室人员为“郎君”的同时，也记载了人们称一些非宗室的贵族人员为“郎君”的情况，说明金朝的“郎君”并非全指宗室。金朝“郎君”的含义主要有两个：一是人们对一些宗室及非宗室贵族青年男子等的称呼；二是指在尚书省、亲王府任职的从事护卫、稽查案牍、管理纸笔及听从尚书省和亲王府随时差遣之事的官员和小吏。

第二节　金代宗室谱系及《金史·宗室表》补正

一、金代宗室谱系及人口

金代宗室因身份较特殊，有别于金代的普通民众的本户、杂户等户口编制，有专门的“属籍”，也就是宗室的谱牒，亦称玉牒。金初未有文字，族子阿离合懑因掌“祖宗族属时事并能默记，与斜葛同修本朝谱牒。见人旧未尝识，闻其父祖名，即能道其部族世次所出。或积年旧事，偶因他及之，人或遗忘，辄一一辨析言之，有质疑者皆释其意义”[①]。太宗天会六年（1128 年）：“诏书求访祖宗遗事，以备国史，命勖与耶律迪越掌之。勖等采摭遗言旧事，自始祖以下十帝，综为三卷。”[②]皇统元年（1141 年）十二月，勖撰《祖宗实录》成，“进先朝《实录》三卷，上焚香立受之”[③]。皇统八年（1148 年），完颜勖又“奏上《太祖实录》二十卷”，完颜勖还独自撰定了《女真郡望姓氏谱》。这些虽然都不是宗室的谱牒，但其中很有可能著录了宗室的世系。天会十三年（1135 年），置大宗正府（后避睿宗讳改为大睦亲府）专门掌管宗室的谱牒修撰。《金史》记载章宗承安五年（1200 年）“大睦亲府进重修《玉牒》”[④]。金朝皇帝都比较重视玉牒的修撰，特别是世宗大定十六年（1176 年）正月，“诏宗属未附玉牒者并与编次”[⑤]。世宗尝曰：“今之女直，不比前辈，虽亲戚世叙，亦不能知其

① 《金史》卷 73《阿离合懑传》，第 1672 页。
② 《金史》卷 66《始祖以下诸子传》，第 1558 页。
③ 《金史》卷 4《熙宗本纪》，第 78 页。
④ 《金史》卷 11《章宗本纪三》，第 253 页。
⑤ 《金史》卷 7《世宗本纪中》，第 163 页。

详。太后之母，太祖之妹，人亦不能知也。”①从《宗室表》所列均为男性也可以看出，完颜女性成员是不入《宗室表》的，但从世宗的话可以看出以前对女性成员曾有过记载。《金史》卷59《宗室表》记载：“大定、泰和之间，袒免以上亲皆有属籍，以叙授官，大功以上，薨卒辍朝，亲亲之道行焉。”元光二年（1223年）六月，上诏谕宰臣曰：“枢密副使（完颜）赛不本皇族，先世偶然脱遗。朕重其旧人，且久劳王家，已命睦亲府附于属籍矣。卿等宜知之。”②可见对于脱遗而未附籍的皇族要使之附于属籍。同样，非皇族成员是不能入属籍的，承安五年（1200年）九月，“修《玉牒》成。定皇族收养异姓男为子者徒三年，姓同者减二等，立嫡违法者徒一年”③。此条规定的颁布，与禁止外姓人入皇族属籍有关，因为入籍成为皇族后会带来一系列的好处，包括政治、经济、文化等方面的。《金史·宗室表》就是根据金朝的宗室谱牒及诸帝实录等编撰而成。为了使金朝宗室的世系更加清晰明了，将金代宗室谱系图绘制成图，详见附图，此图是根据《金史·宗室表》及下文笔者补充的有世系可考的始祖以下诸子孙的世系情况绘制而成。

我们要研究金代宗室阶层，最好在研究之前对这个群体的数量有个大体的把握。可惜目前在金史研究领域还没有人统计过宗室的人数，这主要是因为金朝谱牒散佚严重，即便是遗留下来的谱牒也记载得不完全，从而导致学者们对这一数据的统计显得力不从心。尽管从现有的史料来看，要还原或者是接近还原金朝宗室人口不太可能，但是我们可以根据《金史》等史书的记载，简要梳理有关宗室人口情况的记述来考察一下金代宗室人口的前后消长变化，这还是有可能的。当然，造成金朝宗室人口升降变化的因素有多种，如宗室的出生率、死亡率、战乱、权力斗争、喋血事件等，但这里我们仅就金朝帝王诛杀、禁锢宗室这一因素对宗室人口升降带来的影响做出估计。

金朝建立初期，人口不多，《金史·兵志》言：“及其得志中国，自顾其宗族国人尚少。”④金建国以后一直到熙宗时期，其宗室人口基本呈自然增长的态势。史书记载：“熙宗在位久，悼后干政，而继嗣未立，帝无聊不平，屡杀宗室，箠辱大臣。”⑤天眷二年（1139年），太祖八子宗隽、太宗长子宗磐被熙宗斩杀。熙宗时期杀害的宗室不多，宗室人口被

① 《金史》卷64《后妃传下》，第1518页。

② 《金史》卷113《完颜赛不传》，第2481页。

③ 《金史》卷11《章宗本纪三》，第254页。

④ 《金史》卷44《兵志》，第991页。

⑤ 《金史》卷132《逆臣传》，第2818页。

大肆屠杀是在海陵时期，海陵王完颜亮“剪灭宗族”，对其统治有威胁的宗室近属被屠杀殆尽。史书中有大量的记载，“海陵已杀太宗子孙，尤忌斜也诸子盛强，欲尽除宗室勋旧大臣”[①]“海陵剪灭宗室殆尽”“太祖孙存者无几人”[②]。海陵伐宋，已渡淮，“军士多亡归而契丹叛，由是疑宗室益甚”[③]“海陵渡淮，分遣使者剪灭宗室”[④]，正隆六年（1161年），契丹撒八反，“海陵遣使杀诸宗室，阿里罕遂见杀”[⑤]“海陵晚年，肆虐日甚，宗室大臣悉被诛”[⑥]“骨肉变为仇雠，萧墙之内横尸喋血，祖宗淳笃之风一旦澌灭，而国脉亦几斩绝”[⑦]。海陵时期宗室人口数呈现出大幅度下降趋势。

世宗即位时，近属的宗室已经不多了，故“世宗保全宗室，无所不至”[⑧]，“幸世宗登极，以太祖子孙无几，曲为保全，从弟京谋逆当诛，犹贷其死，临御三十年，绝少诛夷宗族之事”[⑨]。世宗在位时间比较长，他笔者就育有十个儿子，这一时期宗室人口得到了休养生息。宗室将军户是女真宗室户口，归大宗正府管理[⑩]，《金史·食货志》记载，世宗大定二十三年（1183年）八月，尚书省奏“在都宗室将军司，户一百七十，口二万八千七百九十，内正口九百八十二，奴婢口二万七千八百八”[⑪]。《金史·兵志》中同年也有记载，“是时宗室户百七十，猛安二百二，谋克千八百七十八，户六十一万五千六百二十四”[⑫]。

章宗朝[⑬]曾有几次对宗室成员的诛杀，世宗子永中、永蹈皆死于章

---

① 《金史》卷76《杲传》，第1740页。
② 《金史》卷74《宗望传》，第1711页。
③ 《金史》卷76《永元传》，第1744页。
④ 《金史》卷69《太祖诸子传》，第1605页。
⑤ 《金史》卷69《太祖诸子传》，第1609页。
⑥ 《大金国志校证》卷16《世宗皇帝上》，第221页。
⑦ 《廿二史札记》卷28《金初父子兄弟同志》，第388页。
⑧ 《金史》卷85《世宗诸子传》，第1908页。
⑨ 《廿二史札记》卷28《金初父子兄弟同志》，第388页。
⑩ 《金史》卷55《百官志一》，第1241页：“诸宗室将军，正七品。上京、东温忒二处皆有之。世宗时始命迁官，其户凡百二十。明昌二年更名曰司属，设令、丞。承安二年以令同随朝司令，正七品，丞正八品，中都、上京、扎里瓜、合古西南、梅坚寨、蒲与、临潢、泰州、金山等处置，属大宗正府。”
⑪ 《金史》卷47《食货志二》，第1064页。
⑫ 《金史》卷44《兵志》，第996页。
⑬ 泰和七年（1207年）十二月，“奏天下户七百六十八万四千四百三十八，口四千五百八十一万六千七十九。注：户增于大定二十七年一百六十二万三千七百一十五，口增八百八 十二万七千六十五。此金版籍之极盛也”。这一时期宗室人口是否也是极盛之时，有待近一步考证。

宗之手，明昌五年（1194年），赐永蹈及妃卞玉，二子按春、阿辛，公主长乐自尽。明昌六年，章宗又以“语涉不道”，杀死了镐王永中及其二子。整个章宗时期“疏忌宗室而传授非人”[①]。“章宗晚年，继世不立，遂属意卫绍王。卫绍历年不永，诸子凡禁锢二十余年，镐厉王诸子禁锢四十余年，长女寡男皆不得婚嫁。”[②]章宗杀害、禁锢永蹈、永中及其子孙的事件是继完颜亮大肆屠杀宗室之后金朝宗室的第二大厄运，致使两支衰微，这次骨肉相残，虽不能立即导致皇族人口减少，但是对章宗后期宗室人口下降趋势多少有一些影响。卫绍王时又将章宗内人腹中之子杀害。宣宗朝不仅没有释放禁锢的镐厉王子孙，还把卫绍王的子孙禁锢起来。到了天兴元年（1232年），金朝覆亡指日可待之时，哀宗才释放镐厉王子孙、卫绍王子孙，“天兴元年，诏释禁锢。是时，河南已不能守，子孙不知所终”[③]。《金史》言，哀宗“正大间，国势日蹙，本支殆尽，哀宗尚且疏忌骨肉，非明惠之贤，荆王几不能免，岂‘宗子维城’之道哉”[④]。金朝灭亡的原因有很多，在金朝末年，因为骨肉相残，疏忌禁锢而导致的宗室人口渐少，失掉了“宗子维城”之道，不能不说是其亡国的原因之一。

综上所述，仅据金朝帝王诛杀宗室这个方面来估计，宗室人口的升降变化大体趋势应当是：金初至海陵前，宗室人口呈增长态势，海陵朝大肆屠杀宗室，使宗室人口特别是宗室近属人数锐减；世宗、章宗朝又有所回升；章宗以后，不允许镐厉王子孙婚嫁等因素导致宗室人口下降，一直到金朝末年（还因战乱）仍呈现出下降的趋势。天兴二年四月，“崔立以梁王从恪、荆王守纯及诸宗室男女五百余人至青城，皆及于难”[⑤]。《归潜志》卷11记载：“（崔）立又聚皇族皆入宫，俄遣诣青城，皆为北兵所杀，如荆王、梁王辈皆预焉，独太后、皇后、诸妃嫔宫人北徙。百姓初闻皇族当北往，有窜其间者，亦被诛军前。”蒙古大汗窝阔台还有一个诏令，就是除完颜氏以外，余皆赦免，可见蒙古对金皇族的态度是屠杀尽净。但是这些只是史籍的记载，应该还会有未被屠杀的皇族。这些皇族在金朝灭亡以后也就丧失了特殊身份，与其他女真人一样有的同化到汉族当中，有的加入蒙古族，东北还有一部分女真人保持旧俗，到了明代他们发展为建州

---

① 《金史》卷12《章宗本纪四》，第286页。《容斋随笔》有一篇《北虏诛宗王》也涉及熙宗、海陵、章宗时屠戮宗室的事情。

② 《金史》卷93《卫绍王子传》，第2060页。

③ 《金史》卷64《后妃传下》，第1531页。

④ 《金史》卷93《宣宗三子传》，第2063页。

⑤ 《金史》卷18《哀宗本纪下》，第398页；《金史》卷93《宣宗三子传》：“天兴初，四月癸巳，守纯及诸宗室皆死青城。”

女真等，其中也应有宗室。

二、《金史·宗室表》订补

《金史》中有《宗室表》一卷，载于卷59，记载了金代宗室的人名、世次等，但是此表是元人根据金代宗室谱牒所编撰的，但如《宗室表》开篇所言：“贞祐以后，谱牒散失，大概仅存，不可殚悉，今掇其可次第者著于篇。其上无所系、下无所承者，不能尽录也。”[①] 加之金代宗室支裔复杂，人口众多，虽然在命名方面有特别规定，但重名者时有存在，还有宗室因为犯较大错误而绝属籍[②]者，漏记漏载的现象也比较常见。因此《金史·宗室表》没能完整地记录下金代全部宗室人员及其世次，所以补充《宗室表》也便成为金史研究的一个课题。有幸的是施国祁、钱大昕[③]、陈述等学者根据《金史》及金代的笔记文集等相关史料，对《宗室表》做过不少有益的补充，为研究金代宗室提供了很大的方便，但是不可避免也存在一些疏漏，笔者将在前人研究的基础上，根据所掌握的史籍及当时的碑志诗文等史料，对《宗室表》做出补充与考订，补充宗室80余位，补充的详细情况见附表。下文仅就所补的部分宗室简要分析。

完颜从郁，字文卿，本名瑀，字子玉，《中州乐府》有《宗室文卿小传》，世宗孙辈为从字辈，其父祖名字不详，无从考证世系。《中州乐府》小传言“父金紫公有《中庸集》”，章宗朝，“文卿以父任充符宝。章宗试，一日百篇，赐第。泰和六年（1206年），朝廷经略西蜀，宗室纲遣太尉中孚之子公辅说吴曦称藩。文卿私谓梁经父言：‘诱人以叛，岂有天下者所宜为。’其后蜀事竟不成，识者称焉。仕至安肃刺史”[④]。《金史》卷126《刘昂传》记载：“泰和初，（刘昂）自国子司业擢为左司郎中。会掌书大

---

① 《金史》卷59《宗室表》，第1359页。

② 《金史》卷76《太宗诸子传》，第1731页：“宗磐既诛，熙宗使宗固子京往燕京慰谕宗固。既而翼王鹘懒复与行台左丞相挞懒谋反伏诛。诏曰：‘燕京留守豳王宗固等或谓当绝属籍，朕所不忍。宗固等但不得称皇叔，其母妻封号从而降者，审依旧典。’”

③ 钱大昕：《廿二史考异》。“贞祐以后，谱牒散失，大概仅存，不可殚悉，今掇其可次第者著于篇。其上无所系、下无所承者，不能尽录也。”案表所载，世系尚有脱漏，如秉德有弟特里、纠里，麻颇之后有扫合、扫合子撒合辇、撒合辇子惟镕、惟镕子从杰，乌带之子兀答补孙塘，撒八之子赛里，宗强孙思列，胙王元之子育，宗本子沙鲁剌，宗固子胡里剌，南阳郡王襄之子思列，表皆失书。

④ （金）元好问《中州集》附《中州乐府·宗室文卿小传》，第563页。

中与贾铉漏言除授事，为言者所劾，狱辞连昂。章宗震怒。一时闻人如史肃、李著、王宇、宗室从郁皆谴逐之，铉寻亦罢政。”

亶，本名阿里刺，隶上京司属司。大定十年（1170年），“以皇家近亲，收充东宫护卫。转十人长，授御院通进，从世宗幸上京”“世宗还都，迁符宝郎，除吏部郎中”。章宗明昌元年（1190年），“起为同知棣州防御使事，上书历诋宰执。帝以小臣敢讥讪宰辅，杖八十，削一官，罢之，发还本猛安。明年，降授同知宣德州事。召授武卫军副都指挥使，四迁知大兴府事，转左右宣徽使。承安二年（1197年），拜尚书右丞，出为泰定军节度使，移知济南府，卒”①。1934年本《曲阜县志》卷8记载：承安四年（1199年），“相国完颜公自尚书右丞出镇兖郡”“相公系出皇族”②，由于他们都任尚书右丞一职，此相国完颜亶与前文阿里刺应为同一人。

完颜仲希，生卒年不详。金宗室后裔。少以孤儿隶羽林宿卫者多年，为人慷慨尚风气，善驰射。北渡后折节读书，与元遗山游，颇有名望。王恽《秋涧先生大全文集》杂著有文载其事。元遗山称其为吾弟③。

宗翰又名粘罕、粘没曷，为劾者孙、撒改长子，《宗室表》中只著录其有二孙秉德、斜哥，《呻吟语》记载宗翰的二子为长子珍珠大王设野马郎君和次子宝山大王斜保④。《金史》卷63《后妃传上》记载，大定十九年（1179年），“大宗正丞宗安监护葬事”，此宗安与撒离喝子、天德二年（1150年）的同判大宗正事、御史大夫宗室宗安不是一个人，因为御史大夫宗安在天德二年十月被杀，但大宗正丞宗安出现在大定十九年。《金史》中没有谈及宗安为宗室或内族，但是从其名字及任职上来看，很可能是宗室。

陈述先生根据《大金国志》卷10有“囚燕山留守彬王宗孟并其子禀”之语，补有宗孟及其子禀。所补有误，此宗孟实为太宗子宗固，因为宗固曾为豳王、燕京留守，有子名为禀。据《金史》卷76《宗本传》记载，禀本名胡离改。又据《金史》卷63《海陵诸嬖传》记载，宗固子有胡里刺，二者应为一人，表中并未失载，《宗室表》中有言：“史载北京留守卞、平阳尹禀皆太宗孙，不称谁子，不可以世。”此平阳尹禀即为宗固子、太宗孙。《金史》还记载宗固另有一子胡失来（胡石赉、胡失打、

① 《金史》卷66《宗室传》，第1568页。

② 李修生：《全元文（第一册）》卷6《孔元措》之“相国完颜昭告至圣文”，南京：江苏古籍出版社，1998年，第117页。

③ 降大任：《元遗山新论》，太原：北岳文艺出版社，1988年，第296页。

④ （宋）佚名：《呻吟语》，《奉使辽金行程录》，长春：吉林文史出版社，1995年。

京），表失载，胡什赉于天德二年（1150 年）被杀，大定二年（1162 年），赠金吾卫上将军。《金史》卷 61《交聘表中》记载，大定二十一年（1181 年）“八月，以殿前右副都点检宗室胡什赉、尚书左司郎中邓俨为贺宋生日使”。此宗室胡什赉与太宗孙、宗固子胡石赉定非一人，因为宗固子胡石赉已经于天德二年被杀。

1978 年在北京门头沟区妙峰山公社南樱桃沟大队发现的金代窝鲁欢（即太祖子宗隽）墓志，是其做尼姑的女儿妙行大师赐紫尼志达撒鲁[①]所立。宗隽有此女一事，《金史》等相关金代史料没有提及。《金史》中只记载宗隽有一女名为师姑儿，完颜亮时入宫做了其妃子，与此女是否为一人，有待考证。《金石续编》卷 20《龙泉寺政言塔铭》为大定二十八年（1188 年）“皇子曹王次子皇孙祖敬撰”，初笔者认为此人为《宗室表》所漏掉的宗室，后见元好问《如庵诗文序》中有言完颜璹“参禅于善西堂，名曰‘祖敬’”，可见祖敬为完颜璹的法名。可见完颜璹或曾出家，完颜璹的《老镜》《释迦出山息轩画》《对镜》等诗都表达了他对佛老思想很沉迷。金朝皇女、皇子都有出家者，都兴智先生认为未见女真人出家为僧尼，“虽贵戚、望族，多舍男女为僧尼”[②]并不包括女真人在内的观点值得商榷。

《金史》中有两条史料：太宗时，“宋兵十万在单父间，总管宗室移剌屋选步卒一万、骑兵四千往讨之”[③]“宗室移剌古为山东东路兵马都总管，辟掌军府簿书，往来元帅府计议边事，右副元帅宗弼爱其才，召为元帅府令史”[④]。移剌屋、移剌古二人都被冠以宗室，时间都在金朝前期。关于此二人的身份，笔者认为存在两种可能：第一，此二人是金朝宗室，“移剌屋”与“移剌古”为女真人名，正如《金史》卷 104 有东京猛安人、以太子太傅致仕、曾拜尚书右丞的蒲察移剌都一样，此二人都称“完颜移剌屋”与“完颜移剌古”；第二，此二人为契丹人，为辽朝宗室，辽代“耶律”到了金朝改称“移剌”，有可能是前朝的宗室遗裔。或许还有其他原因，因史料不足，无法说清楚，存疑备考。

世宗子永（允）德，母元妃李氏，《金史》记载允德曾被封为薛王、沈王、豳王、潞王、曹王。清朝学者陆增祥认为允德还被封为韩王，《金

---

① 刘肃勇：《金代窝鲁欢墓志所记史事考探》，《社会科学辑刊》1996 年第 3 期。

② 《大金国志校证》卷 36《浮图》，第 517 页；都兴智：《金代女真人与佛教》，《北方文物》1997 年第 3 期。

③ 《金史》卷 82《乌延吾里补传》，第 1837 页。

④ 《金史》卷 90《移剌道传》，第 1994 页。

史》失载[①]。《八琼室金石补证》卷128《韩王请琮公疏》后有考证言，石刻前题“皇弟韩王府”，后题“皇弟开府仪同三司太子太师韩王”。《金史·世宗诸子传》载元妃李氏生郑王允蹈、卫绍王允济、潞王允德。《允德传》云大定二十五年（1185年）与章宗及诸兄俱加开府仪同三司，卫绍王时累迁太子太师。此疏结衔“皇弟开府仪同三司太子太师”正值大安三年（1211年），与传称卫绍王时累迁官相合，是所题即允德。传称允德封薛王，进封沈王、豳王、潞王，但不言进封韩王。案《卫绍王本纪》，大安元年（1209年），既进封兄永功为谯王，则允德以懿亲之重，亦当并封，是韩王为所进府号，当时缺录也。史赞云：“身弑国蹙，记注亡失，南迁后不复纪载。”故宜有此，宜取以补史遗。卫绍王在明昌二年进封韩王，今允德亦得此号，绍王与之同母，遂以自所封号示宠异于他人。

《金史》中有被称为内族者多人，均为金朝的宗室，但未见《宗室表》著录。如惟弼、草火讹可、板子讹可、斜烈、大娄室、中娄室、小娄室、裔[②]、和尚、阿禄带、撒合辇[③]、乘庆、达鲁欢、按出虎[④]、长乐、探春、习显、泰和、斜鲁、庆山奴、拐山（庆山奴父）、合周等人。《清容居士集》卷27《赠翰林学士嘉议大夫马公神道碑铭》记载：“（河内）里中有德大师，金内族，年过百龄，能知人寿夭前后，俱尊异之。”他说墓主要出生，是他好友宋让后身，墓主死于至元二十九年（1292年），60岁。这些内族的具体仕历及在史书中所见的卷数详见附图。

《金史》中被称为宗室者有多人，但未见《宗室表》著录。如乌里雅、辟合土、靖、毅、纟、崇肃、赛补、方[⑤]、婆卢火[⑥]、鹘杀虎、完颜究[⑦]、守贞、重福、仆忽得、三宝（弈）、禅赤、承充、神谷[⑧]、泥河、阿可、宗

① （清）陆增祥：《八琼室金石补证》卷128《韩王请琮公疏》，北京：文物出版社，1985年，第905页。

② 《金史》卷27《河渠志》：“彰化军节度使内族裔。”同卷还有“知大名府事内族裔”，与此人是否为同一人，待考。

③ 与宗敏子舒国公撒合辇、扫合子撒合辇同姓、同名，但非同一人。

④ 此按出虎出现在哀宗正大九年，与下文所补大定二十四年的奉国斡准之子按出虎相差半个世纪，当不为同一人。

⑤ 《金史》卷80《阿鲁补传》中阿鲁补子方亦任为同签大宗正事，且同为大定时人，疑此方与彼方为一人。

⑥ 大定二十三年（1183年）闰十一月，以西京留守宗室婆卢火为贺宋正旦使。与金初泰州都统宗室婆卢火定非同一个人，因为他们两个人存在的时间相差半个世纪。

⑦ 章宗明昌二年（1191年）七月，遣同签大睦亲府事完颜究等为贺宋生辰使。此究与宗干子究定不为同一人，因为宗干子究已在天德四年十二月卒。虽然《金史》中未言完颜究为宗室或内族，但是从其担任的职位“同签大睦亲府事”来看定为宗室，《金史》卷55《百官志一》：“同签大宗正事一员，正三品，宗室充，大定元年置。泰和六年改同签大睦亲事。”

⑧ 陈述：《金史拾补五种》，科学出版社，1960年，第47页，认为“神谷”为“谷神”之误，此种观点不正确。

渊、吾母（卞[①]）等人。此外，元好问的文集中也提到不少金朝宗室，如宗室安之、惟宏、长寿、庆山、众僧奴等人。这些宗室的具体事迹、仕历及在史书中所见的卷数详见附图。

《金史》中有被称为宗室子者多人，亦为金朝宗室，但未见《宗室表》著录。如阿喜、酬斡、术鲁、胡石改、九（久）住、从坦、道哥（从坦族人）、胡沙（承裕）、突合速、斡鲁古、阇哥、挞懒[②]等人。这些宗室子的具体仕历及在《金史》中所见的卷数详见附图。

当然，金朝的宗室远远不止宗室表所列及其所补充的这些，金朝宗室的取名，有一定的规律，阿骨打辈以“日”字为字头，阿骨打子侄辈的汉名以“宗”开头，阿骨打孙辈以“亠”为其名字冠盖，世宗的孙辈则以“王”为字旁，宗室子孙还有以“惟”“允”“永”[③]“崇”[④]“承”“仁”“洪”“从”“守”等为汉名开头的。所以，除笔者以上的补录外，定还有不少未录入《宗室表》的完颜宗室。根据《金史》《大金国志》等史籍的记载，以下人虽然没有明确地被称为宗室、内族、皇族，但是看名字疑为宗室，姑列如下，备考：完颜昪、完颜昺、完颜璘、完颜从正、完颜从杰、完颜宗庆、完颜宗鲁、完颜宗回、完颜宗表、完颜宗甫、完颜宗礼、完颜宗璧（崇璧）、完颜守诚、完颜惟康、完颜惟孚、完颜惟基、完颜崇道、芮国公从厚、武定王瑶，等等。

宗室中有重名现象，《宗室表》中所列的宗室就有重名现象，如挞懒、劾者等。在中国古代同一家族的人在取名上多为双名，姓名是由“姓 + 行辈字序 + 个人名”构成。这样可以在一定程度上避免重名。金朝宗室有女真名，也有汉名。在金朝宗室的汉名中，太祖辈为单名，太祖子侄辈为双名，太祖孙辈（即世宗辈）为单名，世宗子侄辈为双名，世宗孙辈为单名，世宗从孙辈为双名，以此类推，也就是金朝宗室取汉名一辈为单名，一辈为双名。单名是靠字的偏旁相同来认定是同一辈的人，上文已有论述。这样取名在一定程度上避免了重名，故金朝宗室的汉名较少有重复的现象，但仍有，比如完颜杲，一人是世祖第五子斜也，卒于天会八年（1130 年）九月；另一人是安帝六代孙撒离喝，天德二年（1150 年）十月被杀。但女真名则重复的现象比较多，如婆卢火、挞懒、劾者。

---

① 疑与太宗孙卞为一人。

② 此挞懒非天眷二年谋反被诛之穆宗子挞懒（昌）。

③《金史》卷 13《卫绍王本纪》，第 289 页：“卫绍王，讳永济，小字兴胜，更讳允济，章宗时避显宗讳，诏改‘允’为‘永’。”

④《金史》卷 100《宗端修传》，第 2203 页：“章宗避睿宗讳上一字，凡太祖诸子皆加‘山’为‘崇’，改‘宗’氏为‘姬’氏。”

三、《金史》中婆卢火身份新证

婆卢火是金代女真人名,《金史国语解》记载:"婆卢火者槌也。"关于《金史》中婆卢火的身份问题,学界一直认为金初泰州都统婆卢火是女真徒单氏,《金史》记载有误,婆卢火并非是宗室,考证的文章有两篇。

其中一篇文章是彭占杰《金长城东北路缔造者婆卢火事迹述略》①(以下简称《述略》)认为婆卢火出自女真大部徒单氏,论据主要有以下几个。其一,《金史》中称婆卢火为"宗室"或"完颜"为牵强之笔。"婆卢火称安帝五代孙,不称谁子",是金初无文字、记载缺失的附会之说。作者认为《金史》的编纂者对婆卢火的有关资料收集不全、理得不够顺,造成缺略或疑难。其二,全部金代文献只有一个开府仪同三司(一品官)的婆卢火,那就是显宗孝懿皇后的祖父徒单婆卢火。其三,从婆卢火的功勋、官阶、资历等方面看,死后完全可以入太祖庙衍庆宫的功臣画像的行列,却只列入"衍庆宫亚次功臣"之列,原因是"异姓功臣莫先焉"。其四,从完颜姓氏的含义及金初有同姓完颜和异姓完颜,"宣宗诏宗室皆称完颜,不复识别焉",认为都称"完颜",没有同姓异姓之分,也就无法识别谁姓完颜、谁不姓完颜了。

另一篇文章是宋德辉《婆卢火墓地考》②(以下简称《墓地考》),也认为婆卢火为徒单氏,论据主要有以下几个。其一,《金史·后妃传》《金史·徒单贞传》的记载,指出了婆卢火并非为宗室。其二,《宗室表》中称婆卢火为安帝五世孙,可能与历朝的封赏制度有关,对朝廷有功人员授予皇族姓氏,以资嘉勉。其三,因其非宗室出身,金朝功臣配享殿上一直没有婆卢火的位置,而是与其官阶相同的宗室成员都进入功臣之列,直到大定十四年(1174年)婆卢火才进入衍庆宫圣武殿,且这次褒奖的是那些异姓有功之臣。

上述两位先生对婆卢火身份的论述比较深入,多有可取,但笔者认为仍有值得商榷之处。不能置《金史》等史料明确记载于不顾,不能将《金史》中多次提到婆卢火为宗室、宗人的记载一笔抹杀了,《金史·食货志一》记载:"昱等苴其土以进,言可种植,遂摘诸猛安谋克中民户万余,

① 彭占杰:《金长城东北路缔造者婆卢火事迹述略》,《辽金史论集(第7辑)》,郑州:中州古籍出版社,1996年。

② 宋德辉:《婆卢火墓地考》,《辽金史论集(第10辑)》,北京:中国社会科学出版社,2007年。

使宗人婆卢火统之，屯种于泰州。”[①]《金史·宗室表》：“婆卢火安帝五代孙。”[②]《金史》卷71将婆卢火与宗室子斡鲁、斡鲁古勃堇、阇母三人并列单独列传，并没有将其列入《世戚传》。从《金史》记载中可以看出，宗室完颜婆卢火与徒单婆卢火是两个人，不能混为一谈。在谈论据之前，首先我们要明确一个概念，就是婆卢火是女真人名。女真人同名者非常多，比如《金史》中有完颜银术可、纥石烈银术可，有耶律慎思和徒单慎思，最典型的同名是叫娄室者，有裴满娄室、蒲察娄室、温迪罕娄室、孛术鲁娄室、纥石烈娄室、完颜娄室（斡里衍、金源郡王）、完颜娄室（完颜永成）、完颜大娄室、完颜中娄室、完颜小娄室，而且大中小娄室是同一时期的人，还在一次战役中打过仗。如果我们仅仅因为史料缺失就将有类似仕历的人看成一个人，似乎不妥。下面结合上述两篇文章的观点谈谈笔者的一孔之见：

其一，《述略》一文认为显宗孝懿皇后的祖父徒单婆卢火为开府仪同三司，而泰州都统宗室婆卢火也为开府仪同三司，就将两个人说成一个人，这是不能成立的。“‘开府’原指成立府署，自选僚属。汉代太傅、三公、大将军可以开府。魏晋以后开府的官吏逐渐增多，遂有‘开府仪同三司’的名号。三司即太尉、司徒、司空。三司皆有官属，开府仪同三司者谓与三司体制待遇相同，亦有官属，乃大臣之加衔，其本身必另有其他职务。唐宋至元乃以开府仪同三司为最高级之阶官。”[③]金代文官“从一品上曰开府仪同三司，中曰仪同三司，中次曰特进，下曰崇进”[④]，开府仪同三司是文官的最高一阶。纵观《金史》有开府仪同三司衔的共有40多人，不仅有皇族，还有外族，甚至有外国国王，如熙宗时，西夏国王仁孝、高丽国王王楷皆被加开府仪同三司。开府仪同三司还有赠官、加官和累官、迁官之分：死后赠开府仪同三司者称赠官，以示恩宠；在本官之外，加上特定的官号，增加新的职务，叫做加官；累官就是积功多次逐步升官；迁官就是调任官职。这几个概念的最大不同是，赠官是在死后进行的，其他三个是在生前进行的。这个宗室婆卢火和徒单婆卢火的情况完全不同：显宗孝懿皇后徒单氏“祖婆卢火，以战功多，累官开府仪同三司，赠司徒、齐国公”[⑤]；泰州婆卢火，天眷元年（1138年）薨，“赠开府仪同三司，谥

① 《金史》卷46《食货志一》，第1032页。
② 《金史》卷59《宗室表》，第1377页。
③ 安作璋：《简明中国历代官制词典》，济南：齐鲁书社，1990年，第33页。
④ 《金史》卷55《百官志》，第1220页。
⑤ 《金史》卷64《后妃下》，第1524页。

刚毅"[①]。一个是在生前获得开府仪同三司称号，一个是在死后获得开府仪同三司称号，所以很明显不可能为一个人。

其二，《述略》一文从完颜姓氏的含义及金初有同姓完颜和异姓完颜，"宣宗诏宗室皆称完颜，不复识别焉"，认为都称"完颜"，没有同姓、异姓之分，也就无法识别谁姓完颜，谁不姓完颜了。这样的结论是不正确的，《金史·宗室表》称："金人初起完颜十二部，其后皆以部为氏，史臣记录有称'宗室'者，有称完颜者。称完颜者亦有二焉，有同姓完颜，盖疏族，若石土门、迪古乃是也；有异姓完颜，盖部人，若欢都是也。大定以前称'宗室'，明昌以后避睿宗讳称'内族'，其实一而已，书名不书氏，其制如此。宣宗诏宗室皆称完颜，不复识别焉。"[②]"宣宗诏宗室皆称完颜，不复识别焉"是指不能识别同姓完颜和异姓完颜说的，并不是说无法识别谁姓完颜、谁不姓完颜。

其三，《墓地考》一文认为婆卢火非宗室出身，金朝功臣配享殿上一直没有婆卢火的位置，而与其官阶相同的宗室成员都进入功臣之列。直到大定十四年（1174 年）婆卢火才进入衍庆宫圣武殿，且这次是褒奖异姓有功之臣。《述略》一文从婆卢火的功勋、官阶、资历等方面看，死后完全可以入太祖庙衍庆宫的功臣画像的行列，但只列入"衍庆宫亚次功臣"之列，原因是"异姓功臣莫先焉"。"大定间，大褒功臣，图像衍庆宫。欢都死康宗时，不及与驰骛辽、宋之郊，然而异姓之臣莫先焉。故定衍庆亚次功臣。"[③]从这句话可以看出"异姓功臣莫先焉"指的仅是欢都一个人。大定十四年进入衍庆宫圣武殿的人员中，有很多是宗室成员，如金源郡王石土门，郑国公谩都诃，仪同三司阿鲁补、太师、领三省事勖等。这次进入衍庆宫圣武殿的齐国公婆卢火，的确为显宗孝懿皇后的祖父徒单婆卢火，因为泰州都统婆卢火没有被封为齐国公。

其四，《墓地考》一文认为《宗室表》中称婆卢火为安帝五世孙可能与历朝的封赏制度有关，对朝廷有功人员授予皇族姓氏，以资嘉勉。这种认识似乎有些偏差，其一，纵览《金史》未见有徒单氏被赐予皇族姓氏者，且被赐予国姓者没有女真人，均为汉人、渤海人、契丹人等；其二，即便是女真人徒单氏被赐予了皇族姓氏，也不可能被列到《宗室表》中并且有明确的世系记载。

综上所述，上述两篇文章否定《金史》中多处婆卢火为宗室的记载，

① 《金史》卷 71《婆卢火》，第 1639 页。
② 《金史》卷 59《宗室表》，第 1359 页。
③ 《金史》卷 80《阿离补传》，第 1811 页。

将两个同名者说成一个人，是将简单问题复杂化了。婆卢火名为女真语棒槌之意，棒槌也就是人参，换成一句俗语说就是家里的宝贝小子，所以女真人喜欢以婆卢火为名字。笔者通过考证，认为《金史》中有5个婆卢火，不仅有徒单婆卢火，还有完颜婆卢火。其中第一位是金初泰州都统婆卢火、安帝五代孙，谥刚毅，也就是《金史》卷71有传者宗室婆卢火。第二位与上述婆卢火为同时代人，“娄室平陕西，婆卢火、绳果监战。后为平阳尹，西南路招讨使，终于庆阳尹”[①]，没有什么太大的作为。第三位是大定二十三年（1183年）西京留守，晚于泰州都统婆卢火半个世纪，与泰州都统婆卢火定非一人，此人也为宗室，“以西京留守宗室婆卢火、尚食局使李滮为贺宋正旦使”[②]。第四位是大定二十八年（1188年）参政，“以山东路统军使完颜婆卢火为参知政事”[③]“参知政事完颜婆卢火罢”[④]。《金史·宗室表》记载：“大定以前称‘宗室’，明昌以后避睿宗讳称‘内族’，其实一而已，书名不书氏，其制如此。”[⑤]既然此婆卢火“书氏”那么就不是宗室，虽然与西京留守宗室婆卢火为同时期的人，但也就不是同一人。第五位是徒单婆卢火，显宗孝懿皇后的父亲“婆卢火，以战功累官开府仪同三司”[⑥]，“章宗即位，尊母皇太子妃为皇太后，追封贞为太尉梁国公，贞祖抄司空鲁国公，父婆卢火司徒齐国公”[⑦]。

本章对金朝宗室的范围加以界定，认为金代宗室包括始祖函普的所有子孙，还包括函普兄弟保活里和阿古乃的子孙，这也是本书的研究范围。在金朝，宗室在金朝又被称为“皇族”“内族”，不少学者还根据《三朝北盟会编》语“其宗室皆谓之郎君”认为金朝的宗室亦被称为“郎君”。实际上，并非完全如此。笔者认为金朝“郎君”的含义主要有两个：一是人们对一些宗室及非宗室等贵族青年男子的称呼；二是指在尚书省、亲王府任职的从事护卫、稽查案牍、管理纸笔及听从尚书省和亲王府随时差遣之事的官员和小吏。在本章，笔者还根据相关史籍及当时的碑志诗文等资料，对《金史·宗室表》做出补充与考订，共新补宗室80余人，且通过考证认为《金史》中有五个婆卢火，不仅有宗室婆卢火，还有徒单婆卢火。

---

① 《金史》卷71《婆卢火》，第1639页。
② 《金史》卷61《交聘表一》，第1443页。
③ 《金史》卷8《世宗本纪下》，第201页。
④ 《金史》卷8《世宗本纪下》，第203页。
⑤ 《金史》卷59《宗室表》，第1359页。
⑥ 《金史》卷132《徒单贞》，第2826页。
⑦ 《金史》卷132《徒单贞》，第2828页。

第二章　金代宗室的任官与特权

宗室作为皇帝的家族成员，一出生便注定有着异于普通人的崇高地位。他们因与统治者的这层特殊的血缘关系而成为王朝进行有效统治的基石，是维护王朝统治的重要力量，因此掌握着相当大的权力，尤其是宗室近支，他们的政治权力会更大。本章将论述宗室在政治上入仕任官的特权，宗室成员是通过什么样的途径入仕为官的？金朝在中央及地方的各个机构中任用宗室的情况怎么样？各个时期有没有什么变化？宗室近属与远支在任官上有什么区别？宗室致仕与死后赠官情况是什么样的？这些都是本章需要探讨的问题。

第一节　宗室的入仕升迁途径

《大金国志・除授》记载金人入仕途径："选举之外有奏补法，有世袭法，有封赠法。"[①]《金史》卷52《选举志二》记载："自进士、举人、劳效、荫袭、恩例之外，入仕之途尚多，而所定之时不一。"作为国之枝叶的宗室自然与普通人有差别，金朝宗室人员众多，与皇帝的亲疏远近不同，加之宗室个人的能力、才华不同，甚至年龄的大小不同，他们入仕的情况也有着这样或那样的差距，但是总地来说宗室由于自身特殊的身份，其入仕途径比普通人的渠道更多、更宽泛，且入仕时还享有诸多特权。现将金朝宗室的入仕升迁途径论述如下。

一、军　　功

宗室通过军功入仕主要是在金朝初年，这是因为金初战事频繁，《金

---

① 《大金国志校证》卷35《除授》，第507页。

史》记载："太祖征伐四方，诸子皆总戎旅"[①]"兄弟子姓才皆良将"[②]。明人杨循吉在其所撰《金小史》中也说："旻所用将兵者，皆其宗室子弟为多。"[③]正是因为这样，金朝初年军功成为宗室入仕的一个重要途径，金初通过立军功从而成为世袭猛安和谋克的宗室有不少，《金史》中有很多记载。如"攻宁江州，渤海兵锐甚。宗雄以所部败渤海兵，以功授世袭千户谋克"[④]。麻吉，银术可之母弟，"年十五，隶军中，从破高丽兵，下宁江州，平系辽女直，克黄龙府，皆身先力战，以功为谋克，继领猛安"[⑤]。昭祖曾孙什古乃"从太祖平辽，以功授上京世袭猛安，历东京留守。父阿鲁带，皇统初北伐有功，拜参知政事"[⑥]。完颜阿离补，"宗室子，系出景祖。屡从征伐，灭辽举宋皆有功"，天会九年（1131年），随睿宗平陕西，"诏以兄猛安沙离质亲管猛安之余户，以阿离补为世袭谋克"[⑦]。冶诃子讹古乃，皇统元年（1141年）"以功授宁远大将军，迭剌唐古部节度使"[⑧]。合住子余里也"与胡十门同时归朝，屡以粮饷助伐高永昌及高丽、新罗。后从宗望伐宋，以功迁真定府路安抚使兼曹州防御使，佩金牌。授苾里海水世袭猛安"[⑨]。宗室子术鲁，"从郑王斡赛败高丽于曷懒，取亚鲁城，克宁江州，取黄龙府。出河店之役、达鲁古城之役、护步答冈之役皆力战有功。东京降，为本路招安副使。败辽兵，破同刮营。苏州汉民叛走，术鲁追复之，以功为谋克"[⑩]。宗室子酬斡，"魁伟善战，年十五，隶军中，多见任用。以兵五百，败室韦，获其民众。及招降烛偎水部，以功为谋克"[⑪]。金初以军功出任世袭猛安谋克的宗室如此之多，体现了宗室的尚武精神和宗室作为金朝的一个特殊阶层在军功入仕上的特殊地位。

金初还未全部改行汉官制，因此以功所授的官是女真猛安谋克官。熙宗朝金宋签定"绍兴和议"后，金朝进入战事稀少的和平时期，以军功入仕的宗室逐渐减少，但是仍然有宗室通过军功进入仕途。由于熙宗进行了

---

① 《金史》卷19《世纪补》，第408页。

② 《金史》卷44《兵志》，第991页。

③ （明）杨循吉：《金小史》卷2，明万历十三年（1585年）徐景凤刻本。见《四库禁毁书丛刊》编纂委员会编：《四库禁毁书丛刊》史部33，北京：北京出版社，2000年，第263页。

④ 《金史》卷73《宗雄传》，第1679页。

⑤ 《金史》卷72《麻吉传》，第1663页。

⑥ 《金史》卷94《襄传》，第2085页。

⑦ 《金史》卷80《阿离补传》，第1810～1811页。

⑧ 《金史》卷68《讹古乃传》，第1599页。

⑨ 《金史》卷66《宗室传》，第1562页。

⑩ 《金史》卷66《宗室传》，第1565页。

⑪ 《金史》卷71《斡鲁传》，第1633页。

仿效中原的官制改革，故以功所授之官也都是汉官。世宗朝平章政事宗宁，系出景祖，太尉阿离合懑之孙，“性勤厚，有大志。起家为海陵征南都统，战瓜洲渡，功最。历祁州刺史”①。到了金朝末年，又进入动荡战乱时期，但是由于金朝后期对宗室任官的限制及宗室的颓废等诸多原因，以军功入仕的宗室非常少。如完颜陈和尚之父乞哥，系出萧王，“泰和南征，以功授同知阶州军事，及宋复阶州，乞哥战殁于嘉陵江”②。

二、世　　袭

宗室的世袭得官主要是指宗室在猛安谋克这种军事组织、行政组织中的承袭。《金史》中比较典型的宗室世袭得官是宗雄子孙对猛安的世袭，“初，蒲鲁虎（宗雄子）袭猛安。蒲鲁虎卒，赠金紫光禄大夫，子桓端袭之，官至金吾卫上将军。桓端卒，子袅频未袭而死。章宗命宗雄孙蒲带袭之”③。金朝初年，宗室什古乃、完颜宗雄、完颜昂、完颜阿离补等人通过军功获得的猛安谋克之职都是世袭的，即他们的子孙可以承袭。

《金史·兵志》记载，熙宗皇统五年（1145 年），“罢辽东汉人、渤海猛安谋克承袭之制，浸移兵柄于其国人，乃分猛安谋克为上中下三等，宗室为上，余次之”④。《兵志》还记载：“迨夫国势浸盛，则归土地、削位号，罢辽东渤海、汉人之袭猛安谋克者，渐以兵柄归其内族。”可见，熙宗以后，罢辽东渤海、汉人之袭猛安谋克者，能够世袭猛安谋克者更多的是宗室、内族。宗干孙永元，天德初，被“授百女山世袭谋克”，宗室承晖“袭父益都尹郑家塔割剌讹没谋克”⑤，等等。且世宗朝比较典型，六位皇子全部都被授予了世袭猛安谋克。

宗室可以世袭猛安谋克，但有时也有一些附加条件，从熙宗开始，金朝基本都遵循学习中原文化的基本国策。由于汉化之风盛行，为了保持本民族的传统，有时会要求承袭者必须通女真字。如大定年间，宗室“宗尹乞令子银术可袭其猛安，会太尉守道亦乞令其子神果奴袭其谋克。凡承袭人不识女直字者，勒令习学。世宗曰：‘此二子，吾识其一习汉字，未习

① 《金史》卷 73《宗宁传》，第 1676 页。
② 《金史》卷 123《忠义传三》，第 2680 页。
③ 《金史》卷 73《宗雄传》，第 1681 页。
④ 《金史》卷 44《兵志》，第 993 页。
⑤ 《金史》卷 101《承晖传》，第 2223 页。

女直字。自今女直、契丹、汉字曾学其一者，即许承袭。’遂著于令”[①]。大定二十六年（1186年），世宗为了传扬女真文化，“制猛安谋克皆先读女直字经史然后承袭”[②]。

金朝猛安谋克的承袭制度，基本上是父死子继，主要由嫡长子来继承，当然也有庶子、次子继承者。《大金国志》记载：“其世袭法，世袭千户，金国深重其赏，非宗室勋臣之家不封，勋臣之家亦止本色人及契丹、奚家而已。所袭官职，亦非一等，上自明威将军，下至千户、三百户。若袭封之人亡，及因他故合去官者，许令长男继之。如长男已亡，或笃废疾者，长孙继之。长子与长孙俱亡，次子继之。本枝绝，兄弟继之。兄弟无，近亲继之。”[③]《金史·突合速传》记载：“初，突合速以次室受封，次室子因得袭其猛安。及分财异居，次室子取奴婢千二百口，正室子得八百口。久之正室子争袭，连年不决，家资费且尽，正室子奴婢存者二百口，次室子奴婢存者才五六十口。”“世宗闻突合速诸子贫窘，以问近臣，具以争袭之故为对，世宗曰：‘次室子岂当受封邪。’遂以嫡妻长子袭。”[④]可见，若有嫡长子，则猛安谋克是要由嫡长子承袭的。

三、荫　补

荫补又称荫袭、门荫，是指子孙凭借其先辈的荫庇而进入仕途。荫补制度始于汉朝，完善于唐朝，辽、北宋承唐制，金制承辽宋，亦有门荫制度。金熙宗天眷时定“一品至八品皆不限所荫之人”。海陵贞元二年（1154年），“定荫叙法，一品至七品皆限以数，而削八品用荫之制”[⑤]，不仅对一至七品官员所荫之人数加以限定，还取消了八品以下官员子弟的荫补权。世宗大定四年（1164年）五月，诏：“皇家袒免以上亲，就荫者依格引试，中选者勿令当傔使。”[⑥]即宗室五服以内亲就荫者，参加考试，若

① 《金史》卷73《阿离合懑传》，第1675页。

② 《金史》卷8《世宗本纪下》，第192页。

③ 《大金国志校证》卷35《除授》，第507、508页。

④ 《金史》卷80《突合速传》，第1803页。

⑤ 《金史》卷52《选举志二》，第1159页。

⑥ 《金史》卷52《选举志二》，第1159页。傔使，录职试用，是金元特有的制度。《金史·选举志三》：“诏：皇家袒免以上亲，就荫者依格引试，中选者勿令当傔使。”《元典章·吏部二·傔使》：“近据来呈，拟到六品、七品子孙，许应当随朝傔使周年，或减半年，并不支俸。”《元史·选举志三》：“诸荫叙人员……三品以下、七品以上、年二十五之上者，当傔使一年，并不支俸。”

考试合格，不必经过录职试用期，直接录用，这显然是宗室近亲在门荫制度中的特权。章宗泰和元年（1201 年）重新修订《荫叙法》："凡诸色出身文武官一品，荫子孙至曾孙及弟兄侄孙六人，因门荫则五人。二品则子孙至曾孙及弟兄侄五人，因门荫则四人。三品子孙兄弟侄四人，因门荫则三人。四品、五品三人，因门荫则二人。六品二人，七品子孙兄弟一人，因门荫则六品、七品子孙兄弟一人。旧格，门荫唯七品一人，余皆加一人。明昌格，自五品而上皆增一人。"①一至八品官或一至七品官都有荫补子孙的权利，宗室多任一品至八品官，当然也有荫补子孙的权利。

史书记载，金朝两位皇帝的初入仕之官都是通过门荫获得，完颜亮在天眷三年（1140 年），"年十八，以宗室子为奉国上将军，赴梁王宗弼军前任使，以为行军万户，迁骠骑上将军"②。"海陵以宗室子在宗弼军中任使，用是相厚善。"③世宗完颜雍在皇统年间"以宗室子例授光禄大夫，封葛王，为兵部尚书"④。金朝从熙宗开始，荫授宗室子弟武官品阶，以示恩宠。郑家（完颜昂子），皇统初，"以宗室子授定远大将军，除磁州刺史"⑤。可喜"以宗室子，累官唐括部族节度使，降忻州刺史"⑥。"京本名忽鲁，以宗室子累迁特进。"⑦"方以宗室子累官京兆少尹，迁陕西路统军都监。"⑧

当然，以宗室子荫补充任这些官职并不是没有原则的、随机的，而是往往要根据宗室的个人能力与特长授任。齐（太祖孙，本名受速），长身美髯，"天眷三年，以宗室子授镇国上将军"⑨。阿琐（宗强幼子），长身多力，天德二年（1150 年）"以宗室子，授奉国上将军，累加金吾卫上将军，居于中都"⑩。世宗朝以后更是特别看重个人的能力，齐（本名扫合，穆宗曾孙），大定中，"以族次充司属司将军，授同知复州军州事，累迁刑部员外郎。上谕曰：'本朝以来，未尝有内族为六部郎官者，以卿历职廉能，故授之。'"⑪大定十八年（1178 年）十一月，尚书省拟同知

---

① 《金史》卷 52《选举志二》，第 1160 页。
② 《金史》卷 5《海陵本纪》，第 91 页。
③ 《金史》卷 125《文艺传上》，第 2716 页。
④ 《金史》卷 6《世宗本纪上》，第 121 页。
⑤ 《金史》卷 65《始祖以下诸子传》，第 1553 页。
⑥ 《金史》卷 69《太祖诸子传》，第 1606 页。
⑦ 《金史》卷 74《宗望传》，第 1708 页。
⑧ 《金史》卷 80《阿离补传》，第 1811 页。
⑨ 《金史》卷 74《宗望传》，第 1707 页。
⑩ 《金史》卷 69《太祖诸子传》，第 1608 页。
⑪ 《金史》卷 66《宗室传》，第 1564 页。

永宁军节度使事阿可为刺史，世宗曰："阿可年幼，于事未练，授佐贰官可也。"平章政事唐括安礼奏曰："臣等以阿可宗室，故拟是职。"世宗曰："郡守系千里休戚，安可不择人而私其亲耶？若以亲亲之恩，赐与虽厚，无害于政。使之治郡而非其才，一境何赖焉！"[①]可见世宗并没有以皇亲之故授阿可为刺史，而是只授了佐贰官。昭祖五世孙襄，在章宗朝能独任左丞相数年，也主要是因为其过人的才气。《金史》记载："襄重厚寡言，务以镇静守法""识者谓襄诚得相体""襄明敏，才武过人，上亲待之厚，故所至有功。……在政府二十年，明练故事，简重能断，器局尤宽大，待掾吏尽礼，用人各得所长，为当世名将相"[②]。可见，是否胜任某官也是宗室荫补官职的重要标准。

在金代相关史书中，荫补宗室子弟为官、宗室因亲亲之故走上仕途的记载还有很多，都是因为宗室是皇帝的血缘亲属。金朝初年，多以亲近之故任用宗室为高官，国家重要机构中、重要职位中大量任用宗室，太祖即位后，"撒改自以宗室近属，且长房，继肃宗为国相"，"撒改、辞不失以宗室"[③]同封拜为勃极烈。特别是世宗时为弘扬"亲亲之道"，多次恩荫宗室为官，世宗于大定十二年（1172 年）十一月曾对宰臣说过这样一句话："宗室中有不任官事者，若不加恩泽，于亲亲之道，有所未弘。朕欲授以散官，量予廪禄，未知前代何如？"[④]世宗为行亲亲之道，因而想将宗室全部授官，右丞石琚答曰："陶唐之亲九族，周家之内睦九族，见于《诗》《书》，皆帝王美事也。"大定十七年（1177 年），世宗对宰臣说："宗室中年高者，往往未有官称。其先皆有功于国，朕欲稍加以官，使有名位可称，如何？"宰臣回答说："亲亲报功，先王之令则。"[⑤]大定二十四年（1184 年），"世宗至上京，闻同签大宗正事宗宁不能抚治上京宗室，宗室子往往不事生业。上谓宗尹曰：'汝察其事，宜惩戒之。'宗尹奏曰：'随仕之子，父没不还本土，以此多好游荡。'上命召还。宴宗室于皇武殿，击球为乐。上曰：'赏赐宗室，亦是小惠，又不可一概迁官，欲令诸局分收补，其间人材孰可者？'宗尹对曰：'奉国斡准之子按出虎、豫国公昱之曾孙阿鲁可任使。'上曰：'度可任何职，更访其余以闻。'诏以按出虎、阿鲁为奉御"[⑥]。大定二十五年（1185 年）四月，"宴宗室、宗妇于皇武

① 《金史》卷 7《世宗本纪中》，第 171 页。
② 《金史》卷 94《襄传》，第 2091、2092 页。
③ 《金史》卷 70《撒改传》，第 1614、1615 页。
④ 《金史》卷 7《世宗本纪中》，第 157 页。
⑤ 《金史》卷 7《世宗本纪中》，第 166 页。
⑥ 《金史》卷 73《阿离合懑传》，第 1676 页。

殿，大功亲赐官三阶，小功二阶，缌麻一阶，年高属近者加宣武将军”[①]。明昌元年（1190年）八月“敕麻吉以皇家袒免之亲，特收充尚书省祗候郎君，仍为永制”[②]。《归潜志》就曾记载“平章政事完颜白撒，以内族位将相”[③]。可见，世宗、章宗之世，不少宗室因是皇帝的亲属而授官，故《宗室表》言：“大定、泰和之间，袒免以上亲皆有属籍，以叙授官，大功以上，薨卒辍朝，亲亲之道行焉。”[④]

门荫保障了宗室的统治地位，但其弊端是使大批没有真才实学的宗室子弟轻松进入官僚队伍。在辽代，荫补同样是宗室为官的重要途径，同时造就了一大批世代为官的“汉家”与契丹贵族相联合，巩固了辽代的统治[⑤]。辽代契丹官员荫补入仕实例众多，与宋金相比，荫补范围依前例存在品官等级逐层递减态势之外，荫补范围更加广泛，这体现在辽代的九品官员即具有荫补资格，且荫补员额比南宋、金代皆多。但辽代荫补作为入仕的重要途径，更多地体现在汉族与渤海族子弟为官的政治生涯中[⑥]。与金代不同，辽代官员承荫者多因为自身能力出众而进入政坛中、高层，“阻午可汗知宗室雅里之贤，命为夷离堇以掌刑辟，岂非士师之官，非贤者不可为乎”[⑦]。这既保证了统治者期望辽代政治大权操控在血统纯正的契丹民族之内，也有效地避免了宗室纨绔子弟为官后给辽代带来的多种不足，“这从这一群体日后政治前途较宋金更为光明亦能窥见”[⑧]。

四、科　举

金朝宗室除了通过军功、世袭、荫补入仕以外，还可以通过科举进入仕途。但是金朝前期未见有宗室子弟通过科举入仕，这可能与儒学在金朝社会的传播还未达到一定深度有关，到了后期才有宗室参加科举考试而入仕的记载。在金朝，科举虽然不是宗室入仕的主要途径，但是通过科举的确可以选拔出宗室中具有真才实学的人才。

---

① 《金史》卷8《世宗本纪下》，第188页。
② 《金史》卷9《章宗本纪一》，第215页。
③ （金）刘祁撰、崔文印点校：《归潜志》卷7，北京：中华书局，1983年，第70页。以下凡引此书均省略作者和版本。
④ 《金史》卷59《宗室表》，第1359页。
⑤ 蒋金玲：《辽代荫补制度考》，《史学集刊》2010年第2期。
⑥ 蒋金玲：《辽代荫补制度考》，《史学集刊》2010年第2期。
⑦ 《辽史》卷61《刑法志上》，第935页。
⑧ 蒋金玲：《辽代荫补制度考》，《史学集刊》2010年第2期。

金朝建立以后，占有了原来辽、宋之地。由于辽朝、宋朝都沿袭了科举制度，面对这样的环境和实际情况，金朝也开科取士，《金史·选举志》记载："金承辽后，凡事欲轶辽世，故进士科目兼采唐、宋之法而增损之。"[①]天会元年（1123 年）首次开科取士[②]。世宗大定十三年（1173 年）还首开女真进士科，定制三年一试。金朝宗室在科举考试中可以享受一定的特权，大定十六年（1176 年）四月，"诏京府设学养士，及定宗室、宰相子程试等第"[③]"定宗室、宰相子程试等第"的具体内容虽无从考证，但此诏令肯定是为了照顾参加科举考试的宗室、宰相子而制定。同年，"命皇家两从以上亲及宰相子，直赴御试。皇家袒免以上亲及执政官之子，直赴会试"[④]，"袒免"亲[⑤]是指五服以外的远亲，"袒免以上亲"主要指五服以内亲，这显然是宗室近支在科举考试时所享有的特殊权力，皇家两从以上亲及皇家袒免以上亲可以直接参加御试和会试。这说明出五服的宗室参加科举考试不享受这样的特权。

以上规定足证金朝提倡宗室子弟参加科举考试。但是据笔者所见，金代没有皇子、亲王及宗室近属是通过科举为官的。在金代相关史籍中有两个金朝后期的宗室通过科举考试进入了仕途。《金文最》中记载宗室完颜从郁，"章宗试一日百篇，赐第"[⑥]。世宗孙为"从"字辈，从郁父亲名字不详，无从考证其世系。《中州乐府》小传只言"父金紫公有《中庸集》"。章宗朝平章政事、始祖九世孙完颜匡，才学该通，德行淳谨，大定二十五年（1185 年），完颜匡"中礼部策论进士"，大定二十八年，"匡试诗赋，漏写诗题下注字，不取，特赐及第，除中都路教授，侍读如故"[⑦]。章宗承安四年（1199 年）拜右丞。《金史》记载："女直人试进士，夹谷衡、尼

① 《金史》卷 51《选举志一》，第 1129 页。

② 关于金朝首次开科取士的时间，学界观点不一，赵冬晖认为是在天会元年，见《金代科举年表考订》，《北方文物》1989 年第 2 期；周腊生、薛瑞兆和都兴智都认为是在天会二年，见周腊生：《金代贡举考略》，《四川大学学报》1997 年第 4 期；薛瑞兆：《金代科举》，北京：中国社会科学出版社，2004 年；都兴智：《辽金史研究》，北京：人民出版社，2004 年。

③ 《金史》卷 7《世宗本纪中》，第 164 页。

④ 《金史》卷 51《选举志一》，第 1141 页。

⑤ 亦称"无服亲"。中国古代表示亲属等次的一种名称，比缌麻亲更疏远的、处于"五服"之外的亲属。此等亲属死亡后，不须为之穿丧服，只须袒露左臂，免去头冠，以阔一寸的布从项中而前交于额上再向后绕于髻。《唐律·名例律》："袒免者，据《礼》有五，高祖兄弟、曾祖从父兄弟、祖再从兄弟、父三从兄弟、身之四从兄弟是也。"

⑥ 《金文最》卷 114《宗室文卿小传》，第 1639 页。《金史》卷 126《文艺传下》记载，泰和初，"会掌书大中与贾铉漏言除授事，为言者所劾，狱辞连（刘）昂。章宗震怒。一时闻人如史肃、李著、王宇、宗室从郁皆谴逐之，铉寻亦罢政"。第 2733 页。

⑦ 《金史》卷 98《完颜匡传》，第 2166 页。

庞古鉴、徒单镒、完颜匡辈，皆由此致宰相。”①

除此之外，还有几个完颜姓氏的进士，他们的身份，由于史书没有详细记载，到底是否为宗室，需要考证，仅列出备考。完颜素兰，一名翼，字伯扬，至宁元年（1213年）策论进士，《归潜志》云：“完颜参政速兰字伯阳……至宁元年女直进士魁也。”②完颜奴申，字正甫，素兰弟，“登策论进士第，仕历清要”③。完颜仲德“读书习策论，有文武才。初试补亲卫军，虽备宿卫而学业不辍。中泰和三年（1203年）进士第，历仕州县”④。《归潜志》亦言：“完颜右丞胡斜虎字仲德，女直进士也。”此外，还有大定二十八年进士完颜寓（《金史》卷104本传，《山西通志·选举志》作完颜禹），明昌二年（1191年）进士完颜闾山、完颜伯嘉（《金史》卷100），明昌五年（1194年）进士完颜阿里不孙（《金史》卷103）等。

为了鼓励宗室子弟好学向善，在宗室内部也常常举行一些考试，如“皇统元年（1141年），试宗室子作诗，永元中格”⑤。永元为宗干孙，其父为完颜充。这种考试不同于科举考试，而是为了在宗室中选拔优秀的可用之才而设。此外，宗室子弟可以通过简单的考试考取中央相关机构的令史，大定十七年（1177年），“定制，以三品职事官之子，试补枢密院令史。遂命吏部定制，宰执之子、并在省宗室郎君，如愿就试令译史，每年一就试，令译史考试院试补外，缌麻袒免宗室郎君密院收补”⑥。《秋涧集》记载：“照得旧例：皇家缌麻以上亲及曾任宰执之子听试尚书省令、译史；皇家袒免亲及宰执孙并弟，若三品以上职事官之子弟及终场举人，听试台院令译史。”⑦

与金朝提倡宗室子弟参加科举考试不同，宋朝前期是反对宗室子弟参与科举考试的：“北宋前期，正当科举取士制度受到越来越多士子的追捧时，作为皇室成员的宗子们却一直被拒于科举大门之外。宋初皇帝为防范宗室，采取了授以虚位高爵、宠以优厚秩禄，而不任以职事的‘豢养’政策。”⑧

---

① 《金史》卷70《思敬传》，第1626页。

② 《归潜志》卷6，第61页。

③ 《金史》卷115《完颜奴申传》，第2523页。天兴元年冬十月，“哀宗议亲出捍御，以奴申参知政事、兼枢密副使，完颜习捏阿不枢密副使、兼知开封府、权参知政事，总诸军留守京师”。哀宗议亲一事，“议亲”是“八议”之一，是指对皇亲国戚犯罪给以特别程序审议并减免其刑罚的制度。这里疑完颜奴申、完颜习捏阿不为宗室。

④ 《金史》卷119《完颜仲德传》，第2605页。

⑤ 《金史》卷76《宗干传》，第1744页。

⑥ 《金史》卷52《选举志二》，第1170页。

⑦ （宋）李焘：《续资治通鉴长编》卷172，北京：中华书局，1986年。

⑧ 祖慧：《南宋宗室科举制度探析》，《历史研究》2011年第2期。

加之，仁宗时期史书早有记载“宗室中向学者鲜”[①]，赵氏宗室“向学”的自身意愿本就渺小，宗室科举施行困难。到了宋神宗时期才开始允许宗室子弟参加科举考试以获得官职。神宗熙宁五年（1072年）五月，正式“立宗室应举法”。诏：“宗室非袒免亲许应举者，试策三道，论一道，或大经议十道。初试黜其不成文理者，余令覆试，所取以五分为限，人数虽多，不得过五十人。累覆试不中，年长者当议量材录用。”[②]中间经历了增置宗学教授等一系列类似科举的形式，鼓励他们走上仕途，到最后宗室科举立法产生，历40余年，并非一蹴而就，当然，这与其政治意图和宋廷典型的文官政治时代关系密切。但唐宋宗室子弟应举相比，宋朝在大致继承唐科举制基础上，进行了形式和内容的改革，诸如确立三年一次两级考试制为三级等，解员均衡、阶层分流体现出科举应试的公平公正，在很大程度上实现了科举制对于统治政权的政治管理功能[③]。但我们不应忽视，就宗室群体参加科举考试而言，公平之下更多的是不公平的存在，他们应举所享受的优厚条件是普通百姓根本无法企及的。

五、出　职

《金史》卷52《选举志二》记载：“自进士、举人、劳效、荫袭、恩例之外，入仕之途尚多，而所定之时不一。若牌印、护卫、令史之出职，则皇统时所定者也。”可见出职也是仕进的门户。

在金朝，很多宗室子弟充护卫、奉御[④]及宫中的诸承应人等。天眷初，宗亨（挞不也）性忠谨，“以宗室子，充护卫”[⑤]。宗尹（本名阿里罕），“以宗室子充护卫，改牌印祗候，授世袭谋克，为右卫将军”[⑥]。完颜亹，本名阿里剌，大定十年（1170年），“以皇家近亲，收充东宫护卫”[⑦]。承裕（本名胡沙）因为“颇读孙、吴书”“以宗室子充符宝祗候”[⑧]。《金史·

① （宋）李焘：《续资治通鉴长编》卷172，皇祐四年二月甲申条，第4132页。
② 《续资治通鉴长编》卷233，熙宁五年五月辛巳，第5647页。
③ 穆朝庆：《宋代科举解额分配制度初探》，《黄河科技大学学报》2008年第1期；杨君玉：《宋代科举改革——“凭才取人”与“分路取人”之争》，《内蒙古农业大学学报（社会科学版）》2008年第6期。
④ 奉御是指殿前都点检司及宣徽院所属内廷供奉各局中的官员，亦包括近侍局。
⑤ 《金史》卷70《习不失传》，第1619页。
⑥ 《金史》卷73《阿离合懑传》，第1674页。
⑦ 《金史》卷66《宗室传》，第1568页。
⑧ 《金史》卷93《承裕传》，第2065页。

礼志六》记载，金朝一些礼仪事务中的护卫也以宗室子孙充，“护卫二十人以宗室猛安谋克子孙充”[①]。担任这些职位的宗室在任满一定的年限后就可以授予品官，或随朝补阙，或出任地方，称为出职，这就算进入了仕途。出职的品级、职务是不相同的，出职后还可以根据个人的能力等继续升任更高的官职。

金朝对出职也有较明确的规定，如“护卫，正隆二年格，每三十月迁一重，初考，女直迁敦武（从八品），余迁保义（正九品上）。百五十月出职，与从五品以下、从六品以上除”[②]。宗室子弟则往往不遵循这些规定，而是蒙恩超迁，往往先封为王，及至成年，有的不及成年便委以高官。大定十七年（1177 年），世宗对唐括安礼说：“除授格法不伦。奉职皆阀阅子孙，朕所知识，有资考出身月日。亲军不以门第收补，无荫者不至武义不得出职。但以女直人有超迁官资，故出职反在奉职上。天下一家，独女直有超迁格，何也？”安礼对曰：“祖宗以来立此格，恐难辄改。”[③]可见女真人有超迁官资，故出职反在奉职上，这里的女真人当然也包括宗室。大定二十八年（1188 年），“制以宗室第二从亲并宰相之子，出职与六品外，宗室第三从亲并执政之子，出职与正七品。其出职皆以百五十月，若见已转省之余人，则至两考止与正七品。二十九年，四从亲亦许试补”[④]。出职是升迁的重要门路，宗室的出职不遵循定制，不仅出职时间短，且往往不满一定的年数就出职了，而且出职职位高，宗室子弟出职后，很快便做上了高官。

综上所述，金朝宗室入仕为官的途径基本上有军功、世袭、门荫、科举等几种。统计出宗室通过各种途径入仕为官的数据，就能够明确宗室各种入仕途径人数在总人数中所占的比例，这是一项非常复杂的工作。有幸的是，学者陶晋生先生有女真人仕进途径表（表 2-1）。陶先生的统计数据反映的是女真人入仕途径的情况，其中这些数据大体上也能够反映出金朝宗室入仕途径的基本情况。

通过《女真人仕进途径表》，再结合上文的论述，可以看出，金朝前期没有以科举入仕的宗室，熙宗皇统年间以后开始有女真人以科举入仕，章宗泰和以后通过科举入仕的女真人增多。但是，根据前文所述，笔者所了解的宗室通过科举入仕的却只有完颜从郁和完颜匡二人，科举入仕

---

① 《金史》卷 33《礼志六》，第 788 页。
② 《金史》卷 53《选举志三》，第 1183 页。
③ 《金史》卷 88《唐括安礼传》，第 1965 页。
④ 《金史》卷 52《选举志二》，第 1171 页。

表 2-1　女真人仕进途径表[①]　　（单位：百分比）

类别 期别	科举	学校	荐辟及以吏出身	军功	世袭及荫缘							总计	统计人数	资料不明人数
					宗室	护卫	奉御祗侯	以宗室子授将军	世袭猛安谋克	外戚及其他	小计			
1115～1144	—	—	—	38	47	1.5	—	—	13.5	—	62	100	66	2
1145～1174	1	2	7	19	13	10	2	5	30	11	71	100	90	2
1175～1204	5	7	—	5	23	9	21	—	18	12	83	100	43	1
1205～1234	37	—	3	9	8	16	10	—	8	9	51	100	104	16

在宗室入仕途径中所占的比重最小。以军功入仕的女真人在金初所占比重最大，这也与前文金初以军功入仕的宗室最多相吻合，随着国家的安定、战事的减少，以军功入仕的人数减少，金朝末年因战事又有所增加。但是，能够查找到的以军功入仕的宗室人数并不多，这应当与金朝末年“防近族而用疏属”也有一定的关系。宗室入仕的人数在金初（1115～1144 年）最多，占整个女真人入仕人数的 47%；熙宗末年至世宗初年（1145～1174 年）由于熙宗、海陵疏忌宗室、剪灭宗支，致使这个时期以宗室身份入仕的人数明显减少；世宗、章宗朝有所回升；到了金朝末年又大幅下降。以宗室子授将军的情况只在熙宗至章宗朝有，这与熙宗开始增授宗室子弟武官品阶以示恩宠有关。以护卫、奉御、祗侯之职入仕的女真人在金初较少，熙宗以后人数大体相当，这也与宗室入仕的情况类似。

与金代相比，辽代宗室入仕为官的途径还包括世选制，它以军功和能力为标准，主要对象为皇族耶律氏和外戚萧氏[②]。辽代世选大致归为两类，一种是重要军政职位的世选，一种是可汗的世选[③]。早在契丹部落联盟时代，从文献记载来看，北魏时期契丹古八部以各部为单位向北魏朝贡，仍未形成统一联盟。直到唐朝初年，契丹八部形成以大贺氏为核心的部落联盟，此时的部落联盟长即由各部酋长选举产生，任期为三年。公元 916 年耶律阿保机建立国家，世选制作为部落联盟时代旧制传统，作为向辽朝皇位世袭制过渡的一种形式得以保留。然而重要军政职位的世选，以军功为主要标准，使得契丹贵族把持和垄断朝中重要职位，比如，北南宰

① 见陶晋生：《金代的政治结构》，《历史语言研究所集刊》第 41 本第 4 分，1969 年，第 588 页。

② 张志勇：《辽朝选任官吏的方式考述》，《东北史地》2004 年第 8 期。

③ 腾征凯：《论世选制与辽代皇位继承》，辽宁大学硕士学位论文，2012 年。

相分别由皇族耶律氏和后族萧氏世选产生。

第二节　宗室在中央机构中的任用

一、金初勃极烈与宗室

金朝对宗室的任用最有特点的是金初勃极烈制度中全部任用宗室成员。收国元年（1115年），金太祖阿骨打将勃极烈与国相在名称上结合起来，利用部落贵族议事会的形式，在保留其原有职能的基础上，进行部分革新，形成了女真奴隶制国家最高军政权力机关——国论勃极烈制度，此为金朝奴隶制中央官制[①]。收国元年七月，阿骨打“以弟吴乞买为谙班勃极烈，国相撒改为国论勃极烈，辞不失为阿买勃极烈，弟斜也为国论昃勃极烈”[②]。九月，“以国论勃极烈撒改为国论忽鲁勃极烈，阿离合懑为国论乙室勃极烈”。收国二年五月，“以斡鲁为南路都统、迭勃极烈”[③]。

勃极烈制度从太祖收国元年始建，到熙宗天会十三年（1135年）废止，见于《金史》记载的共有11个勃极烈名称：分别是谙班勃极烈、国论勃极烈、国论忽鲁勃极烈、国论阿买勃极烈、国论昃勃极烈、国论乙室勃极烈、国论移赉勃极烈、国论阿舍勃极烈、国论左勃极烈、国论右勃极烈、迭勃极烈。上述11个勃极烈，是太祖和太宗两朝五六个勃极烈在不同时期的不同称谓[④]。任谙班勃极烈的有完颜吴乞买、完颜斜也、完颜亶三人，这三人在诸勃极烈中地位最高，三人全部为宗室近支，吴乞买为太祖同母弟，斜也（杲）为太祖同母幼弟，亶为太祖嫡长孙。任国论忽鲁勃极烈的有完颜斜也、完颜宗干、完颜宗磐和完颜撒改，这几人也是宗室近

① 程妮娜：《金代政治制度研究》，长春：吉林大学出版社，1999年，第7页。

② 《金史》卷2《太祖本纪》，第27页。

③ 《金史》卷2《太祖本纪》第29页记载：收国二年五月，“以斡鲁为南路都统。迭勃极烈阿徒罕破辽兵六万于照散城”。遍查《金史》，任迭勃极烈的并无阿徒罕，只有斡鲁，故此句应该重新句读为“以斡鲁为南路都统、迭勃极烈。阿徒罕破辽兵六万于照散城”。

④ 程妮娜：《金代政治制度研究》，长春：吉林大学出版社，1999年，第8页。国论勃极烈，是金建国前军事部落大联盟国相的女真语译音，于收国元年九月改称为国论忽鲁勃极烈。国论阿买（收国元年七月至天辅七年）、阿舍（天会二年至三年）、左勃极烈（天会十年至十四年），这三个不同名称的勃极烈，实际上是一个官职。国论乙室（收国元年九月至天辅三年）、移赉（天辅五年六月至天会十年）、右勃极烈（天会十年至十三年），这三个勃极烈也是同一官职在不同时期的名称。

属，斜也为太祖同母弟，宗干为太祖庶长子，宗磐为太宗长子，撒改是景祖孙。任国论阿买勃极烈的是习不失。任阿舍勃极烈的是谩都诃。任国论左勃极烈的是宗干。任国论昃勃极烈的是斜也、完颜蒲家奴。任国论移赉勃极烈的是完颜宗干，任国论乙室勃极烈的是完颜阿离合懑。任迭勃极烈的是完颜斡鲁，其中斡鲁是景祖孙，宗翰是景祖曾孙，阿离合懑是景祖第八子，谩都诃是景祖第九子，蒲家奴是景祖孙，习不失是昭祖孙。

由上可见，金初勃极烈作为国家最高行政机关，作为国家重要方针政策的制定机关，全部掌握在宗室手中。能够担任勃极烈官职的人，不仅全部是宗室成员，而且基本上都是宗室近属。

二、都元帅府、元帅府及枢密院中宗室的任用

《金史·百官志》“都元帅府”条记载：“都元帅府，掌征讨之事，兵罢则省，天会二年（1124 年），伐宋始置。”[①]都元帅府是金朝初期军事决策与最高军事统帅机关，在金朝军、政统治系统中占有举足轻重的地位。海陵天德二年（1150 年）十二月，“改都元帅府为枢密院，诏改定继绝法。……都元帅兖为枢密使、太尉，领三省事如故。元帅左监军昂为枢密副使”[②]。第一任枢密使兖、枢密副使昂都是宗室，兖是海陵的亲弟弟。这样枢密院就随之成为国家最高军事机构，“掌凡武备机密之事”[③]。世宗大定中，又设临时军事统帅机构元帅府，掌征伐之事，兵兴而置，兵罢则省，官职的设置与都元帅府同，即置都元帅，从一品；左、右副元帅，正二品；元帅左、右监军，正三品；元帅左、右都监，从三品。皆各一员。大定以后，元帅府因兵事时置时罢，与枢密院交替而行。卫绍王大安三年（1211 年），金蒙开战，此后元帅府与枢密院并行[④]。由于都元帅府、元帅府、枢密院都有一个非常重要的职责——掌军事战争之事，故根据《金史》统计这些机构中所任用人员的情况，以期看出金代宗室在军事机构中的任用特征（表 2-2）。

① 《金史》卷 55《百官志一》，第 1238 页。程妮娜先生认为，都元帅府的设置时间在天会三年（1125 年）十月，而非天会二年。

② 《金史》卷 5《海陵本纪》，第 96 页。

③ 《金史》卷 55《百官志一》，第 1239 页。

④ 程妮娜：《金代政治制度研究》，长春：吉林大学出版社，1999 年，第 121、135 页。

表 2-2　都元帅府、枢密院中重要职位任用情况一览表

职位 \ 民族	女真人		契丹人	渤海人	汉人	总计	宗室比例
	宗室	非宗室					
都元帅	杲、宗翰、宗弼、宗贤、亮、宗敏、充、晏、昂、宗浩、承晖、守纯 *12 人	仆散忠义、徒单某、纥石烈执中（自任）、抹撚尽忠、仆散端 5 人	0 人	0 人	国安用、崔立（自任）2 人	19 人	63.2%
左副元帅	宗翰、宗辅、昌、完颜阿离补、宗敏、宗贤、秉德、杲、彀英、匡、赛不 11 人	纥石烈志宁、仆散揆、抹撚尽忠、术虎高琪、乌古论礼、蒲察移剌都 *、抟胡鲁、仆散安贞 8 人	0 人	0 人	0 人	19 人	57.9%
右副元帅	宗望、宗辅、昌、宗弼、杲、思敬、匡、赛不、承裔、讹出 10 人	完颜谋衍、仆散忠义、纥石烈子仁、纥石烈执中、蒲察七斤、蒲察阿里不孙、完颜阿里不孙 *、蒲察五斤、蒙古纲、蒲察移剌都 *10 人	0 人	大臬 1 人	0 人	21 人	47.6%
元帅 左监军	昌、宗弼、阿离补、昂、完颜方、合周、完颜从坦 *、完颜鼎（斜烈）、完颜讹可、拔离速、突合速 11 人	完颜希尹、完颜活女、徒单合喜、纥石烈执中、乌古论谊、乌古孙兀屯、完颜弼、阿典宋阿、乌古论德升、完颜伯嘉、乌古论庆寿、必兰阿鲁带、蒲察五斤、蒲察移剌都、温迪罕哥不霭、陀满胡土门、完颜瞻、赤盏合喜、纳兰陆哥、徒单百家、杨沃衍（兀林答斡烈）21 人	0 人	大臬 1 人	高忠建、王质 *、靖安民、王庭玉、张进、任守贞、赵伟 7 人	40 人	27.5%
元帅 右监军	宗弼、杲、阿鲁补、彀英、宗叙、充、承裕、承立 8 人	完颜希尹、纥石烈志宁、术虎高琪、完颜弼、完颜瞻、完颜福寿、陀满胡土门、完颜僧家奴 *、蒙古纲、纳合蒲剌都、抹撚胡鲁剌 *、乌古论老汉 *、乌古论黑汉、兀林答斡烈 14 人	0 人	大臬 1 人	王庭玉、郭仲元、王佐 3 人	26 人	30.8%

续表

民族 职位	女真人		契丹人	渤海人	汉人	总计	宗室比例
	宗室	非宗室					
元帅左都监	阇母、昂、宗弼、拔离速、突葛速、毂英、吾扎忽、璋、宗尹、众僧奴[①]、承裔、承立 12 人	徒单合喜、乌古论谊、完颜撒剌、奥屯襄、乌古孙兀屯、蒲察阿里、仆散安贞、完颜弼、乌古论庆寿、必兰阿鲁带 *、纥石烈志、纳合裕、粘割贞 *、赤盏合喜、完颜闾山、纥石烈鹤寿 *、术甲臣嘉、完颜寓 *、古里甲石伦 *、纥石烈善住、夹谷当哥 21 人	移剌塔不也 1 人	0 人	郭仲元、张开 *、胡天作 *、柴茂 * 4 人	38 人	31.6%
元帅右都监	阿离补、昂、神土懑、思敬、完颜方、赛不、承立、讹可 *8 人	完颜活女、完颜谋衍、徒单合喜、陁满讹里也、蒲察贞、完颜定奴、乌古孙兀屯、蒲察阿里、术虎高琪 *、奥屯襄、乌古论庆寿、乌林答乞住、女奚烈胡论出、蒙古纲 *、完颜闾山 *、术甲臣嘉、纥石烈桓端 *、完颜瞻、石盏女鲁欢、纥石烈德、蒲察娄室 *、斡勒合打 *、孛术鲁达阿 *、术甲脱鲁灰、籍阿外、完颜素兰 *、乌古论蒲鲜、完颜讹论 28 人	耶律余睹、移剌众家奴 * 2 人	大臭 1 人	郭仲元 *、郭阿邻、张甫 *、郭文振 *、王福 *、柴茂、盖仁贵、武仙 *、侯小叔 *、郭恩、李居仁 11 人	50 人	16%
枢密使	兖、昂、思敬、永中、襄、宗浩、匡、守纯、守礼（绪）、赛不、承裔 *11 人	仆散师恭、纥石烈志宁、徒单克宁、唐括贡、纥石烈子仁、徒单某、徒单度移剌、仆散端、赤盏合喜 9 人	0 人	0 人	0 人	20 人	55%

① （金）元好问著，姚奠中主编：《元好问全集（上册）》卷 28《归德府总管范阳张公先德碑》，太原：山西人民出版社，1990 年，第 662 页："或有言宿州节度、宗室众僧奴之幕客张子良由间道赍奏牍至者，都堂趋召问所以来。"《金史》记载："朝廷授以（众僧奴）权宿州节度使、兼元帅左都监。"

续表

职位＼民族	女真人		契丹人	渤海人	汉人	总计	宗室比例
	宗室	非宗室					
枢密副使	昂、崇（宗）尹、匡、赛不、讹出、完颜安国[①]6人	仆散师恭、南撒[②]、乌古论当海、赤盏晖、徒单贞、徒单永年、纥石烈志宁、徒单合喜、徒单克宁、粘割斡特剌、唐括贡、夹谷清臣、夹谷衡、仆散端、仆散安贞、赤盏合喜*、完颜瞻*、纳合买住、完颜奴申、完颜习捏阿不、完颜仲德、石盏女鲁欢、蒲察官奴23人	萧怀中、耶律安礼、移剌成、移剌蒲阿*4人	高彪1人	白彦恭、胥持国、胥鼎、武仙4人	38人	15.8%
通计	89人	139人	7人	5人	31人	271人	—
绝对数	48人	92人	7人	2人	26人	175人	—

说明：有“*”标记表示权任此职，未正式任命

① 《金史》卷96《李愈传》记载：泰和二年有枢密副使阇母，即完颜安国。此阇母与世祖第十一子吴国王、元帅左都监阇母定非一人，因为世祖子阇母根据《金史》《大金国志》等书的记载最迟在天会八年已死。陈述在《金史拾补五种》中认为完颜安国为宗室。

② 南撒在《金史》中只出现一次，《金史》卷5《海陵本纪》：“以签书枢密院事南撒为枢密副使。”此人是否为宗室无从考证，但从其名字来看应是女真人，姑列于此。

以上除去一人任多职、任多朝等情况，金朝任职元帅府、枢密院重要职位长官的人数为 175 人，其中宗室 48 人，非宗室女真人 92 人，契丹人 7 人，渤海人 2 人，汉人 26 人。可见，宗室成员在金朝最重要的军事机构中的任职情况占有很大的优势。元帅府最高的三位长官——都元帅、左副元帅、右副元帅的职位及枢密院枢密使的职位，宗室占有绝对的优势，在这四个职位任用宗室的比例分别为 63.2%、57.9%、47.6%、55%，但元帅左监军、元帅右监军、元帅左都监、元帅右都监、枢密副使中宗室所占的比例明显小很多。苗书梅先生的《宋代官员选任和管理制度》全面概括了宋代宗室任用制度，认为宋朝政府出于政治安全的考虑，宗室不得为将官①。看来，在这一点上金朝不同于宋朝。金朝不仅以宗室为领军之官，而且所任基本上都是位高权重之官。

与金代相比，辽代宗室同样掌握着朝中重要的官职。“百官择人，必先宗姓。”五院部和六院部的官长主要从皇族产生，《辽史》记载，宗室为南府宰相开始于太祖神册六年（921 年），时间早，官职重，时南府宰相因皇位争夺的诸弟构乱而职位久虚，“府中数请择任宗室，……宗室为南府宰相自此始”②。对于一些边远部族，则是经常派遣皇族或其他官员充任他们的长官③。关于宋朝的情况，何兆泉先生认为：“总的来说，北宋前期，宗室尽皆豢养不用，自神宗熙宁改制，确立宗室近属赐名授官、疏属出仕任官的不同政策。入南宋以后，宗室疏属通过进士科举和更多地担当重要实职，逐渐突破身份的局限，融入广泛的士大夫阶层，在政治上尤其是在地方行政管理过程中发挥了相当重要的作用。”④

三、中央尚书省及御史台中对宗室的任用

天会十三年（1135 年）初，熙宗即位伊始就开始着手改革中央官制，废除了国论勃极烈制度，实行三省六部制度。金朝三省制不仅兼采唐、宋、辽制度，而且融入了女真特点。

中央设尚书、中书、门下三省，三省最高长官为三师领三省事，这

---

① 苗书梅：《宋代官员选任和管理制度》，开封：河南大学出版社，1996 年，第 337～340 页；另可参见苗书梅：《宋代宗室、外戚与宦官任用制度述论》，《史学月刊》1995 年第 5 期。

② 《辽史》卷 2《本纪第二》，第 16 页。

③ 王善军：《论辽代皇族》，《民族研究》2003 年第 5 期。

④ 何兆泉：《宋代宗室入仕任官问题探析》，《宋学研究集刊（第一辑）》，杭州：浙江大学出版社，2008，第 135～136 页。

一职位由原来的国论勃极烈制度的首脑诸勃极烈转任，位高势重，三师为“太师、太傅、太保各一员，皆正一品”①。金制虽取自宋制，但与宋制不同，宋除特殊时期外，三师一般不预政事，为荣职，但金朝专设领三省事一职以三师领之，为三省的最高长官。它是结合金朝国情，在确立三省六部制时期，为安置原国论勃极烈女真宗室大贵族而设置的②。天会十三年（1135年）三月，“以国论右勃极烈、都元帅宗翰为太保，领三省事”③，这是金朝领三省事之始。正隆元年（1156年），完颜亮改革中央官制，废除了中书、门下二省，只留尚书省，这样领三省事一职随之取消了。金朝最后一任领三省事一职者应该是渤海人大臭，天德四年（1152年），“请老，为东京留守。贞元三年（1155年），拜太傅，领三省事，累封汉国王”。领三省事一职从设置到取消，共有15人任过此职，分别是：宗翰、宗磐、宗干、宗隽、宗弼、勖、萧仲恭、宗贤、亮、宗敏、宗本、兖、徒单恭、耨盌温都思忠、大臭。他们基本都是宗室近支的亲属。有四个例外者，即萧仲恭、徒单恭、耨盌温都思忠和大臭。程妮娜认为熙宗皇统末年，帝、后、宗室各派政治势力斗争激烈。萧仲恭忠君，有德望，不畏权贵，熙宗任用他为的是与后派抗衡；而徒单恭、耨盌温都思忠和大臭三人的任用是海陵为打击宗室贵族、削减领三省事的职权而做出的决定，而且这几人的任职时间也都非常短。

三师领三省事所辖尚书省设左丞相、右丞相、平章政事、左丞、右丞、参知政事。门下省设侍中，以左丞相兼之，中书省设中书令，以右丞相兼之。门下省和中书省实际上附于尚书省，几乎形同虚设，所以到了海陵正隆元年（1156年），便革去虚设的门下、中书二省，只留下尚书省一省。

海陵以后所设尚书省有尚书令一员，正一品；左丞相、右丞相各一员，从一品：平章政事二员，从一品；左丞、右丞各一员，正二品；参知政事二员，从二品。“金制，尚书令、左右丞相、平章政事，是谓宰相。左右丞、参知政事，是谓执政。”④《金史》中多次提到的“宰执”即指尚书令、左右丞相、平章政事及左右丞、参知政事。尚书省下设吏、户、礼、兵、刑、工六部。六部各设尚书一员，为正三品。御史台也是非常重要的中央机构，“掌纠察朝仪、弹劾官邪、勘鞫官府公事。凡内外刑狱所属理

① 《金史》卷55《百官志一》，第1217页。

② 程妮娜：《金代政治制度研究》，长春：吉林大学出版社，1999年，第230页。

③ 《金史》卷4《熙宗本纪》，第70页。

④ 《金史》卷89《移剌子敬传赞》，第1990页。

断不当，有陈诉者付台治之”。御史台最高官员为御史大夫，为从二品。关于这些重要的中央机构中官员的任用情况，日本学者三上次男先生统计过金朝宰执、六部尚书、御史大夫的女真、契丹、汉人、渤海各民族的任用情况，并且将宗室及完颜氏单独拉出，区别于女真人而列。当然，宗室及完颜氏的范围肯定要大于宗室的范围。因为在中央官员中任职的称完颜者基本都是宗室，我们所要说明的问题是宗室的任用从海陵开始就逐渐减少，如果剔除非宗室的完颜，那就更能说明这个问题了，加之金朝中央机构中任用非宗室完颜的情况并不多，所以三上次男的统计数据非常有利于说明金朝宗室在中央重要机构中任职情况。陶晋生先生曾根据三上次男先生的文章《金朝における女真人外戚の政治、社會的地位》列了一个清晰的表格[①]（表2-3）。

表2-3　中央重要官员各民族人数表[②]

官名及民族 / 朝代	宰执						六部尚书						御使大夫					
	宗室及其他完颜氏	其他女真	汉人	契丹	渤海	小计	宗室及其他完颜氏	其他女真	汉人	契丹	渤海	小计	宗室及其他完颜氏	其他女真	汉人	契丹	渤海	小计
熙宗	13	1	3	2	1	20	7	3	7	0	1	18	2	1	0	0	0	3
海陵	3	7	11	5	2	28	4	9	16	9	0	38	1	1	2	1	1	6
世宗	7	12	11	2	1	33	11	10	27	5	8	61	3	1	3	1	1	9
章宗	5	11	9	1	0	26	1	5	22	1	0	29	2	3	2	1	0	8
卫绍王 宣宗	4	11	9	0	0	24	5	15	25	1	0	46	3	3	2	0	0	8
总计	32	42	43	10	4	131	28	42	97	16	9	192	11	9	9	3	2	34

说明：契丹人中包括奚人

① 此表是陶晋生先生根据三上次男的《金朝における女真人外戚の政治、社会的地位》第136、624及644页绘制而成，载于铃木俊教授《还历纪念东洋史论丛（一九六四）》。见陶晋生：《金代的政治结构》，《历史语言研究所集刊》（1969年）第41本第4分，第575页。

② 陶晋生先生还有一个《金代统治阶层种族分配表》，这个统治阶层都包括哪些官员，陶先生在文章中没有提及。见《金代的政治结构》，《历史语言研究所集刊》（1969年）第41本第4分，第583页。

种族	女真			汉人	契丹	渤海	奚	其他	总计
	宗室	完颜氏	其他						
人数	126	36	162	260	33	19	8	4	648
百分比	19	6	25	40.1	5.1	3	1.2	0.6	100
	50								

根据上表的统计数据，将熙宗至宣宗时期中央机构中对宗室与非宗室的任用情况生成如下柱状图（见图 2-1）。

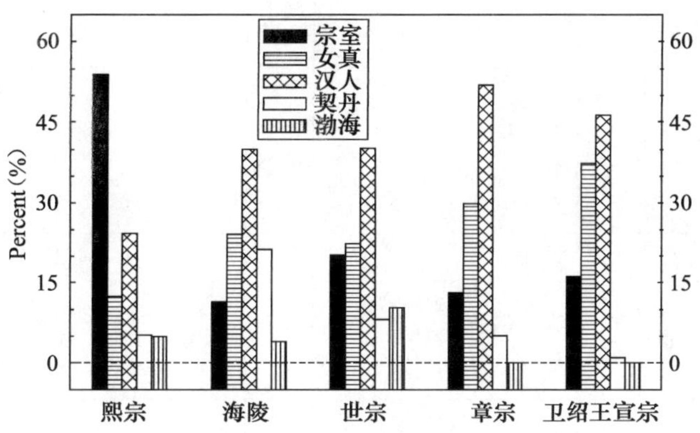

图 2-1　中央机构中对宗室与非宗室的任用情况对比图

这个图表能够清晰地说明中央重要职位中各族人数在总人数中所占的比例，熙宗时期宗室的比例最大，甚至超出了各族人数的总和。海陵以后，宗室的任用情况有所下降，直至卫绍王、宣宗之世，宗室在中央重要机构中的任职人数一直低于汉人和非完颜女真人，且到了哀宗时期重用宗室的人数就更少了，“正大间，国势日蹙，本支殆尽，哀宗尚且疏忌骨肉，非明惠之贤，荆王几不能免，岂‘宗子维城’之道哉”[①]。如果想将金朝宗室的任用情况说清楚，恐怕只有这个表格还不够，而是要做出更详细的说明。

笔者根据《金史》等相关金代史料，对金朝尚书令、左右丞相、平章政事及左右丞、参知政事（表 2-4），吏、户、礼、兵、刑、工六部尚书中宗室的任用情况做了一个详尽的统计（表 2-5），以期更详尽地说明中央重要官员中宗室的任用情况。需要注意的是，同一宗室成员在不同时期任官者同时列出，后面的通计数是指总共有多少人次担任过这个职位，或是在某个时期共有多少人次担任过宰执或六部尚书，而绝对数是指实际有多少宗室成员担任过这个职位或在这个时期总共任用过多少宗室成员。

① 《金史》卷 93《宣宗三子传》，第 2063 页。

表 2-4　各朝代中央机构中宰执任用宗室情况表

朝代＼官名	宰执							
	左丞相	右丞相	平章政事	尚书令	左丞	右丞	参知政事	总计
熙宗	宗隽、宗弼、勖、宗贤、亮、充、宗敏、宗固、宗本[1]、秉德	宗隽、宗固、宗贤、宗本、充、亮、秉德	宗贤、奕、昂、勖、亮、秉德、乌带	宗磐、宗翰	勖、秉德、宗宪、亮、禀	亮	阿鲁带、秉德、宗甫	20
海陵	秉德、昂、乌带	乌带、杲	宗义、乌带	—	宗义	禀、思敬	—	7
世宗	晏	璟、襄、宗宪	彀英、宗宪、思敬、宗尹、襄	—	襄	襄	宗浩、宗叙	9
章宗	宗浩、襄	宗浩、襄	宗宁、匡、襄	—	匡	阿里剌、匡	裔	6
卫绍王	从恪	—	—	匡	承晖	承晖	承晖、承裕	4
宣宗	—	承晖	承晖、守纯	—	—	承晖、永锡	永锡	3
哀宗	赛不	赛不	赛不、白撒	—	—	白撒	白撒、思烈	3
总计	17	15	19	3	8	8	10	—

表 2-5　各朝代中央机构中六部尚书任用宗室情况表

朝代＼官名	六部尚书							御使大夫
	吏部	户部	礼部	兵部	刑部	工部	总计	
熙宗	充、思敬	宗礼	—	秉德、世宗	宗秀、彀英	思敬、谋里野	8	—
海陵	衮	—	—	—	—	京	2	宗安
世宗	永成、襄	—	—	可喜、阿邻、宗宁、宗叙	宗浩、永功、卫绍王	宗永	10	永功、永成、卞、璋、襄
章宗	—	—	—	从彝	承晖	—	2	—
卫绍王	—	—	—	—	—	—	—	承晖
宣宗	—	—	—	—	—	—	—	永锡
哀宗	—	—	—	—	—	—	—	永锡
总计	5		0	7	6	4	22	8

通过以上考察，我们可以总结出在金朝中央机构中对宗室的任用有如下特点：

第一，金朝中央机构中对宗室的任用情况，呈现出一个变化规律，重用情况呈现出减少的趋势，这从上文的柱状图（图 2-1）中就可以清晰地看出。通过表 2-3 我们可以看出，熙宗朝宰执、六部尚书、御史大夫中宗室为 22 人，占总人数的 53.7%；海陵朝为 8 人，占总人数的 11.1%；世宗朝为 21 人，占总人数的 20.4%；章宗朝为 8 人，占总人数的 12.7%；卫绍王宣宗朝为 12 人，占总人数的 15.4%。可见，从海陵朝开始，宗室在中央重要机构中的任职人数急剧减少；到了世宗时期虽然有所提升，但是提升的幅度并不大；在章宗、宣宗、卫绍王时期宗室的任用比例又有所下滑。

表中明显显示出金朝后期中央重要机构中对宗室的任用非常少，卫绍王、宣宗、哀宗朝六部尚书中基本没有宗室的踪影。金初宗室们参加灭辽平宋的战争，为国家的建立立下了汗马功劳。后来宗室们出任各种要职，为金朝的稳定发展起到重要的作用，但是后期对宗室的任用减少。《金史》卷 124《忠义传四》记载，哀宗时，女真人无死事者，长公主言于哀宗："近来立功效命多诸色人，无事时则自家人争强，有事则他人尽力。"金朝后期为国家效力的宗室不多了，所任用之人多为外族，宗室已经没有了建国之初的凝聚力与向心力。金朝的灭亡在一定程度上也与金朝后期减少任用宗室、削弱宗室势力有关系。

与金朝不同，北宋时期宗室的任用限制不断减少，宗室可担任的官职越来越多。宋初，宗室没有参选法，"间选注一二，不为常制"[①]。徽宗时期"欲优宗室，多得出官，一日参选，即在合选名次之上"[②]。徽宗之目的在于以此使本支盛强，从而具有磐石之安，达到奸雄不敢内窥、天下有所倚望。毋庸置疑"同姓者，国家之屏翰"的思想根深蒂固。因此，"由于宋徽宗确立的宗室选任政策，当战争爆发时，宋朝各地的地方政府中都有宗室任官，不少人做到了知州、知县。在以后的岁月中，围城成了家常便饭，地方长吏必须独当一面，面对战争与叛乱，无数宗室立下了战功。而且从宋徽宗宣和年间以来，朝廷在军事上常常处于危急状态，急需官员来填充各种职位，宗室成员成为一项优质资源"[③]。但宗室子弟膏粱之习不改，往往贪婪放纵，出任州县，黩货虐民。钦宗即位后，"臣僚复以为言，始令不注郡守、县令，仍与在部人通理名次"[④]。继而，高宗即位，左司谏潘良贵鉴于时势，请诛伪党，乞封宗室贤能者于山东、河北，

① 《宋史》卷 158《选举志四》，北京：中华书局，1977 年，第 3712 页。

② 《宋史》卷 158《选举志四》，第 3712 页。

③ 张昀：《宋代宗室任官制度研究》，华中科技大学硕士学位论文，2008 年，第 15 页。

④ 《宋史》卷 158《选举志四》，第 3712 页。

以壮国体，养兵威以图大宋朝的恢复。宗室势力因时因势，任职为官，不可小觑。

第二，金朝宗室所任的官职基本都有实权，比如尚书省的最高长官是左丞相，是百官之首，位高权重。根据《金史》统计，有记载的29位左丞相[①]中，有17人是宗室，10人是非宗室的女真人，还有2人是渤海人张浩和契丹人萧玉，且这两人都是在海陵朝屠杀宗室，防范、排斥宗室的情况下任职的。右丞相的地位仅次于左丞相。根据《金史》统计，金朝共有39位右丞相，其中宗室有15位；非宗室的女真人有14位，外族人有10人（汉族5人、契丹3人、渤海2人），其中多位非宗室右丞相是在海陵朝疏忌宗室的情况下任职的。与中原地区的汉族王朝唐、宋等相比较，任用如此多的宗室近属做如此高级的中央官员，较罕见。在唐朝有11位宗室做了宰相，《新唐书》为这11位宰相专门立了《宗室宰相传》，唐朝的这个情况在中国古代史上非常罕见，但即使唐朝的这个数字，也无法与金朝相比。宋朝就更是罕见宗室为执政官[②]，北宋时期宗室也有在中央任官的，但是他们的官职都不高，对北宋的政治生活影响非常小。南宋时期，依然对宗室任官加以限制，设置了一个底线：不能为相。宋高宗明令禁止宗室为相，并多次重申此禁令。如南宋七朝居相位者61人，宗室拜相者仅赵汝愚1人；任枢密使、同知枢密院事的有赵汝愚、赵以夫2人[③]。朱熹曾言："权重处便有弊：宗室权重，则宗室作乱，汉初及晋是也。"[④]但是金朝宗室任左、右丞相的人数如上所述呈现出逐渐减少的趋势，甚至卫绍王朝右丞相、宣宗朝左丞相没有一个宗室成员担任。

金朝中央宰执中的尚书左丞、尚书右丞、参知政事这类需要较强实际工作能力的官职，任用文化水平较高的汉族人等则比较多。六部是宰执

---

① 《金史》中记载的这29位左丞相分别是：完颜守道、徒单克宁、纥石烈良弼、完颜晏、仆散忠义、张浩、秉德、耨碗温都思忠、昂、夹谷清臣、完颜希尹、徒单镒、从恪、宗浩、襄、宗隽、勖、亮、宗贤、萧玉、宗弼、充、唐括辩、乌带、仆散端、赛不、宗固、宗本、宗敏。

② 金朝对宗室的任用情况与宋朝形成了鲜明的反差，苗书梅先生的《宋代官员选任和管理制度》全面概括宋代宗室任用制度，认为宋朝政府出于政治安全的考虑，形成了不重用宗室的传统，即使允许宗室注授外官，仍对他们加以严格限制：第一，宗室不注缘边差遣；第二，宗室不得为将官；第三，宗室不得为执政；第四，宗室不注学官和考试官；第五，无出身宗室不注亲民官。宋史学界学者多认为宋朝之所以没有出现宗室之祸，与宋朝对宗室的任用政策有着重要的关系。（苗书梅：《宋代官员选任和管理制度》，开封：河南大学出版社，1996年，第337～340页；另可参见苗书梅：《宋代宗室、外戚与宦官任用制度述论》，《史学月刊》1995年第5期）。

③ 何兆良：《宋代宗室研究》，浙江大学博士学位论文，2004年，第108页。

④ （宋）黎靖德编，王星贤点校：《朱子语类》卷134，北京：中华书局，1986年，第3209页。

之下执行各种行政事务的机构，金初，在六部尚书中，宗室只在吏、兵、刑、工四部中任职人员比较多，这是金朝欲将国家的军事权力、司法权力和财政权力等掌握在宗室等女真人手中的体现。但在礼部、户部基本没有一个宗室成员，唯有宗礼一人在熙宗朝为户部尚书，而且史书中还没有明确记载宗礼为宗室，从名字上看疑为宗室，与宗干、宗望、宗秀等此辈人姓名的中间字相同。反而这些机构中汉人占有很大的比例。可见金朝统治者的目的是利用懂得礼仪和户籍管理的汉人尽其所长，为金朝服务。穆宗曾孙齐，大定中，累迁刑部员外郎，世宗谕曰："本朝以来，未尝有内族为六部郎官者，以卿历职廉能，故授之。"[①]可见六部郎官这种权力稍小、需要实际操作能力的官职基本不让宗室担任。

第三，金朝前期中央重要机构任用的基本都是宗室近支，海陵以后有不少宗室疏属跻身重要官职，章宗以后任用的宗室成员基本都是疏属。章宗朝的这种情况是从郑王永蹈、镐王永中之案开始的："及永中、永蹈之诛，由是疏忌宗室。"[②]海陵以后，宗室近属渐少，疏属的政治地位得到提升，在金朝政治中的影响较大，不少人担任要职，正如《金史》所言："金朝防近族而用疏属，故白撒、承立、兀论辈皆腹心倚之。"[③]考察金朝前后期中央重要机构中任用宗室情况，的确不难得出这样的结论。如熙宗朝任宰执者宗隽（太祖子）、宗弼（太祖子）、勖（穆宗第五子）、亮（宗干子）、充（宗干子）、秉德（宗翰孙）、宗固（太宗子）、宗宪（景祖孙撒改子）、宗本（太宗子）、昂（世祖子）、禀（宗固子）等人全是宗室近支。海陵朝任宰执者有秉德、昂、乌带（系出景祖）、宗义（世祖孙、斜也子）、禀、思敬（保活里之裔，石土门子），有宗室近属，也有远支。世宗朝任用了不少宗室的疏属，一方面是由于海陵朝将不少宗室近属杀害殆尽；另一方面是由于世宗重用人才，不论远近只要有才华均可以得到重用。世宗朝就已经有了不少有才华的疏属任宰执，如晏（阿离合懑次子、景祖孙）、襄（昭祖五世孙）、谷英（银术可子，出自何系不详）、宗宪（景祖孙撒改之子）、思敬、宗尹（景祖子阿离合懑孙）、宗浩（昭祖四世孙）、宗叙（世祖孙）。章宗以后，大量的宗室疏属跻身宰执行列，宰执基本是清一色的宗室疏属，如宗浩（昭祖四世孙）、宗宁（景祖子阿离合懑孙）、阿里剌（只言为内族，系出不详）、裔（只言为内族，系出不详）、承裕（只言为宗室子，系出不

① 《金史》卷66《宗室传》，第1564页。

② 《金史》卷13《卫绍王本纪》，第290页。

③ 《金史》卷116《承立传》，第2552页。

详）、襄（昭祖五世孙）、匡（始祖九世孙）、承晖（世祖之子昂孙）、永锡（只言为内族，系出不详）、白撒（末帝承麟之兄、系出世祖诸孙）、承立（白撒从弟）、赛不（始祖弟保活里之后）、兀论（赛不侄）等人。昭祖五世孙襄，在章宗朝任左丞相时间最长，且襄这位宗室疏属的任用与其宗室出身没有多大关系，主要是其个人能力与魅力所致，《金史》中记载“襄重厚寡言，务以镇静守法”“识者谓襄诚得相体”“襄明敏，才武过人，上亲待之厚，故所至有功。……在政府二十年，明练故事，简重能断，器局尤宽大，待掾吏尽礼，用人各得所长，为当世名将相”[①]。

第四，御史台中宗室任用情况。御史台是金朝重要的监察机构之一，《金史·百官志一》记载，御史台，置“御史大夫，从二品（旧正三品，大定十二年升），掌纠察朝仪，弹劾官邪，勘鞫官府公事。凡内外刑狱所属理断不当，有陈诉者付台治之”。根据表2-3和表2-5可以看出，从熙宗朝至宣宗朝任御史大夫一职的共有34人，其中宗室有8人，其他女真人12人，汉人9人，契丹人3人，渤海人2人，御史大夫一职中，宗室所占比例并不是最高。日本学者三上次男还统计出御史中丞的任职者共25人，其中没有宗室，非宗室女真族6人，渤海族1人，契丹族3人，汉族15人[②]。可见在监察机构御史台重要官员中宗室所占比例并不高，所占比例最高的是汉人，主要是因为金统治者想利用外族中清明廉洁之人对百官实施有效的监察。

第三节　京、都长官中对宗室的任用

金朝灭亡辽、宋以后，其统治区域从东北扩展到了黄河流域。金朝统治者对辖区内的渤海、契丹、奚等民族实行“因俗而治”的方针，在各民族相对集中的居住区域形成了各具特色的政治统治区域。

熙宗天眷元年（1138年）颁布的“天眷官制”，不仅确立了中央三省六部制度，还确立了地方路府州县与猛安谋克并行制度。根据金朝各民族分布的状况等确定了诸京制度，天眷元年八月“以京师为上京，府曰会宁。旧上京为北京”。熙宗时期，诸京则并非五京，实则七京，除金上京与原辽五京外，如《金史》卷25《地理志》南京条载：“国初曰汴京，贞

① 《金史》卷94《襄传》，第2092页。

② 〔日〕三上次男：《金史研究》第2部《金代政治制度の研究》，东京：中央公论美术出版，1970年，第540页。

元元年（1153 年）更号南京。”说明海陵贞元元年以前设有汴京。七京为上京（原皇都，今黑龙江阿城）、东京、中京、北京（原辽上京）、西京、燕京、汴京[①]。海陵王即位后，于贞元元年将京师从上京（今黑龙江省阿城南）迁往燕（今北京），“以燕乃列国之名，不当为京师号，遂改为中都”[②]。天德二年（1150 年）称北京为临潢府，后又改中京为北京、汴京为南京；正隆二年（1157 年）称上京为会宁府，形成一都四京：中都大兴府、东京辽阳府、北京大定府、西京大同府、南京开封府。世宗大定十三年（1173 年）七月，重新恢复会宁府为上京，从此金代一都五京成为定制。

诸京分布于各民族聚居区，成为统辖各民族、治边的政治中心，京、都位于国家军政要地，其长官掌一路军民之政，为朝廷所倚重，故其人选尤为女真统治者所重视。程妮娜先生在《金代政治制度研究》中根据《金史》统计出自熙宗天眷元年（1138 年）至金末宗室出任京、都最高长官（都府尹、留守，或曰京府尹、牧）的情况，根据先生的统计数字，列成表 2-6。

表 2-6　京、都最高长官任用情况表

京、都＼民族	宗室	外戚	普通女真	契丹	渤海	汉人	总计
上京	9	8	10	—	—	—	27
东京	9	8	4	1	1	—	23
中京、北京	19	5	11	6	1	2	44[③]
西京	15	6	3	4	1	—	29
南京	8	6	2	5	—	9	30[④]
燕京	5	1	—	—	1	1	8[⑤]
中都	7	3	2	2	1	1	16
总计	72	37	32	18	5	13	177
比率 %	40.7	20.9	18.1	10.2	2.8	7.3	100

通过对上表的分析，可以看出宗室在京、都最高长官任用中所占比例达到了 40.7%，接近总人数的一半。金朝是按各民族分布的状况等确定的诸京制度，在契丹、奚人聚居地设立了中京和北京，在渤海人聚居的地方

① 程妮娜：《金代政治制度研究》，长春：吉林大学出版社，1999 年，第 169 页。

② 《金史》卷 24《地理志上》，第 572 页。

③ 金在契丹、奚人聚居地，海陵朝以前设有二京：中京和北京，海陵贞元元年（1153 年）并为一京即北京，将前期中京、北京与后期北京的长官统计起来共 44 人。

④ 设在中原南部地区原北宋汉人地区南京（前期曰汴京）的长官共 30 人。

⑤ 设在原辽朝汉人中心地区的京（都），金初至海陵天德五年（1153）曰“燕京”，其长官共 8 人。海陵贞元元年至金末曰“中都”，其长官共 16 人。

设立了东京，上京是女真人生活的地方，中都等则是汉人聚居的地方。从表 2-6 可以看出，女真人居住的上京只用女真人进行统治，同理，其他民族的聚居区也应该用本民族人进行统治。但是表 2-6 反映的情况却不是这样，每一京、一都任用宗室长官的人数都要高于任用其他族长官的人数。可见，金朝统治在任用京、都长官时，还是倾向于把权力放在宗室手中。

第四节　宗室致仕与死后赠官

致仕是指官员年老退休，辞官归家。由于金朝在官僚机构中任用了大量的宗室，所以宗室也涉及致仕的问题。金代宗室不仅在任官期间可以获得高官厚禄，致仕后也可以获赠爵位、得到一定的经济补助和房产等。如天会年间，宗室银术可在燕京留守任上致仕，被太宗加封为“保大军节度使、同中书门下平章事，迁中书令，封蜀王”①。海陵朝，太祖堂弟、亲王完颜勖因不满海陵王无罪而诛杀宗本等事，数次上表请老，后被准许“以本官致仕，进封周宋国王”②。大定二十七年（1187 年），宰相阿离合懑孙宗尹乞致仕。世宗说：“此老不事事，从其请可也。”宰臣奏：“旧臣宜在左右。”世宗说：“宰相总天下事，非养老之地。若不堪其职，朕亦有愧焉。如贤者在朝，利及百姓，四方瞻仰，朕亦与其光美。”宰臣无以对。宗尹入谢，“赐甲第一区，凡宴集畋猎皆从焉”③。可见宗室在致仕后不仅能得到经济上的补助，还可以获得爵位、房产等。

宗室官员死后，还可以获得赠官。赠官是官员死后对其追赠官职，赠官不仅使死者功名不朽，还可以光耀门楣，使子孙从中获得好处。研究金朝宗室死后赠官的情况，对于理解这个时期宗室的政治权力有所裨益。下表（表 2-7）根据《金史》列出金朝宗室赠官的情况，凡是引用《金史》之处不再出注，引用其他史料则分别注明。

表 2-7　金代宗室赠官情况一览表

姓名	身份	卒前最高官职	官品	赠官	官品	卒年及赠官时间
劾者	德帝曾孙	不详	不详	赠特进	文官从一品中次	天会十五年赠
拔达	安帝曾孙	不详	不详	赠仪同三司	文官从一品中	天会十五年赠
盆纳	安帝孙	不详	不详	赠开府仪同三司	文官从一品上	天会十五年赠
婆卢火	安帝五代孙	泰州都统、同中书门下平章事	从二品	赠开府仪同三司	文官从一品上	天眷元年卒

① 《金史》卷 72《银术可传》，第 1659 页。

② 《金史》卷 66《始祖以下诸子传》，第 1560 页

③ 《金史》卷 73《阿离合懑传》，第 1676 页。

续表

姓名	身份	卒前最高官职	官品	赠官	官品	卒年及赠官时间
崇成	昭祖玄孙	武卫军都指挥使	从三品	赙赠有加	不详	泰和三年卒
谩都本	景祖孙	曾与阇母攻兴中府	不详	赠金紫光禄大夫	文官正二品上	卒年三十七。天眷中赠
斡带	世祖子	世祖之世，军旅之事多专任之	不详	追封仪同三司	文官从一品中	天会十五年追封
宗秀	穆宗孙	刑部尚书	正三品	赠金紫光禄大夫	文官正二品上	正隆二年卒官
胡十门	始祖兄阿古乃之后	曷苏馆七部勃堇	不详	赠监门卫上将军[①]，再赠骠骑卫上将军	武散官正三品下	天辅二年卒赠
衷	世祖曾孙	镇西节度使	从三品	赠辅国上将军	武散官从三品中	泰和六年卒，大安初追赠
术鲁	宗室子	谋克	从五品	赠镇国上将军	武散官从三品中	天辅四年卒，年四十一。皇统时赠
冶诃	系出景祖	神隐水完颜部勃堇	不详	赠银青光禄大夫；赠特进	文官正二品下；从一品中	天会十五年赠；明昌五年赠
阿鲁补	系出景祖	元帅右监军，累阶仪同三司	正三品；文官从一品中	赠仪同三司	文官从一品中	海陵时论死，年五十五
宗傑	太祖子	不详	不详	赠太师	正一品	天会五年六月卒，大定时赠
习不失	昭祖之孙			赠开府仪同三司	文官从一品上	正隆二年赠
习室	保活里之裔			赠特进	文官从一品中	天会五年卒，熙宗时赠
酬斡	宗室子	谋克	从五品	赠奉国上将军	武散官从三品上	天眷中赠
仆忽得	宗室子	领行军千户		赠昭义大将军	武散官正四品中	天眷中赠
斡鲁古	宗室子	勃堇、咸州路都统		赠特进	文官从一品中	天辅六年病卒，天眷中赠
麻吉	宗室子	领猛安	从四品	赠银青光禄大夫	文官正二品下	皇统中赠

① 监门卫上将军在《金史》中共出现2次，具体为武官几品，不详，景祖之孙斡论曾被授予左监门卫上将军。《金史》卷73《阿离合懑传》，第1673页。

续表

姓名	身份	卒前最高官职	官品	赠官	官品	卒年及赠官时间
阿离合懑		国论乙室勃极烈		改赠开府仪同三司、	文官从一品上	天德中赠
宗道	系出景祖	河南路统军使	正三品	赠龙虎卫上将军	武散官正三品上	泰和四年卒
蒲鲁虎	康宗孙	袭猛安	从四品	赠金紫光禄大夫	文官正二品上	
扎保迪	景祖曾孙			赠特进	文官从一品中	天眷中赠
宗望	太祖第二子	右副元帅	正二品	赠太师	正一品	天会五年六月卒，天德二年赠
宗顺	太宗子			赠金紫光禄大夫	文官正二品上	天会二年薨，皇统五年赠
可喜	太祖孙	兵部尚书、北京留守	正三品	赠金吾卫上将军	文官正三品中	
宗义	世祖孙	平章政事	从一品	赠特进	文官从一品中	大定初赠
蒲马	世祖孙			赠龙虎卫上将军	武散官正三品上	大定初赠
孛论出	世祖孙			赠龙虎卫上将军	武散官正三品上	大定初赠
阿鲁	世祖孙			赠龙虎卫上将军	武散官正三品上	大定初赠
隈喝	世祖孙			赠龙虎卫上将军	武散官正三品上	大定初赠
檀奴	宗干孙	归德军节度使	从三品	赠荣禄大夫	从二品下	被海陵杀
阿里白	宗干孙	定远大将军	从四品中	赠辅国上将军	从三品中	被海陵杀
襄	宗干子	辅国上将军	武散官从三品中	赠司徒；追降银青光禄大夫	正一品；文官正二品下	天德二年赠；大定二十二年追降
胡速鲁改	宗室子	不详	不详	赠银青光禄大夫	文官正二品下	
承晖	世祖曾孙	平章政事、都元帅、右丞相	从一品	赠开府仪同三司、太尉、尚书令	文官从一品上；正一品	贞祐三年五月卒赠
从坦	宗室子	同知东平府事	从四品	赠昌武军节度使	从三品	兴定二年十月自杀
完颜猪儿	系出萧王	南面元帅		赠官	不详	天兴二年战死
秉德	宗翰孙	左丞相	从一品	赠仪同三司	文官从一品中	天德二年被杀，世宗即位时追赠
鄯阳	宗室子			顺天军节度副使		贞祐元年赠
完颜陈和尚		御侮中郎将		镇南军节度使		天兴元年六月，诏赠，立褒忠庙碑

通过表2-7，我们可以看出，金代宗室赠官有以下特点：

第一，金朝宗室被赠官者多是远支宗室，近支宗室死后所追赠、追封的是王爵。如睿宗死后被追封为潞王；宗翰死后被追封为周宋国王；海陵子矧思阿补死后，被追封为宿王；鲁王永功死后被追封为赵王；宗子洪裕三岁而死，被追封为绛王；宗杰死后被追封为越王；阿离合懑死后追封为隋国王，等等。宗室中只有有爵位者才可以追赠、追封爵位，且宗室中被封给爵位者基本都是宗室近属。无爵位的，只有有官位者才能追封为官。

第二，赠官的品阶一般高于生前所任的官职品阶。由以上的分析我们可以得出这样的结论，金朝宗室死后所赠官基本上都高于生前官的品阶。如宗室子从坦生前的职位为从四品，死后所赠为从三品；宗室子酬斡生前职位为从五品，死后所赠为从三品；穆宗孙宗秀生前的职位为正三品，死后所赠为正二品，等等。

第三，所赠之官基本上都是虚衔的散官，文官、武官都有。开府仪同三司、仪同三司、特进、银青光禄大夫等是沿袭唐朝官制的文官品阶，不是管事的职官，而是虚位的散官，宗室死后多被赠予此官。龙虎卫上将军、奉国上将军、辅国上将军是武散官，也属于虚职。

金朝宗室死后赠官的目的是褒奖勋劳，优宠宗室，实则是为了拉拢人心。赠官还会成为死者子孙的一种门资，可以获得入仕或者经济上的好处。阿鲁补"以将家子从征伐，屡立功，历官有惠爱，得民心。及死，人皆惜之。大定三年（1163年），赠仪同三司，诏以其子为右卫将军，袭猛安及亲管谋克，赐银五百两、重彩二十端、绢三百匹"[①]。

本章探讨了金朝宗室成员的入仕途径。宗室因其特殊的身份，入仕途径比普通人的渠道更多、更宽泛，比普通人升迁快，入仕时还享有各种各样的特权。本章还探讨了宗室在都元帅府、元帅府、枢密院及三省（主要是尚书省）六部中任职情况，考察了宗室在行政、军事和监察等机构中的任职情况。金朝中央机构中对宗室的任用情况，呈现出减少的趋势，但宗室所任官职几乎都有实权。金朝前期中央重要机构任用的主要是宗室近支，海陵以后有不少宗室疏属跻身重要官职，章宗以后任用的宗室成员基本都是疏属。宗室死后，为了褒奖勋劳，优宠族属，还对宗室赠官。金代宗室赠官的特点是被赠官者多是远支宗室，近支宗室死后所追赠、追封的是王爵，赠官的品阶一般高于生前所任官职的品阶，所赠之官基本上都是虚衔的散官，文官、武官都有。总之，宗室作为皇帝的家族成员，一方

① 《金史》卷68《冶诃传》，第1598页。

面一出生便注定有着与普通人不同的崇高地位。由于他们与统治者这层特殊的血缘关系，是对王朝实行有效统治的基石，是维护王朝统治的重要力量，因此掌握着相当的权力，尤其是宗室近支在金朝前期的政治权力非常大。然而，另一方面，由于宗室举足轻重的政治影响，他们也是最可能觊觎皇权的政治势力。有鉴于此，统治者往往对宗室存在着既信任依靠又防范压制的矛盾心理，因为对宗室问题的处理关系到王朝兴衰与政权存亡。金朝内部的权力斗争时有发生，在其相对较短的120年的历史中，仅成功的皇族成员篡位谋权事件就曾经发生过三次，分别是海陵弑君自立、世宗辽阳称帝和宣宗代卫绍王称帝。而在几乎同时期的汉族赵宋政权长达320年的统治中，类似的宗室谋反事件却从未发生过。通过本书考证可以发现，为维护其统治，金朝初期对宗室十分依赖，为之提供了极为宽泛的入仕升迁途径；到中后期，由于许多宗室握有实权，内斗事件频发，统治者转而疏忌防范甚至打压宗室，使得宗室享有的政治特权减少，转而通过科举等普遍途径来入仕或获得升迁。宗室参与维护统治的人数的减少，也伴随着金王朝由盛转衰的过程。与金代相比，辽代宗室内部皇位争夺的事件并不少见。正如《辽史》总结："宗王反侧，无代无之，辽之内难，与国始终。"①

---

① 《辽史》卷72《宗室传》，第1214页。

第三章 金代宗室的经济生活与历史文化认同

宗室作为社会的一个特殊阶层，其特殊性不仅体现在政治上，在经济上所享有的一些特权更令普通人难以企及。历朝历代，宗室的生活来源基本上都是由国家供给，他们的经济收入与国家的收入情况息息相关，可以说宗室的经济状况在一定程度上是国家财政的反映。宗室在金朝的经济生活中享有种种特权，不仅有宗室特俸等固定的生活来源，还通过宗室这一特殊身份攫取利益。但是也有一些与皇帝血缘关系较远的宗室成员，他们的生活状况并不乐观。随着金代民族融合趋势的加深和金朝治下各民族之间的交流，宗室们的生活方式不断汉化，他们的行为礼仪仿效中原王朝，同时也染上了奢靡之风。本章将通过对金朝宗室的经济生活状况、经济来源等方面的分析，探讨金代宗室的经济特权、金代宗室经济对金朝社会的影响及宗室的日常行为礼仪所反映的文化认同。

第一节 宗室的经济来源

本节拟对宗室的经济来源做出分析。宗室的经济来源主要包括为官的俸禄、勋爵食邑、养赡钱粮、土地收入、皇帝赏赐、赙赠、收受贿赂、继承财产、战争掠夺等。这些收入中有些属于常规性收入，有些则属于非常规性收入。

一、常规性收入

1. 为官的俸禄

金朝不少宗室成员在中央或地方担任各种职官，那么，为官就要领取俸禄，这属于宗室的常规性收入。金朝的俸禄制度是伴随着熙宗、海陵朝修订金朝官制而建立起来的，俸禄制度与官制一样也是“大率皆循辽、宋之旧”[①]。《金史》及其他资料未明确记载金朝俸禄之制具体始于何年，但根据天眷三年（1140 年）七月定致仕官半俸的记载，可以推知前此已定俸禄之制[②]。

《金史·百官志四》记载：“皇统二年（1142 年），定制，皇兄弟及子封一字王者为亲王，给二品俸，余宗室封一字王者以三品俸给之。天德二年（1150 年），以三师、宰臣以下有以一官而兼数职者，及有亲王食其禄而复领他事者，前此并给以俸，今宜从一高，其兼职之俸并不重给。至大定二十六年（1186 年），诏有一官而兼数职，其兼职得罪亦不能免，而无廪给可乎。遂以职务烦简定为分数，给兼职之俸。”[③]可见天德以后亲王有食禄而复领他事的，不再给予兼职的俸禄，到了大定二十六年又恢复了给兼职之俸，封爵者在任官后既可以拿到封爵的食邑还可以领取做官的俸禄。但是到了泰和四年（1204 年）六月“罢兼官俸给”[④]。

总之，宗室人员中有很大一部分任官，特别是大宗正府官员的人选基本都在宗室中选任。为官宗室拿国家俸禄，这种为官俸禄是宗室的一个重要的经济来源。宗室的为官俸禄也按照品级收取，《金史》卷 58《百官志四·百官俸给》详细地记述了朝官俸给、外官俸给情况，宗室任官也按照这个标准执行，但是往往由于宗室特殊的身份，还是给予照顾。如诸亲王受任为外官者，其俸禄标准是：“禄从多，职田从职。”[⑤]《金史·百官志四·百司承应俸给》还详细地记述了百司承应俸给，有不少宗室成员担任诸司承应人。《金史·百官志四》记载：“内外吏员及诸局分承应人，病告至百日则停给。除程给假者俸禄职田皆以半给，衣绢则全给。”“皇家袒免以上亲户另给。若同居兄弟收充猛安谋克及历任承应人者，不在给限。大功以上，钱粟一十三贯石，春秋衣绢各四匹。小功，粟一十贯石，春秋衣绢各三匹。缌麻、袒免，钱粟八贯石，春秋衣绢二匹。”[⑥]

世宗时为弘亲亲之道，宗室中有不任官者仍授以散官，适当给予俸禄。大定十二年（1172 年）十一月，世宗谓宰臣曰：“宗室中有不任官事者，若不加恩泽，于亲亲之道，有所未弘。朕欲授以散官，量予廪禄，

① 《金史》卷 55《百官志一》，第 1216 页。
② 黄惠贤、陈锋主编：《中国俸禄制度史》，武汉：武汉大学出版社，2005 年，第 316 页。
③ 《金史》卷 58《百官志四》，第 1340 页。
④ 《金史》卷 12《章宗本纪四》，第 268 页。
⑤ 《金史》卷 58《百官志四》，第 1349 页。
⑥ 《金史》卷 58《百官志四》，第 1349 页。

未知前代何如？”左丞石琚曰：“陶唐之亲九族，周家之内睦九族，见于《诗》《书》，皆帝王美事也。”[①]为官的俸禄在战时或是国难时期是要减少的。《金史》记载，世宗初年，“伐宋未罢兵，用度不足，百官未给全俸。京家人数百口，财用少，上闻之，赐金一百五十两、重彩百端、绢五百匹”[②]。

金朝官员致仕后仍然能拿到俸禄，致仕的年龄一般在60～70岁，依其原官品领取半俸。天眷三年（1140年）七月，“诏文武官五品以上致仕，给俸禄之半，职三品者仍给傔人”[③]。皇统元年（1141年）修定天眷之制，改五品为三品，“二月戊寅，诏诸致仕官职俱至三品者，俸禄人力各给其半”[④]。大定十一年（1171年），更定为“职官年七十以上致仕者，不拘官品，并给俸禄之半”。大定二十三年（1183年），诏致仕官年“六十以上者进官两阶，六十以下者进官一阶，并给半俸”。《金史·百官志四》记载：“六十以上及未六十而病致仕者，给其禄半。承应及军功初出职未历致仕，虽未六十者亦给半禄。”[⑤]《大金国志》记载：“官职不拘品从，七十以上告致仕者迁两官，六十以上迁一官，给半俸。外不及六十，未至衰老，止是疾病难任职事者，止合给半俸，更不在迁官之列。”[⑥]宗室为官致仕后也依然适用上述的规定，能拿到一半的俸禄。

2. 封爵食邑及王俸

宗室中受封者可以拿到封爵的食邑，这是常规性的经济来源。据《金史·百官志一》记载：“封爵：正从一品曰郡王，曰国公。正从二品曰郡公。正从三品曰郡侯。正从四品曰郡伯［旧曰县伯，承安二年（1197年）更］。正五品曰县子，从五品曰县男。”[⑦]金朝的封爵制度并无封地，只是按照实封的户数享受一定的食禄特权。“凡食邑：封王者万户，实封一千户。郡王五千户，实封五百户。国公三千户，实封三百户。郡公二千户，实封二百户。郡侯一千户，实封一百户。郡伯七百户，县子五百户，县男三百户，皆无实封。自天眷定制，凡食邑，同散官入衔。”[⑧]金章宗明昌二

① 《金史》卷7《世宗本纪中》，第157页。
② 《金史》卷74《宗望传》，第1708页。
③ 《金史》卷4《熙宗本纪》，第75、76页。
④ 《金史》卷4《熙宗本纪》，第76页。
⑤ 《金史》卷58《百官志四》，第1349页。
⑥ 《大金国志校证》卷25《致仕迁官半俸仪》，北京：中华书局，1986年，第502、503页。
⑦ 《金史》卷55《百官志一》，第1222～1223页。
⑧ 《金史》卷55《百官志一》，第1223～1224页。

年（1191年，宋绍熙二年）七月，金国遣使镇国上将军、同签大宗正事、上护军、金源郡开国侯、食邑一千户、食实封一百户完颜兖使宋贺重明圣节[①]。可见在出使他国之时，食邑作为一种身份地位的象征与宗室所任的官职相提并论。

金朝给亲王颁发王俸。熙宗天眷二年（1139年）规定，“亲王有职事者，除本职俸外，更依亲王例另支俸”[②]。皇统二年（1142年），“定制，皇兄弟及子封一字王者为亲王，给二品俸，余宗室封一字王者以三品俸给之”[③]。从《金史》卷58《百官志四·百官俸给》可以看出亲王同尚书令一样，拿的俸禄是正一品的第三等，“钱粟二百二十贯石，麹米麦各三十五称石，春衣罗三十五匹，秋衣绫三十五匹，春秋绢各一百二十匹，绵六百两”[④]。皇统元年（1141年），完颜勖所撰《祖宗实录》成，凡三卷，进入，“上焚香立受之，赏赉有差。制诏左丞勖、平章政事弈职俸外别给二品亲王俸傔。旧制，皇兄弟、皇子为亲王给二品俸，宗室封一字王者给三品俸，勖等别给亲王俸，皆异数也”[⑤]。从这条史料判断，上文皇统二年定制的内容在皇统元年以前就已经实施了[⑥]。这次别给完颜勖二品亲王俸傔的原因主要是为了表彰他撰成《祖宗实录》的功勋。大定二十三年（1183年），爽（宗强子）疾久不愈，敕有司曰：“荣王告满百日，当给以王俸。”[⑦]大定二十九年（1189年）六月，“诏有司，请亲王到任各给钱二十万”[⑧]。

有位号的皇女、宗女也有俸禄，但是与男性宗室成员不同的是受封仅仅是其自身，不存在其子女袭封的规定。

与金代相比，“清初，凡是有位号的公主、格格，以及她们的额驸，都定期发予钱粮、物品。嫁与在京旗人者，发予银米；出嫁蒙古者，夫妇皆发予银缎。从乾隆开始，便对受封的宗族成员做出了更为明确的规定，乾隆之前，几乎是所有的宗女都要受封，但是乾隆中期以后，宗女受封的范围显著缩小，只封顺治帝派下子孙之女，其余宗支王公之女及她们的额驸只封予位号虚衔，而不予实俸（蒙古额驸除外）。但是这种优待也

① （南宋）倪思：《重明节馆伴语录》，《奉使辽金行程录》，长春：吉林文史出版社，1995年，第318页。

② （金）张玮等编撰：《大金集礼》卷9《亲王》，清光绪二十一年广雅书局刊本。

③ 《金史》卷58《百官志四》，第1340页。

④ 《金史》卷58《百官志四》，第1339～1340页。

⑤ 《金史》卷66《始祖以下诸子传》，第1559页。

⑥ 黄惠贤、陈锋主编：《中国俸禄制度史》，武汉：武汉大学出版社，2005年，第320页。根据天眷改官制，“定勋爵食邑入衔”的记载，可知宗室封王者依品支俸始于天眷年间。

⑦ 《金史》卷69《太祖诸子传》，第1606页。

⑧ 《金史》卷9《章宗本纪一》，第210页。

仅持续到同治初年，又明确规定乾隆一支以外的宗支宗女不再发予俸禄，出嫁之时仅封格格的虚衔，其中包括出嫁蒙古的宗女们”[①]“清代皇帝对宗室成员的种种优待，也是按照宗室成员的爵位予以发放的。爵位越高，享有的优待就越高，反之则越少。并且不同的等级所得的优待很可能是相去甚远的，以亲王和奉恩将军为例，亲王的（岁）俸银为1万两，俸米为5000石；奉恩将军的俸银只有110两，俸米为55石，仅为亲王的11%。而这种优待也并不是所有的宗室都能得到的，玉牒上载封爵在奉恩将军以上的有2099人，约占宗室总人口的5%，也就是说其他95%的宗室是没有这项经济待遇的”[②]。

3. 养赡钱粮

对于一些没有爵位的宗室要定期颁发养赡钱粮，作为宗室经济生活的开销。宗室的这种特俸是特殊的补助，无常数。这种养赡钱粮的发放范围并不涵盖所有的宗室成员，而基本上是皇子、皇孙、亲王、公主及后宫的妃嫔们。这种养赡钱粮的发放标准，史书没有明确记载，但是总的来说，根据国家的经济状况各个时期应该有所不同，国家经济困难了，发放相对就要少。大定九年（1169年）九月，“罢皇太子月料，岁给钱五万贯”[③]，也就是不按月给皇太子养赡钱，而是每年给钱五万贯。

《金史·百官志四》还记载了后宫的俸给。“宫闱岁给：太后、太妃宫，每岁各给钱二千万，彩二百段，绢千匹，绵五千两。诸妃，岁给钱千万，彩百段，绢三百匹，绵三千两。嫔以下，钱五百万，彩五十段，绢二百匹，绵二千两。贞元元年（1153年），妃、嫔、婕妤、美人、及供膳女侍、并仙韶、长春院供应人等，岁给钱帛各有差。”[④]《金史》卷63《后妃传上》记载：废帝海陵后“至中都，居于海陵母大氏故宫。顷之，世宗怜其无依，诏归父母家于上京，岁赐钱二千贯，奴婢皆给官廪”。章宗即位，尊显宗孝懿皇后为皇太后，“诏有司岁奉金千两、银五千两、重币五百端、绢二千匹、绵二万两、布五百匹、钱五万贯。他所应用，内库奉

① 赵彦昌、李国华：《从相关史料看清代宗室经济状况》，《辽宁省博物馆馆刊（2）》，沈阳：辽海出版社，2007年。

② 赵彦昌、李国华：《从相关史料看清代宗室经济状况》，《辽宁省博物馆馆刊（2）》，沈阳：辽海出版社，2007年。

③ 《金史》卷6《世宗本纪上》，第145页；《金史》卷19《世纪补》，第412页记载：“大定九年（1169年）九月，诏皇太子供膳勿月支，岁给五千万。”一贯是一千文，五千万就是五万贯。

④ 《金史》卷58《百官志四》，第1345～1346页。

之，毋拘其数”[①]。

4. 地租收入

土地是重要的生产资料，金朝宗室占有大量的土地，土地上的收入成为宗室重要的经济来源。金朝宗室对土地的占有分为两种情况，一种是宗室成员迁徙到新占领区后，政府把新占领区原有的官田、荒闲地及其他私田括为官地，分给宗室所有；另一种情况是宗室们倚仗自己的权势趁势侵夺土地变为自己的私田。分给宗室的土地上的收入属于常规性的收入，然而仰仗权势侵占的土地是国家不允许的，发现了是要禁止的，这应该属于非常规性收入。无论是官括或私人侵占，土地到手之后又往往令汉人民户耕作，宗室们则收取地租。

宗室到新占领地区屯田在太祖时期就开始有了，天辅五年（1121年），“以境土既拓，而旧部多瘠卤，将移其民于泰州，乃遣皇弟昱及族子宗雄按视其地。昱等苴其土以进，言可种植，遂摘诸猛安谋克中民户万余，使宗人婆卢火统之，屯种于泰州”[②]。

绍兴和议后，金朝取得南至淮水中流、至大散关以北的大片土地，而后金朝多次迁徙宗室南下开垦、耕种。熙宗皇统初年，“创屯田军，及女真、契丹之人皆自本部徒居中州，与百姓杂处，计其户口授以官田。……凡屯田之所，自燕山之南，淮、陇之北，俱有之，多至五六万人，皆筑垒于村落间”[③]，南迁的大部分是女真人，其中不乏宗室。完颜亮时期又迁移大批宗室南下，“贞元迁都，遂徙上京路太祖、辽王宗干、秦王宗翰之猛安，并为合扎猛安，及右谏议乌里补猛安，太师勖、宗正宗敏之族，处之中都。斡论、和尚、胡剌三国公，太保昂，詹事乌里野，辅国勃鲁骨，定远许烈，故杲国公勃迭八猛安处之山东。阿鲁之族处之北京。按达族属处之河间”[④]。正隆元年（1156年）二月，“遣刑部尚书纥石烈娄室等十一人，分行大兴府、山东、真定府，拘括系官或荒闲牧地，及官民占射逃绝户地，戍兵占佃宫籍监、外路官本业外增置土田，及大兴府、平州路僧尼道士女冠等地，盖以授所迁之猛安谋克户，且令民请射，而官得其租也”[⑤]。也就是分给宗室的土地，让他们自己经营，如出租可由宗室自己收取地

① 《金史》卷64《后妃传下》，第1525页。
② 《金史》卷46《食货志一》，第1032页。
③ 《建炎以来系年要录》卷138，绍兴十年十二月己亥条，第2226页。
④ 《金史》卷44《兵志》，第993页。
⑤ 《金史》卷47《食货志二》，第1044页。

租，而官田由国家出租则国家收取地租。海陵时，宗室按答海自上京徙河间，土瘠，世宗即位初“诏按答海一族二十五家，从便迁居近地，乃徙平州。诏给平州官田三百顷，屋三百间，宗州官田一百顷”①。大定二十二年（1182年）十月又“徙河间宗室于平州”②。政府分拨土地，得到的地如果贫瘠，还可以换成良田，“河间宗室未徙者令尽徙于平州，无力者官津发之，土薄者易以良田”③。

大定二十一年（1181年）正月，上谓宰臣曰：“山东、大名等路猛安谋克户之民，往往骄纵，不亲稼穑，不令家人农作，尽令汉人佃莳，取租而已。”④可见，将汉人的土地授给猛安谋克户，这些贵族们并不亲自耕种，而是仅收租，“春则借农以种，夏则借人以耘，秋则借人以收”⑤。《金史》卷46《食货志一》记载大定二十三年（1183年）七月，尚书省推排猛安谋克户口和田亩，猛安谋克户数是615 624户，占有田数是1 690 380顷，平均每户2.7顷；在都宗室将军司有宗室的户数为170户，但他们的占田数是368 375顷，平均每户占田数达到2 166.9顷，比普通猛安谋克户的平均数还要多很多。

由于土地能够带来很大的经济效益，女真贵族除按户口分得土地外，宗室们还利用手中的权力，通过各种方式侵夺、占有官田、民田为自己的私有土地。大定十七年（1177年），“邢州男子赵迪简言：随路不附籍官田及河滩地，皆为豪强所占”⑥。大定二十一年（1181年）三月，陈言者言，豪强之家多占夺田。世宗时“令占官地十顷以上者皆括籍入官，将均赐贫民”⑦。可见，贵族之家对田地的私占情况相当严重，当然这其中也包括很多宗室之家。如大定年间，“赵王永中等四王府冒占官田”⑧。一些宗室还在迁至新地区后把原住地之土地隐而不向政府“回纳”，到新地继续分占土地，往往有占两处官田的情况。大定二十一年七月，世宗对宰臣说：“前徙宗室户于河间，拨地处之，而不回纳旧地，岂有两地皆占之理，

① 《金史》卷73《宗雄传》，第1683页。

② 《金史》卷8《世宗本纪下》，第182页。

③ 《金史》卷47《食货志二》，第1048页。

④ 《金史》卷47《食货志二》，第1046页。

⑤ （宋）徐梦莘：《三朝北盟会编》卷230炎兴下帙一百三十，上海：上海古籍出版社，2008年，第1654页：“金人北军一家莳地不下数顷，既无税赋，春则借农以种，夏则借人以耘，秋则借人以收。”以下凡引此书均省略作者和版本。

⑥ 《金史》卷47《食货志二》，第1044页。

⑦ 《金史》卷47《食货志二》，第1046页。

⑧ 《金史》卷47《食货志二》，第1048页。

自今当以一处赐之。”[①] 不少宗室还将民田占为己有，获取利益。承安中，“拨赐家口地土，匡乃自占济南、真定、代州上腴田，百姓旧业辄夺之，及限外自取”[②]。贞祐三年（1215 年）九月，“谕宰臣，沿淮塘路以南地向授民业，今为豪势据夺者，其令有司察之”[③]。这些宗室侵占土地后不需要自己耕种，而是租给民户耕种，获取利益。大定二十年（1180 年），世宗向宰执指出“山后之地，皆为亲王、公主、权势之家所占，转租于民”[④]。大定二十七年（1187 年），“随处官豪之家多请占官地，转与他人种佃，规取课利”[⑤]。这种侵占的土地不属于常规性收入，但因与土地收入有关，故在这里一并论述。

除上述几种经济来源外，不少宗室在出使时获得的礼物也成为宗室经济来源的一部分。南宋倪思《重明节馆伴语录》载，宋绍熙二年（1191 年）七月，金朝遣同签大睦亲府事完颜兖使宋，祝贺光宗生日。宋朝皇帝送给兖茶器、银丝茶匣、荔枝等。馆伴使倪思等循例送兖等多次私觌[⑥]，而且所送礼物非常丰富，包括“各紫罗、缬罗木绵、虔布各一十匹，龙团、风团茶各一斤”“各沉香一斤、笺香一斤、建茶盏一十只……、建茶一百夸”[⑦]。同金代相比，“辽代宗室所占有的投下军州，是其经济收入的重要来源。在此基础上形成的免税特权也为其提供了重要收入”[⑧]。

二、非常规性收入

除上述常规性收入外，金朝宗室成员还有非常规性收入和宗室特殊收入，这些收入往往数额较大，是宗室的一个非常重要的经济来源。这些收入的名目比较多，归纳起来主要有以下几种。

1. 皇帝赏赐、赙赠

金朝皇帝经常赏赐宗室，这是宗室非常重要的经济来源。现将《金

① 《金史》卷 47《食货志二》，第 1047 页。
② 《金史》卷 98《完颜匡传》，第 2173 页。
③ 《金史》卷 14《宣宗本纪上》，第 312 页。
④ 《金史》卷 7《世宗本纪中》，第 175 页。
⑤ 《金史》卷 47《食货志二》，第 1048 页。
⑥ 即宋与辽金的使节以私人身份馈赠对方的礼物。
⑦ （南宋）倪思：《重明节馆伴语录》，《奉使辽金行程录》，长春：吉林文史出版社，1995 年，第 321～322 页。
⑧ 王善军：《论辽代皇族》，《民族研究》2003 年第 5 期。

史》中赏赐宗室的具体情况择要列表如下（表 3-1）。

表 3-1　皇帝赏赐宗室情况表

宗室名字	赏赐时间	赏赐原因	赏赐物件	资料来源
宗雄	天辅时	攻克辽朝西京	赐黄金百两，衣十袭及奴婢等	卷 73《宗雄传》
婆卢火	天辅五年	徒统泰州	赐耕牛五十	卷 71《婆卢火传》
毂英	开国初至大定十九年		前后被赏：金为两二百五十，银为两六千五百，绢为匹八百，绵为两二千，马三百十有四，牛羊六千五百，奴婢百三十人	卷 72《银术可传》
宗翰	天会二年四月	经略西夏及破辽功	赐以十马，使自择其二，余以分诸帅	卷 3《太宗本纪》
挞懒、实古乃	天会三年十一月	战功	给米五万石	卷 3《太宗本纪》
银术可	天会五年九月	征战之功	赐券书	卷 3《太宗本纪》
宗弼	皇统时	宋金和议之功	赐人口牛马各千、驼百、羊万，每岁宋国进贡内给银、绢二千两、匹	卷 77《宗弼传》
始祖以下宗室	皇统四年正月	亲亲之道	诏以去年宋币赐始祖以下宗室	卷 4《熙宗本纪》
完颜勖	皇统时	献《东狩射虎赋》	赐以佩刀、玉带、良马	卷 66《始祖以下诸子传》
	皇统八年	奏上《太祖实录》二十卷	赐黄金八十两，银百两，重彩五十端，绢百匹，通犀、玉钩带各一	卷 66《始祖以下诸子传》
思敬	皇统七年	引入水宗敏脱险	赐以袭衣、厩马、钱万贯，复遣使赐弓剑	卷 70《思敬传》
	大定二年	献俘于京师	赐金百两、银千两、重彩四十端、玉带、厩马、名鹰	卷 70《思敬传》
秉德	天德元年	海陵既立，赏佐立之功	赐铁券，与钱二千万、绢一千匹、马牛各三百、羊三千	卷 132《逆臣传》
乌带	天德元年	海陵即位，赏佐立之功	赐钱、绢、马、牛、羊、铁券，并如其党	卷 132《逆臣传》
光英	正隆元年三月二十七日	光英生日	赐光英马一匹，黄金三斤	卷 82《海陵诸子传》
按答海	大定八年	直谏	赐钱万贯，甲第一区	卷 73《宗雄传》
爽（阿邻）	大定时	有疾；资用有阙	赐钱千万；赐钱一万贯	卷 69《宗强传》
京	世宗初年	京家人数百口，财用少	赐金一百五十两、重彩百端、绢五百匹	卷 74《宗望传》

续表

宗室名字	赏赐时间	赏赐原因	赏赐物件	资料来源
永中及诸弟	明昌元年	章宗即位	永中与诸弟各赐金五百两、银五千两、钱二千贯、重币三百端、绢二千匹。再赐永中修公廨钱三百万	《金史》卷85《世宗诸子传》
珣、琮、瑰、从彝	明昌元年	章宗即位	章宗谕旨有司曰：丰（珣）、郓（琮）、瀛（瑰）、沂（从彝）四王府各赐奴婢七百人	卷93《显宗诸子传》
承立	宣宗即位	宣宗即位，进承立官五阶	赐钱五千贯	卷116《承立传》
完颜赛不	兴定元年四月	与宋人战，斩获甚众	诏赐玉兔鹘一、内府重币十端	卷113《完颜赛不传》

通过表3-1我们可以看出，金朝皇帝赏赐宗室的内容一般是金、银、甲第、田地、绢、重彩、玉带，等等，除了物质形式的赏赐外，还有劳役形式的赏赐，如人口、奴婢、牛马等。皇帝对宗室成员的赏赐主要是为了表彰功勋，对于一些立下军功或是全力尽职、忠于国家的宗室都要给予一定的赏赐。皇帝登基、皇帝生日、宗室生日、宗室成员家里财用不足等也成为皇帝赏赐宗室的重要原因。

除此之外，金朝皇帝设宴款待宗室时也进行赏赐，这种赏赐世宗时居多，此即出于行“亲亲之道”的赏赐。大定二年（1162年）正月：“御太和殿，宴百官，宗戚命妇赐赉有差。”[①] 大定三年（1163年）五月，“以重五，幸广乐园射柳，命皇太子、亲王、百官皆射，胜者赐物有差”[②]。大定二十四年（1184年）五月，“宴于皇武殿。上谓宗戚曰：‘朕思故乡，积有日矣，今既至此，可极欢饮，君臣同之。’赐诸王妃、主，宰执百官命妇各有差”。大定二十五年（1185年）正月丁亥，“宴妃嫔、亲王、公主、文武从官于光德殿，宗室、宗妇及五品以上命妇，与坐者千七百余人，赏赉有差”[③]。四月丁丑，又“宴宗室、宗妇于皇武殿，大功亲赐官三阶，小功二阶，缌麻一阶，年高属近者加宣武将军，及封宗女，赐银、绢各有差”[④]。承安元年（1196年）九月，“赐襄酒百尊”[⑤]。

由上可见，金朝对宗室的赏赐多集中在金朝初年，包括对立下战功的宗室的赏赐，世宗朝欲行“亲亲之道”，对宗室格外照顾，多次赏赐宗室。

① 《金史》卷6《世宗本纪上》，第125页。
② 《金史》卷6《世宗本纪上》，第131页。
③ 《金史》卷8《世宗本纪下》，第188页。
④ 《金史》卷8《世宗本纪下》，第188～189页。
⑤ 《金史》卷10《章宗本纪二》，第239页。

到了金朝末年，由于战乱等原因，基本未见有赏赐宗室的事件，可见国家盛世太平之时，宗室获得的赏赐就多。

有时皇帝会将因为谋反等原因没收的宗室家产赏赐给其他宗室。海陵时，“乌带与宗本有亲，海陵以乌带告秉德事，故宗本之祸乌带独免，遂以秉德千户谋克及其子妇家产尽赐之”[①]。大定年间，完颜文以谋反伏诛，世宗“以文家财产赐其故兄特进齐之子咬住，并以西京留守京没入家产赐之”[②]。章宗明昌四年（1193年）十二月，“定武军节度使郑王永蹈以谋反，伏诛。己亥，谕有司，以郑王财产分赐诸王，泽国公主财物分赐诸公主”[③]。

宗室成员死后，皇帝多给予丰厚的赙赠，这在历代屡见不鲜，在金朝也有宗室死后皇帝给予丰厚赙赠的事件。大定年间，宗强幼子阿琐卒，“上命有司致祭，赙银千两、重彩四十端、绢四百匹”[④]。宗雄子阿邻，大定年间以疾卒，“丧至京师，上命致祭于永安寺，百官赴吊，赙银五百两、重彩三十端、绢百匹”[⑤]。大定年间，宗室子完颜永元（宗干子充之子）“丧过中都，遣使致祭，赙银三百两、彩十端、绢百匹”[⑥]。大定六年（1166年），宗宪薨，年五十九，“上辍朝，悼惜者久之，命百官致奠，赙银一千五百两、重彩五十端、绢五百匹”[⑦]。大定十一年（1171年）七月，阇母子宗叙薨，年四十六，“辍朝，遣宣徽使敬嗣晖致祭，赙银千两、彩四十端、绢四百匹。上谓宰臣曰：‘宗叙勤劳国家，他人不能及也。’”[⑧]大定二十三年（1183年），爽（宗强子）“薨，上悼痛，辍朝，遣官致祭，赙银千两、重彩四十端、绢四百匹”[⑨]。由上可见，宗室死后给予赙赠基本都集中在世宗朝，金朝其他帝王时期史书上没有记载，但是这并不能说明未对宗室赙赠，集中在世宗朝体现了世宗欲实行“亲亲之道”的思想。赙赠既寄托对死者的哀悼之情，同时也是对死者家属的慰藉和关爱。

2. 收受贿赂、欺诈百姓

金朝宗室中的不法官员借助自己特殊身份及手中的权力谋取私利

① 《金史》卷132《逆臣传》，第2821页。
② 《金史》卷74《宗望传》，第1712页。
③ 《金史》卷10《章宗本纪二》，第230页。
④ 《金史》卷69《太祖诸子传》，第1608页。
⑤ 《金史》卷73《阿邻传》，第1682页。
⑥ 《金史》卷76《宗干传》，第1745页。
⑦ 《金史》卷70《宗宪传》，第1617页。
⑧ 《金史》卷71《宗叙传》，第1645页。
⑨ 《金史》卷69《太祖诸子传》，第1606页。

的现象非常多，谋取的私利成为部分宗室的重要经济来源。方以宗室子“累官京兆少尹，迁陕西路统军都监。方专事财贿，不恤军旅，……，纵肆败法，唯利是营”①。宗室子“弈为人贪鄙，数以赃败”②。承安元年（1196 年），完颜匡行院于抚州，“河北西路转运使温昉行六部事，主军中馈饷，屈意事匡，以马币为献，及私以官钱佐匡宴会费，监察御史姬端修劾之，上方委匡以边事，遂寝其奏”③。宗室成员在出使他国时，有时还私自收受他国财务，接受他国贿赂。如大定十四年（1174 年），大兴尹璋为正旦使，“宋主使人就馆夺其书，而重赂之”④。宋人曾说：“虏人（金人）好贿，万一来馆中，须薄赂之。”⑤宋人能够如此大胆地贿赂金朝使者，是因为他们心目中早已形成金人好贿的印象。

宗室还经常利用特殊的身份和手中的权力欺压百姓。天会三年（1125 年），“禁内外官及宗室毋得私役百姓，权势家不得买贫民为奴，其胁买者一人偿十五人，诈买者一人偿二人，罪皆杖百”⑥。明昌元年（1190 年）八月，“禁指讬亲王、公主奴隶占纲船、侵商旅及妄征钱债”⑦。通过金朝屡次颁发禁令可见，宗室们私役百姓、侵商旅、以权谋私等现象是很严重的。蒲察鼎寿“改河间尹，号令必行，豪右屏迹。有宗室居河间，侵削居民，鼎寿奏徙其族于平州，郡内大治”⑧。

3. 战争掠夺

金朝宗室通过战争掠夺获得财富，基本都集中在金朝前期，因为前期战争频繁，多取胜，获得了不少战利品，掠夺了不少财富。

完颜阿骨打称帝前“攻破留可城，城中渠帅皆诛之，取其孥累赀产而还”⑨。在灭辽战争中，完颜斡鲁古“攻显州获生口财畜多自取”，“孛堇瞢葛、麻吉、窝论、赤闰、阿剌本、乙剌等多取生口财畜”⑩。天辅六年（1122 年）正月，进至中京，“辽兵皆不战而溃，遂克中京。获马

① 《金史》卷 80《阿离补传》，第 1811 页。
② 《金史》卷 66《宗室传》，第 1569 页。
③ 《金史》卷 98《完颜匡传》，第 2166 页。
④ 《金史》卷 89《梁肃传》，第 1983 页。
⑤ 《三朝北盟会编》卷 161 炎兴下帙六十一，引王绘《绍兴甲寅通和录》，第 1165 页。
⑥ 《金史》卷 46《食货志一》，第 1033 页。
⑦ 《金史》卷 9《章宗本纪一》，第 215 页。
⑧ 《金史》卷 120《世戚传》，第 2621 页。
⑨ 《金史》卷 67《留可传》，第 1584 页。
⑩ 《金史》卷 71《斡鲁古勃堇传》，第 1637 页。

一千二百、牛五百、驼一百七十、羊四万七千、车三百五十两”[①]。二月，“都统杲遣使来奏捷，并献所获货宝”[②]。三月，“辽主奔西京。宗翰复追至白水泺，不及，获其货宝”[③]。

金军破宋“直入中原，如涉无人之境”，中原的富庶强烈地刺激着金朝宗室贵族的贪欲，“金、缯、驼、马、牛、羊、妇女，虏掠无限”[④]。天会七年（1129年），金朝军队进取洪州，“取索金银、宝货、百工技艺皆尽”[⑤]。同时还大掠中原宋人为奴，《呻吟语》记载：金天会八年（1130年）“粘罕（宗翰）驱所掠宋人至夏国易马，以十易一。又卖高丽、蒙古为奴，人二金”。金朝灭亡北宋后“凡人间所需之物，无不毕取以去”[⑥]。关于金朝在平辽灭宋战争中掠夺财富的记载史书上还有很多，这些财富掠夺回来后，大多分配给宗室享用，或直接就被参与战争的宗室们据为己有。如太祖进军宁江州获胜后，“师还，谒宣靖皇后，以所获颁宗室耆老”[⑦]。

除了上述的宗室经济来源外，还有经商获利和继承财产等，当然这些并不是宗室经济来源的大宗。如世宗大定三年（1163年），“诏宗室私酿者，从转运司鞫治”[⑧]。为了获得经济利益，宗室私自酿酒，在一定程度上也可以获得经济利益。在宗室中盛行的收继婚其实就是非常典型的继承财产的实例。收继婚就是为了防止家族财产外流而实行的一种婚姻制度，宗室袭猛安谋克后，连猛安谋克所带来的经济利益也一并继承。

综上所述，金朝宗室们的经济来源渠道比较多，不仅国家对宗室的恩养政策非常优厚，且宗室为官者可以领取俸禄，还有皇帝不定期的大量恩赏，领取王俸，无职事官者任散官发薪，等等。宗室的这些经济来源是他们过奢侈生活的物质基础。不可否认，一方面宗室作为金朝的一个特殊阶层，是参与创造社会财富的，也为金朝经济的发展做出了一定的贡献。另一方面，从上文可见宗室们在经济上享受着种种特权，利用自己特殊的身份和地位及手中的权力去获取各种经济利益（多为非法的），宗室成员在创造社会财富、享受经济特权的同时也对金朝社会造成了消极的影响。宗室的大量赐田，私自占田，不仅对百姓生活造成影响，还导致国家财政收

① 《金史》卷76《杲传》，第1738页。
② 《金史》卷2《太祖本纪》，第36页。
③ 《金史》卷2《太祖本纪》，第36页。
④ 《三朝北盟会编》卷98靖康中帙七十三，第720页。
⑤ 《三朝北盟会编》卷135炎兴下帙三十五，第983页。
⑥ 《建炎以来系年要录》卷4，建炎元年四月辛酉条，第92页。
⑦ 《金史》卷2《太祖本纪》，第25页。
⑧ 《金史》卷49《食货志四》，第1105页。

入减少了。占有土地造成占地地区的百姓流离失所。对土地的占有，使原有土地上的人们沦为奴隶或租佃者；宗室王俸、岁俸等养赡，数量之大，给国家造成了很大的财政负担，加速了国家的财政崩溃和衰亡；宗室在经济上对社会下层劳动者欺压，造成社会问题，一定程度上激化了阶级矛盾。

三、宗室成员经济生活的差距

从上所述可见，宗室由于其特殊的身份而拥有多种丰厚收入的来源，可以与之相对应的词是“锦衣玉食”“钟鸣鼎食”。其实，过这样优越生活的基本上都是皇帝及王府的宗室，而与皇帝血缘关系疏远的很多宗室成员的生活状况并不乐观。第一个原因是金朝宗室子弟成长到一定年龄要分家另过，初从王府中分出的宗室子弟其生活还比较宽裕，但是随着继续从家族中分离，随着与皇帝关系的疏远，得到的国家养赡银米越来越少，甚至没有了，其生活水平就有所降低。一些宗室成员生活得越来越差的第二个原因与他们生活的铺张浪费有很大关系。宗室成员特殊尊贵的身份抬高了他们的消费品味，很难节俭度日，这难免导致其生活的窘迫。大定二十四年（1184 年），世宗至上京，闻同签大宗正事宗宁不能抚治上京宗室，宗室子往往不事生业。上谓宗尹曰：“汝察其事，宜惩戒之。”宗尹奏曰：“随仕之子，父没不还本土，以此多好游荡。”[①] 还有一个原因就是金朝后期战事频仍，国家军费开支剧增，导致宗室俸银有所降低，宗室远支的生活更是窘迫。

关于金朝宗室生活窘迫的情况，史书中多有记载。《金史》卷 80《突合速传》：“宗室突合速以次室受封，次室子因得袭其猛安。及分财异居，次室子取奴婢千二百口，正室子得八百口。久之，正室子争袭，连年不决，家资费且尽，正室子奴婢存者二百口，次室子奴婢存者才五六十口。世宗闻突合速诸子贫窘，以问近臣，具以争袭之故为对，世宗曰：‘次室子岂当受封邪。’遂以嫡妻长子袭。”[②] 世宗时关注宗室生活，多次以宗室财用有缺而赐钱。世宗即位初年，伐宋未罢兵，用度不足，百官未给全俸，宗望子京家人数百口，财用少，“赐金一百五十两、重彩百端、绢五百匹”[③]。《金史》卷 69《宗强传》记载，世宗以爽（宗强子）赀用有

① 《金史》卷 73《阿离合懑传》，第 1676 页。
② 《金史》卷 80《突合速传》，第 1803 页。
③ 《金史》卷 74《宗望传》，第 1708 页。

阙，特赐钱一万贯。世宗追念宗叙（阇母子），"闻其子孙家用不给，诏赐钱三千贯"[①]。《金史》卷84《昂传》记载完颜昂："睦于兄弟，尤善施予，其亲族有贫困者，必厚给之。"

也有宗室淡泊名利，不追求物质享受，"宗宁（阿离合懑之孙）居家约俭如寒素，临事明敏"[②]"承晖生而贵富，居家类寒素，常置司马光、苏轼像于书室，曰：'吾师司马而友苏公。'平章政事完颜守贞素敬之，与为忘年交"[③]。完颜璹身为王公贵胄而保持清儒寒士之风，《全元文》记载："公家法书名画，连箱累箧，宝惜固护，与身存亡，故他货一钱不得著身。方迁革仓猝，朝廷止以乏军兴为忧，百官俸给，减削几尽。岁日所入，大官不能赡百指，而密公又宗室之贫无以为资者，其落薄失次为可见矣。"[④]"资雅重，薄于世味，好贤乐善，寒士有不能及者。"[⑤]总之，金代宗室中生活窘迫或者甘于贫寒者也不在少数，而从中也不难窥见中原文化和汉族生活方式的影响——或是染上奢靡之风，或是淡泊名利。

第二节　金代宗室的行为礼仪和日常生活方式的汉化

一、从历史文化认同角度看金代宗室生活方式的转变

《管子·牧民》中有"礼义廉耻，国之四维，四维不张，国乃灭亡"，其中"礼"在对国家的重要性中居于首位。古代礼仪可以概括为五礼：吉礼、凶礼、军礼、宾礼和嘉礼。五礼的大部分内容为统治阶层的政治活动（如祭天祀祖、祭拜孔子、邦交往来等），其重要性不言而喻。在此，我们从金代宗室在日常生活中的礼仪和行为方式来探究其文化认同和民族融合。在封建王朝中，宗室作为皇帝的亲属，在各种政治活动中必须展现出皇家威仪；同时由于自身优裕的生活条件，有更多机会接触和尝试新鲜事物，成为民间风气的重要引领者。因此，宗室礼仪行为方式的转变在金代具有非同一般的代表性。在金朝建国前后，宗室的生活还很简朴，甚至

① 《金史》卷71《阇母传》，第1646页。

② 《金史》卷73《阿离合懑传》，第1677页。

③ 《金史》卷101《完颜承晖传》，第2227页。

④ 李修生主编：《全元文》卷19《元好问四》《如庵诗文序》，南京：江苏古籍出版社，1998年，第303页。

⑤ （金）元好问：《中州集》卷5《密国公璹小传》，北京：中华书局，1959年，第273页。

皇帝的生活也与普通人没有太大区别。《大金国志》记载：太宗“浴于河，牧于野，屋舍、车马、衣服、饮食之类，与其下无异。……君臣宴乐，携手握臂，咬颈扭耳，至于同歌共舞，无复尊卑”①。《三朝北盟会编》亦载：“虽有君臣之称，而无尊卑之别。乐则同享，财则同用，至于舍屋、车马、衣服、饮食之类，俱无异焉。”②入主中原后，伴随着物质财富的增长及深入接触、学习汉文化，金朝也制定了各项典章制度，君臣间逐渐形成了尊卑等级，宗室大多染上了汉人皇室的奢靡之风。在本节，主要通过金朝宗室的衣食住行等方面来分析他们在礼仪行为和日常生活上对中原王朝的文化认同。

尽管金朝大多数皇帝都支持汉化，但是他们仍希望能够保持民族旧俗中的一些优势方面及民族习惯，为此目的甚至会下达禁令。世宗时曾下令“女真人不得改称汉姓”，又说“女直旧风，凡酒食会聚，以骑射为乐。今则弈棋双陆，宜悉禁止，令习骑射”③。许多女真人“自幼唯习汉人习俗”，竟然不通晓本族文字。世宗即位之初，下诏暴扬海陵王十七大罪状，其中主要就是纳了被杀掉的政敌之妻为妃，包括其婶子、嫂子、侄媳等。按照“父死则妻其母，兄死则妻其嫂，叔伯则侄亦如之”的女真旧俗，这种收继婚并不能构成罪名，但由于此时女真统治者已经接受汉文化的封建伦理观，本民族原来的习俗就被指为不合伦理了，这正说明金朝宗室已经从心理上认同汉文化了。与金代相比，辽制定了“学唐比宋”“华夷同风”的文化发展方向。契丹人大都掌握汉字用法，可用汉字书写，并创作诗词和写文章。辽太祖长子耶律倍受中原儒家传统文化影响很深。史书记载：“倍初市书至万卷，藏于医巫闾绝顶之望海堂。通阴阳，知音律，精医药、砭焫之术。工辽、汉文章，尝译《阴符经》。善画本国人物，如《射骑》《猎雪骑》《千鹿图》，皆入宋秘府。”④在生活方式上，契丹族也逐渐汉化。

二、金代宗室的日常生活内容和方式

衣着“有服章之美谓之华，有礼仪之大故称夏”。在中原汉文化中，服饰是礼仪文化中极为重要的内容。女真宗室在服饰的转变上最为直接和

① （宋）宇文懋昭撰，崔文印点校：《大金国志校证》卷10《熙宗孝成皇帝二》，北京：中华书局，1986年，第151页。

② 《三朝北盟会编》卷116炎兴下帙六十六，引《金虏节要》，第1197页。

③ 《金史》卷80《阿离补传》，第1812页。

④ 《辽史》卷72《义宗倍传》，第1211页。

明显地体现了对中原汉文化的接受和认同。女真人原为渔猎民族，在接触纺织技术前，无论贵贱都以兽皮为衣，只是因贫富不同而在兽皮上有所区别。史书记载：富者服“貂鼠、青鼠、狐貉之衣”，贫者“衣牛、马、猪、羊、猫、蛇、犬、鱼之皮”①。金朝建立以后，才开始有布帛之用。史书记载：女真人“土产无桑蚕，唯多织布，贵贱以布之粗细为别”，“富人春夏多以纻丝、锦衲为衫裳，亦间用细皮布”，贫者“春夏并用为衫裳”②。进入中原后，女真人便开始效仿汉人的衣装。南宋范仲熊《北记》传闻二太子粘罕初入中国时，“止着褐布衫。既拔京城，其下无不衣锦绣。至月旦及视事，则幞头、公服、靴、笏，皆如中国之制。仲熊每见粘罕着青貂裘半袖，时复露顶而坐”③。许多女真人特别是宗室学习汉人装束，追求衣着的华丽、奢侈，“尽失女真故态”；金熙宗笔者“雅歌儒服”，“宛然一汉户少年子”，海陵王“见江南衣冠文物、朝仪位著而慕之”。由于女真人学习汉人着装之风太过盛行，世宗于大定二十七年（1187年）“禁女直人不得改称汉姓，学南人衣装，犯者抵罪”④；泰和七年（1207年），章宗又“敕女直人不得改为汉姓及学南人装束”，并规定“违者杖八十，编为永制”⑤。

1988年黑龙江文物考古工作者在阿城市巨源乡城子村发掘整理了一大型金代贵族墓葬，经考证，墓主是金齐国王完颜晏。完颜晏是阿离合懑次子、景祖孙，大定二年（1162年）卒。晏墓中男主人穿八层服装，女主人穿九层服装。这些服饰色泽鲜艳，纹样清晰，金锦或印金花纹，金光闪耀，各类佩饰和用具的材质有珍珠、玉、银、象牙、角料、玳瑁、玛瑙、松石、藤、木、皮革和铁。男女服饰的主体均为丝织品，丝绸种类有金锦、绢、暗花罗、绫、纱等；用于服饰的布料制作工艺有织金、织纹、暗花、针绣等。可见，在世宗初年，“贵贱以布之粗细为别”的时代已经过去。宋范成大《揽辔录》记载：“秦楼有胡妇，衣金缕鹅红大袖袍，金缕紫勒帛，褰帘吴语，云是宗室女，郡守家也。”应该看到，金朝宗室的服饰不仅仅是由简朴转为考究和奢靡，他们对服饰的重视已经上升到礼仪和典章制度的高度。《金史·舆服志》对皇帝、皇后、皇太子的冠服制度都做出了非常详尽的规定，还规定：“太子入朝起居及与宴，则朝服，紫袍、玉带、双鱼袋。其视事及见师少宾客，则服小帽、皂衫、玉束带”“宗室及外戚并一品命妇，衣服听用明金，期亲虽别籍、女子出嫁

① 《三朝北盟会编》卷3政宣上帙三，第17页。
② 《大金国志校证》附录三《金志·男女冠服》，第614页。
③ 《三朝北盟会编》卷99靖康中帙七十四，引范仲熊《北记》，第731页。
④ 《金史》卷8《世宗本纪下》，第199页。
⑤ 《金史》卷43《舆服志》，第985页。

并同”[①]。泰和四年（1204 年），“以亲王品官既分领缘，而复有皂靴之禁，似涉太烦，遂听亲王用银褐领紫缘，品官皆紫领白缘，余从明昌制”[②]。这些具体的规定应该是都对应于一定的礼仪活动。

饮食　金朝初起之时，女真宗室的饮食主要是肉食，马扩使金时，曾亲眼见到阿骨打“生脔饮酒”[③]。后来，虽然宗室的饮食极大丰富了，但肉食仍在生活中占有重要地位。皇统七年（1147 年），熙宗“诏减常膳羊豕五之二”[④]，天德三年（1151 年），海陵“命太官常膳唯进鱼肉，旧贡鹅鸭等悉罢之”[⑤]。《金史》卷 24《地理志上》会宁府，注曰：“旧岁贡秦王鱼，大定十二年（1172 年）罢之。又贡猪二万，二十五年（1185 年）罢之。”宣宗朝，“太府监奏羊瘦不可供御”[⑥]。可见供给宫廷让宗室享用的肉食都是上等的。哀宗时期，宗室完颜白撒为相，“恶堂食不适口，以其家膳供”[⑦]。宗室的饮食中粮食作物主要有稗、麦、黍、稷、稻等。金朝宗室还非常喜欢饮酒，景祖乌古乃“嗜酒好色，饮啖过人”[⑧]，世祖劾里钵“尝乘醉骑驴入室中”[⑨]。金熙宗好酒，“荒于酒，与近臣饮，或继以夜。宰相入谏，辄饮以酒，曰：‘知卿等意，今既饮矣，明日当戒。’因复饮”[⑩]。完颜昂“在海陵时，纵饮沉酣，辄数日不醒。海陵闻之，常面戒不令饮。得闲辄饮如故。大定初，还自扬州，妻子为置酒私第，未数行，辄卧不饮。……至于茵帐、衣衾、器皿、仆马之属，常预设于家。即命驾相就，为具，欢乐终日，尽以遗之，即日使富足”[⑪]。宗室们在聚会之时也必饮酒，大定二十五年世宗巡视上京时就曾经两次请宗室故老饮酒，自称：“朕寻常不饮酒，今日甚欲成醉，此乐亦不易得也。”宗室妇女及群臣故老以次起舞，进酒。金朝人都喜爱饮茶，“比岁上下竞啜”“市井茶肆相属”[⑫]，金熙宗喜欢“分茶焚香”[⑬]。但是由于茶叶多是在宋朝榷场通过

---

① 《金史》卷 43《舆服志中》，第 979 页。
② 《金史》卷 43《舆服志下》，第 985 页。
③ 《三朝北盟会编》卷 4 政宣上帙四，引《茅斋自叙》，第 31 页。
④ 《金史》卷 4《熙宗本纪》，第 83 页。
⑤ 《金史》卷 5《海陵本纪》，第 97 页。
⑥ 《金史》卷 104《王扩传》，第 2295 页。
⑦ 《归潜志》卷 7，第 70 页。
⑧ 《金史》卷 1《世纪》，第 6 页。
⑨ 《金史》卷 1《世纪》，第 10 页。
⑩ 《金史》卷 4《熙宗本纪》，第 78 页。
⑪ 《金史》卷 84《昂传》，第 1888 页。
⑫ 《金史》卷 49《食货志四》，第 1108 页。
⑬ 《大金国志校证》卷 12《熙宗孝成皇帝四》，第 179 页；《三朝北盟会编》卷 166 炎兴下帙六十六，第 1197 页，作“烹茶焚香”。

商业贸易而来，世宗大定十六年（1176年），因为私贩日增，乃更定香茶罪赏格。金朝以金帛易宋地的茶叶，是件耗费之事，宣宗元光二年（1223年）三月，因国蹙财竭，茶叶又是较贵的饮品，“制亲王、公主及见任五品以上官，素蓄者存之，禁不得卖、馈，余人并禁之”[①]，可见宗室们饮茶亦有特权。皇帝的餐具多用金银器、玉器和瓷器，金天会二年（1124年），宋许亢宗贺金太宗即位，亲见“金主御座前施朱漆、银装、金几按，果碟酒器皆金玉，酒味食品皆珍美”[②]。上京一带出土了不少精美的饮食器具，如如意纹银盘、银酒盏、六曲葵瓣银杯、椭圆银盘，以及一些完整的瓷碗、瓷盘等，基本都是上京宗室们使用的餐具。在金中都城遗址上发现了大量的瓷器和瓷片，有的是当地烧制的，有的是中原的名窑烧制的，可见女真宗室们对饮食器具也非常地讲究。

居住　金朝初年，“女真之域尚无城郭，星散而居”[③]。据记载：金“国初无城郭，星散而居，呼曰皇帝寨，国相寨，太子庄，后升皇帝寨为会宁府，建为上京”。太宗天会二年始建上京宫殿，“城邑初建，（卢）彦伦为经画，民居、公宇皆有法”[④]。天会年间，宋许亢宗贺金太宗即位，在金朝看到了建上京宫殿的情况“其山棚左曰桃源洞，右曰紫极洞，中作大牌，题曰翠微宫。高五、七丈……木建殿七间，甚壮，未结盖，以瓦仰铺，及泥补之，以木为鸱吻，及屋脊用墨，榜额曰乾元殿……日役数千人兴筑，已架屋数千百间，未就，规模亦甚伟也”[⑤]“虏主所独享唯一殿，名曰‘乾元殿’。此殿之余，于所居四外栽柳行以作禁围而已。其殿也，绕壁尽置大炕，平居无事则锁之。或开之，则与臣下杂坐于炕，伪后妃躬侍饮食”[⑥]。

熙宗时期两次扩建上京，天眷元年（1138年）是小规模的扩建，皇统六年（1146年）是较大规模的扩建。熙宗“以上京会（宁）府旧内太狭，才如郡治。遂役五路工匠，撤而新之”[⑦]，极力模仿汴京，也就是仿照中原，将金朝的皇宫修建得如宋朝汴京那样壮观辉煌，并将宗室居住区与平民百姓分开了。完颜亮时期嫌“上京僻在一隅”[⑧]，决定迁都燕京，天

① 《金史》卷49《食货志四》，第1109页。
② 《大金国志校证》，《宣和奉使行程录》，第570页。
③ 《三朝北盟会编》卷166炎兴下帙六十六，引《金虏节要》，第1197页。
④ 《金史》卷75《卢彦伦传》，第1716页。
⑤ 《三朝北盟会编》卷20政宣上帙二十，第146页。
⑥ 《三朝北盟会编》卷166炎兴下帙六十六，引《金虏节要》，第1197页。
⑦ 《大金国志校证》卷12《熙宗孝成皇帝四》，第174页。
⑧ 《建炎以来系年要录》卷161，绍兴二十年十二月己巳条，第2625页。

德三年（1151年），完颜亮“诏广燕城，建宫室”。完颜亮修建燕京之前，先遣画工到北宋故都开封描画宫室，令人按图修之，还“择汴京窗户刻镂工巧以往”[①]。关于燕京皇城的规模和情况，据《大金国志》记载：“周九里三十步，其东为太庙，西为尚书省。宫之正中曰皇帝正位，后曰皇后正位。位之东曰内省，西曰十六位，妃嫔居之。又西曰同乐园，瑶池、蓬瀛、柳庄、杏庄皆在焉。”[②]贞元元年（1153年），海陵定都燕京，改燕京为中都。周辉《北辕录》称中都宫殿“日色晖映，楼观翚飞，图画莫克摹写”[③]。从现在存于北京金中都宫苑遗址的贞元元年所建的渔澡池，仍可窥见到当年皇室们奢华的居住环境。完颜亮为了营建南京宫殿，“运一木之费至二千万，牵一车之力至五百人。宫殿之饰，遍傅黄金而后间以五采，金屑飞空如落雪。一殿之费以亿万计，成而复毁，务极华丽”[④]。金章宗《宫中》诗云：“五云金碧拱朝霞，楼阁峥嵘帝子家。三十六宫帘尽卷，东风无处不扬花。”[⑤]这是对宗室生活和居住地方情况的真实描写。《归潜志》卷7记载：“又有平章政事完颜白撒，以内族位将相，尤奢僭。尝起第西城，如宫掖然，其中婢妾百数，皆衣缕金绮绣如宫人。”[⑥]

出行　金朝以武得天下，擅长骑武射猎，在战争中主要靠骑兵，建国前后宗室们出行也多以骑马为主。辽宋战争后，掠夺了不少辽宋仪物。“金初得辽之仪物，既而克宋，于是乎有车辂之制。熙宗幸燕，始用法驾。迨至世宗，制作乃定，班班乎古矣。考礼文，证国史，以见一代之制度云。”[⑦]熙宗朝，汉人程寀上书言：“陛下膺祖宗付托之重，奈何独与数骑出入林麓沙漠之中，前无斥候，后无羽卫，甚非肃禁籞之意也。”[⑧]建议熙宗“择冲要稍平之地，为驻跸之所，简忠义爪牙之士，统以亲信腹心之臣，警卫左右”[⑨]。熙宗采纳，仿照唐宋制度设立仪卫。从此，“侍卫之严，入则端居九重，出则警跸清道，视旧功大臣寖疏，且非时莫得见，尽改开国之故制”[⑩]。熙宗接受了中原的礼制，出行时便有了卤薄、车辇等，世宗时正

① 周密：《癸辛杂识·别集上》“燕用”条，北京：中华书局，1988年。
② 《大金国志校证》卷13《海陵炀王上》，第187页。
③ （南宋）周辉：《北辕录》，《奉使辽金行程录》，长春：吉林文史出版社，1995年，第315页。
④ 《金史》卷5《海陵本纪》，第117页。
⑤ 《归潜志》卷1，第3页。
⑥ 《归潜志》卷7，第70页。
⑦ 《金史》卷43《舆服志上》，第969页。
⑧ 《金史》卷105《程寀传》，第2308页。
⑨ 《金史》卷105《程寀传》，第2308页。
⑩ 《建炎以来系年要录》卷117，绍兴七年十一月丁未。

式制定了车舆制度。

世宗大定十一年（1171 年），“将有事于南郊，命太常寺检宋南郊礼，卤簿当用玉辂、金辂、象辂、革辂、木辂、耕根车、明远车、指南车、记里鼓车、崇德车、皮轩车、进贤车、黄钺车、白鹭车、鸾旗车、豹尾车、轺车、羊车各一，革车五，属车十二。除见有车辂外、阙象、木、革辂、耕根、明远、皮轩、进贤、白鹭、羊车、大辇各一、革车三、属车四”[①]。《金史·舆服志》中对皇帝、皇后、妃嫔、皇太子的出行车的数量、材料、颜色、装饰等均有明确的规定，其规定之详细、气派自不待言，不逊色于汉族帝王家族的车舆制度。还规定了王公以下车制。特别规定了亲王鞍要“涂金银裹，仍鈒以开花。障泥用紫罗，饰以锦。辔以涂金银装，束用丝结”。“皇家小功以上、太皇太后皇太后大功以上、皇后期亲以上、并一品官、及官职俱至三品以上者，障泥许用金花。若经赐或御球场内，不在禁限。”“旧制，亲王、宰执任外者，与大兴尹，皆服小帽、束带、银鞍、丝鞭。大定中，世宗以京尹亦外官三品，而与亲王无别，遂命不得御银鞍、丝鞭，唯同外三品例，幞头、带、展皂视事。”[②]

娱乐　金朝宗室的娱乐活动也丰富多彩。史书记载，他们经常观看歌舞表演。天会五年（1127 年），宗翰、宗望设宴请宋钦宗在刘家寺观灯：“艺人悉呈百戏，露台弟子祗应，倡优杂剧罗列于庭，宴设甚盛。”[③]金朝建国后，掠得辽乐工为宗室演奏，天辅四年（1120 年）“已将上京掠到大辽乐工列于屋外奏曲，薦觞彼左右亲近、郎君辈玩狎悦乐”[④]。还掠夺了不少宋朝的弹筝、吹笙、琵琶等艺人为皇室表演。大定十年（1170 年），南宋范成大作为祈请国信使出使金朝的时候，看见了原北宋京师旧乐工进行宫廷乐舞表演。

金朝宗室成员经常举行打猎、射柳、击球等娱乐活动，女真人骁勇善战，将射猎看做是一项娱乐，阿骨打曾说：“我国中最乐无如打围。”[⑤]建国以后宗室们也经常举行射猎活动。击球、射柳也是宗室们喜爱的活动，宗室们在出征归途中也不忘打球，“自二太子以下皆入球场”[⑥]“斡离不打球冒暑，以水沃胸背，病伤寒而死”[⑦]，由此可见宗室们对打球喜爱之深。

① 《金史》卷 43《舆服志上》，第 970 页。
② 《金史》卷 43《舆服志上》，第 975 页。
③ 《三朝北盟会编》卷 74 靖康中帙四十九，第 562 页。
④ 《三朝北盟会编》卷 4 政宣上帙四，第 31 页。
⑤ 《三朝北盟会编》卷 4 政宣上帙四，引《毛斋自序》，第 31 页。
⑥ 《三朝北盟会编》卷 98 靖康中帙七十三，引《北狩闻见录》，第 723 页。
⑦ 《三朝北盟会编》卷 108 炎兴下帙八，引《金虏节要》，第 795 页。

宗雄次子按答海，太宗时“御毬场分朋击毬，连胜三算，宗工旧老咸异之”[①]，太宗赏之独厚。《金史》卷 77《亨传》记载宗弼子“亨击鞠为天下第一，常独当数人”。大定三年（1163 年），“以重五，幸广乐园射柳，命皇太子、亲王、百官皆射，胜者赐物有差。上复御常武殿，赐宴击毬。自是岁以为常”[②]。大定十七年（1177 年），“幸姚村淀，阅七品以下官及宗室子、诸局承应人射柳，赏有差”[③]。大定二十四年（1184 年），“宴宗室于皇武殿，击毬为乐”[④]。明昌元年（1190 年）五月，“拜天于西苑。射柳、击毬，纵百姓观”[⑤]。

宗室们还非常喜爱棋类游戏，熙宗“稍解赋诗翰，雅歌儒服，烹茶焚香，弈棋战象”[⑥]。海陵“好读书，学弈象戏，点茶，延接儒生”[⑦]。大定三年（1163 年），世宗曾说：“女直旧风，凡酒食会聚，以骑射为乐。今则弈棋双陆，宜悉禁止，令习骑射。”[⑧]完颜璹的《内族子锐归来堂》中的诗句：“清樽雅趣闲棋味，盏盏冲和局局新。”[⑨]从世宗的禁令和璹的诗句可以看出宗室们对下棋的喜爱。在黑龙江省金代遗址中，出土和发现了铜象棋子和玉石磨成的围棋子。二十世纪七十年代，我国考古工作者发掘大葆台汉墓时，发现一处金代遗址，后考证是章宗避暑台遗址，遗址呈长方形，南北长约百米，东西宽约 70 米。遗址中出土大量建筑构件，有筒瓦、板瓦、鸱吻等；有瓷器、铁器及宋金铜钱等；还出土了一件十分珍贵的象棋盘，是目前我国现有的年代最早的象棋盘[⑩]，可见宗室娱乐生活的丰富多彩。

应该注意的是，在民族融合过程中影响是相互的，其他民族也受到了女真习俗的影响。如烧炕原来是女真族特有的习俗，在各族杂居的情况下，其他北方民族也学会了烧炕。尽管女真人多有学汉人语言者，但是也有不少汉人学女真语。陆游有诗云：“大梁二月杏花开，锦衣公子乘传来。桐阴满地扫不得，金辔玲珑上源驿。上源驿中捶画鼓，南人作客北人主。

---

① 《金史》卷 73《按答海传》，第 1683 页。
② 《金史》卷 6《世宗本纪上》，第 131 页。
③ 《金史》卷 7《世宗本纪中》，第 167 页。
④ 《金史》卷 73《阿离合懑传》，第 1676 页。
⑤ 《金史》卷 9《章宗本纪一》，第 214 页。
⑥ 《三朝北盟会编》卷 166 炎兴下帙六十六，引《金虏节要》，第 1197 页。
⑦ 《大金国志校证》卷 13《海陵炀王上》，第 185 页。
⑧ 《金史》卷 80《阿离补传》，第 1812 页。
⑨ （金）元好问：《中州集》卷 5《密国公璹四十一首》，北京：中华书局，1959 年，第 276 页。
⑩ 李锡厚、白滨、周峰：《辽西夏金史研究》，福州：福建人民出版社，2005 年，第 245 页。

舞女不记宣和妆，庐儿尽能女真语……”[①]由于各族杂居，大梁（即开封）的舞女已经不记得北宋时“宣和妆”的样子，“庐儿”（即奴仆）也学会了讲女真语。

金朝作为由北方少数民族女真族建立的政权，能够统治中国北方地区长达百余年，与其认同和接受中原文化是分不开的。女真族原来靠渔猎为生，进入中原地区、接触农业经济后，生活方式上自然要放弃原来的习俗而逐步适应农耕文明。早在立国之前，女真族统治者就仰慕中原文明，入主中原后统治者更是大力倡导儒学和封建伦理。这一方面促使女真人提高了本民族的文明程度，另一方面也为中原文化的发展注入了新鲜血液。金代宗室在礼仪行为方式上对中原的文化认同正是当时民族融合时代背景的一个缩影。

本章对金朝宗室的社会生活状况进行了探讨。宗室成员在金朝的经济生活中享有种种特权，不仅有宗室特俸等固定的生活来源，还通过宗室这样的特殊身份攫取财物。宗室作为金朝一个特殊的阶层，参与创造社会财富，为金朝经济的发展做出了一定的贡献。但宗室成员在创造社会财富、享受经济特权的同时也为金朝社会造成了消极的影响。在行为礼仪和日常生活方面，宗室们入主中原后一改传统的“无尊卑之别，乐则同享，财则同用”的生活状态，通过对汉文化接触与学习的加深，形成了尊卑等级，在饮食、衣着、居住等诸多方面也渐染汉族皇室的奢靡之风。但是宗室的生活并不全是“锦衣玉食”“钟鸣鼎食”，由于各种原因不少远支宗室的生活也比较窘迫。

---

① （宋）陆游：《剑南诗钞·得韩无咎书寄使北时宴东都驿中所作小阕》，《宋诗钞》卷64，北京：中华书局，1986年。

第四章　金代对宗室的管理与防范

第一节　宗室的管理机构

在中国古代，宗室家族是依附于皇权的特殊家族，对政治的影响特别大，因而对宗室管理的得当与否关系到国家政权的长治久安与王朝的兴衰成败。金朝仿照汉制设置大宗正府专门管理宗室属亲事务。此外，宗室的兼理机构、政府的一些相关行政部门也参与管理宗室事务，这些管理机构所负责管理的内容各不相同。这些行政部门与大宗正府一起，各司其职，以达到对金代宗室的有效管理。

一、宗室的专门管理机构大宗正府

金朝设置大宗正府掌管宗室属亲事务，主要负责修撰玉牒、抚治宗室和祭祀宗庙等。目前学界还没有文章研究金朝宗室的专门管理机构大宗正府，本节拟考论金代大宗正府的机构设置、人选、职掌等相关问题。

宗正为古官，秦朝始置，为九卿之一，掌管宗室事务，后代有沿革。到了北魏正始年间，有了宗正寺机构，但是所谈并不详细。北齐时有了设置宗正寺的明确记载，其长官为宗正寺卿，负责宗室诸事务。隋朝设置大宗正寺，“掌宗室属籍，统皇子王国、诸王国、诸长公主家”[①]。唐代沿袭之，宗正寺“掌皇九族、六亲之属籍，以别昭穆之序，纪亲疏之列”[②]，设宗正卿一人，从三品上，“皆以皇族为之”[③]。宋代沿唐制，亦设宗正寺，但是宋代宗正寺大小官员几乎全用宗室以外官员，并不仅仅限于宗正卿

---

① （唐）魏征：《隋书》卷27《百官志中》，北京：中华书局，1973年。

② （唐）李林甫等撰，陈仲夫点校：《唐六典》卷16《宗正寺》，北京：中华书局，1992年。

③ （宋）叶梦得撰，宇文绍奕考异，侯忠义点校：《石林燕语》卷6，北京：中华书局，1984年，第92页。

“止命同姓”[①]而已。金、元时称大宗正府。明、清时称宗人府。

（一）大宗正府的机构设置

金太祖、太宗时期没有设立专门管理宗室事务的机构，而是由勃极烈官员兼管，而勃极烈一职全部由位高权重的宗室成员担任。随着宗室事务的增多、家族的扩大及汉化程度越来越高，金也仿照汉制，建立起专门管理宗室事务的大宗正府。据《金史·百官志》记载，金朝大宗正府的长官为判大宗正事，品秩为从一品，其下有同判大宗正事、同签大宗正事、大宗正丞、宗室将军等官员，主要是协助判大宗正事处理宗室事务。同判大宗正事一员，从二品；同签大宗正事一员，正三品；大宗正丞二员，从四品；知事一员，从七品；检法，从八品；诸宗室将军，正七品。泰和六年（1206年），为避睿宗讳，大宗正府改为大睦亲府，判大宗正事改为判大睦亲事，同判大宗正事改为同判大睦亲事，同签大宗正事改为同签大睦亲事，大宗正丞改为大睦亲丞，只是称呼发生了改变，其职掌等并没有改变。

关于大宗正府及其官员的设置时间，《金史》没有明确记载，只是说“同签大宗正事一员，正三品，宗室充，大定元年（1161年）置”[②]。但宋人的记载却十分明确，《中兴小记》记载，绍兴五年（1135年），“金主亶升所居曰会宁府，建为上京。仍改官制。初，奉使宇文虚中留其国，至是受金官，为之参定其制。以太师、太傅、太保为三师，……大宗正府置判、同判、同签书事”[③]。《建炎以来系年要录》记载，绍兴五年，“亶既立，……至是置三省六部略仿中国之制，以太师、太傅、太保为三师，……大宗正府置判、同判、同签书事”[④]。《大金国志》记载，天会十三年，“大宗正府置判、同签书事”[⑤]。从以上三条记载可见（同签大宗正事与同签书事应是名称记载不同无疑），大宗正府的设置时间在熙宗即位当年，即天会十三年（宋绍兴五年，1135年），设立大宗正府的同时也设置了判、同判、同签大宗正事。

---

① 何兆泉：《宋代宗室研究》，浙江大学博士学位论文，2004年，第15页。

② 《金史》卷55《百官志一》，第1241页。

③ （宋）熊克：《中兴小记》卷18，起绍兴五年正月尽六月条，福州：福建人民出版社，1985年，第226页。

④ 《建炎以来系年要录》卷84，绍兴五年春正月癸酉条，第180页。

⑤ 《大金国志》的作者有人说是宋人，有人说是金人，还有人说是元人等，文中主要是依金人的口吻说话。

再根据《金史》对金朝判大宗正事、同判大宗正事及同签大宗正事官员的任职时间的统计，可以看出最早担任大宗正丞及同判大宗正事的是按答海，按答海"天眷二年（1139年），袭父猛安。除大宗正丞，……进封谭王，迁同判大宗正事，别授世袭猛安"①。最早任判大宗正事的宗固，是在皇统二年②（1142年）。根据《金史》中关于最早任判大宗正事、同判大宗正事的记载看，时间都在天会十三年以后，没有早于这个时间的，所以认为大宗正府在天会十三年置判、同判大宗正事是没有问题的。根据《金史》统计，同签大宗正事的任职时间都在大定元年以后。而且范成大《揽辔录》中保存的金世宗的置官诏书也说"大宗正府有判大宗正事及同判、同签，又有丞及宗室将军"③。以《金史》所记，同签大宗正事一职在大定元年始置是正确的，宋人书中的记载疑有误。综上所述，金朝大宗正府设置于公元1135年，当时只设判、同判大宗正事，直至大定元年才设同签大宗正事一职。

（二）大宗正府官员的选任

因为金代史籍中没有对大宗正府官员选任情况的详细记录，所以我们只能从史籍的零星记载中窥探宗正官的人员选任情况。笔者根据《金史》等书统计出有金一代在大宗正府担任过宗正官的人员情况（表4-1）。

表4-1　金代在大宗正府担任过宗正官的人员情况表

人名	职务	品级	身份	兼职及爵位	任职时间	资料来源
完颜宗本	判大宗正事	从一品	宗室	尚书右丞相	皇统九年	卷4《熙宗本纪》第85页
完颜京	判大宗正事	从一品	宗室	礼部尚书、兵部尚书、曹王	天德二年 / 贞元三年 / 大定元年	卷74《宗望传》第1708页
萧玉	判大宗正事	从一品	奚人	司徒、御史大夫	正隆三年 / 正隆五年	卷76《萧玉传》第1734页
完颜昂	判大宗正事	从一品	宗室	太保、楚国公，累进封莒、卫、齐，枢密使	天德时 / 正隆六年	卷84《昂传》第1887页
乌延蒲卢浑	判大宗正事	从一品	乌延氏	太子太保、真定尹	海陵迁中都后 / 正隆六年	卷80《乌延蒲卢浑传》第1804页

① 《金史》卷73《按答海传》，第1683页。
② 《金史》卷76《太宗诸子传》，第1731页。
③ 《三朝北盟会编》卷245炎兴下帙一百四十五，引范成大《揽辔录》，第1759页。

续表

人名	职务	品级	身份	兼职及爵位	任职时间	资料来源
完颜雍	判大宗正事	从一品	宗室	中京留守、燕京留守、济南尹	天德时	卷6《世宗本纪上》第121页
完颜宗美	判大宗正府事	从一品	宗室	丰王	海陵时（天德二年	卷5《海陵本纪》第94页
完颜永中	判大宗正事	从一品	宗室	枢密使、赵王	大定二十一年	卷85《世宗诸子传》第1896页
完颜爽	判大宗正事	从一品	宗室	太子太保	大定时	卷69《太祖诸子传》第1605页
完颜宗敏	判大宗正事	从一品	宗室	都元帅、太保、领三省事、左副元帅、领行台尚书省事、曹国王	皇统三年	卷69《太祖诸子传》第1608页
完颜文	同判大宗正事	从二品	宗室	郧国公、翰林学士承旨、昌武军节度使	正隆时	卷74《宗望传》第1710页
	判大宗正事	从一品		英王	大定三年	卷74《宗望传》第1710页
完颜衮	判大宗正事	从一品	宗室	特进、封王、吏部尚书	天德初年	卷76《衮传》第1746页
完颜永功	判大宗正事	从一品	宗室	判平阳府事	大定二十五年	卷85《世宗诸子传》第1901页
徒单永年	同判大宗正事	从二品	世戚	太子少保、右监军	正隆六年	卷5《海陵本纪》第115页
完颜宗固[1]	同判人宗正事	从二品	宗室	太保、右丞相、中书令	熙宗皇统六年	卷4《熙宗本纪》第82页
	判大宗正事	从一品			皇统二年（皇统三年卒）	卷76《宗固传》第1730页
完颜亮	同判大宗正事	从二品	宗室	特进、尚书右丞	皇统七年	卷5《海陵本纪》第92页
徒单贞	同判大宗正事	从一品	世戚	沈王、枢密副使	正隆二年	卷132《徒单贞传》第2826页
完颜充	同判大宗正事	从二品	宗室	尚书左丞相	皇统时	卷76《宗干传》第1743页
完颜宗安	同判大宗正事	从二品	宗室	御史大夫	天德二年	卷5《海陵本纪》第95页
阿虎里	同判大宗正事	从二品	宗室	不详	海陵时	卷63《后妃传上》第1515页

① 《金史·熙宗本纪》记载，皇统六年四月“以同判大宗正事宗固为太保、右丞相兼中书令”。《金史·宗固传》记载，皇统二年“宗固为判大宗正，三年，为太保、右丞相兼中书令。是岁，薨”。二者相互矛盾，必有一处有误，姑且按照两个人处理。

续表

人名	职务	品级	身份	兼职及爵位	任职时间	资料来源
完颜谋衍	同判大宗正事	从二品	异姓完颜	不详	大定二年	卷72《娄室传》第1655页
完颜晏	同判大宗正事	从二品	宗室	不详	天德初	卷73《阿离合懑传》第1673页
完颜方	同判大宗正事	从二品	宗室	不详	光英生时	卷82《海陵诸子传》第1853页
宗室方	同签大宗正事	正三品	宗室	横海军节度使、签书枢密院事	大定二十三年	卷61《交聘表中》第1443页
完颜辟合土	同签大宗正事	正三品	宗室	不详	大定八年	卷6《世宗本纪上》第143页
完颜宗永	同签大宗正事	正三品	宗室	震武军节度使	大定时	卷65《始祖以下诸子传》第1547页
完颜宗贤[①]	同签大宗正事	正三品	宗室	崇义军节度使、临海军节度使	大定初年	卷66《宗室传》第1566页
胡拔鲁	大宗正丞	从四品	疑为宗室	不详	贞元三年	卷5《海陵本纪》第104页
完颜璋	大宗正丞	从四品	宗室	不详	大定五年	卷6《世宗本纪上》第137页
完颜纠	大宗正丞	从四品	宗室	不详	大定十年	卷6《世宗本纪上》第147页
完颜育（合住）	大宗正丞	从四品	宗室	劝农副使	大定二十七年	卷69《太祖诸子传》第1611页
宗安	大宗正丞	从四品	疑为宗室	不详	大定十九年	卷63《后妃传上》第1502页
完颜隈可	大宗正丞	从四品	宗室	不详	天德二年	卷66《始祖以下诸子传》第1561页
完颜宗叙	大宗正丞	从四品	宗室	不详	正隆初	卷71《阇母传》第1643页
完颜斜哥	大宗正丞	从四品	宗室	不详	大定二年	卷74《宗翰传》第1699页
完颜竟	大宗正丞	从四品	宗室	不详	大定六年	卷87《仆散忠义传》第1941页
完颜永元	宗正丞	从四品	宗室	符宝郎、滦州刺史	世宗时	卷76《宗干传》第1744页

① 《金史》卷66《宗室传》，第1566页记载，宗贤在海陵时就“改崇义军节度使，兼领北京宗室事”。这时到底任何职，史书没有记载。

续表

<table>
<tr><th>人名</th><th>职务</th><th>品级</th><th>身份</th><th>兼职及爵位</th><th>任职时间</th><th>资料来源</th></tr>
<tr><td rowspan="3">完颜按答海</td><td>大宗正丞</td><td>从四品</td><td rowspan="3">宗室</td><td></td><td>天眷二年前</td><td rowspan="3">卷 73《宗雄传》第 1683 页</td></tr>
<tr><td>同判大宗正事</td><td>从二品</td><td>金源郡王、谭王</td><td>天眷二年</td></tr>
<tr><td>判大宗正事</td><td>从一品</td><td>太子太保、兰陵郡王</td><td>世宗即位后</td></tr>
<tr><td>完颜永成</td><td>判大睦亲府事</td><td>从一品</td><td>宗室</td><td>豳王、判秘书监</td><td>大定十七年</td><td>卷 85《世宗诸子传》第 1904 页</td></tr>
<tr><td>完颜守纯</td><td>判睦亲府</td><td>从二品</td><td>宗室</td><td>荆王、平章政事</td><td>正大元年罢</td><td>卷 17《哀宗本纪上》第 374 页</td></tr>
<tr><td>完颜永升</td><td>判大睦亲府事</td><td>从一品</td><td>宗室</td><td>不详</td><td>泰和八年</td><td>卷 93《显宗诸子传》第 2057 页</td></tr>
<tr><td rowspan="2">完颜永德</td><td>同判大睦亲府事</td><td>从二品</td><td>宗室</td><td rowspan="2">潞王</td><td>宣宗即位</td><td>卷 85《世宗诸子传》第 1904 页</td></tr>
<tr><td>判大睦亲府事</td><td>从一品</td><td>宗室</td><td>兴定五年</td><td>卷 85《世宗诸子传》第 1904 页</td></tr>
<tr><td>完颜襄</td><td>同判大睦亲府事</td><td>从二品</td><td>宗室</td><td>枢密使</td><td>明昌四年</td><td>卷 10《章宗本纪二》第 229 页</td></tr>
<tr><td>完颜宗浩</td><td>同判大睦亲府事</td><td>从二品</td><td>宗室</td><td>枢密使、崇国公</td><td>章宗即位后</td><td>卷 93《宗浩传》第 2073 页</td></tr>
<tr><td>徒单怀忠</td><td>同判大睦亲府事</td><td>从二品</td><td>世戚</td><td>不详</td><td>泰和七年</td><td>卷 12《章宗本纪四》第 279 页</td></tr>
<tr><td>完颜承裕</td><td>同判大睦亲府事</td><td>从二品</td><td>宗室</td><td>辽东宣抚使、临海军节度使</td><td>至宁元年</td><td>卷 93《承裕传》第 2066 页</td></tr>
<tr><td>完颜撒合辇</td><td>同判大睦亲府事</td><td>从二品</td><td>宗室</td><td>同签枢密院事</td><td>正大时</td><td>卷 111《撒合辇传》第 2448 页</td></tr>
<tr><td>完颜合周</td><td>同判大睦亲府事</td><td>从二品</td><td>宗室</td><td>都点检</td><td>天兴元年</td><td>卷 115《完颜奴申传》第 2524 页</td></tr>
<tr><td rowspan="2">完颜宗宁①</td><td>同签大睦亲府事</td><td>正三品</td><td rowspan="2">宗室</td><td>知大名府事、镇利涉军</td><td>大定二年 / 大定二十四年</td><td>卷 73《阿离合懑传》第 1677 页</td></tr>
<tr><td>同判大睦亲府事</td><td>从二品</td><td>平章政事</td><td>大定末年</td><td>卷 73《阿离合懑传》第 1677 页</td></tr>
</table>

① 《金史·阿离合懑传》记载，大定二年，宗宁“出知大名府事，徙镇利涉军，俄同签大睦亲府事”，“宗宁多病，世宗欲以凉地处之，……无几，入授同判大睦亲府事，拜平章政事。明昌二年（1191 年），薨”。《金史·百官志》记载，章宗泰和六年（1206 年），同签大宗正事才改为同签大睦亲事。《金史》记载疑有误。

续表

人名	职务	品级	身份	兼职及爵位	任职时间	资料来源
徒单公弼	同判大睦亲府事	从二品	世戚	定国军节度使事、太孙太师	宣宗时	卷 120《世戚传》第 2628 页
完颜兖	同签大睦亲府事	正三品	宗室	不详	明昌二年	卷 9《章宗本纪一》第 219 页
阿虎带	同签大睦亲府事	正三品	宗室	蔡州都军	哀宗时	卷 18《哀宗本纪下》第 400 页
完颜弈	同签大睦亲府事	正三品	宗室	左副都点检	承安二年	卷 66《宗室传》第 1569 页
完颜蒲带	同签大睦亲府事	正三品	宗室	不详	大定末	卷 73《宗雄传》第 1681 页
完颜章	同签大睦亲府事	正三品	疑为宗室	不详	明昌时	卷 85《世宗诸子传》第 1897 页
乌古孙仲端	同签大睦亲府事	正三品	乌古孙氏	翰林学士承旨	哀宗将迁归德	卷 124《忠义传》第 2702 页
完颜衷	大睦亲府丞	从四品	宗室	宁海、蠡州刺史	大定时	卷 66《宗室传》第 1563 页

注:《金史》中多阙录宗正官的具体任职年份及罢任的年份，表中所列时间，多是根据《金史》统计在此年中此人任此职

从上面的统计可以看出，担任过判大宗正事及判大睦亲事一职的共有 19 人，他们是：完颜宗本、完颜京、萧玉、完颜昂、乌延蒲卢浑、完颜雍、完颜宗美、完颜永中、完颜爽、完颜宗敏、完颜文、完颜衮、完颜永功、完颜按答海、完颜宗固、完颜永成、完颜守纯、完颜永升、完颜永德。其中 17 人为宗室成员；2 人为异姓，其中一人是奚人萧玉，一人是乌延蒲卢浑。《金史·百官志》明确记载大宗正府中“判大宗正事一员，从一品，以皇族中属亲者充”[①]，判大宗正事只设一人，而且品秩较高，“掌敦睦纠率宗属钦奉王命”[②]，是管理宗室事务的一个非常重要的职位。那为什么在金代有 2 个非宗室成员曾担任过这一职位呢?《金史》中记载萧玉担任判大宗正一职的时间是在正隆三年（1158 年），“拜司徒，判大宗正事”；乌延蒲卢浑入判大宗正事的时间是在海陵迁中都后。此二人担任此重要职位的时间都是在海陵时期，“海陵篡立，深忌

① 《金史》卷 55《百官志一》，第 1240 页。
② 《金史》卷 55《百官志一》，第 1240 页。

宗室”[①]“待宗室少恩”[②]“欲尽除宗室勋旧大臣”[③]。为了加强皇权，巩固统治地位，海陵王即位后即以各种莫须有的罪名大肆屠杀对其统治构成威胁的宗室成员，《金史》中关于“太宗后遂绝”[④]“宗翰之后遂绝”[⑤]的记载似乎有些绝对，实际上并未杀绝，但却反映了当时海陵忌杀宗室力度之大。与此同时，海陵为了填补铲除宗室贵族后中央机关高官人数的空缺，大批起用异姓、异族官员等加入统治层，任用外族明显超过女真人，在有金一代空前绝后。那么，海陵时期任用异姓担任判大宗正事这一要职也就不难理解了。

大宗正府中同判大宗正事一员，从二品，担任过同判大宗正事及同判大睦亲事一职的共有 21 人，分别是完颜文、徒单永年、完颜宗固、完颜亮、徒单贞、完颜充、完颜宗安、阿虎里、完颜谋衍、完颜晏、完颜方、完颜按答海、完颜永德、完颜襄、完颜宗浩、徒单怀忠、完颜承裕、完颜撒合辇、完颜合周、完颜宗宁、徒单公弼。其中宗室 16 人；异姓 5 人，分别是徒单永年、徒单贞、徒单怀忠、徒单公弼和完颜谋衍。徒单氏 4 人为金朝宗室的世戚。“金之徒单、拏懒、唐括、蒲察、裴满、纥石烈、蒲散皆贵族也，天子娶后必于是，公主下嫁必于是。”[⑥]且从笔者根据《金史》的统计结果来看，在上述的七大姓之中，徒单氏与完颜氏的联姻最多。《金史》人物传中，徒单氏有传记者为 13 人，其中大部分与完颜氏宗室有姻亲关系。完颜谋衍是金朝开国功臣完颜娄室的儿子，此人与其父亲一样“勇力过人”，大定二年（1162 年），在讨伐窝斡的战争中犯错，世宗召回谋衍至京师委以同判大宗正事，世宗责之曰：“朕以汝为将，汝不追贼，当正汝罪。以汝父娄室有大功，特免汝死。汝虽非宗室，而授此职，汝其勉之。”[⑦]从世宗的话可以看出，任同判大宗正事一职，在原则上必须是由宗室担任，由于谋衍是金朝大功臣之后的缘故，因而破例考虑由他担任此职。可见，同判大宗正事一职的选任是以宗室为主，同时参用世戚勋旧。

大宗正府同签大宗正事一员，正三品。担任过同签大宗正事及同签大睦亲事一职的共有 11 人，分别是宗室方、完颜辟合土、完颜宗永、完

① 《金史》卷 64《后妃传下》，第 1520 页。
② 《金史》卷 45《刑志》，第 1014 页。
③ 《金史》卷 76《杲传》，第 1739 页。
④ 《金史》卷 76《太宗诸子传》，第 1733 页。
⑤ 《金史》卷 132《逆臣传》，第 2819 页。
⑥ 《金史》卷 120《世戚传》，第 2629 页。
⑦ 《金史》卷 72《谋衍传》，第 1655 页。

颜宗贤、完颜宗宁、完颜兖、阿虎带、完颜弈、完颜蒲带、完颜𪻐、乌古孙仲端。其中有宗室 10 人；异姓 1 人，为乌古孙仲端。《金史·百官志》记载，同签大宗正事一职要以宗室充，但是乌古孙氏何以任此职呢？天兴初年（1232～1234 年），“哀宗将迁归德，召（乌古孙仲端）为翰林学士承旨，兼同签大睦亲府事，留守汴京”[①]，此时国家将颠覆，加之宣宗朝“防忌同宗”[②]，“哀宗尚且疏忌骨肉”“正大间，国势日蹙，本支殆尽”[③]，宗室在国家动荡中人数所剩不多，相关宗室事务亦不多。这个时期宗正官的选任要求也就不像以前那么严格了，异姓偶尔也充任宗正官。

综上所述，我们可以归纳出金朝选任宗正官的标准如下：

第一，以皇族中属亲者充。这一点与历代宗正官选任的标准相同。大宗正府中判大宗正事的选任，原则上都是在宗室中选任，海陵朝“疏忌宗室”的情况要特殊分析；同判大宗正事的选任基本是在宗室和世戚中选；同签大宗正事一职如《金史》所述“以宗室充”，乌古孙仲端等人的情况依然要特殊情况特殊分析。大宗正府中属官的人选相对灵活：大宗正丞的选任，一员于宗室中选能干者充，一员不限亲疏；知事、检法及宗正府令史的选任以宗室为主，兼选任异姓成员。

第二，以爵位显赫、出身尊贵的宗室诸王来担任。特别是判大宗正事的人选要以皇族近属来充当。因为皇族是社会中一个非常特殊的群体，具有种种特殊的权力，宗正官职责中非常重要的一条是抚治宗室，对宗室人员具有监督监察、训导教育的职责。如果不是位爵显赫的人就难以起到安抚、治理的作用。如判大宗正事完颜宗本、完颜宗美、完颜永中、完颜宗敏、完颜宗固、完颜永成、完颜永德等人均为太祖、太宗、世宗等皇帝的儿子，而且都被封授了很高的爵位。宗美任职时为丰王，永中为赵王，永成为豳王，永德为潞王。宗本任职时为尚书右丞相；宗敏封曹国王，任职为都元帅、太保、领三省事、左副元帅、领行台尚书省事；宗固任职时为太保、右丞相、中书令。可见皇子对判大宗正事一职是长期把持的。

第三，宗正官的人选要以“能干者充”[④]。同时也注重宗正官人选的才能，“时宗正官属，例以材选”[⑤]。黄龙府路万户令史孛术鲁阿鲁罕，“贞元二年（1154 年），试外路胥吏三百人补随朝，阿鲁罕在第一，补宗正府

① 《金史》卷 124《乌古孙仲端传》，第 2702 页。

② 《归潜志》卷 1，第 4 页。

③ 《金史》卷 93《宣宗三子传》，第 2063 页。

④ 《金史》卷 55《百官志一》，第 1241 页。

⑤ 《金史》卷 70《习不失传》，第 1619 页。

令史"[①]。大定二十一年（1181 年），显宗曾对判大宗正事永中说："宗正之职，自亲及疏，自近及远，此亲贤之任也。"[②]

第四，宗正官员有以他官兼领或者是兼任他官者。大定二十五年（1185 年），"以会宁府官一人兼大宗正丞，以治宗室之政"[③]。以会宁府官兼大宗正丞，主要是处理会宁府宗室事务，也就是地方官兼宗正官主要处理的是在地方居住的宗室的事务。哀宗将迁归德，召乌古孙仲端"为翰林学士承旨，兼同签大睦亲府事，留守汴京"[④]。正大元年（1224 年），以撒合辇同判大睦亲府事，兼前职。

（三）大宗正府官员的职掌

大宗正府建立后，成为专门管理宗室的部门。它不隶属于任何中央行政部门，而是直属皇帝，其职责就是管理宗室事务，目标明确。《金史·百官志》记载"判宗正之职固重""掌敦睦纠率宗属钦奉王命"。大定二十五年（1185 年），"以会宁府官一人兼大宗正丞，以治宗室之政"[⑤]。关于金朝大宗正府官员的具体职掌，由于史书没有明确的记载，只能根据历朝宗正官的职掌及《金史》等史料中的零星记载加以考察。

1. 序定昭穆，修撰玉牒

大宗正府负责管理宗室各种属籍档案，包括汇总整理属籍材料，登记宗室的生死人数，按辈分、支系编纂宗室玉牒。这一职掌是历代宗正官最基本的职责。

玉牒就是宗室家谱、皇家谱牒，记载每一个宗室的出生、婚姻与死亡。宗室成员的利益分配一般依据谱牒。世宗曾在永成生日时亲自作诗赞扬他："美誉自应辉玉牒，忠诚不待启金縢。"[⑥]金朝统治者也比较重视玉牒的编撰，金初，"（阿离合懑）与斜葛同修本朝谱牒"[⑦]。大定十六年（1176 年）正月，世宗"诏宗属未附玉牒者并与编次"[⑧]。承安五年（1200

---

① 《金史》卷 91《孛术鲁阿鲁罕传》，第 2024 页。
② 《金史》卷 85《世宗诸子传》，第 1898 页。
③ 《金史》卷 6《世宗本纪上》，第 188 页。
④ 《金史》卷 124《忠义传四》，第 2702 页。
⑤ 《金史》卷 6《世宗本纪上》，第 188 页。
⑥ 《金史》卷 85《世宗诸子传》，第 1907 页。
⑦ 《金史》卷 73《阿离合懑传》，第 1672 页。
⑧ 《金史》卷 7《世宗本纪中》，第 163 页。

年）三月，“大睦亲府进重修《玉牒》”[①]，九月，“修《玉牒》成”[②]。《元史新编·艺文志》著录的《金重修玉牒》就是章宗承安五年由大睦亲府修成上进的。元光二年（1223年）六月，上诏谕宰臣曰：“枢密副使（完颜）赛不本皇族，先世偶然脱遗。朕重其旧人，且久劳王家，已命睦亲府附于属籍矣。卿等宜知之。”[③]在宣宗贞祐二年（1214年）蒙古军队攻占中都（今北京）时，金代皇族谱牒损失比较严重。故《金史·宗室表》称：“贞祐以后，谱牒散失，大概仅存，不可殚悉。”

2. 监督监察，训导教育

抚治宗室，负责监督和监察宗室成员，对其过失进行批评教育，对于宗室犯罪者，有劾奏之责。大定二十四年（1184年），世宗巡幸上京（今黑龙江阿城），“闻同签大宗正事宗宁不能抚治上京宗室，宗室子往往不事生业”[④]。可见宗宁作为同签大宗正事没有做到抚治宗室、使事生业的职责。明昌六年（1195年），镐王傅尉奏永中第四子阿离合懑因“防禁严密，语涉不道。诏同签大睦亲府事覃、御史中丞孙即康鞫问”[⑤]。可见同签大睦亲府事还有对犯罪宗室进行鞫问之责。

3. 宗庙祭祀，安葬改葬

负责管理宗庙的祭祀，皇帝诸陵的祭祀、迁移，以及宗室成员的安葬、改葬等。《大金集礼》卷38《沿祀杂录》记载：“皇统六年（1146年）三月，奏禀宗庙、诸陵修完守护等事，依《唐六典》隶大宗正府，庆元宫崇奉太祖皇帝神御，亦合与太庙一体，其祭祀礼数等事，合依旧隶太常寺管勾。”虽其祭祀礼仪事隶太常寺，但“如有修完守护等事申覆宗正府”[⑥]。大定七年（1167年）正月“命皇子判大兴尹许王告天地，判宗正英王文告太庙”[⑦]。大定十五年（1175年）四月十七日，夏享太庙，同时行礼，命判宗正英王爽摄太尉，充初献官。贞元三年（1155年）五月，“命判大

---

① 《金史》卷11《章宗本纪三》，第253页。
② 《金史》卷11《章宗本纪三》，第254页。
③ 《金史》卷113《完颜赛不传》，第2481页。
④ 《金史》卷73《阿离合懑传》，第1675页。
⑤ 《金史》卷85《世宗诸子传》，第1899页。
⑥ （金）张暐等编撰：《大金集礼》卷38《沿祀杂录》，清光绪二十一年（1895年）广雅书局刊本。
⑦ 《金史》卷31《礼志四》，第753页。

宗正事京等如上京，奉迁太祖、太宗梓宫”①。贞元三年六月“命右丞相仆散师恭、大宗正丞胡拔鲁如上京，奉迁山陵及迎永寿宫皇太后”②。大定十九年（1179 年），诏改葬太祖崇妃萧氏，“大宗正丞宗安监护葬事，遣使致祭”③。

4. 掌管宗室家族杂事，事务性质比较繁杂

泰和八年（1208 年），显宗子从宪薨，“上哭之恸，为辍朝临奠者再。谕旨判大睦亲府事宛王永升曰：‘瀛王家事，叔宜规画。闻其二姬方孕，若生子，即以付之。’”④可见宗正官还有监管亲王家事的权力。天兴元年（1232 年）十月，以“同判大睦亲府事兼都点检内族合周管宫掖事”⑤。

以上是宗正官的基本职掌，金朝宗正官的事务相对清闲，与其他官员相比，处理的事务并不多。大定二十一年（1181 年），世宗子永中改判大宗正事。永中不悦，显宗劝之曰：“宗正之职，自亲及疏，自近及远，此亲贤之任也。且皇子之贵，岂以官职闲剧为计邪？”永中乃喜⑥。但是清闲并不意味着不重要，从上述担任宗正官的人选看，特别是判大宗正事一职，几乎清一色由皇子担任，此职位的重要性于此可见一斑。

与宋朝相比，金朝的宗室管理机构较为简单：“宋代宗室管理机构主要是宗正司与宗正寺。宗正寺主要管理宗室的档案谱牒属籍，宗正司则主管宗室的从衣食住行到教育、婚姻、入仕为官、犯罪的预防和处罚等具体事务，以及政令的执行与实施。它们分工合作，共同管理宗室事务，就整个宋代而言，宗正司在管理宗室事务中发挥了主导作用。”⑦就宗室中的女性群体而言，上到宗室女婚姻，举例如和王栻女，高宗朝封乐平县主，出适杜安石，命大宗正司主婚；下至“宗室若妇女自外还京，并报宗正”⑧。

总之，金朝为了管理宗室，设置了管理宗室的机构大宗正府，设了专门的官员，其主要职责是编撰宗室谱牒、协调宗室内部事务、掌管宗庙祭祀。金代宗室专门管理机构大宗正府的管理制度是对以前历代王朝宗室管理制度的继承和发展，同时对元代的宗室管理产生了一定的影

---

① 《金史》卷 5《海陵本纪》，第 104 页。
② 《金史》卷 5《海陵本纪》，第 104 页。
③ 《金史》卷 63《崇妃萧氏传》，第 1502 页。
④ 《金史》卷 93《显宗诸子传》，第 2057 页。
⑤ 《金史》卷 115《完颜奴申传》，第 2524 页。
⑥ 《金史》卷 85《世宗诸子传》，第 1898 页。
⑦ 晁根池：《宋代宗室管理制度探析》，河南大学硕士学位论文，2005 年，第 5 页。
⑧ 《宋史》卷 164《职官志四》，第 3888 页。

响。元世祖至元二年（1265年），沿置了大宗正府，秩与金朝相同，其官员仍由诸王担任，但是职责范围有了较大变化，主要掌诸王驸马投下蒙古、色目人等刑名词讼，汉人奸盗诈伪等事。同时，元代诸王犯法，虽也有大宗正府正式过问的例子，如武宗至大二年（1309年）丙午诸王孛兰奚以私怨杀人，罪当处死，但大宗正也可扎鲁忽赤认为孛兰奚贵为国族，所以建议采取杖刑，流北鄙从军，得到皇帝应允①。由于宗室群体的特殊性，金代对于宗室的罪罚施行死刑实例鲜少，很多杖刑、流刑实例也是流于形式。比较而言，元代中书省和刑部过问诸王狱案更多②。从泰定帝元年（1324年），"以刑狱复隶宗正府，依世祖旧制，刑部勿与"③来看，一是刑部的确经常性地参与到刑事狱案当中，甚至一度有越职之嫌；二是参与的结果并没有达到解决问题的目的，这从成宗大德五年（1301）中书省大臣上书所言即可见，臣言："自今轻罪乞令有司决遣，重者从宗正府听断，庶不留狱，且民不冤。"④

二、宗室的兼理机构

以上论述了金朝宗室的专门管理机构——大宗正府的管理情况，但是金朝宗室成员并没有脱离政府的管理，政府的一些相关行政部门仍然参与管理宗室事务。这些行政部门与大宗正府一起，各司其职，从而达到对金代宗室的有效管理。以下主要就中央监察机构对宗室的管理情况加以论述⑤。

熙宗天眷元年（1138年）颁行"天眷官制"，正式建立起了金代的监察制度，宗室任官者也受到监察机构的监督、管理。金朝的监察机构主要是御史台、谏院，这两个机构的官员均可以侍从规谏，纠劾官邪⑥。御史台的最高官为"御史大夫，从二品，掌纠察朝仪、弹劾官邪、勘鞫官府公事。凡内外刑狱所属理断不当，有陈诉者付台治之"⑦。谏院开始属于

① 《元史》卷23《武宗二》，第519页。
② 刘晓：《元代大宗正府考述》，《内蒙古大学学报》1996年第2期。
③ 《元史》卷29《泰定帝一》，第649～650页。
④ 《元史》卷20《成宗纪三》，第436页。
⑤ 监察机构的主要职责是监察内外百官，金朝不少宗室在中央或地方机构中任职，对这些为官的宗室的监察管理，主要由御史台等机构实施，而非由大宗正府来管理。
⑥ 徐松巍先生认为，在金朝，御史台和谏院二者合一的态势日趋明朗，认为宋朝仅露台谏合一之端倪，真正首发台谏之门径的还是金朝的监察制度。徐松巍：《金代监察制度特点浅析》，《求是学刊》1988年历史学专刊，第31页。
⑦ 《金史》卷55《百官志一》，第1241页。

中书、门下二省，后改隶尚书省，“谏院，左谏议大夫、右谏议大夫，皆正四品”①。章宗曰：“国家设置谏官，非取虚名，盖责实效，庶几有所裨益。卿等皆朝廷选擢，置之谏职，如国家利害、官吏邪正，极言无隐。”②可见，谏官的职掌与御史台的职掌类似。

由于宗室的特殊身份和地位，监察官员畏惧宗室威严，在处理宗室案件的时候常常徇私，庇护宗室。为此，天德三年（1151 年）海陵曾对御史大夫赵资福说：“汝等多徇私情，未闻有所弹劾，朕甚不取。自今百官有不法者，必当举劾，无惮权贵。”③也就是告诫御史大夫，即便是权贵也要照样举劾，权贵当然也包括宗室。为了防止台官徇私，章宗大定二十九年（1189 年）十二月，御史台上奏台官不得与人相见：“故事，台官不得与人相见。盖为亲王、宰执、形势之家，恐有私徇。然无以访知民间利病、官吏善恶。”④

即便如此，还是有不少庇护宗室的事件发生。大定初年，监察御史董师中因失纠察宗室完颜文“以驽马易之（良马），买民物与价不尽其直，取民钱一万九千余贯”一事，除尚书省都事，降沁南军节度副使。世宗诏曰：“自今长官不法，僚佐不矫正，又不言上，并严行惩断。”⑤董师中还因为漏察大名总管忽剌不公事获罪，及忽剌以罪诛，世宗怒曰：“监察出使郡县，职在弹纠，忽剌亲贵，尤当用意，乃徇不以闻。”削官一阶⑥。大定十二年（1172 年）十一月，“曹国公主家奴犯事，宛平令刘彦弼杖之，主乃折辱令，既深责公主，又以台臣徇势偷安，畏忌不敢言，夺俸一月”⑦。梁襄“选为监察御史，坐失察宗室弈事（犯赃事），罚俸一月”。世宗责之曰：“监察，人君耳目，风声弹事可也。至朕亲发其事，何以监察为？”⑧大定年间，“宗州节度使阿思懑初之官，途中侵扰百姓，到官举动皆违法度。完颜守能为招讨使，贪冒狼籍。凡达官贵人，皆未尝举劾”⑨。世宗谓宰臣曰：“达官贵要多行非理，监察未尝举劾。……今监察职事修举者与迁擢，不称者，大则降罚，小则决责，仍不许去官。”⑩明昌六

---

① 《金史》卷 56《百官志二》，第 1278 页。
② 《金史》卷 10《章宗本纪二》，第 235 页。
③ 《金史》卷 5《海陵本纪》，第 96 页。
④ 《金史》卷 9《章宗本纪一》，第 212 页。
⑤ 《金史》卷 74《宗望传》，第 1711 页。
⑥ 《金史》卷 95《董师中传》，第 2113 页。
⑦ 《金史》卷 7《世宗本纪中》，第 157 页。
⑧ 《金史》卷 96《梁襄传》，第 2137 页。
⑨ 《金史》卷 73《守能传》，第 1691 页。
⑩ 《金史》卷 8《世宗本纪下》，第 180 页。

年（1195年）六月，“右谏议大夫贾守谦、右拾遗仆散讹可坐镐王永中事奏对不实，削官二阶，罢之”[①]。

在金朝，也有一些监察官员不惮权贵，敢于揭发宗室犯罪的情况。海陵朝御史大夫高桢就是一个不徇私的榜样，桢“素贵重，绳治无所避，权贵惮其威严”[②]。宗室斜哥先后三次受赃，后在云内受赃，御史台劾奏，世宗谓宰臣曰：“斜哥今三犯矣，盖其资质鄙恶如此。”令强干吏鞫之[③]。泰和年间，张特立调宣德州司候，“郡多皇族巨室，特立律之以法，阖境肃然”[④]。刘祁《归潜志》记载，监察御史程震，弹劾无所避，“时皇子英王（守纯）为宰相，家僮辈往往恃势侵民，公以法劾之。英王怒。未几，坐为故吏所讼，罢官”[⑤]。贞祐三年（1215年）六月，冯璧改大理丞，“与台官行关中，劾奏奸赃之尤者商州防御使宗室重福等十数人，自是权贵侧目”[⑥]。正大四年（1227年）十月，陈规“与右拾遗李大节上章，劾同判大睦亲事撒合辇谄佞、招权纳贿及不公事。由是撒合辇竟出为中京留守，朝廷快之”[⑦]。可见，金朝台谏官在对宗室进行监察时，如果包庇宗室可能会得到皇帝的惩罚，如果不包庇又会得到宗室的报复，宗室确实是一个较为难以治理的阶层。

除了御史台和谏院监察机构对宗室事务实施管理之外，还有太常寺，其主要掌管宗室的宗庙祭祀及相关礼仪等。大宗正府的长官判大宗正事为从一品，御史台的御史大夫是从二品，太常寺的太常寺卿是从三品，大宗正府长官的品阶高于御史台和太常寺。尚书省、都元帅府、枢密院等机构也兼管宗室事务。除此之外，一些地方官员也有管理驻地之内宗室的职责。大定年间，世宗对银术可之子彀英说的一句话就可证实这一点，彀英曾为上京留守，世宗诏曰：“上京王业所起，风俗日趋诡薄，宗室聚居，号为难治。卿元老大臣，众所听服，当正风俗，检制宗室，持以大体。”[⑧]地方官（主要是留守）与兼宗正官的地方官一起管理地方宗室事务。上述这些机构与大宗府相互配合，各司其职，各自从不同的方面行使对宗室的

---

① 《金史》卷10《章宗本纪二》，第236页。
② 《金史》卷90《马讽传》，第1998页。
③ 《金史》卷74《宗翰传》，第1700页。
④ 《金史》卷128《循吏传》，第2773页。
⑤ 《归潜志》卷5，第49页。元好问《御史程君墓表》也有记载，程震既劾荆王，“荆王积不平，密遣诸奴，诱奸民徐璋造飞语讼君于台”“竟用是罢官”。（金）元好问：《元好问全集（上册）》卷21《御史程君墓表》，太原：山西人民出版社，1990年，第550页。
⑥ 《金史》卷110《冯璧传》，第2431页。
⑦ 《金史》卷109《陈规传》，第2411页。
⑧ 《金史》卷72《彀英传》，第1663页。

管理职责。

皇室后妃、皇子、皇女等虽属宗室，但由于这些人深居皇宫后宫，所以其日常生活诸事务不归大宗正府管理，而是有专门的宫廷机关负责，由宦官、宫女等服侍其生活起居，主要负责机构是近侍局、器物局、尚厩局、尚辇局、尚衣局、尚食局、尚药局等。宫师府是为皇太子东宫专设的官署，设太子太师、太傅、太保；太子少师、少傅、少保。下设詹事院，总掌东宫内外庶务，主要是保护、教导太子，服侍太子的日常起居生活。亲王府属官是在皇子、皇弟分家单过后，为了加强对他们的监管、教导及日常事务处理而设立的专管亲王府事务的官员，有傅、府尉、司马、文学等，负责管理王府中宗室各方面事务。

与金代相比，辽代宗室由于枝叶繁茂，数量庞大，加之各支系组织情况有所不同，皇族成员又广泛预政，所以管理相当复杂。《辽史·百官志》专列有“北面皇族帐官”条目，其管理皇族各项事务的机构有：大内惕隐司、大横帐常衮司、孟父族帐常衮司、仲父族帐常衮司、季父族帐常衮司、四帐都详稳司、舍利司。此外，“北面皇族帐官”条目还包括亲王国、大东丹国中台省、王子院、驸马都尉府等，但这些机构均是辅佐性质的[①]。

第二节　宗室的犯罪与惩罚

自元代至今，学者们对金朝宗室犯罪及惩罚鲜有提及。本节通过考察金朝宗室的犯罪与惩罚的情况，进而窥探金朝法制的某些特征。宗室是金朝政权的核心政治力量，却也是一个被约束的群体。因此，既要维护宗室的种种利益和特权，又要限制宗室中种种越轨和有损王权的行为，这就产生了宗室的犯罪与惩罚。

一、宗室犯罪的类型

纵观金朝宗室的犯罪，根据犯罪的原因不同，归纳起来大致有政治犯罪、经济犯罪、军事犯罪和其他类型犯罪等几种，下面分述之：

① 王善军：《论辽代皇族》，《民族研究》2003年第5期。

1. 政治犯罪

宗室的政治犯罪，是宗室成员触犯至上君权或危害国家政权安全的犯罪。主要包括叛乱、乱言、漠视皇权、损害国家政治地位罪、泄密罪，等等。

宗室叛乱是非常典型的政治犯罪。是指宗室为争夺皇权而叛乱，若未成功，则被视为犯罪。金朝建立之前就发生过宗室叛乱，世祖劾里钵即位以后，“跋黑果有异志，诱桓赧、散达、乌春、窝谋罕离间部属，使贰于世祖”①。世祖认为他是隐患，以跋黑为勃堇，但不令典兵。后跋黑食于其爱妾之父家，“肉张咽”而死。金朝建立后，围绕争夺皇位和政治权力的宗室叛乱更是时有发生，《金史·宗磐传》记载，熙宗时期优礼宗室，宗翰没后，宗磐日益跋扈，欲与左副元帅挞懒、右丞相宗隽谋作乱，宗干、希尹发其事，熙宗下诏诛之。赦其弟斛鲁补等九人，并赦挞懒，出为行台左丞相②。在金朝 120 年的统治中，多次发生宗室的叛乱事件（表 4-2）。

表 4-2 金代宗室叛乱事件一览表

时　间	事件内容	结　果	资料来源
世祖初立	跋黑诱桓赧、散达、乌春、窝谋罕离间部属，使贰于世祖	世祖患之，乃加意事之，使为勃堇而不令典兵	卷 65《始祖以下诸子传》
天眷二年七月	沂王晕坐与宗磐谋反	伏诛	卷 4《熙宗本纪》
天眷二年七月	宗磐、宗隽、挞懒谋作乱	赦其弟斛鲁补等九人，并赦挞懒，出为行台左丞相	卷 76《宗磐传》
天眷二年八月	行台左丞相挞懒、翼王鹘懒及活离胡土、挞懒子斡带、乌达补谋反	伏诛	卷 4《熙宗本纪》
皇统九年十二月	完颜亮与所亲驸马唐括辩、大兴国、阿里出虎等谋乱	弑杀熙宗，立亮为帝	卷 4《熙宗本纪》
大定二年正月	兵部尚书可喜、昭毅大将军斡论、中都同知完颜璋等欲乘上谒山陵谋反	诛可喜、斡论，赏布辉、璋	卷 69《太祖诸子传》
大定五年四月	西京留守寿王京谋反	免死，杖之，除名，岚州安置	卷 6《世宗本纪上》
大定四年七月	故卫王襄妃及其子和尚妖妄	伏诛	卷 6《世宗本纪上》

① 《金史》卷 65《始祖以下诸子传》，第 1542 页。

② 《金史》卷 76《太宗诸子传》，第 1730 页。

续表

时 间	事件内容	结 果	资料来源
大定十二年	德州防御使文（宗望子）谋反	伏诛	卷74《宗望传》
大定十二年五月	德州防御使胡剌谋叛	不详	卷19《世纪补》
明昌四年十二月	定武军节度使郑王永蹈谋反	伏诛	卷10《章宗本纪二》
正大元年三月	或告守纯谋不轨，下狱推问	慈圣宫皇太后有言于帝，由是获免	卷93《宣宗三子传》

注：资料来源凡引《金史》处只标注卷数

乱言。是指宗室的一些危害国家统治的言论。明昌六年（1195年），镐王傅尉奏永中第四子阿离合懑因“防禁严密，语涉不道”，诏同签大睦亲府事覃、御史中丞孙即康鞫问，并求得第二子神徒门所撰词曲有不逊语。家奴德哥首永中尝与侍妾瑞雪言：“我得天下，子为大王，以尔为妃。”诏遣官复按，状同。再遣礼部尚书张暐、兵部侍郎乌古论庆裔复之。上谓宰臣曰：“镐王只以语言得罪，与永蹈罪异。”参知政事马琪曰：“永中与永蹈罪状虽异，人臣无将，则一也。”上说：“大王何故辄出此言？”左丞相清臣曰：“素有妄想之心也。”诏以永中罪状宣示百官杂议，五品以下附奏，四品以上入对便殿。皆曰：“请论如律。”唯宫籍监丞卢利用乞贷其死。诏赐永中死，神徒门、阿离合懑等皆弃市[①]。

漠视皇权。亲王闻国丧不赴或者没有按期奔丧，受制书妄误或误写制书，被视为漠视皇权，也构成政治犯罪。金朝统治者将国丧看得很重要，《金节要》记载，太宗去世时，“窝里温、挞懒、兀术自江上回至燕山，各赴吴乞买之丧”[②]。大定二十九年（1189年）正月，世宗崩，“山东统军裔以私过都城不赴哭临，笞五十，降授彰化军节度使”[③]。明昌二年（1191年）正月，孝懿皇后崩，判真定府事“吴王永成、(判定武军节度使）随王永升以闻国丧奔赴失期，罚其俸一月，其长史笞五十。己卯，有司言，汉王永中以疾失期，上谕使回”[④]。“明年（正大六年秋）[⑤]，皇太后崩，制祖免亲奔赴，有远迩限，违者从府科罪。时有后期者，先君请曰：‘南渡来，

① 《金史》卷85《世宗诸子传》，第1899页。

② （南宋）张汇：《金节要》，《金史辑佚》，长春：吉林文史出版社，1990年，第59页。

③ 《金史》卷9《章宗本纪一》，第209页。

④ 《金史》卷9《章宗本纪一》，第217页。

⑤ 王恽《金故忠显校尉尚书户部主事先考府君墓志铭》中的“明年秋”确实指正大六年秋，但据《金史》卷64《后妃传下》记载：“(金哀宗）正大八年九月丙申，后崩，遗命园陵制度，务从俭约。十二月己未，葬汴城迎朔门外五里庄献太子墓之西。谥明惠皇后。”宣宗明惠皇后当崩于正大八年，故王恽《金故忠显校尉尚书户部主事先考府君墓志铭》中所记金宣宗明惠皇后崩于正大六年当有误。

宗室播弱，宜从宽宥。’王然之，以为知体。”[①]根据地域的远近规定奔丧的期限，如果至期不到者要处以刑罚，当时有晚于期限到达的，因为王恽父亲王天铎的请求才免于处罚。

损害国家政治地位。在与敌国交往的时候，损害国家政治地位的行为也属于政治犯罪。上文提到的完颜璋受宋人贿赂的事件就属于损害国家政治地位的行为。大定十三年（1173年），完颜璋（胡麻愈）为贺宋正旦使。璋临行，世宗遣人对璋说："宋人若不遵旧礼，慎勿付书。如不令卿等入见，即持书归。若迫而取之，亦勿赴宴，其回书及礼物一切勿受。"璋到临安，"宋人请以太子接书，不从。宋人就馆迫取书，璋与之，且赴宴，多受礼物。有司以闻，上怒，欲置之极刑。左丞相良弼奏曰：'璋为将，大破宋军，宋人仇之久矣。将因此陷之死地，未可知也。今若杀璋，或者堕其计中耳。'上以为然，乃杖璋百五十，除名，副使客省使高翊杖百，没入其所受礼物"[②]。

泄密罪。对于宗室成员来说，国家有很多机密被他们掌握，所以泄漏机密罪也成为刑事犯罪的重要内容。海陵时，兵部侍郎萧恭"坐问禁中起居状"[③]，海陵弟完颜衮与护卫张九具言之。"恭夺官解职，张九对不以实，特处死，衮与翰林学士承旨宗秀、护卫麻吉、小底王之章皆决杖有差"[④]。章宗承安四年（1199年），"定宫中亲戚非公事传达语言、转递诸物及书简出入者罪"[⑤]。

除了上述政治犯罪之外，为了保证国家的政治安全，保证皇帝的政治权力不受威胁，还对宗室做出了很多法律规定，触犯这些规定的，也都被视为政治犯罪。为了保证金朝的江山不至于落入外姓手中，章宗承安五年（1200年），"定皇族收养异姓男为子者徒三年，姓同者减二等，立嫡违法者徒一年"[⑥]。为了防止宗室妄信禄命，图谋不轨，世宗曾下诏禁止宗室成员占卜："德州防御使文、北京曹贵、鄜州李方皆因术士妄谈禄命，陷于大戮。凡术士多务苟得，肆为异说。自今宗室、宗女有属籍者及官职三品者，除占问嫁娶、修造、葬事，不得推算相命，违者徒二年，重者从

① （元）王恽：《秋涧先生大全文集》卷49《金故忠显校尉尚书户部主事先考府君墓志铭》，《四部丛刊》初编本集部，影印上海商务印书馆缩印明弘治刊本，1936年，第512页。

② 《金史》卷65《始祖以下诸子传》，第1552页。

③ 《金史》卷82《萧恭传》，第1839页。

④ 《金史》卷76《完颜衮传》，第1747页。

⑤ 《金史》卷11《章宗本纪三》，第251页。

⑥ 《金史》卷11《章宗本纪三》，第254页。

重。"[①]为了保障皇帝的安全，金朝创立了宫廷禁卫制度。天眷元年（1138年）十月，"禁亲王以下佩刀入宫，卫禁之法，实自此始"[②]。宗室犯禁同样会遭到处罚，章宗即位后"（亹，阿里剌）坐与御史大夫唐括贡为寿，犯夜禁，夺官一阶，罢"[③]。

2. 经济犯罪

中国封建法律把经济犯罪称为犯赃。《晋书》曰："货财之利谓之赃。"[④]《淮南子·俶真训》曰"乃以贪污之心枉法以取私利"，指出赃罪的犯罪本质特征。对于利用职务之便侵吞、盗窃、骗取或利用其他手段占有公共财物及受贿私人财物的行为，均称为赃罪。赃罪对社会经济有侵蚀、破坏作用，是关系到国家经济命脉和政治稳定的大事，故金朝统治者最厌恶之，金世宗曾对宰臣说："涉于赃罪，虽朕子弟亦不能恕。"[⑤]虽然金代宗室享有多种特权，但是也有一些不畏宗室的正直官员来为民请命，史载："贞祐四年，（刘汝翼）经义第一人擢第，特授儒林郎，……迁同知嵩州军州事、兼阳翟县令。县户籍余三万，豪猾所聚，令丞少不自检，为所把持，莫有得善代者。公下车，差次贫富，一一籍记之；一夫之役，斗粟之敛，均赋而平及之。大豪以苞苴私见，欲相诬染，公发其奸，并以所贿者晓于众。至于宗室大家，声势焰焰，人莫敢与之抗，一为平民所诉，必深治而痛绳之。"[⑥]

宗室是金朝政权的核心政治力量，随着金朝的建立及社会的进步、经济的发展，由于宗室的特殊身份与地位，加之人对财富的天生的欲望，宗室成员便利用自己手中的各种权力和特权，从而贪污受赃、中饱私囊，严重地危害着国家的经济状况。纵观金代典籍，宗室成员因赃坐罪的情况非常多，基本可以归纳为贪污受贿、非法经营、私占土地、私役百姓等类型，下面就对金代宗室这几种犯赃类型逐一加以考察。

贪污受贿。是指侵吞国家财产，收受个人财物，通过不正当的手段谋取经济利益的行为。它是赃罪中性质最为严重的一种犯罪活

① 《金史》卷74《宗望传》，第1712页。
② 《金史》卷45《刑志》，第1015页。
③ 《金史》卷66《宗室传》，第1568页。
④ （唐）房玄龄等：《晋书》卷30《刑法志》，北京：中华书局，1974年，第928页。
⑤ 《金史》卷8《世宗本纪下》，第194页。
⑥ （金）元好问：《元好问全集》卷22《碑铭表志碣·大中大夫刘公墓碑》，太原：山西人民出版社，1990年，第563～564页。

动。因为宗室成员拥有很多的特权，更是为贪污受贿提供了便利。海陵时，冶诃子阿鲁补“在汴时，尝取官舍材木，构私第于恩州”[①]。大定初，阿离补子“方以宗室子累官京兆少尹，迁陕西路统军都监。方专事财贿，不恤军旅，诏戒之曰：‘卿宗室旧人，乃纵肆败法，唯利是营，朕甚恶之。’”[②]宗室“弈为人贪鄙，数以赃败”[③]。正大四年（1227 年）十月，陈规“与右拾遗李大节上章，劾同判大睦亲事撒合辇谄佞，招权纳贿及不公事”[④]。正大五年（1228 年）五月，“定国军节度使庆山奴以受赂，夺一官”[⑤]。《建炎以来系年要录》中曾谈到“金人好贿，万一来馆中，须薄赂之，欲乞更增，私觌两分，不来即已”[⑥]。宗室成员在出使他国时，私自收受财物，也可以视为受贿行为。大定十四年（1174 年），大兴尹璋为正旦使，“宋主使人就馆夺其书，而重赂之”[⑦]。

受所监临。监临就是管辖之意，即主管官员收受其管辖范围内的吏民的财物或其他财产性利益。大定年间，阿离补子方任西南路招讨使时，因“坐强买部人马二匹”[⑧]而获罪。大定十二年（1172 年），荆王完颜文改为大名尹，“文到大名，多取猛安谋克良马，或以驽马易之，买民物与价不尽其直。寻常占役弓手四十余人，诡纳税草十六万束。公用阙，取民钱一万九千余贯”[⑨]。承安元年（1196 年），宗室完颜匡行院于抚州，“河北西路转运使温昉行六部事，主军中馈饷，屈意事匡，以马币为献，及私以官钱佐匡宴会费，监察御史姬端修劾之，上方委匡以边事，遂寝其奏”[⑩]。

非法经营。由于金朝宗室具有特殊的地位，可拥有不少普通百姓没有的特权，这就为宗室通过非法经营获利提供了条件。榷酤制度是由国家垄断酒的生产和销售，是从汉代开始的，从此酒的专卖收入和酒税成为后世封建国家财政收入的重要来源之一。金榷酤沿袭辽、宋旧制，天会三年（1125 年）始命榷官以周岁为满。为获得经济利益，金朝宗室私自酿酒销售。为了保证国家的财政收入，世宗大定三年（1163 年），“诏宗室私酿

① 《金史》卷 68《冶诃传》，第 1598 页。
② 《金史》卷 80《阿离补传》，第 1811 页。
③ 《金史》卷 66《宗室传》，第 1569 页。
④ 《金史》卷 109《陈规传》，第 2411 页。
⑤ 《金史》卷 17《哀宗本纪上》，第 380 页。
⑥ 《建炎以来系年要录》卷 80，绍兴四年九月癸丑条，第 115 页。
⑦ 《金史》卷 89《梁肃传》，第 1983 页。
⑧ 《金史》卷 80《阿离补传》，第 1812 页。
⑨ 《金史》卷 74《宗望传》，第 1710 页。
⑩ 《金史》卷 98《完颜匡传》，第 2166 页。

者，从转运司鞫治”[①]。源于宋地的茶为金朝贵族所喜爱，金人常以金帛易之，宋金边民常越境私易，一些宗室成员也常常在出使宋国时带回茶叶进行交易。宣宗时期，由于国蹙财竭，“乃制亲王、公主及见任五品以上官，素蓄者存之，禁不得卖、馈，余人并禁之。犯者徒五年，告者赏宝泉一万贯”[②]。

侵占土地。土地是国家的经济命脉，特别是在金朝奖励开垦荒地的政策下，土地面积有了较大的增加。金世宗时，“中都、河北、河东、山东，久被抚宁，人稠地窄，寸土悉垦”[③]。可以看出金世宗时期垦田面积确有很大的发展和扩大。世宗大定年间，豪强们凭借其在地方的势力侵夺民田或官田为私有土地的情况非常严重。大定十七年（1177年），“邢州男子赵迪简言：‘随路不附籍官田及河滩地，皆为豪强所占。’”[④]大定二十年（1180年），世宗向宰执指出“山后之地，皆为亲王、公主、权势之家所占”[⑤]。大定二十一年（1181年）三月，“陈言者言，豪强之家多占夺田者”[⑥]。大定二十七年（1187年），“随处官豪之家多请占官地，转与他人种佃，规取课利”[⑦]。可见这个时期豪强、权势之家对土地的私自占有情况尤多。当然，豪强中必然包括很多宗室成员。世宗曾“诏检括官田，凡地名疑似者，如皇后店、太子庄、燕乐城之类，不问民田契验，一切籍之”[⑧]。大定二十一年七月，世宗对宰臣说“前徙宗室户于河间，拨地处之，而不回纳旧地，岂有两地皆占之理，自今当以一处赐之”[⑨]。世宗拘籍前徙于河间的女真宗室的不回纳旧地，以限制和削弱宗室对土地的占有。违反规定私自占有土地者要受惩治，如大定二十二年（1182年）八月，赵王永中等四王府冒占官田，罪其各府长史府掾，及安次等六县官，皆罚赎有差。

私役百姓。指宗室成员通过所拥有的地位和特权，无偿役使百姓的人力或借用畜力、车船等方式，获取非法利益的行为。天会三年（1125年）曾有禁令：“禁内外官及宗室毋得私役百姓，权势家不得买贫民为奴，其

① 《金史》卷49《食货志四》，第1105页。
② 《金史》卷49《食货志四》，第1109页。
③ （金）赵秉文：《闲闲老人滏水文集》卷11《梁公墓铭》，《四部丛刊》初编本，上海商务印书馆缩印明弘治刊本，1936年。
④ 《金史》卷47《食货志二》，第1044页。
⑤ 《金史》卷7《世宗本纪中》，第175页。
⑥ 《金史》卷47《食货志二》，第1046页。
⑦ 《金史》卷47《食货志二》，第1048页。
⑧ 《金史》卷90《张九思传》，第2004页。
⑨ 《金史》卷47《食货志二》，第1047页。

胁买者一人偿十五人，诈买者一人偿二人，罪皆杖百。”① 大定年间，蒲察鼎寿“改河间尹，号令必行，豪右屏迹。有宗室居河间，侵削居民，鼎寿奏徙其族于平州，郡内大治”②。大定十九年（1179 年）二月，“上如春水，见民桑多为牧畜啮毁，诏亲王公主及势要家，牧畜有犯民桑者，许所属县官立加惩断”③。明昌元年（1190 年）八月，“禁指托亲王、公主奴隶占纲船、侵商旅及妄征钱债”④。贞祐三年（1215 年），“谕宰臣，沿淮塘路以南地向授民业，今为豪势据夺者，其令有司察之”⑤。由以上的禁令、谕旨可以看出当时存在宗室豪强私役百姓的情况。

综上所述，虽然金朝宗室是与统治阶级有血缘关系的特殊群体，但是他们与普通人一样，也有对各种利益的欲望，所以不可避免地犯各种类型的赃罪。盗窃也是赃罪的一种，但在金朝的史料中却没有宗室成员盗窃犯罪的记载。

3. 军事犯罪

军事战争是金初政治生活的重要内容，也与金朝相伴始终，可以说金政权的建立与发展就是军事战争胜利的直接结果。很多宗室成员都是各级军事将领，在军事战争中发挥了举足轻重的作用。军事犯罪指违反有关军队管理和作战的法律、制度，损害了国家的军事利益，危及政权稳定和国家安全，应该受到惩罚的行为，主要包括军前怠慢、军前获财、谎报军情等。

军前怠慢。是指宗室出征时，因失期、逗留等以致延误军期的行为。太祖伐辽时，“使婆卢火征迪古乃兵，失期，杖之”⑥。天辅二年（1118 年）二月，“勃堇迪古乃、娄室来见。上（太祖）以辽主近在中京，而敢辄来，皆杖之”⑦。大定二年（1162 年）五月，以“右副元帅完颜谋衍、元帅右监军完颜福寿（在征讨契丹中）坐逗遛，召还京师，皆罢之”⑧。内族合周，一名永锡，“贞祐中，为元帅左监军，失援中都”，贞祐四年（1216 年），合周“以御史大夫权尚书右丞，总兵陕西。合周留渑池数日，进及京兆，而大兵已至，合周竟不出兵，遂失潼关”。有司认为敌至不出兵当

① 《金史》卷 46《食货志一》，第 1033 页。
② 《金史》卷 120《世戚传》，第 2621 页。
③ 《金史》卷 47《食货志二》，第 1045 页。
④ 《金史》卷 9《章宗本纪一》，第 215 页。
⑤ 《金史》卷 14《宣宗本纪上》，第 312 页。
⑥ 《金史》卷 71《婆卢火传》，第 1638 页。
⑦ 《金史》卷 2《太祖本纪》，第 31 页。
⑧ 《金史》卷 6《世宗本纪上》，第 127 页。

斩，诸皇族百余人上章救之，宣宗说："向合周救中都，未至而军溃，使宗庙山陵失守，罪当诛，朕特宽贷以全其命。寻复重职，今镇陕西，所犯乃尔，国家大法岂敢私耶。"①遂再夺爵，免死除名。兴定四年（1220年）十一月，大臣言权参知政事、宗室承立不法，狱成，廷奏"承立坐拥强兵，瞻望不进"②，承立由是免官。哀宗时，内族白撒不战而退，弃军窜还蒲城，"下狱，不复录用，籍其家产以赐汝众（指军前将士）"③。

军前获财。是指将战争中所掠获的财物据为己有的行为。天辅二年（1118年），宗室子咸州都统斡鲁古，"知辽主在中京而不进讨，刍粮丰足而不以实闻，攻显州时所获生口财畜多自取。三月癸未朔，命阇哥代为都统而鞫治之，斡鲁古坐降谋克"④。承安二年（1197年），"制军前受财法，一贯以下，徒二年，以上徒三年，十贯处死"⑤。

4. 其他类型的犯罪

金朝宗室其他类型的犯罪主要有奸情罪、杀人罪等。

在宗室内部，宗室妻妾的奸情多有发生，对待这样的事情，处罚一般非常严厉。天会十五年（1137年），"大内都点检出忍质之子与国主元妃乱，立伏诛"⑥。正隆六年（1161年），完颜兖妻乌延氏，"坐与奴有奸，海陵杀之"⑦。大定十六年（1176年）二月，"皇子豳王妃徒单氏以奸，伏诛"⑧。秘书监文"与灵寿县主有奸，文杖二百，除名"⑨。宗室赛不子按春，止大中充护卫，"坐与宗室女奸，杖一百收系"⑩。

在金朝，也有宗室成员因杀人而犯罪的记载。"宗室宗渊殴死僚佐梁郁。郁，远人家贫无能赴告者。中彦力为正其罪，竟置于法"⑪。金朝一般不宽容宗室杀人的犯罪，元好问《赠镇南军节度使良佐死节碑》记载："国家百余年，累圣相承，一以人命为重，凡杀人者之罪，虽在宗室，而

① 《金史》卷114《斜卯爱实传》，第2516页。
② 《金史》卷110《杨云翼传》，第2422页。
③ 《金史》卷113《白撒传》，第2491页。
④ 《金史》卷2《太祖本纪》，第31页。
⑤ 《金史》卷45《刑志》，第1021页。
⑥ 《大金国志校证》卷9《熙宗孝成皇帝一》，第140页。
⑦ 《金史》卷76《完颜兖传》，第1746页。
⑧ 《金史》卷7《世宗本纪中》，第164页。
⑨ 《金史》卷63《后妃传上》，第1511页。
⑩ 《金史》卷113《完颜赛不传》，第2483页。
⑪ 《金史》卷79《张中彦传》，第1789页。

与闾巷细民无二律。”[①]宣宗初年，“人有告宗室从坦杀人。从坦，字履道，一时贤将帅处猜嫌之地，人以为必死，而不敢言其冤”[②]。后来马舜卿以死保之，言其冤，宣宗乃赦从坦。可见，在金朝，即使是宗室杀人也不可宽宥，必以死抵罪。

另外，金朝统治者为了维护其统治秩序，对宗室这一特殊的群体有一些特殊的要求，触犯这些要求者，就视其为犯罪，给予处罚。金朝皇帝、贵族饮酒风极盛，凡宴必饮，饮必尽醉而罢。由于饮酒易误事，天会十三年（1135 年）正月甲戌，曾“诏公私禁酒”[③]。熙宗就“荒于酒，与近臣饮，或继以夜”，宰相入谏，辄饮以酒，曰：“知卿等意，今既饮矣，明日当戒。”[④]海陵王于正隆五年（1160 年）十二月又下令：“禁朝官饮酒，犯者死。”海陵王的禁饮令发布后不久，一批宗室亲贵无视禁令而饮酒，“判大宗正徒单贞、益都尹京、安武军节度使爽、金吾卫上将军阿速饮酒，以近属故，杖贞七十，余皆杖百”[⑤]。

由上可以看出，虽然金朝的宗室是有特殊身份的一个群体，是与统治阶级有血缘关系的一个群体，但是他们与普通人一样，也有攫取利益、获得好处的欲望，所以也会犯罪。由于有时与皇权发生冲突，有的案件或许是冤案。

二、宗室犯罪的量刑处置

有犯罪便有处罚，否则法律就失去了意义。金朝对宗室的处罚，尽管有些免除或减轻，但不可能全部免除；尽管有些是重刑轻罚，但终不能不罚。由于金朝的《泰和律令》等法典亡佚不得传世，所以考订金朝宗室犯罪的具体惩罚措施比较困难。学者叶潜昭欲通过金代典籍中残存的条文复原金朝法典，著有《金律之研究》[⑥]，此书中有对金朝犯罪惩罚的考证，但是没有专门针对宗室的法令，根据情节轻重，金朝犯罪的量刑主要有笞

① （金）元好问著，姚奠中主编：《元好问全集（上册）》卷 27《赠镇南军节度使良佐碑》，太原：山西人民出版社，1990 年，第 642 页。

② （金）元好问《中州集》卷 9《马舜卿》，北京：中华书局，1959 年。《金史》卷 123《忠义传三》。原文：“肩龙字舜卿，宣宗初，有诬宗室从坦杀人，将置之死。人不敢言其冤，肩龙上书，大略谓：‘从坦冤，人不敢言，臣以死保之。’宣宗感悟，赦从坦。”

③ 《金史》卷 4《熙宗本纪》，第 70 页。

④ 《金史》卷 4《熙宗本纪》，第 78 页。

⑤ 《金史》卷 5《海陵本纪》，第 112 页。

⑥ 叶潜昭：《金律之研究》，台北：商务印书馆，1972 年。

刑、杖刑、徒刑、死刑等。笔者根据《金史》等史书对宗室犯罪后的惩罚措施的记载，认为宗室犯罪后主要以死刑、流刑、禁锢监禁、贬责、笞杖等方式惩罚。

1. 死刑

死刑是对犯罪者处以极刑，其例较少，只有在宗室危害皇权、谋逆不赦时才以此刑论处，但是也有夹杂统治者个人情感的特殊情况。

宗室成员被判死刑，基本都是因为谋反罪而被诛杀的。天眷二年（1139年），“宋国王宗磐、兖国王宗隽谋反，伏诛”[①]。海陵时，完颜亮弟完颜衮与西京兵马完颜谟卢瓦、编修官圆福奴等交往甚密，衮家奴向海陵告发，称完颜衮欲与完颜谟卢瓦等谋反，斩衮于市。大定二年（1162年）正月，兵部尚书可喜（宗强子）、昭毅大将军斡论、中都同知完颜璋等谋反，璋等知事不可成，至有司自首。可喜不肯自言其始谋，被诛，其他人都被放免。大定十二年（1172年），德州防御使文（宗望子）谋反，“九月事觉，亡命凡四月，至十二月被获，伏诛”[②]。明昌四年（1193年）十二月，定武军节度使郑王永蹈以谋反，伏诛[③]。明昌六年（1195年），由镐王府属官傅、府尉等纠举判平阳府事镐王永中第四子阿离合懑“防禁严密，语涉不道”[④]，章宗处死世宗长子、镐王永中及其二子，家属禁锢。

正大二年（1225年）十月，内族王家奴故杀鲜于主簿，权贵多救之者，上曰：“英王朕兄，敢妄挞一人乎？朕为人主，敢以无罪害一人乎？国家衰弱之际，生灵有几何，而族子恃势杀一主簿，吾民无主矣。”[⑤]特命斩之。天兴元年（1232年）十二月，“丞相完颜赛不之子按春有罪，伏诛”[⑥]。

海陵时，冶诃子阿鲁补“在汴时，尝取官舍材木，构私第于恩州，至是事觉，法当‘议勋’‘议亲’。海陵尝在军中，恶阿鲁补，诏曰：‘若论勋劳，更有过于此者。况官至一品，足以酬之。国家立法，贵贱一也，岂以亲贵而有异也。’[⑦]遂论死”。阿鲁补被处以死刑，当然其中夹杂了海陵的

① 《金史》卷4《熙宗本纪》，第74页。
② 《金史》卷74《宗望传》，第1712页。
③ 《金史》卷10《章宗本纪二》，第230页。
④ 《金史》卷85《世宗诸子传》，第1899页。
⑤ 《金史》卷17《哀宗本纪上》，第377页。
⑥ 《金史》卷18《哀宗本纪下》，第395页。
⑦ 《金史》卷68《冶诃传》，第1598页。

个人情感因素。

2. 流刑

流刑，就是长期流放到偏远地区，或同时附带一定的苦役。学界有人认为金代没有流刑[①]，笔者不认同此种观点。《大金国志》记载："高庆裔请于粘罕，令诸州郡置地牢，深三丈，分隔，死囚居其下，徒流居其中，笞杖居其上。"[②]明昌五年（1194年），尚书省奏："在制，《名例》内徒年之律，无决杖之文便不用杖。缘先谓流刑非今所宜，且代流役四年以上俱决杖，而徒三年以下难复不用。""流刑非今所宜"并不能证明金朝没有流刑，而是指金朝建国于偏远的东北地区，流刑对于犯罪者来说并不能起到惩罚的目的。因为很多中原王朝实施流刑，多将犯罪者发配到自然条件恶劣、边防松弛的北方地区，但对于北方这种相对恶劣的生活条件，金人早已经习惯了，而且不以为苦，所以金朝所实施的流刑并不是通常意义、传统意义上的流刑。

考察金朝宗室犯罪之后所实施的处罚方式，发现有不少近似流刑的例子。大定五年（1165年），西京留守寿王京谋反，狱成，特免死，杖之，除名，"岚州楼烦县安置，以奴婢百口自随，官给上田"[③]。《史记正义》引《括地志》云："岚州，楼烦胡地也。"按唐岚州又南楼烦郡，在今山西太原府岚县北，亦古楼烦境内也。《金史》卷26《地理志下》记载，岚州，"宋旧楼烦郡军事，天会六年（1128年）置镇西节度使"。岚州楼烦县位于今山西岚县，根据金朝的统治区域，岚州楼烦位于当时金朝的西部边境。哀宗时，内族白撒不战而退、弃军逃窜，下狱，七日后白撒饿死，"发其弟承麟、子狗儿徐州安置"[④]。《金史》卷25《地理志中》记载："徐州，下，武宁军节度使。宋彭城郡，贞祐三年（1215年）九月改隶河南路。"徐州是金朝占领之北宋地，位于今江苏徐州，属于金朝统治范围的最南端。

以上对宗室的处罚虽然在《金史》中没有明确说实施的是流刑，但是仍可以看出是在宗室犯罪后将其安置在远离京师腹地的国家边远地区，主要针对政治、经济及军事犯罪而施行。这样做的主要目的是维护国家统治，特别是对于西京留守京谋反这样的案件，使其远离国都，防止再窥视

① 曾代伟：《金律研究》，台北：五南图书出版公司，1995年，第111页。
② 《大金国志校证》卷7《太宗文烈皇帝五》，第113页。
③ 《金史》卷74《宗望传》，第1709页。
④ 《金史》卷113《白撒传》，第2491页。

皇权。

3. 徒刑

徒刑与今天的有期徒刑大体相同，是剥夺犯罪者的人身自由的刑罚方法。太宗天会七年（1129 年），“诏凡窃盗，但得物徒三年，十贯以上徒五年，刺字充下军，三十贯以上徒终身”[①]。明昌五年（1194 年），章宗诏“以徒二年以下者杖六十，二年以上杖七十，妇人犯者并决五十，著于《敕条》”[②]，从而完善了徒刑附加决杖的制度。

金朝宗室成员在战争中临阵脱逃、临敌而畏等犯罪，多处以下狱监禁的处罚。宣宗迁往河南三二年之后，“诏元帅都监内族阿禄带行帅府事。阿禄带恇怯不能军，竭民膏血为浚筑之计。未几，绛州破，阿禄带益惧，驰奏河中孤城可不守，有旨亲视，果不可守则弃之，无至资敌。阿禄带遂弃河中，烧民户官府，一二日而尽”[③]。宣宗系阿禄带同州狱。权元帅右都监内族讹可率兵五千护粮通州，遇兵辄溃，张行信上章说：“御兵之道，无过赏罚，使其临敌有所慕而乐于进，有所畏而不敢退，然后将士用命而功可成。若讹可败衄，宜明正其罪，朝廷宽容，一切不问，臣恐御兵之道未尽也。”诏报曰：“卿意具悉，讹可等已下狱矣。”[④]天兴二年（1233 年）正月，由于宗室白撒在战争中退师、败绩等原因，哀宗“遣使召白撒至，数其罪，下之狱，……七日，白撒及其子忽土邻皆死狱中”[⑤]。内族“习显既党官奴，一日率忠孝军劫官库金四千两。上命归德治中温特罕道僧、帅府经历把奴申鞫问，显伏罪下狱”[⑥]。

在金朝对宗室特别是宗室近属实施徒刑时有一个特殊的表现，就是禁锢。在宗室内部争权斗争后，为了防止失败的反对派卷土重来，因而采取将宗室成员监禁起来的措施。这种禁锢是否为徒刑，有待商榷，但它的确是将宗室监禁起来，限制其人身自由，甚至禁止被禁锢者婚嫁。如章宗即位以后，对世宗诸子及其叔父们心存疑忌，于是借口镐王永中有“不逊之语”，赐死永中，“永中子孙禁锢”[⑦]。宣宗即位以后也禁锢卫绍王的子孙，

---

① 《金史》卷 45《刑志》，第 1014 页。
② 《金史》卷 45《刑志》，第 1023 页。
③ 《金史》卷 111《完颜讹可传》，第 2445 页。
④ 《金史》卷 107《张行信传》，第 2364 页。
⑤ 《金史》卷 113《白撒传》，第 2491 页。
⑥ 《金史》卷 116《蒲察官奴传》，第 2550 页。
⑦ 《金史》卷 85《世宗诸子传》，第 1900 页。

贞祐二年（1214 年），迁都汴，“诏凡卫绍王及鄗厉王家人皆徙郑州，仍禁锢，不得出入。男女不得婚嫁者十九年”[①]。直到天兴元年（1232 年）才诏释禁锢。这时“卫绍历年不永，诸子凡禁锢二十余年，镐历王诸子禁锢四十余年，长女鳏男皆不得婚嫁”[②]。《金史》记载：“卫绍、镐厉二王家属，皆以兵防护，且设官提控，巡警之严过于狱犴。”“卫绍宅二十年，镐厉宅四十年，正大间，朝臣屡有言及者，不报。爱实乃上言曰：‘二族衰微，无异匹庶，假欲为不善，孰与同恶。男女婚嫁，人之大欲，岂有幽囚终世，永无伉俪之望，在他人尚且不忍，况骨肉乎。’”[③]

4. 贬责

金朝宗室成员都有一定的爵位，而且大多在中央或地方担任一定的官职，贬责是通过降官贬职、削官夺爵等手段，从而对获罪后的宗室施行的一种处罚方式。但是这种处罚方式常伴有多刑并罚的现象，在宗室犯罪处罚中应用得比较多。

天眷二年（1139 年）捕杀宗隽时，因宗室“赛里坐会饮其家，夺官爵”[④]，但是很快就恢复其原爵。天德三年（1151 年），“（胡麻愈）充牌印祗候，以罪免，夺其谋克，寓居中都”[⑤]。世宗子豫王永成也曾因率军民围猎，“颇扰部民，法所不宽”[⑥]而被解职。大定十二年（1172 年）四月，“大名尹荆王文以赃罪夺王爵，降授德州防御使”[⑦]。大定二十二年（1182 年）九月，“以同知东京留守司事裔在任专恣，失上下之分，谪授复州刺史”[⑧]。兴定三年（1219 年），“邓州元帅府提控娄室有罪，减死削爵”[⑨]。内族庆山奴在战争中丧师失地，朝廷置而不问，商衡进言：“自古败军之将必正典刑，不尔则无以谢天下。”[⑩]哀宗降庆山奴为定国军节度使，正大五年（1128 年）五月，庆山奴又以受赂被夺一官。正大四年（1227 年），宗室撒合辇因招权纳贿及不公事出为中京留守[⑪]。阿离补子“方坐

① 《金史》卷 64《后妃传下》，第 1531 页。
② 《金史》卷 93《卫绍王子传》，第 2060 页。
③ 《金史》卷 114《斜卯爱实传》，第 2514 页。
④ 《金史》卷 70《宗贤传》，第 1620 页。
⑤ 《金史》卷 65《始祖以下诸子传》，第 1548 页。
⑥ 《金史》卷 85《世宗诸子传》，第 1907 页。
⑦ 《金史》卷 7《世宗本纪中》，第 156 页。
⑧ 《金史》卷 8《世宗本纪下》，第 182 页。
⑨ 《金史》卷 15《宣宗本纪中》第 342 页。
⑩ 《金史》卷 124《忠义传四》，第 2697 页。
⑪ 《金史》卷 109《陈规传》，第 2411 页。

强买部人马二匹，削一阶，解职，降耀州刺史”①。“应州僧与永功有旧，将诉事于彰国军节度使移剌胡剌，求永功手书与胡剌为地。”② 此事被告发后，永功所任判大宗正事一职被撤销。

除名相当于革职，是古代对官吏的一种处罚。即除去其在官籍簿上的名字，取消其原有身份、职位。在金朝，对宗室的犯罪也经常采取这种处罚方式，这种处罚是较重的一种处罚，但是对于宗室来说却不是很严重，因为往往很快就被重新任用。大定二年（1162 年），“都统斜哥、副统完颜布辉坐擅易置中都官吏，斜哥除名，布辉削两阶，罢之”③，但是斜哥很快就被起用为大宗正丞、祁州刺史，后又因为坐赃枉法被除名，但是久之，起为同知兴中尹，迁唐括部族节度使，历开远、顺义军。大定五年（1165 年）四月，“西京留守寿王京谋反，狱成，特免死，杖之，除名，岚州安置”④。大定十四年（1174 年）二月，“大兴尹璋使宋有罪，杖百五十，除名”⑤。世宗就曾对宰臣说：“太尉守道论事止务从宽，犯罪罢职者多欲复用。若惩其首恶，后来知畏。罪而复用，何以示戒？”⑥ 承安二年（1197 年）十一月，“北京留守裔以行省失职，杖一百，除名”⑦。泰和八年（1208 年），宗室承裕在与蒙古军队交战中败绩，“识者谓金之亡决于是役，卫绍王犹薄其罪，除名而已”⑧。参知政事内族承裕因为战争中“败绩于会河堡，承晖亦坐除名”⑨。

5. 笞杖

在中国古代，笞杖之刑是一种十分常见的刑罚方法。关于笞刑与杖刑的区别，《唐六典》注：“笞用小竹板或荆条为之，杖以大于笞刑所用的竹板或荆条为之。”⑩《唐律疏议》注：“笞是用荆条制成的小板子，杖是用竹板或牡荆制成的大板子。”⑪ 可见两种刑罚的差别只在刑具规格上，一个是大板子，一个是小板子，杖重笞轻，但是差别也不是很大。在金朝，

① 《金史》卷 80《阿离补传》，第 1812 页。
② 《金史》卷 85《世宗诸子传》，第 1903 页。
③ 《金史》卷 6《世宗本纪上》，第 125 页。
④ 《金史》卷 6《世宗本纪上》，第 136 页。
⑤ 《金史》卷 7《世宗本纪中》，第 160 页。
⑥ 《金史》卷 8《世宗本纪下》，第 191 页。
⑦ 《金史》卷 10《章宗本纪二》，第 243 页。
⑧ 《金史》卷 98《承裕传》，第 2066 页。
⑨ 《金史》卷 101《承晖传》，第 2225 页。
⑩ 汪潜编注：《唐代司法制度——唐六典选注》，北京：法律出版社，1985 年，第 74 页。
⑪ 曹漫之主编：《唐律疏议译注》，长春：吉林人民出版社，1989 年，第 24 页。

笞杖是施行较为广范的一种刑罚，金建国前的习惯法也有对笞杖的规定：“金国旧俗，轻罪笞以柳蔆（细树枝）。”①金国“罪轻者决以柳条或赎以物，贷命则割耳鼻以志之。其狱掘地数丈，置囚于其中。其税赋无常，遇用多寡而敛之。法令严，杀人取民钱重者死，其他罪无轻重，悉决柳条笞背，不杖于臀，恐妨骑马”②。《大金国志》卷36《科条》：“金国之法极严。……罪轻者决柳条，罪重者赎以物，贷命则割耳鼻以志之。其狱掘地数丈，置囚于其中。罪无轻重，悉笞背。”③皇统五年（1145年）颁行皇统新律，新律大抵仿照宋朝，规定“杖自百二十至二百，皆以荆决臀”，海陵以后又定“杖无大小，止以荆决臀，实数也”④。由上述金朝对笞杖的相关规定可以看出笞刑较轻于杖刑，因金朝是骑马民族，为了不妨碍骑马，金朝初期多笞背，熙宗以后多杖于臀，如“杖罪至百，则臀、背分决”⑤，以防致死。

笞杖是一种比较轻的惩罚方式，主要是为达到惩戒罪犯的效果。在金朝，宗室犯罪多处以笞杖之刑，有几十例之多。天辅二年（1118年）二月，“勃堇迪古乃、娄室来见。上以辽主近在中京，而敢辄来，皆杖之”⑥。天辅七年（1123年）三月，因为“遣昂徙诸部民人于岭东，而昂悖戾，骚动烦扰，致多怨叛”，“将诛昂，以习不失谏，杖之七十，仍拘泰州”⑦。天会年间，太宗“以余睹逆谋，乃元帅府不能抚之，粘罕以下各决柳条有差”⑧。决柳条，非笞刑，也非杖刑，但是相当于笞杖之刑。天会三年（1125年），“禁内外官及宗室毋得私役百姓，权势家不得买贫民为奴，其胁买者一人偿十五人，诈买者一人偿二人，罪皆杖百”⑨。贞元二年（1154年）八月，左丞相完颜昂因“去衣杖其弟妇”⑩被海陵处以杖刑五十。大定十四年（1174年），大兴尹璋为正旦使，因受宋人重赂，回朝后，被处以杖一百五十的处罚。大定二十三年（1183年），“武器署丞奕、直长骨赧坐受草畔子财，奕杖八十，骨赧笞二十”⑪。大定二十九年（1189年）春，

① 《金史》卷45《刑志》，第1014页。
② 《大金国志校证》附录一《女真传》，第587页。
③ 《大金国志校证》卷36《科条》，第518页。
④ 《大金国志校证》卷36《科条》，第519页。
⑤ 《金史》卷45《刑志》，第1015页。
⑥ 《金史》卷2《太祖本纪》，第31页。
⑦ 《金史》卷2《太祖本纪》，第40页。
⑧ 《大金国志校证》卷7《太宗文烈皇帝五》，第118页。
⑨ 《金史》卷46《食货志一》，第1033页。
⑩ 《金史》卷5《海陵本纪》，第102页。
⑪ 《金史》卷45《刑志》，第1019页。

“山东统军裔以私过都城不赴哭临，笞五十，降授彰化军节度使”[①]。泰和三年（1203年），奉御完颜阿鲁带以使宋还，言宋将谋北侵，章宗以为生事，“笞之五十，出为彰德府判官”[②]。正大八年（1231年）十二月，“河中府破，权签枢密院事草火讹可死之，元帅板子讹可提败卒三千走阌乡。诏赦将佐以下，杖讹可二百以死”[③]。

纵观金朝宗室犯罪的处罚情况，往往根据犯罪的刑名、轻重不同，实施死刑、流刑、徒刑、贬责、笞杖等轻重不同的处罚。其中贬责、笞杖这两种处罚方式在宗室中实施的最多，且常常两种刑罚放到一起处罚犯罪宗室。死刑与徒刑实施的比较少，只有在宗室罪行危害国家统治或是在军事犯罪中才加以实施，但是也有掺杂统治者个人情感的特殊情况。辽代对宗室犯罪的惩罚包括：皇帝当面训责、迁转、降职、夺官、免官、除名、死刑等[④]。同为女真族建立的清朝，在“清太宗皇太极即位后，在宗室犯罪的处罚上较其父有所增益。除诛、降、罚、囚等原有的刑罚外，还增加了削、黜、夺等形式。崇德元年（1636年），皇太极大肆分封宗室贵族，赐予爵位。此后，爵位的高低决定了同为宗室的满洲贵族享有的特权亦有所不同。由于爵位关乎宗室贵族的地位、财产及荣誉，所以削爵便成为一种较为严重的刑罚”[⑤]。

三、宗室犯罪处罚的特点

通过上述对宗室犯罪与处罚情况的论述，可归纳出金朝宗室犯罪与处罚有以下几个方面的特点。

1. 对宗室犯罪大多从轻处罚

纵观金朝史籍，宗室作为与统治者有血缘关系的一个阶层，他们犯罪只要不触犯君权、不危害金国政权，处罚时大都从宽发落。这一点还有法律上的依据，就是“八议”。

“八议”乃取法《周礼》“刑不上大夫”之说，在曹魏的《新律》中首

① 《金史》卷9《章宗本纪一》，第209页。
② 《金史》卷11《章宗本纪三》，第261页。
③ 《金史》卷17《哀宗本纪上》，第384页。
④ 孙振江：《辽朝职官管理法律制度探析》，《东北史地》2010年第4期。
⑤ 李媛媛：《清朝中期宗室犯罪问题研究》，黑龙江大学硕士学位论文，2010年，第24页。

次入律，后为历代律典所沿用。其具体内容有：一曰议亲，二曰议故，三曰议贤，四曰议能，五曰议功，六曰议贵，七曰议勤，八曰议宾。“八议”的第一条就是“议亲”原则。“议亲”是指对于皇帝袒免以上亲，包括高祖兄弟、曾祖从父兄弟、祖再从父兄弟、父三从兄弟、身之四从兄弟，及太皇太后、皇太后缌麻以上亲，皇后小功以上亲或者帝王故旧、朝廷贤德功臣等，除犯“十恶”不赦罪外，其余都可从轻处罚。“议亲”为宗室减免罪罚提供了法律依据。世宗时期对“八议”制度提出了一些异议：“法者，公天下持平之器，若亲者犯而从减，是使之恃此而横恣也。……宥之，是开后世轻重出入之门也。”① 大定二十六年（1186 年），奏定太子妃大功以上亲、与皇家无服者、贤而犯私罪者，皆不入议。世宗对宰臣说：“法有伦而不伦者，其改定之。”虽然世宗将宗室中无服者均排除出了“议亲”的范围，缩小了“议亲”的内容，但在所制定的法律中仍有议亲的规定，仍然有大量的宗室成员在议亲的范围之内。

赃罪是金朝统治者最厌恶的，世宗曾说：“涉于赃罪，虽朕子弟亦不能恕。”② 但是当宗室犯赃时，仍根据“八议”加以宽宥。世宗时，宗室子阿锁“坐赃一万四千余贯”，世宗召见他，说：“今汝在法当死，朕以亲亲之故，曲为全贷。”结果以“杖八十，削两阶，解职”了事，未几又改“平凉、济南尹”③。宗翰之孙“斜哥前在云内受赃，御史台劾奏，上谓宰臣曰：‘斜哥今三犯矣，盖其资质鄙恶如此。’令强干吏鞫之，狱成，法当死。上曰：‘斜哥祖父秦王宗翰有大功，特免死，杖一百五十，除名。’”④ 后又复起为劝农副使。斜哥三犯赃罪，法当死，但后来却还能做官，可见是根据“八议”的“议亲”与“议功”对宗室涉赃从轻处罚。

皇帝不按法律办事，对宗室犯赃后随意减轻处罚的事例不止以上所述，阿离补子完颜方任西南路招讨使时，“坐强买部人马二匹，削一阶，解职，降耀州刺史”⑤，但是不久方就迁为横海军节度使，入为同签大宗正事，签书枢密院事。大定九年（1169 年）五月，尚书省奏越王永中、隋王永功二府有所兴造，更役百姓。世宗并未给予处罚，只是说“重者奏闻”⑥。完颜匡在承安年间“自占济南、真定、代州上腴田，百姓旧业辄夺

① 《金史》卷 45《刑志》，第 1020 页。
② 《金史》卷 8《世宗本纪下》，第 194 页。
③ 《金史》卷 69《太祖诸子传》，第 1608 页。
④ 《金史》卷 74《宗翰传》，第 1700 页。
⑤ 《金史》卷 80《阿离补传》，第 1812 页。
⑥ 《金史》卷 6《世宗本纪上》，第 145 页。

之，及限外自取”[①]，章宗听到这件事没有怪罪，仅用安州边吴泊旧放围场地、奉圣州在官闲田与匡交换，将其以前自占田地全部还给百姓。

军事犯罪是关系国家存亡的大事，对于一般的军事将领，如有军事犯罪，往往处以重刑。但是宗室有军事犯罪常常是降官罢职或惩处后不久又官复原职，实际上加以庇护。如天辅六年（1122年），世祖最幼子郓王昂与稍喝以兵四千监护诸部降人，处之岭东，就以兵守临潢府，“昂徙诸部，多致怨叛，稍喝驻兵不与讨袭，致使降人复归辽主，违命失众，当置重法”，但结果是“杖昂七十，拘之泰州，而杀稍喝”[②]。天辅七年（1123年），太宗与习不失居守，郓王昂违纪律失众，法当死。正当辽人以燕京降、宋人约岁币、世宗出生。习不失对太宗说：“兄弟骨肉，以恩掩义，宁屈法以全之。今国家迭有大庆，可减昂以无死，若主上有责言，以我为说。”太宗认为有道理，于是杖昂以闻[③]。贞祐中，内族合周（永锡）为元帅左监军，“失援中都，宣宗削除官爵，杖之八十。已而复用”[④]。后其又被诏经略陕西，因不出兵，失守潼关，下狱，有司以敌至不出兵当斩，从坦上疏说：“自古同姓之亲未有不与国存亡者”“国之枝叶已无几矣，伏惟陛下审图之”[⑤]。诸皇族百余人上章救合周，最后的结果是杖一百，除名。宣宗朝，河中帅阿虎带“以弃城应死，议亲获免”[⑥]。元光元年（1222年）五月，“讹可、时全军大败。甲子，讹可以败绩当死，上面数而责之，勉其后效命，朘官两阶”[⑦]。

对于一些危及皇权或法当议死的犯罪，因为是宗室的原因，有时也会从宽发落。世宗朝，西京留守寿王京谋反，因“法不能行于贵近”“京等皆近属，曲贷死罪”[⑧]，“特免死，杖之，除名，岚州安置”[⑨]。海陵时期，完颜文、中京转运使左渊与市中秽术敲仙者游，海陵听说此事后，诘问敲仙者并杀之，但仅责让文、渊[⑩]。

① 《金史》卷98《完颜匡传》，第2173页。
② 《金史》卷65《始祖以下诸子传》，第1553页。
③ 《金史》卷70《习不失传》，第1618页。
④ 《金史》卷114《合周传》，第2516页。
⑤ 《金史》卷122《忠义传二》，第2662页。
⑥ （元）王鹗：《汝南遗事》卷2，《丛书集成初编》本，北京：商务印书馆，1936年。
⑦ 《金史》卷16《宣宗本纪下》，第362页。
⑧ 《金史》卷132《逆臣传》，第2826页。
⑨ 《金史》卷6《世宗本纪上》，第136页。
⑩ 《金史》卷74《宗望传》，第1710页。

2. 常处以告诫及精神惩罚

金朝刑法甚严，“杀人剽劫者掊其脑而致之死，籍其家为奴婢。亲戚欲得者，以牛马财物赎之。其赃以十分为率，六归主，四没官。罪轻者决柳条，罪重者赎以物，贷命则割耳鼻以志之。其狱掘地数丈，置囚于其中，罪无轻重，悉笞背，州县官各许专决”[①]。对于一般百姓的犯罪，常施以种种残酷的肉刑，但对宗室犯罪的处罚，常以告诫来解决。

大定二十五年（1185 年）五月，“平章政事襄、奉御平山等射怀孕兔。上怒杖平山三十，召襄诫饬之，遂下诏禁射兔”[②]。完颜方(阿离补子）“以宗室子累官京兆少尹，迁陕西路统军都监。方专事财贿，不恤军旅，世宗诏戒之曰：‘卿宗室旧人，乃纵肆败法，唯利是营，朕甚恶之。自今至于后日，万一为之，必罚无赦。’”[③]元光二年（1223 年）九月，“权御史中丞师安石等劾英王守纯不实，付有司鞫治，寻诏免罪，而犹责谕之”[④]。兴定五年（1221 年）五月，“陕西元帅完颜赛不遣使来献晋安、平阳之捷，方议其赏，御史乌古论胡鲁劾其纵将士卤掠，不副主上除乱救民之意，乞正其罪。上以赛不有功，诏勿问赏，议亦寝。癸卯，唐州守将讹论为元帅赛不犹子，与宋人战唐州境上，为宋人所败，死者七百余人，匿之而以捷闻。御史纳兰发其事。上以赛不故，亦不之罪，而以是意谕之”[⑤]。金朝对宗室的贬责惩罚，也多有告诫的因素，因为不少宗室犯罪后被贬责，不久就又官复原职或者改任他职，甚至加以升迁，贬责的目的主要是想让他们引以为戒，不要再犯同样的错误。

中国古代文人好标榜一句话“士可杀而不可辱”，也就是说人们不怕杀头，怕的是被侮辱。于是古代很多君主便创造了“辱而不杀”的惩罚办法，我们姑且称之为“精神处罚”。这种处罚的原则是不杀头、不坐牢、不受苦役等，而主要是精神上的折磨，人格上的侮辱、摧残。

中国古代实施杖笞之刑更主要的目的是教育，让犯罪者感到羞耻从而不敢再次犯罪，同时告诫其他人，起到警示的作用。在金朝也一样，完颜亮曾对大臣们说：“古者大臣有罪，贬谪数千里外，往来疲于奔走，有死道路者。朕则不然，有过则杖之，已杖则任之如初。如有不可恕，或处之

---

① 《大金国志校证》附录三《金志·科条》，第 617 页。

② 《金史》卷 8《世宗本纪下》，第 189 页。

③ 《金史》卷 80《阿离补传》，第 1811 页。

④ 《金史》卷 16《宣宗本纪下》，第 368 页。

⑤ 《金史》卷 16《宣宗本纪下》，第 357 页。

死，亦未可知。”[①]对宗室的杖责名为对肉体的惩罚，但因为施杖的下数并不多，所以可以说主要是一种精神上的惩罚，重要的是要让他们引以为耻、引以为戒。世宗曾说：“杖者所以罚小人也。既为职官，当先廉耻，既无廉耻，故以小人之罚罚之。”[②]金朝还多次规定实施杖刑之时，若超过百下，则臀、背分决。皇统年间，“诏诸臣，以本朝旧制，兼采隋、唐之制，参辽、宋之法，类以成书，名曰《皇统制》，颁行中外。时制，杖罪至百，则臀、背分决”。大定九年（1169 年），“复命杖至百者臀、背分受，如旧法。已而，上谓宰臣曰：“朕念罪人杖不分受，恐至深重，乃令复旧。”大定二十五年（1185 年），世宗言“杖不分决，与杀无异，遂命免死输作者，决杖二百而免输作，以臀、背分决”[③]。但是对于宗室实施的杖责除危害国家安全及皇权的情形外，多不超过百下，几十下而已。太宗吴乞买即位前就曾因为耗费军需币藏而被杖二十，二十下并不多，主要是告诫，使之不再犯错。在金朝，笞杖是宗室犯罪后施行最多的一种刑罚，从《金史》中统计，宗室犯罪后被处以笞杖之刑的就有几十例之多。

3. 存在数刑并罚的情况

在金朝，宗室犯罪后，多存在数刑并罚的现象，大定十四年（1174 年）二月，大兴尹完颜璋使宋，私自收受宋人贿赂，“杖百五十，除名，仍以所受礼物入官”[④]。在处理璋犯罪的事件中是三种刑罚并施，在刑罚、行政、经济三方面均加以处分，虽然所受礼物是他不应该得的，但是至少这些礼物曾经为他所拥有，仍应该看做是经济处罚。刑罚处分指按照刑法处以杖责等处罚；行政处罚即免官削爵；经济处罚指追回赃款赃物，使罪犯在经济上得不到想要的好处。多数情况下，并不是三种处罚都实施，而是其中两种类型的处罚放到一起实施，最常见的是杖刑与贬责并罚。

天辅六年（1122 年），世祖最幼子郓王昂，因“徙诸部，多致怨叛，稍喝驻兵不与讨袭，致使降人复归辽主，违命失众，当置重法。若有所疑，则禁锢之，俟师还定议”。后因国庆，可薄其罚，于是杖昂七十，拘之泰州，而杀稍喝[⑤]。海陵将伐宋，严酒禁，爽坐与其弟阿琐及从父兄京、

① 《金史》卷 76《太宗诸子传》，第 1735 页。
② 《金史》卷 45《刑志》，第 1016 页。
③ 《金史》卷 45《刑志》，第 1020 页。
④ 《金史》卷 7《世宗本纪中》，第 160 页。
⑤ 《金史》卷 65《始祖以下诸子传》，第 1553 页。

徒单贞会饮，被杖，下迁归化州刺史，夺猛安[①]。明昌元年（1190 年），亶起为同知棣州防御使事，又因“上书历诋宰执。帝以小臣敢讥讪宰辅，杖八十，削一官，罢之，发还本猛安”[②]。承安二年（1197 年）十一月，北京留守裔以行省失职，杖一百，除名[③]。泰和年间，“按察司以钞法流通为称职，而河北按察使斜不出巡按所给券应得钞一贯，以难支用，命取见钱，御史以沮坏钞法劾之”，章宗说：“纠察之官乃先坏法，情不可恕。”[④]杖之七十，削官一阶解职。贞祐三年（1215 年）八月，“元帅左监军兼知真定府事永锡坐援中都失律，削官爵，杖之八十”。九月，除名永锡特迁信武将军、息州刺史[⑤]。

4. 鲜见赎刑

赎刑指以财物赎罪。我国上古即有赎刑。后来历代相沿都有此制，但制度不尽相同。对于有一定经济实力的宗室成员来说，赎刑可使之免受皮肉之苦。与金同时期的宋朝对宗室较轻的罪行，多以赎罚来惩处。如皇祐四年（1052 年）八月，宋朝宗室左监门卫大将军、循州刺史赵世清以病马私易官马，计赃绢十六匹，奏裁后罚铜四十斤[⑥]。庆历七年（1047 年）正月，“知大宗正事（赵）允让请自今宗室辄有面祈恩泽者，罚一月俸”[⑦]。元符元年（1098 年），宗室居住的宫院起火，经大宗正司取勘闻奏，有关宗室及同居尊长在展磨勘年之外，分别判罚俸给若干[⑧]。

金朝对赎刑的规定比较多。在金朝建国之前就有“杀人偿马牛三十”的规定。金朝建立之初“法制简易，无轻重贵贱之别，刑、赎并行，此可施诸新国，非经世久远之规也”[⑨]。金国旧俗规定，杀人及盗劫者，其“亲属欲以马牛杂物赎者从之。或重罪亦听自赎，然恐无辨于齐民，则劓、刵以为别”[⑩]。

兴定年间，参知政事张行信曾上言说：“大定间，监察坐罪大抵收赎，

① 《金史》卷 69《太祖诸子传》，第 1605 页。
② 《金史》卷 66《宗室传》，第 1568 页。
③ 《金史》卷 10《章宗本纪二》，第 243 页。
④ 《金史》卷 48《食货志三》，第 1080 页。
⑤ 《金史》卷 14《宣宗本纪上》，第 312 页。
⑥ （清）徐松：《宋会要辑稿（第一册）》帝系四之九，中华书局影印本，1957 年，第 97 页。
⑦ （宋）李焘：《续资治通鉴长编》卷 160，“庆历七年正月甲申条”，北京：中华书局，1992 年。
⑧ （宋）李焘：《续资治通鉴长编》卷 497，“元符元年四月癸巳条”，北京：中华书局，1992 年。
⑨ 《金史》卷 45《刑志》，第 1013 页。
⑩ 《金史》卷 45《刑志》，第 1014 页。

或至夺俸，重则外降而已，间有的决者皆有为而然。”[①] 可见，以夺俸禄为责罚手段也是类似于赎刑的经济惩罚，仍不应被视为赎刑。赎刑主要是针对一些并不十分严重的过失。大定十二年（1172 年），世宗“以曹国公主家奴犯事，宛平令刘彦弼杖之，主乃折辱令，既深责公主，又以台臣徇势偷安，畏忌不敢言，夺俸一月”[②]。梁襄“选为监察御史，坐失察宗室弈事（赃），罚俸一月”[③]。

《泰和律义》也有关于赎刑的规定：笞杖刑十等，赎铜二斤至二十斤；徒刑七等，赎铜四十斤至一百八十斤；流刑三等，赎铜一百六十斤至二百斤；死刑、斩、绞二等皆赎铜二百四十斤。从上我们可以看出，赎刑已经被金律所规定，明显已经制度化，在金朝已经非常流行了。就《金史》记载，章宗崩，卫绍王即位三年曾对赎铜因时因事进行过规制，“时有司轻罪议罚，率以钱赎，而当罪不平，遂命赎铜计赃皆以银价为准”。辽代刑法对此亦有明确规定：“品官公事误犯，民年七十以上、十五以下犯罪者，听以赎论。赎铜之数，杖一百者，输钱千。”[④] 其不同于金之处在于，并无明确数量的描述。但是纵观金朝史料，笔者未见宗室成员犯罪后以财物赎罪的记载。赎罚却是宋代处置宗室犯罪的主要方法之一，“宋代宗室赎罚具体执行又分赎铜和罚棒等”“北宋中后期以后，罚没孤遗钱米亦成为对无官宗室犯罪的常见惩处方式”。不过宋代“赎罚的方式在惩处宗室轻罪时较为普遍，但久而久之，这种经济惩罚手段使得宗子常怀‘赎罚之外，无以加责’的侥幸心理”[⑤]。

四、宗室中的奴告主案

中国古代社会的纲常等级制度禁止卑幼告尊长、奴婢告主人。历代对奴婢告主的行为不予法律支持，秦律规定“子告父母，臣妾告主，非公室告，勿听”[⑥]；汉律以卑幼告尊长为“干名犯义”；《唐律疏议》规定“诸部曲、奴婢告主，非谋反、逆、叛者，皆绞”[⑦]，《宋刑统》亦有相同的规定；元明清律典也有类似的规定。可见，历代从维护宗法尊卑秩序出发，

① 《金史》卷 107《张行信传》，第 2368 页。
② 《金史》卷 7《世宗本纪中》，第 157 页。
③ 《金史》卷 96《梁襄传》，第 2137 页。
④ 《辽史》卷 61《刑法志上》，第 936 页。
⑤ 何兆泉：《宋代宗室研究》，浙江大学博士学位论文，2004 年，第 58～59 页。
⑥ 云梦秦墓竹简整理小组：《云梦秦简释文（三）》，《文物》1976 年第 8 期。
⑦ （唐）长孙无忌：《唐律疏议》（第四册）卷 24《斗讼》，上海：商务印书馆，1933 年，第 3 页。

在法律上是禁止奴婢告主的，奴婢告主要受到惩罚。但是在金朝却常有奴告主事件的发生，这与中国古代亲属相隐、奴为主隐的传统精神不完全一致。

笔者通过考察金朝宗室家奴告主的案件，发现都是发生在海陵朝至章宗朝。笔者认为这是因为海陵与世宗都是通过宗室内部的政变弑君自立，章宗朝汲取前代的教训。他们即位以后，为了防止宗室再谋反篡权，出于巩固统治、防止皇权旁落的考虑，允许奴婢告主，主要是鼓励奴隶揭发宗室谋反的案件。因为奴婢与其主人朝夕相处，对主人的行动非常了解，利用家奴检举、告发主人的违法不轨行为，有助于及时打击宗室的不轨行为。在《金史》中可见其证据："海陵剪灭宗室，钩棘傅会，告奸上变者赏以不次。"[①] 海陵召时为宗妇的世宗昭德皇后乌林答氏来中都，乌林答氏临行召家人谓之曰："我自初年为妇以至今日，未尝见王有违道之事。今宗室往往被疑者，皆奴仆不良，傲恨其主，以诬陷之耳。汝等皆先国王时旧人，当念旧恩，无或妄图也。违此言者，我死后于冥中观汝所为。"[②] 可见海陵时的确允许奴婢揭发主子的不轨行为，并给予赏赐。海陵至章宗时期，涉及宗室反叛的大部分案件都是家奴兴事而引发的。

海陵王之弟、西京留守完颜衮（又名蒲家）素为其兄猜忌，"尝召日者问休咎。家奴喝里知海陵疑蒲家，乃上变告之，言与（西京兵马总管）谟卢瓦等谋反，尝召日者问天命"[③]。经御史台和刑部会同审理，查无实据。但海陵王仍遣使臣拘捕蒲家等至中都，斩之于市。历中京、东京留守的宗弼子完颜亨，曾经两次被家奴告发，后死于狱中。最初是家奴梁遵告亨与卫士符公弼谋反，考验无状，遵坐诛。海陵益疑之。改广宁尹，再任李老僧使伺察亨动静，且令构其罪状。后次是家奴六斤与亨侍妾私通，亨知之，怒曰："必杀此奴。"[④] 六斤闻之惧，密与老僧谋告亨谋逆，终死囚所。海陵母弟襄子和尚，"大定间，家奴小僧、月一妄言和尚熟寝之次有异征，襄妃僧酷以为信然，召日者李端卜之。端云当为天子，司天张友直亦云当大贵。家奴李添寿上变。僧酷、和尚下吏验问有状，皆伏诛"[⑤]。海陵朝的这三起案件都是因奴婢诬告而起，但由于海陵对宗室疑心太重，最终还是以斩诛处置了宗室。

世宗朝，由于世宗明断是非，罚赏明了，如果奴婢诬告宗室，要受到

① 《金史》卷 129《酷吏传》，第 2777 页。
② 《金史》卷 64《后妃传下》，第 1520 页。
③ 《金史》卷 76《完颜衮传》，第 1747 页。
④ 《金史》卷 77《亨传》，第 1757 页。
⑤ 《金史》卷 76《襄传》，第 1747 页。

处罚。大定初年，永元（完颜充之子）夫人宁国公主奴婢丑底与咸平人化胡有奸情，“丑底于主印处给取印署空纸与化胡，遂写作永元、宁国生日时辰，诬告永元、宁国谋逆。诏有司鞫问，乃丑底意望为良，使化胡为之”。世宗说：“化胡与丑底有奸，造作恶言，诬害宗室，化胡斩，丑底处死。”①

章宗朝发生的永蹈、永中案也是因为家奴告发而引起。永蹈在世宗朝势力较大，明昌四年（1193年），永蹈家奴毕庆寿言术士郭谏准，永蹈请谏给家人看相，郭谏说：“大王相貌非常，王妃及二子皆大贵。”又说：“大王，元妃长子，不与诸王比也。”永蹈召崔温、马太初论谶记天象。崔温说：“丑年有兵灾，属兔命者来年春当收兵得位。”郭谏说：“昨见赤气犯紫微，白虹贯月，皆注丑后寅前兵戈僭乱事。”永蹈深信其说，欲发动政变，被家奴董寿、千家奴告发。结果章宗赐永蹈及其妃卞玉，二子按春、阿辛等人自尽，“董寿免死，隶监籍。千家奴赏钱二千贯，特迁五官杂班叙使”②。可见，有罪的家奴不仅被放免，而且还得到赏赐。明昌六年（1195年）发生了永中谋反案，永中为世宗长子，所以章宗对他尤加防范，后镐王府傅尉等官告发永中子阿离合懑因为对章宗防范诸王的政策不满，口出不道之语。后又发现了永中第二子神徒门所作词曲有对章宗不敬的意思，又借家奴“德哥首永中尝与侍妾瑞雪说‘我得天下，子为大王，以尔为妃’”等事，“诏赐永中死，神徒门、阿离合懑等皆弃市”③。

有学者根据金朝屡见奴告主案，认为金代法律允许奴告主④，笔者认为这是值得商榷的。金朝宗室家族中奴告主案件之所以成功，并不一定是因为金朝法律允许奴告主，最主要的原因是在海陵朝金对奴婢的政策有所改变，海陵朝规定“虽主决奴婢，亦论以违制”⑤。加之对宗室的防范与打压和对奴告主案件的鼓励与赏赐，使得奴婢们积极告发主子，甚至是诬陷，其原因一个方面是乌林答氏所言奴婢傲恨主子，另一方面是奴婢能够获得赏赐，甚至还可以得到放良的机会。笔者在研究金朝宗室的时候，对不少宗室包庇家奴犯罪、其家奴为所欲为的行径顿生疑惑，一个小小的奴婢竟如此胆大妄为，在这里笔者似乎得到一个合理的解释：不少宗室因害怕家奴的举报与诬陷，故待家奴很好，往往包庇家奴犯罪，以至他们为所欲为。章宗时，完颜永功“家奴王唐犯罪至徒，

① 《金史》卷76《太宗诸子传》，第1745页。
② 《金史》卷85《世宗诸子传》，第1902页。
③ 《金史》卷85《世宗诸子传》，第1900页。
④ 曾代伟：《金律研究》，台北：五南图书出版公司，1995年，第254页。
⑤ 《金史》卷45《刑志》，第1015页。

永功曲庇之”[①]，宣宗时，“皇子荆王为宰相，家僮辈席势侵民”[②]等，可能是怕家奴告密。

综上所述，金朝宗室的犯罪行为涉及政治、经济、军事、社会生活的各个方面。皇室成员作为对普通大众有着一定导向作用的一个群体，他们的犯罪行为难免对金朝社会产生一定的消极影响。宗室是一个特殊阶层，既受法律约束，又有很多特权。金朝统治者“以亲亲之故”，惧“失亲亲之道”，对宗室成员的犯罪常常是“曲为全贷”，加以宽宥。金朝统治者又因政治的需要而在一定程度上从法律上限制了宗室的特权，特别是鉴于宗室擅权、危及皇权的教训，对于一些法当议减的宗室犯罪又依法惩治，体现出矛盾性。金朝对宗室的犯罪行为加以惩治也有利于缓和社会矛盾。

第三节　金代对宗室的防范对策

宗室是皇权政治体制下的产物，是与皇帝有着密切关系的特殊群体，其行为往往关系着王朝的兴衰与政权的更迭，因为他们常常与皇权争夺、宗室内部政治斗争联系在一起。宗室作为皇帝的血缘同族，最容易篡夺皇位从而导致内乱。西汉的“七国之乱”、西晋的“八王之乱”、唐朝的“玄武门之变”，都是宗室为争夺权力而引发的重大历史事件。因此，限制宗室权力、防止宗室作乱就成为历代皇帝登基后的一项非常重要的任务。

金朝在相对较短的120年的历史中，就曾经发生三次成功的宗室成员篡位、谋权的事件，分别是海陵弑君自立、世宗辽阳称帝和宣宗代卫绍王称帝。由此可见，金朝宗室是影响其政权稳定的一个重要因素，对此，金朝统治者也非常重视，采取了诸多防范措施，其中也不乏对中原王朝历史经验的效仿和借鉴。

一、虚封爵位　限制任官

金朝初年，许多宗室成员参与了平辽灭宋的战争，他们骁勇善战，立下了汗马功劳，因而被授予高官显爵，受到统治者的重视。可是随着政权的稳定，这些宗室成员的权势发生了变化。统治者担心他们位高权重从而

① 《金史》卷85《世宗诸子传》，第1903页。

② 《金史》卷110《程震传》，第2436页。

威胁皇权，于是对宗室的封爵任官加以限制，正如《金史》所言“金朝防近族而用疏属”[①]。

金朝前期对宗室的封爵并不表明皇帝对宗室的绝对信任，在很大程度上是为了换取宗室出生入死、效忠国家。而且封爵制度在金朝从始至终也仅为一种荣衔，主要是指封王，封公、侯、伯等爵位，都是虚封，并无封地，更没有领兵、领民等军政权力，只有爵位名号和享受一定的食禄特权。如果被封以爵位的宗室成员想参与朝政，只能通过他们在国家重要机构中所任实职参政议政。即使这样，宗室虚封的爵位还多次被削夺，如天眷二年（1139 年）九月“降封太宗诸子”[②]。特别是在海陵时，为了防范宗室成员，以防其势力再起危及自己的统治地位，普遍抑削宗室封爵等级，正隆二年（1157 年）二月，正式颁布了改革封爵制度的诏书，“改定亲王以下封爵等第，命置局追取存亡告身，存者二品以上，死者一品，参酌削降。公私文书，但有王爵字者，皆立限毁抹，虽坟墓碑志并发而毁之”[③]“封王者皆降封，异姓或封公或一品、二品阶”[④]。海陵还取消熙宗所封宗室勋臣的国王封号，将大部分国王封号降封为郡王。

金朝灭亡辽、北宋后，到了熙宗时期，仿照中原汉制建立了一整套的任官制度，熙宗时期任用了不少宗室成员担任中央机构的要职。海陵弑君自立后，为了防止宗室成员因担任要职、掌握重权从而篡夺皇位，开始对宗室的任官加以限制，直至金朝灭亡，历朝宗室成员担任要职的人数都不多。关于中央官员中宗室成员与非宗室成员的任用情况，陶晋生先生有过比较详尽的统计[⑤]。根据陶先生的统计可以看出熙宗朝宰执的任用情况，其中宗室及完颜氏为 13 人，非宗室为 7 人；但到了海陵、世宗、章宗、卫绍王和宣宗时期，相应情况发生了非常明显的变化，对比数字分别为 3∶25，7∶26，5∶21，4∶20，这与熙宗时期的宗室与非宗室的比例 13∶7 相比，差距很大。六部尚书中，宗室及完颜氏与其他非宗室成员的比例在熙宗、海陵、世宗、章宗、卫绍王和宣宗朝分别是 7∶11，4∶34，11∶50，1∶28，5∶41。御史大夫中，宗室及完颜氏与其他非宗室成员的比例在熙宗、海陵、世宗、章宗、卫绍王和宣宗朝分别是 2∶1，1∶5，3∶6，2∶6，3∶5。通过以上的统计数字，我们可以看出，从海陵开始，

① 《金史》卷 116《承立传》，第 2552 页。

② 《金史》卷 4《熙宗本纪》，第 75 页。

③ 《金史》卷 5《海陵本纪》，第 107 页。

④ 《金史》卷 84《耨盌温敦思忠传》，第 1882 页。

⑤ 陶晋生：《金代的政治结构》，《历史语言研究所集刊》第 41 本第 4 分，1969 年，第 575 页。

中央重要官员的任用中，宗室成员所占的比例开始明显地减少。正如《金史》所言，海陵篡位，“疏忌宗室”“待宗室少恩”。到了章宗朝，因为郑王永蹈谋逆，这个时期六部尚书中宗室及完颜氏与其他非宗室成员的比例是 1∶28，皇帝对宗室的戒备达到空前的状态，可谓章宗“疏忌宗室”①。然而一些宗室官员却有权力向皇帝举荐人才，如杨云翼“承安四年，出为陕西东路兵马都总管判官，决狱宽平，大为总管贤宗室长寿所知。泰和元年，召为太学博士”②。冯璧因“宰相宗室承晖荐，授应奉翰林文字、同知制诰、兼韩王府记室参军”③。

由上可见，金朝对宗室爵位的虚封、削夺，以及限制任官，基本上是从海陵朝开始的。这是因为海陵笔者就是通过弑君而篡夺皇位的，因此他更要防止宗室叛乱事件重演，极大地限制宗室的权势。但是防不胜防，由于他的防范策略激起了很多宗室成员的不满，世宗终于在东京辽阳发动政变，推翻海陵而自立。宣宗代卫绍王称帝一事也是因为章宗、卫绍王朝疏忌宗室，宠信奸恶之人纥石烈执中而导致的。

二、待遇优厚　亲亲之道

孔子曰：“富与贵，是人之所欲也。”④ 意思是说，追求富贵是人天生的欲望。金朝统治者据此想以“亲亲之道”拉拢宗室、打消其谋反的念头，通过分食邑、宗禄、特俸、赏赐等方式使宗室拥有足够的财富，过上富足的生活。

食邑是一种与分封制度相联系的封赏。宗室中被封王、公、侯、伯、子、男的人，被给予食邑。《金史》记载：“凡食邑：封王者万户，实封一千户。郡王五千户，实封五百户。国公三千户，实封三百户。郡公二千户，实封二百户。郡侯一千户，实封一百户。郡伯七百户，县子五百户，县男三百户，皆无实封。”⑤ 对于“宗室子或不胜任官事”的人，金世宗时

① 《金史》卷 12《章宗本纪四》，第 286 页。

② （金）元好问：《元好问全集》卷 18《内相文献杨公神道碑铭》，太原：山西人民出版社，1990 年，第 494 页。

③ （金）元好问：《元好问全集》卷 19《内翰冯公神道碑铭》，太原：山西人民出版社，1990 年，第 518 页。

④ （魏）何晏等注、（宋）邢昺疏：《论语注疏》卷 4《里仁》，上海：上海古籍出版社，1990 年，第 38 页。

⑤ 《金史》卷 55《百官志一》，第 1223 页。

以散官的形式“量与廪禄，以赡足之”[①]。金朝宗室任官者依品支俸，封王者更别有王俸，“皇统二年（1142年），定制，皇兄弟及子封一字王者为亲王，给二品俸，余宗室封一字王者以三品俸给之”[②]。亲王到任也给钱，大定二十九（1189年）年六月“诏有司，请亲王到任各给钱二十万”[③]“诸亲王授任者，禄从多，职田从职”。可见宗室的食邑、俸禄数量不小，远远多于百官的俸禄。

此外，金朝统治者还通过不定期的赏赐和接济使宗室生活富足。在宗室成员立功之时、婚丧嫁娶、每逢节庆都要给予赏赐，有时数额还非常大。太祖时，“及克西京，赐宗雄黄金百两，衣十袭及奴婢等”[④]，皇统四年（1144年）正月，“诏以去年宋币赐始祖以下宗室”[⑤]。在宗室成员生活贫困时给予一定的帮助。宗室“京家人数百口，财用少，上（世宗）闻之，赐金一百五十两、重彩百端、绢五百匹”[⑥]。金朝统治者不定期地赏赐宗室成员的例子在金代的相关史料中不胜枚举，特别是世宗时期更是对宗室恩赐有加。当然这是皇帝体现其所宣扬的儒家伦理文化中的“亲亲之道”的一种方式，但是笔者认为这其中亦不乏有对宗室加以优抚，使其生活安逸，打消其谋权、叛乱的心思。

三、无情杀戮　迁徙禁锢

在金朝统治的100多年里，发生过多起宗室谋反的事件。为了斩草除根，对于参与谋反的宗室，金统治者基本都是无情地予以杀戮，其中自然难免有错杀、冤杀的情况。

天眷二年（1139年）七月，“宋国王宗磐、兖国王宗隽谋反，伏诛。……甲午，咸州详稳沂王晕坐与宗磐谋反，伏诛”[⑦]。“宗磐既诛，熙宗使宗固子京往燕京慰谕宗固。既而翼王鹘懒复与行台左丞相挞懒谋反伏诛。”[⑧]海陵时，其弟完颜衮与西京兵马完颜谟卢瓦、编修官圆福奴等交往甚密，衮家奴向海陵告发，称完颜衮欲与完颜谟卢瓦等谋反，“斩之于市，

① 《金史》卷88《石琚传》，第1961页。
② 《金史》卷58《百官志四》，第1340页。
③ 《金史》卷9《章宗本纪一》，第210页。
④ 《金史》卷73《宗雄传》，第1680页。
⑤ 《金史》卷4《熙宗本纪》，第80页。
⑥ 《金史》卷74《宗望传》，第1708页。
⑦ 《金史》卷4《熙宗本纪》，第74页。
⑧ 《金史》卷76《太宗诸子传》，第1731页。

谟卢瓦、圆福奴并日者皆凌迟处死”①。大定四年（1164 年）七月，“故卫王襄妃及其子和尚以妖妄伏诛”②。大定十二年（1172 年）十二月，“德州防御使文以谋反，伏诛”③。明昌四年（1193 年）十二月，“定武军节度使郑王永蹈以谋反，伏诛”④。即便未发现有谋反的迹象，皇帝对具有潜在威胁的宗室成员仍然杀戮不止。特别是在海陵篡夺皇位后，怕有人效仿，因而大肆屠杀可能威胁自己皇位的宗室诸王，以致“太宗后遂绝”“宗翰之后遂绝”。《金史》中关于“太宗后遂绝”⑤“宗翰之后遂绝”⑥的记载似乎有些绝对，实际上并未杀绝，但却反映了当时海陵忌杀宗室的力度之大，就连一向提倡行“亲亲之道”的世宗得立后也屠杀海陵的后人。

为了防止宗室谋反叛乱，金统治者还迁徙和禁锢宗室成员。完颜亮“疏忌宗室”，屠杀宗室，“恐上京宗室起而图之，故不问疏近，并徙之南”⑦，以加强防范。明昌四年，“郑王永蹈以谋逆诛。增置诸王司马一员，检察门户出入，球猎游宴皆有制限，家人出入皆有禁防”⑧。“以王傅府尉检制王家，苛问严密，门户出入皆有籍。”⑨这样，诸王的一举一动全在章宗的严密监视之下，可谓“自是诸王制限防禁密矣”⑩。“宣宗南渡，防忌同宗，亲王皆有门禁”⑪，卫绍王及镐厉王家人迁至郑州不得出入，甚至“男女不得婚嫁者十九年”⑫，“驯至宣、哀之世，镐厉王（永中）子孙禁锢已四十余年，卫绍王（永济）子孙亦禁锢二十余年，至大中始释而国已亡矣”⑬。

纵观金朝 120 年的历史，凡是对皇权有威胁的宗室行为，都加以限制，如德州防御使宗望子文因术士妄谈禄命而谋反，世宗下诏：“自今宗室、宗女有属籍者及官职三品者，除占问嫁娶、修造、葬事，不得推算相命，违者徒二年，重者从重。”⑭以上防范对策的确对宗室谋权篡位起到

---

① 《金史》卷 76《完颜衮传》，第 1748 页。
② 《金史》卷 6《世宗本纪上》，第 134 页。
③ 《金史》卷 7《世宗本纪中》，第 158 页。
④ 《金史》卷 10《章宗本纪二》，第 230 页。
⑤ 《金史》卷 76《太宗诸子传》，第 1733 页。
⑥ 《金史》卷 132《逆臣传》，第 2819 页。
⑦ 《金史》卷 8《世宗本纪下》，第 185 页。
⑧ 《金史》卷 85《世宗诸子传》，第 1899 页。
⑨ 《金史》卷 13《卫绍王本纪》，第 290 页。
⑩ 《金史》卷 85《世宗诸子传》，第 1902 页。
⑪ 《归潜志》卷 1，第 4 页。
⑫ 《金史》卷 64《后妃传下》，第 1531 页。
⑬ 《廿二史札记》卷 28《金初父子兄弟同志》，第 388 页。
⑭ 《金史》卷 74《宗望传》，第 1712 页。

了一定的遏制作用，但是难免造成宗室内部的隔阂与矛盾。如海陵王完颜亮为巩固自己的皇位而大肆屠杀宗室，使作为宗室的完颜雍也随时有被杀的可能，这也是完颜雍（后来的世宗）发动政变推翻完颜亮自立的重要原因。

四、倡导忠孝　驯良教化

金代帝王自熙宗以下，大多儒学修养较高并熟知历代王朝治国典故。如唐太宗任用直谏之臣魏征，成为一代佳话。对此，金世宗明确表示："朕常慕古之帝王，虚心受谏。卿等有言即言，毋缄默以自便。"[①]"唐、虞之圣，犹务兼览博照，乃能成治。正隆专任独见，故取败亡。"[②]因此仿效中原王朝行之有效的防范宗室的举措，对了解中原王朝历史的金朝皇帝们来说是再自然不过的了。特别是经历了海陵王弑君自立和自己代海陵而自立的接连的两起政变，世宗应该是深感宗室具有的威胁和防范他们的必要性，故他也采取了诸多措施来消除宗室谋反的可能性。其中一项就是大力提倡儒家的忠孝观念，使其成为君臣上下和家庭宗族关系的准则，企图从根本上杜绝宗室——当然也包括其他臣民——对皇权的威胁。在这里，儒家传统的伦理道德、忠孝观念已被金代统治者视为能够解决现实政治问题的有力武器。这些伦理观念对于立国前无上下尊卑之分、怀有朴素的平等观念的女真族来说，显然是对中原文化认同的结果。

金世宗曾对皇太子允恭和诸亲王说："人之行，莫大于孝弟，孝弟无不蒙天日之佑。汝等宜尽孝于父母，友于兄弟。"[③]世宗几次广为散发《孝经》，再三强调"教而后能"[④]。世宗说："且教化之行，当自贵近始。"[⑤]由于宫中侍卫大多是从宗室子弟中选拔，且侍卫的忠诚直接关系到皇帝的安全，因此对他们采取一定防范措施也是必要的。大定二十三年(1183年)，世宗采纳梁肃之谏，仿汉代羽林军皆通《孝经》故事，规定侍卫亲军也要学习用女真字翻译的儒家典籍，"以女直字《孝经》千部付点检司分赐护卫亲军"[⑥]。到章宗即位后，诏"其护卫、符宝、奉御、奉职、侍直

---

① 《金史》卷 8《世宗本纪上》，第 125 页。
② 《金史》卷 6《世宗本纪上》，第 128 页。
③ 《金史》卷 7《世宗本纪中》，第 161 页。
④ 《金史》卷 89《梁肃传》，第 1985 页。
⑤ 《金史》卷 7《世宗本纪中》，第 160 页。
⑥ 《金史》卷 8《世宗本纪下》，第 184 页。

近密，当选有德行学问之人为之教授”[①]。统领亲军的点检司专设教授若干名进行文化教育。泰和年间，又“诏亲军三十五岁以下令习《孝经》《论语》”[②]。通过教化这些宗室子弟，培养他们的忠孝观念，对因宗室成员而起的政变应该是会起到一定的防范作用的。与金代相同，辽代除了防范宗室外，在北面官制中设有大惕隐司，掌皇族之政教，主要是为了训诫皇族子弟孝义天下，使其以儒家的伦理道德来规范自身的行为[③]。从而达到教化宗室的目的。

实际上，皇帝对宗室成员的防范心理一直颇为矛盾，因为一方面要靠血缘关系维系国家的统治，另一方面要防止宗室之祸的发生。金朝统治者给予宗室优厚待遇的防范策略，在很大程度上笼络了宗室，使其效忠皇室，不存二志；无情杀戮、禁锢谋反宗室成员也遏制了一些宗室的谋反行为。但同时，对宗室的防范疏忌、同室操戈也削弱了金朝的统治力量，激化了统治集团内部的矛盾，在一定程度上动摇了金朝的统治，如此“疏忌骨肉”“岂‘宗子维城’之道哉”[④]。由此可见，金朝对宗室的防范并不是非常成功，不仅在120年的统治中发生了三次宗室夺权篡位成功的事件，且对宗室的防制、刻削也应该是导致金朝灭亡的原因之一，“哀宗虽亡国之君，而其言有足悲者。章宗防制刻削兄弟，而其祸卒至于此，岂非后王之永鉴哉”[⑤]。张邦炜先生认为：“宋代的宗室既享有某些法律特权，又受到某些特殊限制。特别是宗室近亲，往往被局限在狭窄的小天地里，说他们被软禁或许言过其实，几乎与世隔绝则接近于事实。他们担任实职尚且受到种种限制，通常更是难以凌驾于宰相之下，宋代不存在‘宗室内朝’是显而易见的。如果说唐代多次发生宗室之祸，关键在于太子、亲王大权在握，尤其是兵权在手，那么宋代的太子、亲王一般不掌握实权，特别是不管军，则是宋代大体无宗室之祸的一个相当重要的原因。”[⑥]

本章主要探讨了金朝宗室的专门管理机构大宗正府的机构设置、官员的选任和执掌，并探讨了宗室的兼理机构御史台、太常寺及其他相关机构。这些机构与大宗正府相互配合，各司其职，各自从不同的方面管理宗室，共同管理好宗室事务，但是由于宗室成员的特殊身份，在实施管理时

① 《金史》卷9《章宗本纪一》，第210页。
② 《金史》卷12《章宗本纪四》，第270页。
③ 高福顺：《契丹皇族儒家经史教育考论》，《中国边疆史研究》2013年第3期。
④ 《金史》卷93《宣宗三子传》，第2063页。
⑤ （清）顾炎武：《日知录》卷9《宗室》，上海：上海古籍出版社，影印文渊阁《四库全书》本，2007年。
⑥ 张邦炜：《宋代皇亲与政治》，成都：四川人民出版社，1993年。

存在一定的困难。此外，本章还探讨了宗室成员犯罪类型、惩罚方式及宗室犯罪处罚的特点，由于宗室成员与金朝统治者的特殊关系，只要不涉及危害皇权的犯罪大多“以亲亲之故”、惧“失亲亲之道”，因而对宗室成员的犯罪“曲为全贷”、从轻处罚。惩罚则常以精神处罚和告诫为主要处罚方式。鉴于宗室的特殊身份，他们也是威胁皇权的重要因素，有金一代曾经发生三次成功的宗室成员篡位、谋权的事件。因金朝宗室是影响其政权稳定的一个重要因素，所以金朝统治者采取了虚封爵位、限制任官、待遇优厚、无情杀戮、迁徙禁锢、倡导忠孝等诸多防范措施。

第五章　金代宗室的婚姻

宗室是金代非常特殊的社会阶层，是社会中地位最高的宗族，他们的婚姻与一般贵族或平民有不同之处。宗室的婚姻不是个人的事情，特别是帝王的婚姻更是国家的事情，所以也被称为“国婚”。作为国之枝叶的金朝宗室成员比较重视婚配对象，对婚姻对象有较严格的规定。本章将通过分析金代帝王、公主、宗女及除帝王之外的男性宗室的婚姻状况，总结出这三类婚姻各自的特色，从而窥探金代宗室婚姻的某些特点，如金朝宗室的婚媾具有一定的政治色彩，是巩固其统治以达到长治久安的一种政治策略。

第一节　宗室婚姻状况

金代宗室的通婚对象有“世婚家族”和“非世婚家族”之分，下面将分别论述之。“世婚家族”是指与完颜宗室累世通婚的家族。《金史》记载：“乌林答氏，其先居海罗伊河，世为乌林答部长，率部族来归，居上京，与本朝为婚姻家。”① “国朝故事，皆徒单、唐括、蒲察、拏懒、仆散、纥石烈、乌林答、乌古论诸部部长之家。”② “金之徒单、拏懒、唐括、蒲察、裴满、纥石烈、仆散皆贵族也。天子娶后必于是，公主下嫁必于是。”③ 金朝历代皇后的选取及公主下嫁基本上都从上述徒单、唐括、蒲察、拏懒、仆散、纥石烈、乌林答、乌古论、裴满这九支女真贵族中挑选。可见女真完颜部与前述九部女真之家的“十姓世婚”④。

金朝初年帝王择后严格限定在这九支女真贵族的范围内，章宗钦怀皇后去世，中宫虚位久，章宗欲立出身低微的李氏，但是“大臣固执不从，

---

① 《金史》卷 64《后妃传下》，第 1519 页。

② 《金史》卷 63《后妃传上》，第 1528 页。

③ 《金史》卷 120《世戚传》，第 2629 页。

④ 日本学者三上次男认为其中的拏懒氏并非外戚之族，传统的外戚之家只有八姓。〔日〕三上次男：《辽末金室完颜家族的通婚形态》，《金史研究》第 3 部《金代政治・社会の研究》，东京：中央公论美术出版，1970 年。

台谏以为言，帝不得已，进封为元妃”[①]。但是到了金朝后期，出现宣宗立汉人王氏为皇后一事，故《金史》说：“宣宗册温敦氏，乃赐姓，变古甚矣。”[②]宣宗贞祐二年（1214 年）立中都民家子王氏为皇后一事，是一个非常特殊的情况，宣宗为了使立后之事不过于违背金朝的传统，在立汉人王氏为皇后之前，先赐姓温敦氏。温敦氏虽然不是婚姻九家的姓氏，但为女真姓氏，总比汉人的王姓要名正言顺得多。另外，《金史》中有这样一段话：“或曰宣宗为诸王时，庄献太子母为正妃，及即位，尊为皇后。贞祐元年（1213 年）九月，诏曰：‘元妃某氏久奉侍于潜藩，已赐封于国号，可立为皇后。’其名氏盖不可考也。或又曰自王氏姊妹入宫而后宠衰，寻为尼，王氏遂立为后，皆后姊明惠之谋也。”[③]也就是说，在立王氏为皇后之前，已立皇后，即庄献太子之母，但是因王氏姊妹的姿色与殷勤，导致原皇后失宠，从而出家为尼，皇后的位置就落到了王氏的手中。宣宗王皇后一事只是特例，直至金朝的最后一个皇帝，还是受到了这种婚配对象的约束，“哀宗甚宠一宫人，欲立为后，后（宣宗明惠皇后）恶其微贱，固命出之。上不得已，命放之出宫”[④]。此外，金朝公主和非帝王男性宗室的婚配对象往往也要从这九姓中选择。

虽然金朝对宗室的婚配对象有较严格的规定，但是却有不少非世婚家族的女子、男子得以与宗室联姻，这是因为金朝皇帝选取妃子和非帝王男性宗室的择偶范围比较宽泛，各族、各部人都有，笔者定义这些人为“非世婚家族”。与宗室通婚的非世婚家族主要有女真的夹谷氏、乌萨札氏、温迪痕氏、术虎氏等，以及渤海、契丹、高丽、汉人等。比较值得一提的是金朝宗室与渤海、契丹、汉人联姻的情况。渤海大族与女真宗室的联姻比较广泛，金太祖时期就开始选取辽阳渤海大族之女作为宗室诸王的侧室，“天辅间，选东京士族女子有姿德者赴上京，后（世宗母贞懿皇后李氏）入睿宗邸”[⑤]，主要有渤海的大氏、李氏和张氏。自太祖至世宗朝，渤海与金朝的宗室累世通婚，金朝的九位皇帝中就有三位由渤海人所生，他们分别是海陵王、金世宗、卫绍王，世宗也娶了舅父辽阳李石之女。这足以显示金朝宗室与渤海族通婚关系之密切。大定后期，由于渤海人卷入了世宗后期的皇室内争，章宗即位后即着手清除宗室内的渤海人势力，这直接导致了渤海世家与女真皇室之间联姻关系的破裂，从章宗直至金末，不

① 《金史》卷 64《后妃传上》，第 1528 页。
② 《金史》卷 63《后妃传上》，第 1498 页。
③ 《金史》卷 64《后妃传下》，第 1532 页。
④ 《金史》卷 64《后妃传下》，第 1534 页。
⑤ 《金史》卷 64《后妃传下》，第 1518 页。

但皇帝后妃中无一渤海人，而且宗室也没有与渤海人通婚者[①]。

汉人与女真宗室结为夫妻的也比较多，见于记载的主要是赵宋宗室妇女，但是这些汉族女子的情况与渤海人不同。不少金朝宗室以赵氏女为妇，是因为汴京陷落，其被掳而迫之。太祖时“平辽所得中原士女，艳装丽色，尽掠而北。后性俭素，不好华饰，躬御缦缯而已”[②]。“虏主（太宗）征取留徙燕山、中京、韩州、咸州宋宫宗室妇女，并赎兵士俘掠为奴、未嫁典质为奴、不知情而嫁奴、建炎二年分赐诸王郎君、万户、大僚家为奴，凡得二十四岁以下妇女一百十四人入宫。”[③]北宋灭亡以后，宗望向宋徽宗请一位妃子给粘罕次子作妇。天会八年（1130 年），六月，“诏以昏德公（赵佶）六女为宗妇”[④]。金代帝王中有两人是汉族女子所生，显宗昭圣皇后汉人刘氏生宣宗，宣宗明惠皇后汉人王氏生哀宗。据《续夷坚志》记载：“米元章《华陀帖》二十八字，靖康之变，流落民间，历三四传，乃入越王府。王惧为内府所收，秘之二十年无知者。太和末，都城阎贯道与文士辈请仙，元章降笔。贯道因问先生：‘《华陀帖》神迹超轶，辉映今古，汴京破，失所在。先生于平生得意书，定知为何人所秘，愿以见告。’即批云：‘当就越邸求之。’庞都运才卿，王妃之弟，贯道以为言。才卿请于妃，果获一见。王薨于汴，明禁随废，文士得从王之子密公游，往往见焉。东坡梦杜子美自解《八阵图》，谓是书生习气，以此事观，非伪言。”[⑤]庞才卿既然是越王王妃之弟，那么越王王妃就是以汉人身份与女真宗室联姻的。此外，金朝宗室还掠来了不少契丹人作妇，主要是辽宗室后妃、宗女。宗翰纳辽天祚帝元妃，宗望纳天祚之女余辇公主[⑥]。海陵柔妃契丹人耶律弥勒，天德二年（1150 年）使礼部侍郎萧拱取之于汴。《纪肉芝等事》记载：“天兴初，荆王府第中庭产肉芝一株，高可五寸许，色红鲜可爱。既而枝叶流津濡地，视之皆成血，臭不可闻，铲去，复出者再。遇夜，房榻间有物作声，伏其中，烛之，群狐满床，遂捕，失所在。未几，曹王讹可出质。王妃萧氏向予谈其事。妃，尚书贡之孙。今为黄冠

① 刘浦江：《渤海世家与女真皇室的联姻——兼论渤海人的政治地位》，《辽金史论》，沈阳：辽宁大学出版社，1999 年。

② 《大金国志校证》卷 1《太祖武元皇帝上》，第 17 页。

③ （宋）確庵、耐庵编，崔文印笺证：《靖康稗史笺证》之六《呻吟语》，北京：中华书局，1988 年，第 221 页。

④ 《金史》卷 3《太宗本纪》，第 61 页。《靖康稗史笺证》之六《呻吟语》，第 217 页，《燕人尘 · 昏德谢表》：“臣佶伏奉宣命，以臣女六人赐内族为妇，具表称谢。”

⑤ （金）元好问撰，常振国点校：《续夷坚志》卷 4《华佗帖》，北京：中华书局，2006 年，第 88 页。

⑥ 《金史》卷 74《宗望传》，第 1703 页：“太祖嘉宗望功，以辽蜀国公主余里衍赐之。”

师，居卫。”[①] 荆王王妃萧氏既为萧贡的孙女，可知其与越王王妃一样，都属于异族通婚。

要较为完整地研究宗室婚姻，应当包括纳后、尚主及非帝王男性宗室的婚姻三种情况。但是纵观金代史料，除了纳后资料相对完整之外，尚主的资料比较零散，且关于非帝王男性宗室婚姻的资料非常少。本节将通过分析宗室婚配对象的情况，进而更详尽地窥见宗室婚姻的某些特点。

一、帝王的婚姻

金代“后不娶庶族，甥舅之家有周姬、齐姜之义”[②]。国初诸妃皆无位号，熙宗时始有贵妃、贤妃、德妃之号。海陵淫嬖，后宫浸多，元妃、姝妃、惠妃、贵妃、贤妃、宸妃、丽妃、淑妃、德妃、昭妃、温妃、柔妃凡十二位。大定后宫简少，明昌以后大备。《金史·后妃传上》记载了金朝的内官制度：诸妃视正一品，比三夫人。昭仪、昭容、昭媛、修仪、修容、修媛、充仪、充容、充媛视正二品，比九嫔。婕妤九人视正三品，美人九人视正四品，才人九人视正五品，比二十七世妇。宝林二十七人视正六品，御女二十七人视正七品，采女二十七人视正八品，比八十一御妻。又有尚宫、尚仪、尚服、尚食、尚寝、尚功，皆内官也。

首先我们将金朝帝王的婚配情况列一表（表 5-1），再做分析。此表史料除特别标注之外，均来源于《金史》之《后妃传》和《世戚传》等。

表 5-1　帝王婚姻构成状况表

帝名	后妃名	家族	后妃家族背景及生子情况	生前卒后名份
始祖	明懿皇后	完颜氏	生德帝乌鲁、斡鲁、注思版	天会十五年追谥
德帝	思皇后		生安帝、辈鲁	天会十五年追谥
安帝	节皇后		生献祖、信德、谢库德、谢夷保、谢里忽	天会十五年追谥
献祖	恭靖皇后		生昭祖、朴都、阿保寒、敌酷、敌古乃、撒里辇、撒葛周	天会十五年追谥
昭祖	威顺皇后	徒单氏	活剌浑水敌鲁乡徒单部人。其父拔炭都鲁海。生景祖、乌古出	天会十五年追谥
	达胡末	乌萨札氏	乌萨札部人。生跋黑、仆里黑、斡里安	
		高丽人	生胡失答	

① （元）王恽撰：《秋涧先生大全文集》卷 44《纪肉芝等事》，上海：商务印书馆影印，1936 年。

② 《金史》卷 63《后妃传上》，第 1498 页。

续表

帝名	后妃名	家族	后妃家族背景及生子情况	生前卒后名份
景祖	昭肃皇后	唐括氏	帅水隈鸦村唐括部人，父石批德撒骨只，巫者。生劾者、世祖、劾孙、肃宗、穆宗	天会十五年追谥
	注思灰	契丹人	生劾真保	
	敌本	温迪罕氏	生麻颇、阿离合懑、谩都诃	
世祖	翼简皇后拏懒氏	拏懒氏	生康宗、太祖、斡带、太宗、斜也	天会十五年追谥
	徒单氏	徒单氏	生斡赛、斡者	
	仆散氏	仆散氏	生乌故乃	
	术虎氏	术虎氏	生阇母	
	术虎氏	术虎氏	生查剌	
	乌古论氏	乌古论氏	生昂	
肃宗	靖宣皇后蒲察氏	蒲察氏		天会十五年追谥
穆宗	贞惠皇后乌古论氏	乌古论氏		天会十五年追谥
康宗	敬僖皇后唐括氏	唐括氏	生谋良虎	天会十五年追谥
	温都氏	温都氏	生同刮茁	
	仆散氏	仆散氏	生隈可	
太祖	圣穆皇后唐括氏	唐括氏	赠后父留速太尉、荣国公，祖迭胡本司徒、英国公，曾祖劾乃司空、温国公。生景宣、乌烈、宗杰	天会十三年追谥
	光懿皇后裴满氏	裴满氏	生宗干	天会十三年追谥
	钦宪皇后纥石烈氏	纥石烈氏	生宗望、宗隽、讹鲁	天会十三年，尊为太皇太后，宫号庆元。死后祔葬睿陵
	宣献皇后仆散氏	仆散氏	生睿宗、讹鲁朵	天会十三年，追册曰德妃。大定元年追谥
	崇妃萧氏	契丹人	生习泥烈、宁吉、燕孙	熙宗时封贵妃。天德二年，封元妃。又尊封太妃。大定十九年，封崇妃
	贤妃（元妃）乌古论氏	乌古论氏	生宗弼、宗强、宗敏	天会十三年追册为贤妃
	娘子独奴可		生斡忽	

续表

帝名	后妃名	家族	后妃家族背景及生子情况	生前卒后名份
太宗	钦仁皇后唐括氏	唐括氏	赠后父阿鲁束太尉、宋国公，祖实匹司徒、英国公，曾祖阿鲁琐司空、温国公	熙宗即位，尊为太皇太后，号明德宫。谥曰钦仁皇后，祔葬恭陵
熙宗	悼平皇后裴满氏	裴满氏	父裴满达本名忽挞，婆卢木部人。为人淳直孝友。天辅六年，从蒲家奴追叛寇于铁吕川，力战有功。 生太子济安	初封贵妃。天眷元年，立为皇后。皇统元年，册为慈明恭孝顺德皇后。海陵时追谥为悼皇后。大定时，加谥为悼平皇后，祔葬思陵
	德妃乌古论氏	乌古论氏		
	妃夹谷氏	夹谷氏		
	妃张氏	渤海人		
	妃斐满氏	裴满氏		
	胙王常胜妃撒卯			
	贤妃安氏	汉人	生魏王道济	
海陵[1]	皇后徒单氏	徒单氏	太师徒单恭（斜也）女，生光英	初为岐国妃，天德二年封为惠妃，九月，立为皇后
	第二娘子大氏	渤海人	右副元帅挞不野女，渤海旧族。生元寿	初即位，封贵妃，后贵妃大氏进封惠妃，贞元元年，进封姝妃，正隆二年，进封元妃
	柔妃唐括氏	唐括氏	生矧思阿补	`
	才人南氏		生广阳	
	第三娘子萧氏	契丹人		初即位，封昭容，天德二年，特封淑妃，贞元二年，进封宸妃
	丽妃耶律氏	契丹人		初封修容。天德四年，进昭媛，贞元元年，进昭仪，三年，进封丽妃
	柔妃耶律弥勒	契丹人		初封为充媛，后进封柔妃

① 海陵强占有夫之妇、淫乱宗女，情况比较复杂。有封号的都列入，没有封号的如海陵外甥女蒲察叉察、宗隽女师姑儿等均未列入。

续表

帝名	后妃名	家族	后妃家族背景及生子情况	生前卒后名份
海陵	阿懒		海陵叔曹国王宗敏妻	贞元元年，封为昭妃
	石哥	唐括氏	定哥之妹，秘书监文妻	初封为修容。贞元三年，进昭仪。正隆元年，进封柔妃。二年，进丽妃
	修仪高氏		秉德弟糺里妻	
	修容安氏			
	贵妃唐括定哥	唐括氏	崇义节度使乌带之妻	贞元元年，封为贵妃
	昭媛耶律察八	契丹人	奚人萧堂古带妻	
	昭妃蒲察阿里虎	蒲察氏	驸马都尉没里野女。曾为宗磐子阿虎迭、宗室南家妻	特封贤妃，再封昭妃
世宗	昭德皇后乌林荅氏	乌林荅氏	其先居海罗伊河，世为乌林荅部长。曾祖胜管。康宗时累使高丽。父石土黑，骑射绝伦，从太祖伐辽，领行军猛安。虽在行伍间，不嗜杀人。以功授世袭谋克，为东京留守。生显宗、孰辇、斜鲁	大定二年，追册为昭德皇后。章宗时，改谥明德皇后
	元妃张氏	渤海人	父玄征，张浩族兄。母高氏，与世宗母贞懿皇后葭莩亲。生允中、允功	大定二年，追封宸妃。是岁十月，追进惠妃。十九年，追进元妃
	元妃李氏	渤海人	世宗舅父南阳郡王李石女。生允蹈、允济、允德	大定元年，封贤妃。二年，进封贵妃。七年，进封元妃。卫绍王即位，追谥光献皇后
	昭仪梁氏	汉人	生允成	
	才人（贤妃）石抹氏	契丹人	生允升	
	柔妃大氏	渤海人		
	德妃徒单氏	徒单氏		
章宗	钦怀皇后蒲察氏	蒲察氏	曾祖太神，国初有功，累阶光禄大夫，赠司空、应国公。祖阿胡迭，官至特进，赠司徒、谯国公。父鼎寿尚熙宗郑国公主，授驸马都尉、中都路昏得浑山猛安、曷速木单世袭谋克，累官至金吾卫上将军，赠太尉、越国公。生洪裕	封金源郡王夫人，后进封妃。帝即位，遂加追册。大安初，祔葬于道陵
	资明夫人林氏	汉人	生洪靖	

续表

帝名	后妃名	家族	后妃家族背景及生子情况	生前卒后名份
章宗	元妃李师儿	汉人	其家有罪，没入宫籍监。父湘，母王盼儿，皆微贱。生葛王忒邻	明昌四年，封为昭容。明年，进封淑妃。后进封为元妃
	昭仪夹谷氏	夹谷氏	枢密副使、东北路兵马都统制使夹谷清臣（后位至左丞相）女	
	温妃石抹氏	契丹人		
	承御贾氏	汉人		
	内人范氏	汉人		
	霍王从彝母		生从彝	
	诸姬		生洪熙、洪衍、洪辉	
	丽妃徒单氏	徒单氏		
	柔妃唐括氏	唐括氏		
	修仪乌古论氏	乌古论氏		
	真妃徒单氏	徒单氏		
	郑宸妃①		故南宫华原郡王居中之曾孙女	
卫绍王	皇后徒单氏	徒单氏		大安元年，立为皇后
	资明夫人郑氏	汉人		
宣宗	皇后王氏	汉人（赐姓温敦氏）	中都民家子，明惠皇后妹，父颜昌	贞祐元年，封为元妃。贞祐二年，赐姓温敦氏，立为皇后。正大元年，尊后为皇太后
	明惠皇后王氏	汉人	民家子，王皇后姊。生哀宗	贞祐元年九月，封为淑妃。后进封元妃。哀宗即位，诏尊为皇太后。谥明惠皇后
	真妃庞氏	汉人	中都民家子。生守纯	贞祐元年，封为真妃
	柔妃裴满氏	裴满氏		
	庄献太子母		生宣宗长子庄献太子	
	丽妃史氏	汉人	玄龄可能为丽妃所生	

① 《大金国志校证》卷19《章宗皇帝上》，第271页，注五十四。

续表

帝名	后妃名	家族	后妃家族背景及生子情况	生前卒后名份
哀宗	皇后徒单氏	徒单氏	父镇南军节度使顽僧	正大元年，诏立为后
	宝符李氏			
哀宗	承御石盏氏	石盏氏		
显宗	孝懿皇后徒单氏	徒单氏	其先忒里辟剌人也。曾祖抄，从太祖取辽有功，命以所部为猛安，世袭之。祖婆卢火，以战功多，累官开府仪同三司，赠司徒、齐国公。父贞尚辽王宗干女梁国公主，加驸马都尉，赠太师、广平郡王。生章宗①	初封为皇太子妃。谥曰孝懿，祔葬裕陵
	温妃石抹氏	契丹人		
	妃王氏	汉人	生温王玠	
	妃田氏	汉人	生郓王琮、瀛王环、霍王从彝	
	妃刘氏	汉人	生瀛王从宪	
	昭圣皇后刘氏	汉人	辽阳人。生宣宗	承安五年，赠裕陵昭华。宣宗即位，追尊为皇太后，升祔显宗庙，追谥昭圣皇后
景宣	惠昭皇后蒲察氏	蒲察氏	生熙宗	天会十三年九月，追封为惠昭皇后
睿宗	钦慈皇后蒲察氏	蒲察氏	后之母，太祖之妹也。赠后曾祖赛补司空、韩国公，祖蒲剌司徒、郑国公，父按补太尉、曹国公	天会十三年，追封潞王妃。皇统六年，进号冀国王妃。天德间，进国号。正隆例封许王妃。世宗时追谥钦慈皇后。大定二年，祔葬景陵
	贞懿皇后李氏（洪愿）	渤海人	父雏讹只，仕辽，官至桂州观察使。生世宗	世宗即位，尊谥为贞懿皇后
	（张）寿昌娘子②	渤海人		

注：表中所有史料均来源于《金史》，不来源于《金史》的标注出

通过以上对帝王后妃情况的分析，可以看出金朝皇帝后妃不仅有婚姻家的徒单氏、唐括氏、拏懒氏、蒲察氏、乌古论氏、裴满氏、纥石烈氏、仆散氏、乌林答氏，还有女真族的夹谷氏、术虎氏、温迪痕氏、乌萨札

① 《大金国志校证》卷19《章宗皇帝上》，第257页记载章宗“母赵氏，即故降授千牛卫将军郓王楷之幼女”。校证［一］母赵氏即故降授千牛卫将军郓王楷之幼女，按《金史》卷九《章宗纪》：“母曰孝懿皇后徒单氏。”考同书卷六四《后妃传》：“显宗孝懿皇后徒单氏，其先忒里辟剌人也。曾祖抄，从太祖取辽有功，命以所部为猛安，世袭之。祖婆卢火……父贞……大定四年九月，备礼亲迎于贞第……八年七月……而皇孙生，是为章宗。”是章宗母乃徒单氏，“赵氏”云云显系传闻。

② 《大金国志校证》卷9《熙宗孝成皇帝一》，第138页。

氏，也有非女真族的契丹、渤海、高丽、汉人。结合上表我们可以总结出金朝帝王婚媾以下几个方面的特点：

1. 与“婚姻九家”的婚姻

在金朝皇帝的皇后中，基本遵循“天子娶后必于是”、必为“婚姻九家”的规定。根据笔者统计，皇后共有 28 人（包括后来追封的）。“金昭祖娶徒单氏，后妃之族自此始见”[①]，除去昭祖之前四位皇帝始祖、德帝、安帝、献祖的皇后，还有 24 位皇后，其中徒单氏 5 人，唐括氏 4 人，蒲察氏 4 人，裴满氏 2 人，拏懒氏 1 人，乌林答氏 1 人，乌古论氏 1 人，纥石烈氏 1 人，仆散氏 1 人，汉人 3 人，渤海人 1 人。可以看出，九姓婚姻家都囊括在内。下面重点来看一下 3 位汉人皇后和 1 位渤海人皇后的情况。其中有 3 位皇后是在其子即位后被追封、尊谥为皇后的：世宗即位，尊谥其母渤海人李氏为贞懿皇后；宣宗即位，追谥其母汉人刘氏为昭圣皇后；哀宗即位，追谥其母汉人王氏为明惠皇后。宣宗在贞祐二年（1214 年）立中都民家女王氏为皇后一事，是一个非常特殊的情况，上文已经做过具体的分析。

可见，在金朝初年，帝王择后基本限定在这九支女真贵族的范围之内，到了后期发生了一些变化，有章宗欲立元妃李氏未果、宣宗立元妃王氏为后。西夏与金朝有着同样变化，“自谅祚以后，封建化进程加快，国主纳后从党项族大姓逐渐向汉族地主阶级的女子追逐。这样情况，愈是西夏国走向后期，其国主纳汉族后妃的人数却在明显增加。这说明党项族与汉民族在文化习俗的交流出现新的交融”[②]。

2. 与其他民族的婚姻

关于帝王妃子的情况[③]，不仅有来自“婚姻家”者，亦有来自“婚姻家”之外的女真族者，还有来自于契丹、渤海、汉族、高丽者。关于金朝妃子的情况，学者桑秀云有较全面的研究，认为按照后妃出现的先后可分为三个时期：其一，自昭祖至太祖，全无汉人为妃时期；其二，自太宗至章宗，与契丹、渤海的婚姻关系密切时期；其三，自章宗以下，以汉人为

---

① 《金史》卷 120《世戚传》，第 2613 页。

② 顾吉辰：《西夏后妃制度考述》，《宁夏社会科学》1993 年第 2 期。

③ 王世莲认为自太祖阿骨打建金至哀宗金亡，共有后妃 23 人，即后 20 人、妃 3 人。其中 6 后、3 妃不是女真族，更谈不上出身于女真贵族之家了。这 9 位后妃占后妃总数 23 人的近 40%。其中非女真族皇后占 30%，三妃无一是女真族（即太祖妃萧氏、世宗元妃张氏、章宗元妃李氏）。见王世莲：《金代非女真后妃刍议》，《求是学刊》1992 年第 2 期。

妃的趋势增强时期[①]。笔者非常认同桑先生的看法，第一个时期，昭祖娶高丽人，景祖娶契丹人注思灰，太祖娶的萧氏是契丹人，其余的妃子一律为女真族人；第二个时期，海陵娶4位契丹人、1位渤海人为妃，世宗娶3位渤海人、1位契丹人为妃，且海陵、世宗的母亲均为渤海人；第三个时期，根据笔者的统计可以看出汉人为妃的趋势增强，而且有跻身为皇后的例子。

3. 多娶贤德才女

"九嫔：掌妇学之法以教九御妇德、妇言、妇容、妇功。"[②]皇帝择后有"为天下择母"之称，所以对后妃的选择非常地谨慎，对其个人素质的考核非常严格。皇帝选后妃，贤德是一个非常重要的条件，在金朝后妃中贤德者不胜枚举。

金建国之前就非常注重后妃的个人素质，始祖函普娶完颜部"贤女，年六十而未嫁"[③]。昭祖威顺皇后徒单氏"性刚毅，人莫敢以为室。献祖将为昭祖娶妇，曰：'此子勇断异常，柔弱之女不可以为配。'乃为昭祖娶焉"[④]。景祖昭肃皇后唐括氏"有识度，在父母家好待宾客，父母出，则多置酒馔享邻里，迨于行旅。景祖饮食过人，时人名之'活罗'，解在景祖纪。昭祖曰：'俭啬之女吝惜酒食，不可以配。'乌古乃闻后性度如是，乃娶焉。……后虽喜宾客，而自不饮酒。景祖与客饮，后专听之。……后不妒忌，阔略女工，能辑睦宗族，当时以为有丈夫之度云"[⑤]。肃宗靖宣皇后蒲察氏，"太祖将举兵，入告于后。后曰：'汝邦家之长，见可则行。吾老矣，无贻我忧，汝亦必不至是。'太祖奉觞为寿，即奉后出门，酹酒祷天。后命太祖正坐，号令诸将。自是太祖每出师还，辄率诸将上谒，献所俘获"[⑥]。

金建国以后，初期，对后妃的贤德情况记载甚少，较早的记载是世宗母贞懿皇后李氏，为"有姿德"的东京士族女子，"居上京，内治谨严，臧获皆守规矩，衣服饮食器皿无不精洁，敦睦亲族，周给贫乏，宗室中甚敬之。后性明敏，刚正有决，容貌端整，言不妄发"[⑦]。关于世宗以后诸帝之后妃贤德情况的记载较多，世宗昭德皇后乌林答氏"聪敏孝慈，容仪整

① 桑秀云：《金室完颜氏婚制之试释》，《历史语言研究所集刊》39本上册，1969年。
② 陈成国点校：《周礼》之《天官冢宰第一·九嫔》，长沙：岳麓书社，1989年，第20页。
③ 《金史》卷1《世纪》，第2页。
④ 《金史》卷63《后妃传上》，第1499页。
⑤ 《金史》卷63《后妃传上》，第1500页。
⑥ 《金史》卷63《后妃传上》，第1501页。
⑦ 《金史》卷64《后妃传下》，第1518页。

肃，在父母家，宗族皆敬重之。既归世宗，事舅姑孝谨，治家有叙，甚得妇道。……后不妒忌，为世宗择后房，广继嗣”[①]。显宗孝懿皇后徒单氏“性庄重寡言，父母尝令总家事，细大毕办，诸男不及也。……后素谦谨，每畏其家世崇宠，见父母流涕而言曰：‘高明之家，古人所忌，愿善自保持。’”[②]显宗孝懿皇后，“上月或五朝六朝，而后愈加敬俭，见诸大长公主，礼如平时，敦睦九族，恩纪皆合。……后好《诗》《书》，尤喜《老》《庄》，学纯淡清懿，造次必于礼。逮嫔御以和平，其有生子而母亡者，视之如己所生，慈训无间。上时问安，见事有未当者，必加之严诫云”[③]。昭圣皇后刘氏“性聪慧，凡字过目不忘。初读《孝经》，旬日终卷。最喜佛书。世宗为东京留守，因击球，见而奇之，使见贞懿皇后于府中，进退闲雅，无恣睢之色。大定元年（1161年），选入东宫，时年二十三”[④]。章宗钦怀皇后蒲察氏“性淑明，风仪粹穆，知读书为文”[⑤]。章宗妃、出身微贱的李师儿也是一个才女，师儿入宫后，“宫教张建教宫中，师儿与诸宫女皆从之学。故事，宫教以青纱隔障蔽内外，宫教居障外，诸宫女居障内，不得面见。有不识字及问义，皆自障内映纱指字请问，宫教自障外口说教之。诸女子中唯师儿易为领解”。宦者梁道誉师儿才美，劝章宗纳之。“章宗好文辞，妃性慧黠，能作字，知文义，尤善伺候颜色，迎合旨意，遂大爱幸。”[⑥]宣宗明惠皇后，“性端严，颇达古今”[⑦]。哀宗皇后徒单氏亦为纯孝之皇后。由上可见，金朝帝王择后妃，对品德、学识、容貌等方面均有较高的要求。

4. 后妃多出身于将相之家

通过笔者的统计可以看出，金朝帝王后妃多来自于将相之家，特别是金朝中期（主要是熙宗、海陵、世宗、章宗时期），皇帝之后妃很多都来自于显赫的将相之家，皇后的出身更为明显。

熙宗悼平皇后裴满氏，父裴满达，天辅六年（1122年），从蒲家奴追叛寇于铁吕川，力战有功。海陵后徒单氏为“太师斜也之女”[⑧]，第二娘子

---

① 《金史》卷64《后妃传下》，第1519页。
② 《金史》卷64《后妃传下》，第1524页。
③ 《金史》卷64《后妃传下》，第1525页。
④ 《金史》卷64《后妃传下》，第1526页。
⑤ 《金史》卷64《后妃传下》，第1527页。
⑥ 《金史》卷64《后妃传下》，第1527页。
⑦ 《金史》卷64《后妃传下》，第1534页。
⑧ 《金史》卷63《后妃传上》，第1508页。

大氏为“右副元帅大臭（挞不野）女”。大臭，渤海旧族，金初因反辽立功而“显名军中”，太宗时又因伐宋有功，曾得皇赐“衣一袭，马二匹及鞍辔铠甲”[①]。世宗昭德皇后乌林答氏，“其先居海罗伊河，世为乌林答部长”“父石土黑，骑射绝伦，从太祖伐辽，领行军猛安。虽在行伍间，不嗜杀人。以功授世袭谋克，为东京留守”[②]。元妃张氏，渤海人，父玄征，张浩族兄。张浩自贞元三年（1155 年）至正隆六年（1161 年）独任宰相七年，为金代所仅见，曾任户部尚书、参知政事、右丞、平章政事、右丞相、左丞相、太傅、尚书令等高官，其家可谓显赫。

显宗孝懿皇后徒单氏“曾祖抄，从太祖取辽有功，命以所部为猛安，世袭之。祖婆卢火，以战功多，累官开府仪同三司，赠司徒、齐国公。父贞尚辽王宗干女梁国公主，加驸马都尉，赠太师、广平郡王”[③]。章宗钦怀皇后蒲察氏，“曾祖太神，国初有功，累阶光禄大夫，赠司空、应国公。祖阿胡迭，官至特进，赠司徒、谯国公。父鼎寿尚熙宗郑国公主，授驸马都尉、中都路昏得浑山猛安、曷速木单世袭谋克，累官至金吾卫上将军，赠太尉、越国公”[④]。章宗以枢密副使、东北路兵马都统制使夹谷清臣女为昭仪[⑤]。

这一现象，在北宋时期则表现为皇室与“将门”通婚现象的普遍存在，皇帝、太子娶将门之女为后妃，或将家子尚公主和宗室女为妻。初期目的主要在于统治集团对武将上层的收买，以后则形成打压和拉拢相结合的武将政策中的一个内容。从而也造就了一批长期与皇室联姻而又统军的北宋著名将门[⑥]。

5. 金代帝王婚姻有婚级制的意义

这种观点来自于学者桑秀云，她将自昭祖起至哀帝止的每代皇帝与他们所娶后妃的女真氏族列成表，见表 5-2。

表 5-2　昭祖至哀宗联姻家族表

代次	诸帝	女真氏族								
五	昭祖	徒单								
六	景祖		唐括							

① 《金史》卷 80《大臭传》，第 1809 页。
② 《金史》卷 64《后妃传下》，第 1519 页。
③ 《金史》卷 64《后妃传下》，第 1524 页。
④ 《金史》卷 64《后妃传下》，第 1526 页。
⑤ 《金史》卷 94《夹谷清臣传》，第 2084 页。
⑥ 陈峰：《北宋皇室与“将门”通婚现象探析》，《文史哲》2004 年第 3 期。

续表

代次	诸帝	女真氏族									
七	世祖　肃宗　穆宗	徒单		拏懒	仆散	乌古论 2	蒲察				
八	康宗　太祖　太宗		唐括 3		仆散 2	乌古论		温都	裴满	纥石烈	
九	景宣　宗干　睿宗	徒单					蒲察 2				
十	熙宗　海陵　世宗	徒单 2	唐括			乌古论	蒲察 2		裴满 2		乌林答
十一	显宗　卫绍王	徒单									
十二	章宗　宣宗						蒲察	温敦	裴满		
十三	哀宗	徒单									

桑秀云认为金室对每一氏族似乎有隔一代结婚的倾向。如徒单氏，与金室之第五、七、九、十一、十三代通婚姻。如唐括氏与金室之第六、八、十代通婚姻。如蒲察氏，与金室之第七、九代及第十、十二代通婚姻。如裴满氏与金室之第八、十、十二代通婚姻。因此与金室通婚的诸家似乎分为两组，一组为徒单、仆散、蒲察三氏，与金室奇数代次诸帝通婚；一为唐括、乌古论、裴满三氏，与金室偶数代次诸帝通婚。这就是婚级制的意义[①]。从上表我们可以看出仆散氏既与七代又与八代帝王通婚，乌古论氏既与七代又与八代帝王通婚，蒲察氏既与九代又与十代帝王通婚，徒单氏既与九代又与十代帝王通婚，等等。如此看来，桑先生的这种观点似乎不完全准确，但是这种提法却很有新意，为我们研究金代宗室的婚姻提供了有益的启示。

综上可见，金朝皇帝选择后妃基本上都是在婚姻九家中选择，后妃的贤德与否、后妃的家世情况是皇帝择后妃的非常重要的标尺。在辽代，相当严格规定皇族婚姻范围，即“王族唯与后族通婚”[②]，考诸史籍，辽代九任契丹皇帝，除世宗二后中甄氏为汉人、穆宗皇后世系不明外，其他诸帝之皇后均出自于述律氏家族[③]。

---

① 桑秀云：《金室完颜氏婚制之试释》，《历史语言研究所集刊》39 本上册，1969 年。婚级即双系的亲属团体，存在于澳洲土著中，很早就为人所知，学者 Galton 看出这一制度中双系的性质，见 F.Galton, Note on the Australian Marriage Systems.1889。这一制度是父系的和母系的亲属团体在半部族和严格的婚外制之下交互作用的结果。澳洲的婚级，分为二级、四级、八级等。此表与笔者所统计的数据稍有出入，但是不影响对问题的说明。

② （宋）叶隆礼撰，贾敬颜、林荣贵点校：《契丹国志》卷 23《族姓原始》，上海：上海古籍出版社，1985 年，第 221 页。

③ 张国庆、朴忠国：《辽代契丹习俗史》，沈阳：辽宁民族出版社，1997 年。

二、公主的婚姻

公主是宗室成员的女儿，在广义上属于宗室的范畴，又由于公主的婚姻在宗室事务中乃至国家事务中有着特殊的地位与意义，因此本书也将公主婚姻纳入宗室婚姻之中进行考察，从而窥探金朝公主婚姻在金朝宗室政治上的重要地位。先将公主婚配情况列成下表（表 5-3），再做分析。除特殊标注外，本表史料皆来源于《金史》，另，本表所列并不全是皇帝的女儿，还包括除帝王之外的男性宗室的女儿。

表 5-3 公主婚姻构成状况表

帝王	公主	驸马	驸马身世	驸马任职
世祖		蒲察斛鲁短子		
		蒲察按补		世宗时赠太尉、曹国公
景祖		徒单赛补		
康宗		唐括挞懒	曾祖石古，从太祖平腊醅麻产，领谋克。祖脱孛鲁，领其父谋克，从太祖伐辽，攻宁江、泰州战有功	
太祖	长女兀鲁	徒单定哥	弟太师徒单恭（斜也）	
		蒲察石家奴	祖斛鲁短，世祖外孙	侍中、驸马都尉、兰陵郡王、东京留守、郧王、鲁国公
	毕国公主	乌古论讹论		
宗弼	永安县主	纥石烈志宁		
宗本	混同郡君莎里古真	撒速		近侍局直宿
	余都	松古剌		牌印官
宗望	昭宁公主[①]	乌古论蒲鲁虎	父当海，国初有功	以太子詹事卒
宗干	嘉祥县主	徒单克宁	父况者，官至汾阳军节度使。左丞相希尹，克宁母舅	世宗时官至太尉兼尚书令，章宗时拜太师，封淄王
	梁国公主[②]	徒单贞	祖抄，从太祖伐辽有功，授世袭猛安。父婆卢火，以战功累官开府仪同三司	殿前左副点检、都点检、太子少保、大兴尹、同判大宗正事
	辽国长公主迪钵[③]	蒲察阿虎迭		信武将军、驸马都尉、右副点检、左副点检，礼部、工部尚书，广宁、咸平、临潢尹，武定军节度使

① 寿宁县主什古。

② 梁国公主有多个封号，平阳长公主、清平县主、任国公主、永平县主，为海陵同母女弟。

③ 海陵姊辽国长公主迪钵。

续表

帝王	公主	驸　马	驸马身世	驸马任职
熙宗		徒单府君奴	河北东路算主海猛安人	终武定军节度使
	沈国公主	徒单绎	祖撒合濆，国初有功。绎家自曾祖照至绎尚公主者凡四世	临海军节度使
	熙宗妹①	徒单赛一	曾祖赛补，尚景祖女	正隆末，为乣椀群牧使，契丹贼窝斡扰北边，赛一与战，死之
	代国公主	唐括辩		累官参知政事、尚书左丞
	郑国公主	蒲察鼎寿	海陵女弟庆宜公主子	定远大将军、累官器物局使、驸马都尉，历符宝郎、蠡州刺史、浚州防御使，泰宁军节度使，河间尹
世宗	豫国公主②	乌古论元忠	太祖外孙	平章政事、尚书右丞相
	皇弟二女唐国公主	徒单思忠	父赛一，尚熙宗妹。世宗为其从舅	大定元年十月，拜殿前左卫将军，二年，加驸马都尉
	宛国公主	乌林答复		绛阳军节度使
世宗	吴国公主	唐括贡	太傅阿里（唐括德温）之子	兵部尚书，吏部、礼部尚书兼大理卿，御史大夫，知真定府事
	息国公主	徒单公弼	父府君奴，尚熙宗女，加驸马都尉，终武定军节度使	参知政事、右丞、左丞、平章政事，封定国公。官至右丞相，后为同判大睦亲府事
	蜀国公主	唐括鼎	唐括德温子	世袭谋克，官至定武军节度使
	第十四女	纥石烈诸神奴		
	宿国公主③	唐括元义		驸马都尉
	第三女兖国大长公主	蒲察胡沙④	大姊为世宗妃	兵部尚书、河南路兵马都总管兼南京留守
	荣国公主合女	徒单术斯剌	父徒单阿里出虎，会宁葛马合窟申人，徙懿州。祖父拔改，太祖时有战功，领谋克，曷速馆军帅，皇统四年为兵部侍郎，历天德军节度使，改兴中尹，与宗干世为姻家	

① 宗峻女。

② 即鲁国大长公主。

③ 元太宗七年《玉清宫摹刻马丹阳归山操碑》,《山左金石志》卷21。(大定戊申）皇女宿国公主、驸马都尉唐括元义立石。

④ 蒲察胡沙，《金史》中无传，此据1978年出土于香山的蒲察胡沙墓志而补，“故光禄南京留守驸马都尉蒲察公墓志”。齐心：《北京出土的金代女真贵族蒲察胡沙墓志铭考释》,《北京史论文集（第一辑）》，北京：北京燕山出版社，1980年，第101页。

续表

帝王	公主	驸　马	驸马身世	驸马任职
海陵	女	萧玉子德用		
	海陵姊邓国长公主崔哥	蒲察阿虎迭		信武将军、驸马都尉、右副点检、左副点检，礼部、工部尚书，广宁、咸平、临潢尹，武定军节度使
	海陵姊庆宜公主			
	海陵妹	唐括安礼		
	卫国公主	蒲察通之子蒲速烈		
显宗	薛国公主①	乌古论谊	父尚世宗长女	御史大夫、知大名府
	海陵女			
睿宗	冀国长公主	乌古论粘没曷	祖唤端，太祖伐辽常侍左右，追辽主延禧、却夏人援兵皆有功，授世袭谋克。父欢睹，官至广威将军	护卫、袭谋克、押军猛安、侍卫亲军步军都指挥使、驸马都尉、左副点检、右宣徽使、劝农使、兴平军节度使、广宁尹
	楚国长公主	唐括德温	曾祖石古及祖脱孛鲁，从太祖战有功，父挞懒，尚康宗女，从宋王宗望以军二万收平州，后授行军猛安，迁龙虎卫上将军，历兴平、临海等军节度使	
		乌古论公说②		驸马都尉
郑王永蹈	同母妹韩国公主	仆散揆	其父仆散忠义为宗辅母宣献皇后仆散氏之侄	尝拜平章政事，封济国公
	妹泽国公主长乐	蒲剌睹③		
	邢国长公主	仆散安贞	仆散揆子	元帅左都监、枢密副使
	郜国公主	乌林答琳		静难军节度使
	定国公主	蒲察辞不失	蒲察鼎寿长子、钦怀皇后兄	
	景国公主			
	道国公主			
		徒单寿春④		驸马都尉
		乌林答天锡⑤		尚书刑部侍郎、驸马都尉
		徒单守素⑥		真定尹、驸马都尉

① 即广平郡主、郸国长公主。

② 大定中，乌古论粘没曷卒。上闻之，遣其子驸马都尉公说驰驿奔丧，赐钱三千贯，沿路祭物并从官给。

③ 《金史》卷85第1901页有“永蹈谋取河南军以为助，与妹泽国公主长乐谋，使驸马都尉蒲剌睹致书于揆，且先请婚，以观其意”。姑且判断蒲剌睹尚泽国公主。

④ 《金史》卷16有“驸马都尉徒单寿春夺官一阶，杖六十”，尚哪位公主不详。

⑤ 《金史》卷61有“尚书刑部侍郎驸马都尉乌林答天锡”，尚哪位公主不详。

⑥ 《金史》卷61有“真定尹驸马都尉徒单守素”，尚哪位公主不详。

续表

帝王	公主	驸　马	驸马身世	驸马任职
		蒲察克忠[①]		左宣徽使、驸马都尉
		徒单合住[②]		都点检、驸马都尉
		徒单没烈[③]		驸马都尉
		没里野[④]		驸马都尉
	沙里质[⑤]	阿邻		
宗室承充	阿鲁真	夹谷胡山		
昂		回海[⑥]		牌印祗候
		驸马都尉南平[⑦]		卫王心腹也，方用事，判大兴府
		蒲察阿虎特子	左副点检蒲察阿虎特子尚主，进礼物，赐宴便殿	
卫绍王	公主	元太祖		

表5-3根据《金史》等史籍的记载而列，当然，金朝公主及与金朝公主通婚者肯定不仅仅是上面所罗列的人物。《金史》中公主没有传记，但是根据史籍的零星记载统计出的数据能够反映出金朝公主婚姻的大体面貌。据笔者的统计情况，可以得出以下结论：

1. 婚姻九家中有七家尚主，拏懒氏、裴满氏中无人尚主

尚主的七家中徒单氏所占比例最大，有记载的共有14人[⑧]。蒲察氏共有8人尚主，乌古论氏共有5人尚主，唐括氏共有7人尚主，纥石烈氏共有2人尚主，乌林答氏共有3人尚主，仆散氏有3人尚主。夹谷氏有一人娶宗室女。撒速、松古刺、蒲刺睹、没里野、阿邻、回海、南平等人为何姓氏，《金史》中记载不详，但从名字来看疑为女真人。还有2位公主嫁给了女真族以外的其他民族，一位嫁给奚族萧玉之子，另一位嫁给了蒙古族成吉思汗。而辽代皇族的公主，根据《辽史·公主表》的统计，除少数

① 《金史》卷61有"左宣徽使驸马都尉蒲察克忠"，尚哪位公主不详。
② 《金史》卷93有"都点检驸马都尉徒单合住"，尚哪位公主不详。
③ 《金史》卷102有"近侍局驸马都尉徒单没烈"，尚哪位公主不详。
④ 《金史》卷63有"驸马都尉没里野"，尚哪位公主不详。
⑤ 金源郡王银术可之妹。
⑥ 《金史》卷84有"世宗即位辽阳，昂使人杀皇太子光英于南京，遣其子寝殿小底宗浩与其婿牌印祗候回海等奉表贺登宝位"。
⑦ 《归潜志》卷10，第115页。
⑧ 徒单绎家"自曾祖照至绎尚公主者凡四世"。《金史》卷120《世戚传》，第2623页。因为无从考证何人尚哪位公主，故不统计在内。

特例外，绝大多数也都嫁与后族萧姓集团的男子[①]。

2. 尚主对象身份

上文中我们提到，金朝尚主对象基本是在世婚家族中选择，但是公主所嫁对象情况多为世婚九家中有功之臣的子孙及与宗室有重亲关系之家的子孙。

根据笔者的统计可以看出很多公主嫁给了功臣子孙。蒲察通，“海陵伐宋，隆州诸军尤精锐，付通总之。兵压淮，令通率骑二百先济觇敌”。世宗时，窝斡反，“命通佩金符，诣军前督战。贼破，以功授世袭谋克。奚人乱，承诏继往莅军”。因其战功，“命其子蒲速烈尚卫国公主”[②]。唐括德温，“曾祖石古，从太祖平腊醅麻产，领谋克。祖脱孛鲁，领其父谋克，从太祖伐辽，攻宁江、泰州战有功。父挞懒，尚康宗女，从宋王宗望以军二万收平州，至城东十里许遇敌兵甚众，战败之，太祖赏赉甚厚，授行军猛安”[③]。德温善射，尚睿宗女楚国长公主。德温子唐括贡本，尚世宗第四女吴国公主，授驸马都尉，充奉御。乌古论粘没曷，“祖唤端，太祖伐辽常侍左右，追辽主延禧、却夏人援兵皆有功，授世袭谋克。父欢睹，官至广威将军”[④]，粘没曷尚睿宗女冀国长公主。

尚主的对象中很多与宗室有着重亲关系，即亲上加亲。仆散揆，于大定十五年（1175 年）尚韩国大长公主，世宗谕之曰：“以汝宣献皇后之亲，故令尚主。”[⑤]后又许其子安贞尚邢国长公主。蒲察鼎寿，尚熙宗女郑国公主。“鼎寿既世连姻戚，女为皇后，长子辞不失凡三尚定国、景国、道国公主。”[⑥]乌古论元忠本名讹里也，“父讹论，尚太祖女毕国公主。元忠幼秀异，世宗在潜邸以长女妻之，后封鲁国大长公主”[⑦]。以其子谊尚显宗长女薛国公主。徒单公弼，“父府君奴，尚熙宗女，加驸马都尉，终武定军节度使”[⑧]，大定二十七年（1187 年），尚世宗女息国公主，加定远大将军、驸马都尉。

还有的尚主对象既祖上有战功，又与宗室有重亲关系。徒单思忠，“曾祖赛补，尚景祖女。从太祖伐辽，战殁于临潢之浑河。父赛一，尚熙

① 张国庆、朴忠国：《辽代契丹习俗史》，沈阳：辽宁民族出版社，1997 年。

② 《金史》卷 95《蒲察通传》，第 2106 页。

③ 《金史》卷 120《世戚传》，第 2618 页。

④ 《金史》卷 120《世戚传》，第 2619 页。

⑤ 《金史》卷 93《仆散揆传》，第 2067 页。

⑥ 《金史》卷 120《世戚传》，第 2621 页。

⑦ 《金史》卷 120《世戚传》，第 2623 页。

⑧ 《金史》卷 120《世戚传》，第 2627 页。

宗妹。正隆末，为乣椀群牧使，契丹贼窝斡扰北边，赛一与战死之”[①]。思忠通敏有才，颇通经史，尚世宗第二女唐国公主。徒单绎“祖撒合懑，国初有功，授隆安府路合扎谋克、夺古阿邻猛安”，“绎美姿仪，通诸国语，尚熙宗第七女沈国公主”“绎家世贵宠，自曾祖照至绎，尚公主者凡四世云”[②]。徒单阿里出虎“父拔改，太祖时有战功，领谋克，曷速馆军帅，皇统四年（1144 年）为兵部侍郎，历天德军节度使，改兴中尹，与宗干世为姻家”[③]。阿里出虎子术斯剌尚荣国公主合女，加昭毅大将军、驸马都尉。

3. 公主死后有以其他公主接续者

公主死后，有以其他公主接续者，所以有一人先后尚多主的情况。“蒲察阿虎迭，初授信武将军，尚海陵姊辽国长公主迪钵，为驸马都尉。辽国薨，继尚邓国长公主崔哥”[④]，“蒲察阿虎迭女叉察，海陵姊庆宜公主所生”[⑤]，可见蒲察阿虎迭尚多主，分别是海陵姊辽国长公主迪钵、邓国长公主崔哥、海陵姊庆宜公主。由于海陵姊辽国长公主迪钵和海陵姊庆宜公主是否为一人《金史》中记载不详，这里就将其视为两个人。乌古论谊，“大定八年（1168 年），尚海陵女。……海陵女卒，大定二十一年（1181 年），尚显宗女广平郡主”[⑥]。蒲察鼎寿既世连姻戚，“女为皇后（钦怀皇后），长子辞不失凡三尚定国、景国、道国公主。其宠遇如此，未尝以富贵骄人，当时以为外戚之冠云”[⑦]。蒲察辞不失是同时尚三位公主，还是一位公主死后尚另一位公主，史籍上没有明确的说明，但是根据蒲察阿虎迭和乌古论谊的情况可以推知是在一位公主死后尚另一位公主的。

4. 鲜见公主与异国和亲

汉高祖开和亲之始，为了平息战争，将一位宗室女嫁给匈奴冒顿单于。以后多个朝代皆实行和亲以笼络少数民族。关于实行和亲之目的，学界有不同的观点，恩格斯《家庭、私有制和国家的起源》在论述中世纪封

① 《金史》卷 120《世戚传》，第 2621 页。
② 《金史》卷 120《世戚传》，第 2622 页。
③ 《金史》卷 132《逆臣传》，第 2823 页。
④ 《金史》卷 120《世戚传》，第 2620 页。
⑤ 《金史》卷 63《后妃传上》，第 1515 页。
⑥ “显宗长女郧国公主下嫁乌古论谊”（《金史》卷 69《太祖诸子传》，第 1605 页）。“以其子谊尚显宗长女薛国公主”（《金史》卷 120《世戚传》，第 2624 页）。
⑦ 《金史》卷 120《世戚传》，第 2621 页。

建主之间的联姻现象时指出："对于骑士或男爵，以及对于王公本身，结婚是一种政治行为，是一种借新的联姻来扩大自己势力的机会，起决定作用的是家族的利益，而绝不是个人的意愿。"[①] 葛亮不同意和亲是民族之间的政治联姻的观点，认为汉代民族"和亲"的主旨是实现和平，"和亲"之"亲"，意为亲近、亲附、亲善，没有"婚姻"的含义；认为汉代的所谓民族"和亲"，是指两个民族之间的一种特定的民族关系，即两个对立民族停止战争、捐弃仇怨，从而建立和平、友好、亲睦的关系；这不是自然形成形态，而是经由两个民族政治、军事当局协商并用正式条约规定了的一种民族关系形态；认为汉代民族"和亲约"，就是现代所谓的和平条约，主要指"完全停止军事行动"[②]。华立认为，无论汉祖还是唐宗，他们从事和亲所希翼的，几乎都是借以消除双方的对立状态，求得中原王朝与少数民族之间的和平相处，以缔结姻亲的方式达到和睦相处的目的，这就是人们通常赋予"和亲"二字的基本含义[③]。崔明德认为，和亲文化是在和亲过程及与之相关的活动中积淀而成的一种独特文化。和亲是指两个不同民族政权或同一种族的两个不同政权的首领出于"为我所用"的目的所进行的联姻[④]。彭利云认为，和亲政策是扩大《礼记·昏义》之"合二姓之好"至"合二族之好"为其终极涵义，皆以政治、军事上的需要，藉两民族联姻以消除战争，从而求得永久和平[⑤]。

总之，和亲是为了合二姓之好、壮大势力、消除干戈、实现和平等目的而与其他政权间进行的婚姻关系。金朝建立后，其周边存在着宋、西夏、蒙古等比较强大的政权，金朝公主却鲜见与异国和亲，这是金代公主婚姻的一个特点。金代公主中，除了在将要灭亡之际卫绍王女嫁给了元太祖之外，没有公主嫁给异族的记载。贞祐二年（1214年）三月，为了向蒙古请和，"奉卫绍王公主归于大元太祖皇帝，是为公主皇后"[⑥]。这位公主皇后为卫绍王幼女，宫中称为小姐姐，在卫绍王诸女中排行第四。与金代相比，辽代公主除了嫁与功臣贵胄外，与周边其他各族的通婚更多。辽多次将公主嫁与西夏、吐蕃、阿萨兰回鹘、大食国、阻

① 恩格斯：《家庭、私有制和国家的起源》，《马克思恩格斯选集（第4卷）》，北京：人民出版社，1972年。
② 葛亮：《论汉代的民族"和亲"并非民族间的政治联姻——释两汉时期民族"和亲"之含义》，《河北学刊》2003年第6期。
③ 华立：《清代的满蒙联姻》，《民族研究》1983年第2期。
④ 崔明德：《和亲文化与婚姻文化比较研究》，《文史哲》2004年第2期。
⑤ 彭利云：《宋代婚俗研究》，台北：新文丰出版公司，1988年。
⑥《金史》卷14《宣宗本纪上》，第304页。

卜、高丽等国[①]。这与辽统治者控制和打压萧氏后族及其幕后的政治集团有关。另外，宋代也没有和亲的现象，北宋汴京陷落以后，大量的宗室女被掳到北方，其中也有徽宗的女儿。“金国贵族有和赵氏女成婚的情况，但由于是被迫成婚，与汉唐宗室女和亲不同，因此不算和亲之列。宋朝不但完全否定和亲，还曾经禁止族际通婚。如太宗至道元年（995 年），太宗禁西北缘边诸州民，与内属戎人婚嫁。宋代对于和亲政策反对的力度，可见一斑。”[②] 宋朝通过与“将门”通婚已然能够达到对国内政治的有效控制，所以没有太大的必要进行通婚。

综上可知，金朝公主下嫁的对象基本都是在上述世婚的女真家族中选择，尚主对象更多是这些家族中有功之臣的子孙和有重亲关系的家族的子孙。可见，作为以武得国的金朝，其嫁女也有政治目的，更注重笼络勇武战将之家。鲜见公主与异国和亲也是金代公主婚姻的一个特点。此外，在历史上不少朝代尚主对象都是才华横溢之士，但是在金朝相关的史料中，鲜有提及夫婿的个人才华和个人素质高下。

三、帝王之外的男性宗室的婚姻

金朝立国近 120 年之久，宗室子女系列繁复，除了皇帝、公主的婚姻之外，还有除帝王外的男性宗室的婚姻。关于这些宗室的婚姻状况，史籍记载的非常少，根据《金史》等史籍零星记载，统计总结之（表 5-4）。获取的资料虽然不多，但是依旧能说明一些问题，可以简单地考察一下金代帝王之外男性宗室的婚姻状况。

表 5-4　帝王之外男性宗室婚姻构成状况表

姓名	妻	家族	家族背景及生子	受封情况及史料来源
宗干	徒单氏	徒单氏		天德二年正月，尊为皇太后。大定间，谥曰哀皇后。宗干去帝号，复封辽王，徒单氏降封辽王妃。《金史》卷 63《后妃传上》
	顺妃李氏	汉人	生郑王充	大定七年，追降为辽王夫人。《金史》卷 63《后妃传上》
	大氏	渤海人	生完颜亮等三子	天德二年正月，尊为皇太后。贞元三年九月，尊谥曰慈宪皇后。大定七年，追降为辽王夫人。《金史》卷 63《后妃传上》

① 孙科丽：《辽代贵族联姻关系述论》，《内蒙古社会科学》2008 年第 3 期。

② 王珺：《宋代公主生活考略》，华东师范大学硕士学位论文，2008 年，第 28 页。

续表

姓名	妻	家族	家族背景及生子	受封情况及史料来源
宗干	宁妃萧氏	契丹人		大定七年，追降为辽王夫人。《金史》卷63《后妃传上》
	文妃徒单氏	徒单氏		大定七年，追降为辽王夫人。《金史》卷63《后妃传上》
宗雄			辽朝留守挞不野之女	《金史》卷73《宗雄传》
宗翰	原天祚元妃萧氏			《大金国志》卷3《太宗文烈皇帝一》
昂（奔睹）	大氏	渤海人	海陵从母姊	《金史》卷84《昂传》
宗弼	王妃移剌氏[①]	契丹人		《析津志辑佚》
	越国王妃耶律氏	契丹人		《建炎以来系年要录》卷199
南家	阿里虎	蒲察氏	驸马都尉没里野女	《金史》卷63《后妃传上》
完颜文	术实懒			《金史》卷74《宗望传》
宗敏	蒲察氏	蒲察氏		《金史》卷69《太祖诸子传》
完颜兖	乌延氏	乌延氏		《金史》卷76《兖传》
完颜亨	次妃大氏	渤海人		《金史》卷77《宗弼传》
	妃徒单氏	徒单氏		《金史》卷77《宗弼传》
撒合辇	独吉氏	独吉氏	平章政事千家奴之女	《金史》卷130《列女传》
沈王永成	徒单克宁女	徒单氏		《金史》卷92《徒单克宁传》
乌带（言）		唐括氏		《金史》卷63《后妃传上》
斜也幼子阿虎里	蒲速碗	渤海人	挞不野女，海陵妃大氏女兄	《金史》卷76《宗义传》 《金史》卷63《后妃传上》
宗望	余辇公主	契丹人	辽主天祚之女	《大金国志》卷3《太宗文烈皇帝一》
粘罕	萧氏	契丹人	辽主天祚元妃	《辽史拾遗》卷19《天祚元妃萧氏》/《金节要》
挞懒	一车婆			《三朝北盟会编》
	荣格[②]			《神麓记》

① 洪迈《夷坚志·乐先生》记载，金灭辽时宗弼至燕，“见耶律氏美，纳之而杀其夫，后封越国王妃”。《建炎以来系年要录》卷199记载，宋绍兴三十二年（1162年）四月，“起居舍人充大金国贺登宝位使洪迈等出境，金人遣工部侍郎庞显忠接伴，显忠，契丹人，其父为常胜军校，母耶律氏美，梁国王宗弼纳之而杀其夫，后封王妃”。元人熊梦祥《析津志辑佚·太师梁忠烈王》记载：“王讳宗弼，太祖武元皇帝第八子也，其勋名则已表铭旌，当书国史矣。不待此而后著。虽然，祠堂不可无书。谨按，道观盖王妃移剌氏始营建之，且出其从者为黄冠，而复致有道之士以主香火。……妃，辽文宗女也，明达智略毅然，丈夫有所弗及。祠堂之建，乃亦出乎诚虑。”三处记载的王妃应为同一人。

② 苗耀《神麓记》载：“鲁国王挞懒罢都元帅，以四太子兀术代之，差吏部尚书亨作天使就祁州问罪。挞懒谓无罪见诬，遂与三子宗武、宗旦、宗望，同妻荣格妃共议曰：‘虽夺我元帅府兵马，尚有本千户，及强壮得力家人部曲，可从山后诈伪趋凉，径往阙下，问因何罪，如是罢权。’”

续表

姓名	妻	家族	家族背景及生子	受封情况及史料来源
神谷	忽土特满		石抹荣母，前夫惕益	《金史》卷 91《石抹荣》
秉德弟特里	蒲察阿虎迭女叉察	蒲察氏	海陵姊庆宜公主所生	《金史》卷 63《后妃传上》
宗室安达海之子乙剌补				
习捏（宗室阿鲁子）	郭氏	渤海人	郭氏，封金源夫人	《元遗山集》卷 28《临淄县令完颜公神道碑》
完颜怀德（习捏子）	郭药师女孙	渤海人	娶郭药师女孙，封金源郡夫人	《元遗山集》卷 28《临淄县令完颜公神道碑》

由表 5-4 可见，这些宗室们娶妻的范围比较宽泛，既有婚姻九家的女儿（其中徒单氏和蒲察氏最多），也有非世婚家族的女真人（如独吉氏、乌延氏）、契丹人和渤海人。这些宗室的婚姻中，对女人的贤德也有一定要求，内族撒合辇妻独吉氏“自幼动有礼法，及适内族撒合辇，闺门肃如”[①]。

关于这些宗室妻子封号问题，《金史》记载：“亲王母妻，封一字王者旧封王妃，为正从一品，次室封王夫人。承安二年（1197 年），敕王妃止封王夫人，次室封孺人。郡王母妻封郡王夫人，国公母妻封国公夫人，郡公母妻封郡公夫人，郡侯母妻封郡君（承安二年更为郡侯夫人）。”[②] 虽然《金史》中有这样的规定，但是除宗干之妻的封号有记载外，其他人的受封情况均没有记载。宗干之妻的皇太后、皇后封号是因为其子海陵登上了帝位而获得，世宗即位后降封其为夫人。

第二节　宗室的婚礼

婚礼是社会文化发展到一定阶段的产物，《礼记》中最早记载了中国古代的婚礼，其《乐记》中有：“昏姻冠笄。所以别男女也。”[③]《经解》曰：“昏姻之礼，所以明男女之别也。……故昏姻之礼废。则夫妇之道苦。而淫辟之罪多矣。”[④] 礼具有很强的等级性，故有“礼不下庶人”之语。金

① 《金史》卷 130《列女传》，第 2800 页。
② 《金史》卷 55《百官志一》，第 1230 页。
③ 陈澔注：《礼记》卷 7《乐记》，北京：上海古籍出版社，1987 年，第 206 页。
④ 陈澔注：《礼记》卷 8《经解》，北京：上海古籍出版社，1987 年，第 274 页。

朝作为女真人建立的政权，随着其汉化程度的加深，对儒家的礼教也有了一定的掌握，婚姻要遵循礼制，律令也逐渐为女真人所接受，特别是金朝的皇室成员更是学习儒家礼教的先驱。到了金朝后期，便有了成文的婚姻礼制。承安五年（1200年）三月，"定本国婚聘礼制"[①]。《金史》卷45记载，泰和元年（1201年）"十二月，所修律成，凡十有二篇"，第四篇就是《户婚》。泰和五年（1205年）六月，"制定本朝婚礼"[②]。

一、婚姻六礼

中国古代将婚姻视为意义深远且非常庄重的事情，所有婚姻有一定的程序。婚姻六礼是古代婚礼遵循的六项礼仪，即婚礼的程序。《礼记·婚义》记载婚姻六礼分别是：纳采、问名、纳吉、纳征（纳币）、请期、亲迎。纳采是第一步，就是男方请媒人到女方家提亲，若女方同意，男方备礼去女方家求婚，通常以雁为礼物[③]；问名是问女子的姓名、生辰八字，还要详述三代名讳、籍贯及曾任职务等；纳吉即卜问婚姻之吉凶，如得吉兆后告之女方，这桩婚姻就算确定了；纳征又称纳币，是指男方准备聘礼送到女方家里，婚约就此告成；请期即男方将婚期吉日告知女方家里，女方同意则如期亲迎；亲迎即婚日黄昏之时（也有不在黄昏之时迎娶的）男即女家，以礼迎娶新妇。

婚礼是中国古代社会婚姻的礼仪，也作为儒家治国安邦的手段得以发扬。金朝作为少数民族建立的政权，也有关于婚姻礼仪的记载。《松漠纪闻》有如下记载。

> 金国旧俗，多指腹为昏姻。既长，虽贵贱殊隔必不可渝。婿纳币，皆先期拜门，戚属偕行，以酒馔往，少者十余车，多至十倍。饮客佳酒，则以金银器贮之，其次以瓦器，列于前，以百数，宾退则分饷焉。男女异行而坐，先以乌金、银杯酌饮。酒三行，进大软脂、小软脂、蜜糕。人一盘，曰茶食。宴罢，富者瀹建茗，留上客数人啜之，或以粗者乳酪。妇家无大小，皆坐炕上，婿党罗拜其下，谓之"男下女"。礼毕，婿牵马百匹，少者十匹，陈其前。妇翁选子姓之别马者视之，塞痕则留，辣辣则

① 《金史》卷11《章宗本纪三》，第253页。

② 《金史》卷12《章宗本纪四》，第271页。

③ 雁为随阳之物，取其不失节、不失时、嫁娶长幼有序之意。

退。留者不过二三。或皆不中选，虽婿所乘亦以充数，大抵以留马少为耻。女家亦视其数而厚薄之。一马则报衣一袭，婿皆亲迎。既成昏，留妇氏执仆隶役，虽行酒、进食皆躬亲之。三年然后以妇归。妇氏用奴婢数十户，牛马十数群，每群九牝一牡，以资遣之。夫谓妻为“萨那罕”，妻谓夫为“爱根”。

从以上史料中可以总结出女真族婚礼程序，主要有拜门、纳币、成婚等。其中的指腹为婚，成婚后婿留妇家服役三年，属于女真族原始的婚俗，在接受中原文化的影响之后，这种婚俗逐渐被废除。婚姻以礼在宗室婚姻中也非常普遍，《金史》记载，海陵昭妃阿里虎，初嫁宗盘子阿虎迭。阿虎迭诛，再嫁宗室南家，南家亦死。海陵“篡位方三日，诏遣阿里虎归父母家。阅两月，以婚礼纳之”[①]。宗室完颜衷，历仕世宗、章宗朝，“衷孝悌贞谨，深悉本朝婚礼，皇族婚嫁每令衷相之”[②]。大定十七年（1177 年）十二月，“以渤海旧俗男女婚娶多不以礼，必先攘窃以奔，诏禁绝之，犯者以奸论”[③]。可见世宗时期不仅宗室婚姻以礼，而且要求渤海人以礼迎娶。公主作为广义上的宗室成员，其婚嫁固然要遵循婚礼的某些程序。章宗“许其（仆散揆）子安贞尚邢国长公主，且许揆入谢，礼成，归镇”[④]。世宗“以第十四女下嫁志宁子诸神奴，八年十月，进币，宴百官于庆和殿。皇女以妇礼谒见，志宁夫妇坐而受之，欢饮终日，夜久乃罢”[⑤]。可见虽身为皇女，但是仍然恪守妇道，施行见舅姑之礼。

宋朝朱熹曾说：“古礼有问名、纳吉，今不能尽用，止用纳采、纳币（即纳征），以从简便。”[⑥]可见，在宋朝，婚礼只用纳采和纳币，并没有按照六礼的程序进行。在金朝，宗室婚礼也没有实行六礼的明确记载，通过金朝相关史籍，可以查阅的宗室婚姻有实行了六礼之中的四礼，即纳采、纳币、请婚、亲迎。大定二十三年（1183 年），章宗为金源郡王时，娶后来的钦怀皇后，行纳采礼。世宗遣近侍局使徒单怀忠赐金百两、银千两、厩马六匹、重彩三十端。同年十一月，“备礼亲迎。诏亲王宰执三品已上

① 《金史》卷 63《后妃传上》，第 1509 页。
② 《金史》卷 66《始祖以下诸子传》，第 1563 页。
③ 《金史》卷 7《世宗本纪中》，第 169 页。
④ 《金史》卷 93《仆散揆传》，第 2068 页。
⑤ 《金史》卷 87《纥石烈志宁传》，第 1934 页。
⑥ （宋）朱熹：《朱子家礼》卷 3《昏礼》，《朱子全书（第 7 册）》，上海：上海古籍出版社，合肥：安徽教育出版社，2002 年。

官及命妇会礼”[①]。显宗为皇太子，娶孝懿皇后徒单氏，“大定四年（1164年）九月，备礼亲迎于贞（徒单氏父）第。世宗临宴，尽欢而罢”[②]。大定二十六年（1186年），“徒单公弼尚息国公主纳币，赐六品以上宴于庆和殿”[③]。

与金代相比，辽代宗室婚姻基本上实行“聘娶婚”，一般要经过定亲、会亲、迎亲、拜亲等主要程序，但也保留了妇女主婚的特色。契丹故俗，“凡婚燕之礼，推女子之可尊敬者坐于奥，谓之‘奥姑’”[④]。太祖有一女长大后下嫁淳钦皇后弟萧室鲁，幼时即为奥姑，主持仪式。而在西夏，“乾顺即位亲政后，重用汉人谋事，接受汉族封建文化，……推行孔子学说，实行多项汉化措施，使西夏政治、经济发生了更为深刻的变化。这种变化无疑影响了包括皇室婚姻制度的汉化进程在内的社会习俗。西夏国主纳后，同样按儒家的一套程式即所谓‘六礼’去进行”[⑤]。

二、宗室妇女的贞节观念

贞节观念是中国古代儒家礼教对妇女的重要要求，是封建社会的一个非常重要的社会伦理问题。改嫁被视为大逆不道，一直强调“夫有再娶之义，妇无二适之义”[⑥]。因为贞节观念是在婚姻中衍生的，又是封建礼教的规定，故将此题放到婚礼之中来论述。

金朝宗室妇女作为社会上层妇女，更是要遵循传统礼教。金朝建国前后，由于受到女真人传统接续婚的影响，女真人不以侍二夫为耻。女真“旧俗，妇女寡居，宗族接续之”[⑦]，女真族“父死则妻其母，兄死则妻其嫂，叔伯死则侄亦如之，无论贵贱，人有数妻”[⑧]“虏（金）人风俗，取妇于家，而其夫死，不令妇归家，则兄弟侄皆得以聘之。有妻其继母者”[⑨]。

---

① 《金史》卷64《后妃传下》，第1527页。

② 《金史》卷64《后妃传下》，第1524页。《金史》中还记载，大定四年九月，显宗“纳妃徒单氏，行亲迎礼”，见《金史》卷19《世纪补》，第411页。

③ 《金史》卷92《徒单克宁传》，第2050页。

④ 《辽史》卷65《公主表》，第1000页。

⑤ 顾吉辰：《西夏后妃制度考述》，《宁夏社会科学》1993第2期。

⑥ （东汉）班昭：《女诫•专心》，《女诫——女性的枷锁》，北京：中央民族大学出版社，1996年。

⑦ 《金史》卷64《后妃传下》，第1518页。

⑧ 《三朝北盟会编》卷3政宣上帙三，第17页。

⑨ （宋）文惟简：《虏廷事实》，涵芬楼本《说郛》卷8。

如景祖长子韩国公劾者死，“所谓肃宗纳劾者之妻加古氏者是也”[①]。就连帝王的妻子都有被接续的，太祖妃萧氏在太祖死后被太祖弟斜也收继[②]。宗干先后纳其弟宗峻之妻和堂兄宗雄妻。阿骨打之子绳果和固碖，“绳果死，其妻为固碖所收，故今主养于固碖家”[③]。太祖长公主兀鲁嫁徒单定哥，定哥死后，其弟徒单恭（斜也）娶兀鲁为。蒲阿察虎迭女叉察先后嫁给了秉德弟特里和宗室安达海之子乙剌补。特别是海陵的妃子中有很多是宗室成员的妻子，后来却嫁给了海陵，如海陵之叔曹国王宗敏之妻阿懒，宗本子沙鲁剌之妻，宗固子胡里剌之妻，秘书监文之妻唐括石哥，崇义节度使乌带之妻唐括定哥，曾为宗盘子阿虎迭和宗室南家之妻的蒲察阿里虎。可见，在宗室中也一样，寡妇被接续，不被视为失贞节。

随着女真人汉化程度的加深，受宋代理学家“饿死事极小，失节事极大”[④]的影响，开始提倡贞节观念。特别是世宗时多次赞扬、褒奖贞节妇女。太宗时，攻破宜州，宜州节度使韩庆民不屈而死，以其妻配将士，其妻誓死不从，遂自杀。世宗读《太宗实录》，见庆民夫妇事，叹曰：“如此节操，可谓难矣。”[⑤]金朝灭北宋后，掠不少宋宗室女性到金朝，其中朱皇后誓死反抗，投水而死，后来金世宗赞扬她“怀清履洁，得一以贞。众醉独醒，不屈其节”[⑥]，追封为“靖康郡贞节夫人”。“康住住，鄜州人。夫早亡，服阕，父取之归家，许严沂为妻。康氏誓死弗听，欲还夫家不可得，乃投崖而死。诏有司致祭其墓。”[⑦]宗室女性中最有代表性的贞节烈女是世宗的母亲李氏和夫人乌林答氏。世宗母李氏为逃避接续婚这一风俗，“祝发为比丘尼，号通慧圆明大师，赐紫衣，归辽阳，营建清安禅寺，别为尼院居之”[⑧]。世宗为济南尹，海陵召其夫人乌林答氏。夫人谓世宗曰：“我不行，上必杀王。我当自勉，不以相累也。”[⑨]夫人行至良乡自杀。如此节

① 《金史》卷65《始祖以下诸子传》，第1538页。

② 此观点来自于学者唐长孺，唐先生根据《金史》中的几处记载，判定，萧氏为太祖妃，生子任王隈喝，但太祖诸子中未见有隈喝，而《金史》中言斜也子和宗义（斜也子）弟却有隈喝，海陵忌斜也诸子盛而杀害的斜也诸子亦见隈喝，由此得出结论，太祖死后其妃萧氏被太祖弟斜也收继，生子隈喝，《金史》讳之而未言。见唐长孺：《金代收继婚》，《山居存稿》，北京：中华书局，1989年。

③ （宋）洪皓：《松漠纪闻》，《长白丛书》，长春：吉林文史出版社，1986年。

④ （宋）程颢等：《二程遗书》卷22下《伊川先生语八下》，上海：上海古籍出版社，1992年，第235页。

⑤ 《金史》卷130《列女传》，第2798页。

⑥ 《靖康稗史笺证》之六《呻吟语》，第217页。

⑦ 《金史》卷130《列女传》，第2799页。

⑧ 《金史》卷64《后妃传下》，第1518页。

⑨ 《金史》卷63《后妃传上》，第1515页。

烈的女真宗室妇女可谓少见。宗室贞节之女还有阿鲁真，“宗室承充之女，胡里改猛安夹谷胡山之妻。夫亡寡居”[①]。天兴二年（1232年），哀宗宝符李氏在京城破后，至宣德州，居摩诃院。“李氏自入院，止寝佛殿中，作为幡旆。会当同后妃北行，将发，佛像前自缢死，且自书门纸曰‘宝符御侍此处身故’。”[②]

有奸淫行为也应该被视为不贞节，海陵朝、世宗朝曾对有奸情的宗室妇女给予诛杀的严厉惩罚。宗干子“兖妻乌延氏，正隆六年（1161年）坐与奴有奸，海陵杀之”[③]。贞元元年（1153年），“贵妃唐括定哥坐与旧奴奸，赐死”[④]。大定十六年（1176年）二月，“皇子豳王妃徒单氏以奸，伏诛”[⑤]。在这里还有必要提及女真宗室成员没有与风尘女子有染或者娶娼妓为妻的记载，中国古代不少帝王、宗室成员都有这方面的记载，如宋朝徽宗等，这应当被看做宗室成员个人生活检点的一个写照。

第三节　宗室婚姻特点与影响

一、宗室婚姻的特点

通过对金朝宗室成员婚姻状况的以上分析，可以总结出金代宗室婚姻有以下几个方面的特点：

1. 婚有恒族，相互嫁娶

婚有恒族是金朝宗室婚姻的一个非常重要的特点。《金史》记载：“乌林答氏，其先居海罗伊河，世为乌林答部长，率部族来归，居上京，与本朝为婚姻家。”[⑥]“国朝故事，皆徒单、唐括、蒲察、拏懒、仆散、纥石烈、乌林答、乌古论诸部部长之家。”[⑦]“金之徒单、拏懒、唐括、蒲察、裴满、

① 《金史》卷130《列女传》，第2800页。
② 《金史》卷64《后妃传下》，第1533页。
③ 《金史》卷76《兖传》，第1746页。
④ 《金史》卷5《海陵本纪》，第101页。
⑤ 《金史》卷7《世宗本纪中》，第164页。
⑥ 《金史》卷64《后妃传下》，第1519页。
⑦ 《金史》卷64《后妃传下》，第1528页。

纥石烈、仆散皆贵族也，天子娶后必于是，公主下嫁必于是。”[①]金朝历代皇后的选取及公主下嫁基本上都从上述徒单、唐括、蒲察、拏懒、仆散、纥石烈、乌林答、乌古论、裴满这九支女真贵族中挑选。在九姓之中，帝王尤与徒单氏联姻最多，《金史》人物传中共载有徒单氏传记13人，其中大部分与完颜氏宗室有姻亲关系。在这些通婚的家族中，不仅娶这些家族的女儿，还将公主嫁给这些人，正所谓“娶后尚主”。金朝初年帝王择后严格限定在这九支女真贵族的范围之内，章宗钦怀皇后去世，中宫虚位久，章宗欲立出身低微的李氏，但是“大臣固执不从，台谏以为言，帝不得已，进封为元妃”[②]。但是到了金朝后期，有宣宗立汉人王氏为皇后一事，故《金史》说：“宣宗册温敦氏，乃赐姓，变古甚矣。”[③]（是先将王氏赐姓温敦氏后，才封为皇后的）金朝宗室这种通婚关系与契丹宗室与后族萧氏的婚姻一样，属于原始婚姻形态的残余。有所不同的是，金朝宗室的婚姻对象较契丹耶律氏更为广泛，虽广泛但也限于皇帝之妃子及其他皇室成员婚配对象的选取，联姻者主要有女真夹谷氏、乌萨札氏、温迪罕氏、术虎氏等，以及渤海、契丹、高丽、汉人等。

2. 服务政治，目的强烈

恩格斯说过：“对于骑士或男爵，以及对于王公本身，结婚是一种政治行为，是一种借新的联姻来扩大自己势力的机会，起决定作用的是家族的利益，而决不是个人的意愿。在这种条件下，关于婚姻问题的最后决定权怎能属于爱情呢！”[④]

婚姻为政治服务这一思想在我国古已有之，上文谈到了公主婚姻中鲜见和亲，但是这并不能说金朝宗室的婚姻没有政治目的。在中国古代，宗室婚姻的政治用意，或表现为与异国和亲，或表现为与权重功高的豪门大族联姻。金朝皇帝的后妃很多都来自于显赫的贵族将相之家。金朝皇女鲜见与他国通婚，有两位公主嫁给了异族，一位嫁给宰相萧玉子，一位嫁给了元太祖，嫁给元太祖无疑具有和亲的用意。从这两例与异族通婚的情况，很明显地看出公主依旧是巩固皇权的工具。政治目的当然不能仅仅体现在公主身上，皇帝择后妃也有这方面的倾向，特别是选择皇后基本都要

① 《金史》卷120《世戚传》，第2629页。
② 《金史》卷64《后妃传下》，第1528页。
③ 《金史》卷63《后妃传上》，第1498页。
④ 恩格斯：《家庭、私有制和国家的起源》，《马克思恩格斯选集（第4卷）》，北京：人民出版社，1972年。

在固定的几个大族中选择。宗室婚配对象的出身，大多是门第显赫的大族和勇武战将之家，与这些人家联姻是金朝统治者为换取他们的支持以达到长治久安目的的重要途径，从这个意义上来讲，金朝宗室的婚姻就染上了浓厚的政治色彩，是为巩固其统治的一种政治策略和行为。这里有必要提一下，金朝宗室以赵氏女为妻的情况，并不是要实现传统的和亲目的，而是宋朝汴京陷落以后掠来的。如宗翰的长子真珠大王设也马娶宋徽宗的女儿富金帝姬，宗翰次子宝山大王斜保纳宋徽宗另一女惠福帝姬为妾[①]。

3. 门当户对，同姓不婚

金朝宗室的婚姻讲求门当户对。门当户对是中国古代婚姻的一个非常重要的要求，门第观念自古就很重，尊卑差距悬殊，不得为婚姻，作为国之枝叶的宗室更是非常注重门当户对。金朝宗室的男女基本上只能与世婚的部长之家通婚，庶族被排斥在外。金朝宗室配偶的出身大都显贵，特别是皇后的册立更为严格，通常只能从女真族的徒单、唐括、蒲察、仆散等世家大族中挑选。金朝尚主的对象也不是普通的家庭，基本上是功臣子孙及有重亲关系的豪门大族。与金朝不同，宋代皇室有“婚姻不问阀阅”的特点，宋代后妃并非都出身在头等门阀家庭，且“不欲选于贵戚”，例如宋代后妃中出身于高级官僚家庭的只占总数的 26.8%[②]。

女真人同姓不婚。天辅元年（1117 年）五月，“诏自收宁江州已后同姓为婚者，杖而离之”[③]。天会五年（1127 年）四月，诏曰：“合苏馆诸部与新附人民，其在降附之后同姓为婚者，离之。”[④]大定十九年（1179 年）十月，“制知情服内成亲者，虽自首仍依律坐之”[⑤]。这种约定亦适合于宗室，金朝宗室成员中没有同姓为婚者。自昭祖石鲁以后，完颜氏贵族皆与异姓通婚。“金之徒单、拏懒、唐括、蒲察、裴满、纥石烈、仆散皆贵族也，天子娶后必于是，公主下嫁必于是，与周之齐、纪无异，此昏礼之最得宜者，盛于汉、唐矣。”[⑥]

---

① 《靖康稗史笺证》之三，第 100 页。

② 张邦炜：《试论宋代“婚姻不问阀阅”》，《历史研究》1985 年第 6 期。

③ 《金史》卷 2《太祖本纪》，第 30 页。

④ 《金史》卷 3《太宗本纪》，第 57 页。

⑤ 《金史》卷 7《世宗本纪中》，第 174 页。

⑥ 《金史》卷 120《世戚传》，第 2629 页。

4. 存有收继婚现象

收继婚，又称接续婚，指男子死后，其妻、妾可以嫁给他的兄、弟、子、侄、孙（须与其妻妾无血缘关系）中的任何人。其目的是防止家族财产分散、劳动力外流。女真人有收继婚的风俗，女真“旧俗，妇女寡居，宗族接续之”①。女真族“父死则妻其母，兄死则妻其嫂，叔伯死则侄亦如之，无论贵贱，人有数妻”②。“虏（金）人风俗，取妇于家，而其夫死，不令妇归家，则兄弟侄皆得以聘之。有妻其继母者。”③在女真宗室中收继婚俗也颇为盛行。景祖长子韩国公劾者死，“所谓肃宗纳劾者之妻加古氏者是也”④。“宗干，亶伯父，且妻其母，如己子也。”⑤“绳果（宗峻）死，其妻为固碖（宗干）所收，故今主养于固碖家。”⑥宗干不仅纳其弟宗峻（亶父）之妻，还纳堂兄宗雄妻。太祖妃萧氏在太祖死后被太祖弟斜也收继。天会十三年（1135 年），“宗辅寻入见金主，卒于路。宗弼自戍所赴其丧，取宗辅之妻张氏以归”⑦。“海陵杀宗敏而纳阿懒（宗敏妻）宫中。”⑧太祖长公主兀鲁嫁徒单定哥，定哥死后，其弟徒单恭（斜也）娶兀鲁为妻。世宗母李氏因不能接受“妇女寡居，宗族接续之”的旧俗，在其夫宗辅去世后出家为尼，因为如果不出家难以幸免被收继的命运。收继婚的目的是为了不让财产外流，因为丈夫死后，妻子改嫁势必要带走财产和孩子，为了使财产不外流，所以女子在丈夫死后要由族人收继。收继婚在金朝建立前后在宗室中较为盛行，世宗以后，很少见到宗室中有收继婚的记载。

5. 重亲为婚，亲上加亲

这是女真宗室婚姻的一大特色。金朝宗室通婚的对象中很多与宗室有着重亲关系，包括两种情况：一种是中表婚，一种是普通的“亲上加亲”关系。中表婚（Cross Cousin Marriage）是指姑舅或两姨之表兄弟姊妹互

① 《金史》卷 64《后妃传下》，第 1518 页。
② 《三朝北盟会编》卷 3 政宣上帙三，第 17 页。
③ （宋）文惟简：《虏廷事实》，涵芬楼本《说郛》卷 8。
④ 《金史》卷 65《始祖以下诸子传》，第 1538 页。
⑤ 《建炎以来系年要录》卷 84，绍兴五年春正月癸酉条，第 1388 页。
⑥ （宋）洪皓：《松漠纪闻》，《长白丛书》，长春：吉林文史出版社，1986 年，第 12 页。
⑦ 《建炎以来系年要录》卷 90，绍兴五年六月辛未条，第 1511 页。
⑧ 《金史》卷 63《后妃传上》，第 1512 页。

为婚姻。在金朝的法律中不禁中表为婚。“睿宗钦慈皇后，蒲察氏。睿宗元配。后之母，太祖之妹也。”睿宗（宗辅）为太祖之子，其皇后蒲察氏是太祖妹妹的女儿，可见睿宗与皇后蒲察氏为姑表亲。世宗“元妃李氏，南阳郡王李石女”，世宗之母亲为贞懿皇后李氏，渤海人，李石为世宗亲舅，所以世宗与元妃为姑表亲。海陵淫孽，其嫔妃中有许多是中表亲。天德三年（1151 年）五月，海陵命徒单贞语宰臣：“前所诛党人诸妇人中多朕中表亲，欲纳之宫中。”[①] 在金朝，尚主的对象中很多与宗室有重亲关系。太祖女嫁给蒲察石家奴，蒲察石家奴之祖斛鲁短为世祖外孙。熙宗女沈国公主嫁徒单绎，“绎家自曾祖照至绎尚公主者凡四世”。熙宗妹嫁徒单赛一，赛一曾祖赛补，尚景祖女。世宗第二女唐国公主嫁徒单思忠，思忠父赛一，尚熙宗妹，世宗为其从舅。徒单公弼父府君奴，尚熙宗女，“大定二十七年（1187 年），（公弼）尚世宗女息国公主”[②]。在金代，宗室婚姻中这种亲上加亲的婚姻关系不胜枚举。亲上加亲被视为很好的婚姻模式，即金朝宗室与几家大族之间交互为婚、累世婚姻、因亲及亲，结成一个复杂的盘根错节的婚姻关系网。

二、宗室婚姻的影响

以联姻达到某种政治目的，是中国古代王朝、政权、部族之间常常采取的一种手段，联姻对于一个统一多民族国家的巩固和发展起到了举足轻重的作用。在金朝也一样，其宗室婚姻也带有某种政治目的。学界通常把外戚界定为太后、皇后、嫔妃的父家。因为驸马和驸马家与宗室的关系与后妃家近似、影响类同，我们就将驸马之家一并论述。

（一）宗室与世家大族联姻对金政权的建立和巩固起到了很大作用

宗室婚配对象的出身，大多是门第显赫的大族和勇武战将之家，与这些人家联姻是金朝统治者换取他们的支持以达到长治久安目的的重要途径。从这个意义上来讲，金朝宗室的婚姻就染上了浓厚的政治色彩，完全是为巩固统治而实施的一种政治策略和行为。

① 《金史》卷 5《海陵本纪》，第 98 页。
② 《金史》卷 120《世戚传》，第 2627 页。

1. 外戚的功劳

外戚之家在金初的征战中屡建功勋，对金朝的建立做出了重要贡献，而后在金朝的管理、统治中也起到了不可低估的作用。

金代的世戚之家在开国之初基本上都有战功。唐括德温之“曾祖石古，从太祖平腊醅麻产，领谋克。祖脱孛鲁，领其父谋克，从太祖伐辽，攻宁江、泰州战有功。父挞懒，尚康宗女，从宋王宗望以军二万收平州，至城东十里许遇敌兵甚众，战败之”。德温善射，尚睿宗皇帝女楚国长公主。皇统元年（1141 年），“从都元帅宗弼南征”①。乌古论蒲鲁虎之“父当海，国初有功”②。乌古论粘没曷之“祖唤端，太祖伐辽常侍左右，追辽主延禧、却夏人援兵皆有功”③。显宗孝懿皇后徒单氏之“曾祖抄，从太祖取辽有功，命以所部为猛安，世袭之。祖婆卢火，以战功多，累官开府仪同三司”④。蒲察石家奴“从宗望讨张觉，再从宗翰伐宋”⑤，屡建功勋。裴满达，天辅六年（1122 年），“从蒲家奴追叛寇于铁吕川，力战有功”⑥。徒单思忠之“曾祖赛补，尚景祖女。从太祖伐辽，战殁于临潢之浑河”⑦。徒单绎之“祖撒合懑，国初有功”⑧。世宗昭德皇后乌林答氏之“父石土黑，骑射绝伦，从太祖伐辽，领行军猛安”⑨。章宗钦怀皇后蒲察氏之“曾祖太神，国初有功”⑩。可见，这些与宗室通婚的人家在金朝建国之初都立下了显赫的战功。

金朝建立后，在辅佐皇帝建国、平定叛乱中，外戚也做出了很大的贡献。大臭（其家族中多位女子嫁给了宗室成员），金初因反辽立功而“显名军中”，太宗时又因伐宋有功，升官元帅右都监。徒单思忠之“父赛一，尚熙宗妹。正隆末，为乣椀群牧使，契丹贼窝斡扰北边，赛一与战，死之”⑪。大定初，世宗使徒单思忠“迎南征万户高忠建、完颜福寿于辽口，察其去就，思忠知其诚意，乃与俱至东京。世宗即位，如中都，思

① 《金史》卷 120《世戚传》，第 2618 页。
② 《金史》卷 120《世戚传》，第 2617 页。
③ 《金史》卷 120《世戚传》，第 2619 页。
④ 《金史》卷 64《后妃传下》，第 1524 页。
⑤ 《金史》卷 120《世戚传》，第 2614 页。
⑥ 《金史》卷 120《世戚传》，第 2615 页。
⑦ 《金史》卷 120《世戚传》，第 2621 页。
⑧ 《金史》卷 120《世戚传》，第 2622 页。
⑨ 《金史》卷 64《后妃传下》，第 1519 页。
⑩ 《金史》卷 64《后妃传下》，第 1526 页。
⑪ 《金史》卷 120《世戚传》，第 2621 页。

忠从行，军国庶事补益弘多”[①]。李石字子坚，贞懿皇后弟也。世宗纳石女，是为元妃李氏。世宗是在舅父李石的帮助下登上皇帝宝座的。大定元年（1161 年），“以定策功为户部尚书。无何，拜参知政事”[②]。乌古论元忠，世宗即位辽阳，谕之曰：“‘朕初即位，亲密无如汝者，侍从宿卫宜戒不虞。’……从世宗猎，上欲射虎，元忠谏止之。……十五年，北边进献，命元忠往受之，及还，诏谕曰：‘朕每遇卿直宿，其寝必安。’”[③]“世宗欲甓上京城，元忠曰：‘此邦遭正隆军兴，百姓凋弊，陛下休养二十余年，尚未完复。况土性疏恶，甓之恐难经久，风雨摧坏，岁岁缮完，民将益困矣。’驾东幸久之未还，元忠奏曰：‘鸾舆驻此已阅岁，仓储日少，市买渐贵，禁卫暨诸局署多逃者，有司捕置诸法恐伤陛下仁爱。’世宗嘉纳之。”[④]可见元忠“刚直敢言，义不顾身”，竭尽全力效忠皇室，为皇帝献计献策。

另外，蒲察石家奴、唐括德温、乌古论元忠、徒单思忠等人都是金朝公主之子，与宗室有着血亲关系，他们之所以能够出生入死，全力维护金朝的统治，应该说血亲关系产生了很大的作用。

可以说外戚在金朝的建立与发展过程中做出了卓越的贡献。金宗室与显赫、勇武大族的联姻，使他们结成了复杂的婚姻关系网，不仅扩大了自己的政治势力，而且有助于增强国家的凝聚力，形成了强烈的向心力，是金王朝能够维系统治的重要保证。在金朝，外戚是一个很大的群体，联姻让他们与皇室结成了休戚与共的利益统一体，一荣俱荣，一损俱损，使得他们尽心为朝廷效力。

2. 宗室配偶的辅佐作用

宗室的配偶大多为贤良淑德者，为辅佐宗室做出了重要贡献。以下举几例有代表性的。

景祖昭肃皇后唐括氏，“后虽喜宾客，而自不饮酒。景祖与客饮，后专听之。翌日，枚数其人所为，无一不中其綮肯。有醉而喧呶者，辄自歌以释其忿争。军中有被笞罚者，每以酒食慰谕之。景祖行部，辄与偕行，政事狱讼皆与决焉”[⑤]。

世宗生母贞懿皇后李氏，“世宗时年十三。后教之有义方，尝密谓所

---

① 《金史》卷 120《世戚传》，第 2622 页。

② 《金史》卷 86《李石传》，第 1912 页。

③ 《金史》卷 120《世戚传》，第 2623 页。

④ 《金史》卷 120《世戚传》，第 2624 页。

⑤ 《金史》卷 63《后妃传上》，第 1500 页。

亲曰：'吾儿有奇相，贵不可言。'居上京，内治谨严，臧获皆守规矩，衣服饮食器皿无不精洁，敦睦亲族，周给贫乏，宗室中甚敬之。后性明敏，刚正有决，容貌端整，言不妄发"[①]。世宗昭德皇后乌林荅氏，"聪敏孝慈，容仪整肃，在父母家，宗族皆敬重之。既归世宗，事舅姑孝谨，治家有叙，甚得妇道"。睿宗伐宋时，得白玉带一条，睿宗死后，由世宗收藏。按规定，这玉带是帝王才有资格佩戴的，乌林荅氏劝告世宗应当献给天子，世宗便献给了熙宗。《增广贤文》有言："妻贤夫祸少。"熙宗晚年嗜酒、好杀，但是世宗却保全了性命，这与乌林荅氏当初的劝告颇有关系。"后不妒忌，为世宗择后房，广继嗣"[②]。有金一代能够产生世宗这样一位德才兼备、有"小尧舜"之称的皇帝，是与李氏的教子有方、乌林荅氏竭力辅佐及两位女人潜移默化的影响分不开的。

海陵嫡母徒单氏，宗干之正室，"徒单氏贤，遇下有恩意，（海陵生母）大氏事之甚谨，相得欢甚。……及（海陵）谋伐宋，太后谏止之"，曾言："国家世居上京，既徙中都，又自中都至汴，今又兴兵涉江、淮伐宋，疲弊中国，我尝谏止之，不见听。契丹事复如此，奈何。"[③]结果证明，完颜亮没有听徒单氏的劝告是错误的，作为一个少数民族女性，有如此的见识，难能可贵。

显宗孝懿皇后，徒单氏，素谦谨，"敦睦九族，恩纪皆合。尤恶闻人过，谀佞之言无所得入。恕以容物，未尝见喜愠。然御下公平，虽至亲无所阿徇。尝诫诸侄曰：'皇帝以我故，乃推恩外家，当尽忠图报。勿谓小善为无益而弗为，小恶为无伤而弗去。毋藉吾之贵，辄肆非违，以干国家常宪。'一日，妹并国夫人、嫂泾国夫人等侍侧，因谕之曰：'尔家累素重，且非丰厚，宜节约财用，勿以吾为可恃。吾受天下之养，岂有所私积哉。况财用者，天下之财用也。吾终不能多取以富尔之私室。'家人有以玉盂进者，却之，且曰：'贵异物而殚财用，非我所欲也。况我之赐予有度，今尔以此为献，何以自给。徒费汝财，我实无用，后勿复尔。'明昌元年（1190年），礼官议以五月奉上册宝，后弗许。上屡为之请，后曰：'今世宗服未终，遽衣锦绣、佩珠玉，于礼何安。当俟服阕行之。'上谕有司曰：'太后执意甚坚，其待来年。'后好《诗》《书》，尤喜《老》《庄》，学纯淡清懿，造次必于礼。逮嫔御以和平，其有生子而母亡者，视之如己

① 《金史》卷64《后妃传下》，第1518页。
② 《金史》卷64《后妃传下》，第1520页。
③ 《金史》卷63《后妃传上》，第1506页。

所生，慈训无间。上时问安，见事有未当者，必加之严诫云”[①]。

卫绍王资明夫人汉人郑氏，胡沙虎兵变时，向郑氏索要玉玺，遭到郑氏的严厉拒绝：“尚宫左夫人郑氏为内职，掌宝玺，闻难，端居玺所待变。胡沙虎遣黄门入收玺，郑曰：‘玺，天子所用。胡沙虎人臣，取将何为？’黄门曰：‘今天时大变，主上犹且不保，况玺乎。御侍当思自脱计。’郑厉声骂曰：‘若辈宫中近侍，恩遇尤隆，君难不以死报之，反为逆竖夺玺耶。我死可必，玺必不与。’遂瞑目不语。”[②]在宣宗朝，郑氏深得宣宗看重，宣宗晚年得疾，“上疾大渐，暮夜，近臣皆出，唯前朝资明夫人郑氏年老侍侧，上知其可托，诏之曰：‘速召皇太子主后事。’言绝而崩。夫人秘之”[③]。而后立即将探视宣宗的后妃锁入他室，召大臣宣布遗诏立皇太子守绪，然后才放出关闭起来的后妃，制止了贵妃庞氏与守纯争夺皇位的阴谋。

（二）宗室与其他家族的联姻促进民族文化互动

由上，我们可以看出，金朝宗室婚媾的对象不仅有女真族，还有契丹、渤海、汉族等，皇家的这种婚姻模式在一定程度上加速了民族文化交流与融合的进程。

金朝宗室的婚姻既有世婚家族的子女，又有非世婚家族的子女，不仅与女真族缔结婚姻关系，还与契丹、汉、渤海人相婚媾。特别是汉族和汉化程度较高的渤海族的皇室妻子，将汉文化带到了宗室身边，用汉族文化辅佐帝王、教育子女。

宗室宗干娶了汉人顺妃李氏（生郑王充）、渤海人大氏（生亮等三子），宗干在其汉人及汉化程度较高的渤海族妻子的影响下，将少以学行称的汉儒张用直“延置门下，海陵与其兄充皆从之学”[④]，使子女接受汉族文化教育，完颜亮的文学才华横溢与其母亲的教育也有很大的关系。此外，金世宗能够成为“议者以为有汉文、景风”[⑤]的帝王也与他渤海人母亲及诸位汉族、渤海族妃子的影响有关。如世宗的母亲渤海人李氏，因渤海人接触汉文化比较早，汉化程度比女真人深，反对女真人的接续婚，出家为尼。大定九年（1169 年），世宗“制汉人、渤海兄弟之

① 《金史》卷 64《后妃传下》，第 1525 页。

② 《金史》卷 13《卫绍王本纪》，第 296 页。

③ 《金史》卷 16《宣宗本纪下》，第 369 页。

④ 《金史》卷 105《张用直传》，第 2314 页。

⑤ 《归潜志》卷 12《辩亡》，第 136 页。

妻，服阕归宗以礼续婚者，听”[①]。世宗的这个诏令应当受其母亲出家为尼一事的影响，因而规定了不准强迫汉人、渤海人遵循收继婚，只是定“服阕归宗以礼续婚者，听”而已。渤海族、汉族的儒教理念影响了女真宗室的婚姻，世宗以后，金朝鲜见宗室乃至整个女真族实行接续婚的记载。

在金朝，娶汉人、渤海人为后妃最多的家族是世宗家族，世宗一系的子孙，包括世宗笔者娶汉人为后妃最多，这个特点非常明显。世宗之母亲就是渤海人，世宗元妃张氏、元妃李氏、柔妃大氏为渤海人，昭仪梁氏为汉人；世宗子显宗之昭圣皇后刘氏、妃王氏、妃田氏、妃刘氏均为汉人；显宗子章宗之资明夫人林氏、元妃李师儿、承御贾氏、内人范氏均为汉人；显宗子宣宗之皇后王氏、明惠皇后王氏、真妃庞氏、丽妃史氏均为汉人。我们将在下一章论述到世宗一系子孙的汉文化成就最多，宗室中在文学艺术上有造诣者基本都集中在世宗一系子孙中。我想这也许与其家族中多汉族后妃所带来的汉文化熏陶是分不开的。

嫁给女真宗室的汉族、渤海族女性，带来了较为先进的民族文化，促进了民族间文化的交流与渗透。在宗室的带动下，金朝很多女真人娶汉人、渤海人、契丹人为妻，使得女真人与其他民族在各个方面都有较多的交流，促进了民族融合。到了元朝的时候，中原地区已经分不清哪些是女真人了。婚姻这条纽带还使得各民族间的政治利益趋于一致，如渤海人李石的姐姐嫁给了世宗之父，李石的女儿嫁给了世宗，这样，渤海李氏便与女真人结成了政治同盟，他们荣辱偕行，休戚与共。总之，宗室的婚媾加速了女真文化与汉文化的双向交流，推动了女真文化与文明程度较高的汉文化的融合。

（三）联姻带来互利互惠

通过宗室与女真世婚家族的婚姻关系，宗室自身达到巩固政权等目的；这些通婚的家族也获得了一系列的好处，不仅可以得到丰厚的赏赐，还可以加官进爵，即便是原来身份低微者，也可以很快跻身于显贵高门的行列。总地来说，联姻是强大家族互相依靠来扩大彼此的影响力和政治权力的行为，是互利互惠的。

① 《金史》卷6《世宗本纪上》，第144页。

1. 高官要职、封爵赏赐

关于外戚家族在政治上所占有的地位，最主要的就是获得显官要职。

金代后妃的父祖都会得到封赠。太祖圣穆皇后唐括氏，天会十三年（1135 年）追谥："赠后父留速太尉、荣国公，祖迭胡本司徒、英国公，曾祖劾乃司空、温国公。"① 太宗钦仁皇后唐括氏，熙宗即位后，"赠后父阿鲁束太尉、宋国公，祖实匹司徒、英国公，曾祖阿鲁琐司空、温国公"②。世宗之母贞懿皇后李氏，大定初，"赠后曾祖参君司空、潞国公，祖波司徒、卫国公，父雏讹只太尉、隋国公"③。世宗昭德皇后乌林荅氏"赠三代，曾祖胜管司空、徐国公，曾祖母完颜氏徐国夫人，祖术思黑司徒、代国公，祖母完颜氏代国夫人，父石土黑太尉、沈国公，母完颜氏沈国夫人。敕有司改葬，命皇太子致奠。以后兄晖子天锡为太尉，石土黑后授世袭猛安"④。睿宗钦慈皇后蒲察氏，"赠后曾祖赛补司空、韩国公，祖蒲剌司徒、郑国公，父按补太尉、曹国公"⑤。裴满达，天眷二年（1139 年），"以皇后父拜太尉，封徐国公"⑥。徒单恭因赃免会宁牧，因其女嫁给海陵，"由是复用为会宁牧，封王。未几，拜平章政事"⑦。

不仅皇后的家族得到封赠，妃嫔们的家族同样会得到封赠。海陵柔妃耶律氏弥勒，招入，封为充媛，封其母张氏为莘国夫人，伯母兰陵郡君萧氏为巩国夫人。海陵封高氏为修仪，加封其父高耶鲁瓦辅国上将军，封母完颜氏密国夫人。章宗元妃李氏师儿，"其家有罪，没入宫籍监。父湘，母王盻儿，皆微贱。大定末，以监户女子入宫。……明昌四年（1193 年），封为昭容。明年，进封淑妃。父湘追赠金紫光禄大夫、上柱国、陇西郡公。祖父、曾祖父皆追赠"⑧。后妃的兄弟姐妹也会得到一官半职，李师儿"兄喜儿旧尝为盗，与弟铁哥皆擢显近，……兄喜儿，累官宣徽使、安国军节度使。弟铁哥，累官近侍局使、少府监"⑨。卫绍王即位，"赠妃

① 《金史》卷 63《后妃传上》，第 1501 页。
② 《金史》卷 63《后妃传上》，第 1502 页。
③ 《金史》卷 64《后妃传下》，第 1519 页。
④ 《金史》卷 64《后妃传下》，第 1521 页。
⑤ 《金史》卷 64《后妃传下》，第 1517、1518 页。
⑥ 《金史》卷 120《世戚传》，第 2615 页。
⑦ 《金史》卷 120《世戚传》，第 2616 页。
⑧ 《金史》卷 64《后妃传下》，第 1527 页。
⑨ 《金史》卷 64《后妃传下》，第 1527、1529 页。

（世宗元妃李氏）弟献可特进”[①]。

日本学者三上次男在其《金史研究》中，对外戚家族在中央、地方重要机构的任职情况做了详细的统计和说明[②]，从表5-5可见，有金一代从中央到地方各个机构中都有外戚的踪迹，任用外戚的总人数达到146人次之多，仅宰执和六部尚书职位就有49人次，其中任用较多的是徒单、仆散、纥石烈三个家族，外戚家族在金朝政治中的影响的确不小。

表5-5　外戚家族在中央、地方重要机构任职情况表

官职 家族	宰相	执政	六部尚书	御史大夫	枢密使·副	招讨使统军使	诸京留守路府尹	总计
徒单	5	3	2	1	5	3	18	37
仆散	4	3	3	2	4	6	3	25
唐括	2	1	4	1	1	1	7	17
纥石烈	2	1	5	1	2	6	6	23
蒲察	1	2	3	—	—	2	8	16
乌古论	1	—	3	3	1	3	7	18
乌林答	1	1	1	1	—	2	1	7
裴满	—	—	1	1	—	—	1	3
总计	16	11	22	10	13	23	51	146

2. 联姻带来物质利益

物质上，通过与宗室的联姻，这些联姻家族能获得丰厚的物质利益。

公主下嫁后带给夫家一系列好处，不仅使夫家人加官晋爵，且带来的嫁妆着实丰盛。《大金集礼》记载，皇统七年（1147年），“（代国）公主下嫁，奴婢二千五百人，马二千，牛四千，羊三万，猪二千，彩带二千端、绢万匹，钱二十万贯，黄金千五百两，银万五百两，器皿、珠玉、首饰，服用称是”。大定七年（1167年）二月，“敕旨公主断送依例准备：驼（驼）三十只、马一百匹、牛二百头、羊三千口、猪二百口。续减讫驼（驼）十只，仍与绊笼头各五十副”[③]。《金史》中还有皇后的姊妹得到封

① 《金史》卷64《后妃传下》，第1523页。

② 〔日〕三上次男《金史研究》第3部《金代政治社会の研究》，东京：中央公论美术出版，1970年，第107～120页。

③ （金）张玮等编撰：《大金集礼》卷9《公主》，广雅书局刊本，清光绪二十一年（1895年）。

赏的记载，大定四年（1164 年），“封后（贞懿皇后李氏）妹为邢国夫人，赐银千两、锦绮二十端、绢五百匹”[①]。

还有些世戚仰仗着与宗室的这层亲属关系，聚敛财富，裴满忽睹“历横海、崇义军节度使，以后戚怙势赃污不法。其在横海，拜富人为父，及死，为之行服而分其资。在崇义，讽寺僧设斋而受其施。及留守中京，益骄恣，苟或可以得财无不为者。选诸猛安富人子弟为扎野，规取财物，时号‘闲郎君’”[②]。海陵后徒单氏之父徒单恭贪鄙，“强率取部人财物”[③]。

驸马及世戚家人死后，朝廷往往给予很丰厚的赙赠。唐括德温卒，“上辍朝，亲临丧奠祭，赙赠甚厚”[④]。蒲察鼎寿卒，“丧至香山，皇太子往奠，百官致祭，赙银彩绢”[⑤]。昭德皇后兄乌林答晖卒，“遣官致祭，皇太子诸王百官会丧，赙银千两、重彩四十端、绢四十匹”[⑥]。乌古论蒲鲁虎卒，“海陵亲临哭之，后妃皆吊祭，赙赠甚厚”[⑦]。大定二年（1162 年），徒单思忠卒，“上为辍朝，即丧所临奠，命有司备礼葬之，营费从官给”[⑧]。睿宗女冀国长公主夫乌古论粘没曷，大定年间卒，“上闻之，遣其子驸马都尉公说驰驿奔丧，赐钱三千贯，沿路祭物并从官给”[⑨]。乌古论元忠卒，“上遣宣徽使白琬烧饭，赙物甚厚”[⑩]。

3. 联姻带来社会地位提升

借与宗室通婚以提高家族威望，壮大家族力量，形成显赫之家。用“一人得道，鸡犬升天”来形容与宗室通婚诸家族获得利益的情况，可以说是再恰当不过了。外戚们在政治上擢显官要职与经济上获得财富的同时，其家族的威望和社会地位也会随之提高，这种家族地位、家族威望应属于精神层面的。

蒲察鼎寿家族与宗室既世连姻戚，“女为皇后，长子辞不失凡三尚定国、景国、道国公主。其宠遇如此，未尝以富贵骄人，当时以为外戚

① 《金史》卷 64《后妃传下》，第 1519 页。
② 《金史》卷 120《世戚传》，第 2615 页。
③ 《金史》卷 120《世戚传》，第 2616 页。
④ 《金史》卷 120《世戚传》，第 2619 页。
⑤ 《金史》卷 120《世戚传》，第 2621 页。
⑥ 《金史》卷 120《世戚传》，第 2620 页。
⑦ 《金史》卷 120《世戚传》，第 2618 页。
⑧ 《金史》卷 120《世戚传》，第 2622 页。
⑨ 《金史》卷 120《世戚传》，第 2619 页。
⑩ 《金史》卷 120《世戚传》，第 2625 页。

之冠云"[①]。乌古论元忠因"尚豫国公主，怙宠自任，倨慢朝士"[②]。联姻家族通过与宗室联姻以飞黄腾达，在这些本来就很显贵的通婚家族中不是十分明显，但对于那些出身低微的家族则会发生翻天覆地的变化。章宗元妃李师儿出身低微，父母皆微贱，大定末年，以监户女子入宫，"兄喜儿旧尝为盗，与弟铁哥皆擢显近，势倾朝廷，风采动四方，射利竞进之徒争趋走其门。南京李炳、中山李著与通谱系，超取显美。胥持国附依以致宰相。怙财固位，上下纷然，知其奸蠹，不敢击之，虽击之，莫能去也"[③]。外戚从与宗室联姻中获得了巨大的好处，无论其原来身份如何，都可成为显贵高门。《归潜志》记载："宣宗后妃皆出微贱，南渡人有云：'头巾王、过道史、白酒庞（皇后王氏、丽妃史氏、真妃庞氏）。'指三外戚家也。王氏有成国夫人者，宣宗皇后之姊，末帝之姨，奢侈尤甚，权势薰天，当涂者往往纳赂取媚，积资如山，且出入宫掖无时度，号自在夫人。"[④]

总之，与宗室联姻之后，一切好处、便利便随之而来。除以上几点之外，在选举、入仕等很多方面都给予外戚与宗室同等的特权。《金史》记载："凡养士之地曰国子监，始置于天德三年（1151年），后定制，词赋、经义生百人，小学生百人，以宗室及外戚皇后大功以上亲、诸功臣及三品以上官兄弟子孙年十五以上者入学，不及十五者入小学。"[⑤]"凡恩例补荫同进士者，谓大礼补致仕、遗表、阵亡等恩泽，补承袭录用，并与国王并宗室女为婚者。"[⑥]可见外戚家族在选举上往往会获得与宗室同等的待遇。

但是与辽代世戚贵族相比，金代的世戚贵族远不如辽代那样有势力。辽代的北府宰相一职一直由后族宗室把持，拥有掌管各部族事务、执国政及领兵出征等重要权力。具体表现是，金代始终没有形成世戚贵族分掌权力的局面，当然也没有出现那些权倾一时的皇后。为什么会这样？宋立恒认为金代虽然有规定的通婚世戚，但世戚的范围却不是单一的，而是众多的，至少在十个姓氏以上。由于"十姓世婚"的相对广泛性，使得他们的地位虽很显赫，却无法构成对国家政权的控制[⑦]。但是不管是哪个朝代，外戚之家的权力与地位往往随着皇位更易而消失。

---

① 《金史》卷120《世戚传》，第2621页。
② 《金史》卷84《张景仁传》，第1893页。
③ 《金史》卷64《后妃传下》，第1527页。
④ 《归潜志》卷7，第69页。
⑤ 《金史》卷51《选举志一》，第1131页。
⑥ 《金史》卷52《选举志二》，第1164页。
⑦ 宋立恒：《金代社会等级结构研究》，中央民族大学博士学位论文，2005年，第23页。

（四）宗室婚姻模式的负面影响

在看到金朝宗室婚姻的正面积极作用的同时，我们还应当看到宗室婚姻的消极作用及其局限性。

金朝宗室婚姻中的近亲婚、异辈婚现象，从今天的优生学角度来看不可取。金朝不允许同姓为婚应该说是一种进步，但是在宗室中众多的姑表亲、姨表亲也属于近亲婚姻的范畴，上文已经有论述，这种婚姻产生的子女恐怕不是很健康。在金朝宗室婚姻中异辈为婚的情况非常多：如徒单公弼娶世宗之女息国公主，公弼父则娶的是熙宗之女；乌古论讹论娶太祖女毕国公主，其子元忠娶的却是太祖孙世宗的女儿，元忠子谊娶的是世宗从兄弟海陵之女，海陵女死后又娶了世宗之子显宗的女儿；徒单赛一之曾祖赛补尚景祖女，赛一娶熙宗妹，赛一之子思忠娶世宗皇弟二女唐国公主，等等。大定十五年（1175 年），世宗召英王爽谓曰："卿于诸公主女子中为咬住（宗望孙）择婚，其礼币命有司给之。"[①] 可见不少宗室的妻妾都是公主的女儿。

在中国古代史中，外戚家族在政治上饰演非常重要的角色，外戚擅权、外戚干政现象时有发生，金朝统治者也担心外戚擅权的事件发生，故对外戚多加防范。熙宗悼平皇后裴满氏"干预政事，无所忌惮，朝官往往因之以取宰相。济安薨后，数年继嗣不立，后颇掣制熙宗。熙宗内不能平，因无聊，纵酒酗怒，手刃杀人。……久之，熙宗积怒，遂杀后"[②]。大定二十五年（1185 年），后族有犯罪者，尚书省引"八议"奏，世宗曰："法者，公天下持平之器，若亲者犯而从减，是使之恃此而横恣也。昔汉文诛薄昭，有足取者。"宰臣曰："古所以议亲，尊天子，别庶人也。"世宗曰："外家自异于宗室，汉外戚权太重，至移国祚，朕所以不令诸王、公主有权也。夫有功于国，议勋可也。至若议贤，既曰贤矣，肯犯法乎。脱或缘坐，则固当减请也。"大定二十六年（1186 年），"遂奏定太子妃大功以上亲、及与皇家无服者、及贤而犯私罪者，皆不入议"[③]。世宗元妃张氏，父玄征。"大定二十五年，皇太子薨。永中于诸子最长，而世宗与徒单克宁议立章宗为太孙。世宗尝曰：'克宁与永中有亲，而建议立太孙，真社稷臣也。'尚书左丞汝弼者，玄征子，永中母舅。汝弼妻高陀斡

---

① 《金史》卷 74《宗望传》，第 1707 页。

② 《金史》卷 63《后妃传下》，第 1503 页。

③ 《金史》卷 45《刑志》，第 1020 页。

屡以邪言怵永中，画元妃像，朝夕事之，觊望徼福，及挟左道。明昌五年（1194年），高陀斡诛死，事连汝弼及永中，汝弼以死后事觉，得不追削官爵，而章宗心疑永中，累年不释。谏官贾守谦、路铎上疏欲宽解上意，章宗愈不悦。平章政事完颜守贞持其事不肯决，章宗怒守贞，罢知济南府，诸谏官皆斥外，赐永中死。金代外戚之祸，惟张氏云。"[①]

金朝宗室与世婚大贵族之间联姻，结成较稳固的利益集团，这个集团是一个特权阶层，形成后共同瓜分社会财富，榨取着劳动人民血汗，饱食民脂民膏。此前本书第三章就谈到豪强大族利用手中的权力，通过各种方式侵夺民田，欺诈百姓，为己牟利，从而给人民带来灾难，对社会造成了危害。

本章探讨了金朝宗室的婚姻状况，分别分析了宗室中帝王、公主、帝王之外男性宗室的婚姻情况，并总结出宗室婚姻的某些特点。还论述了金朝宗室的婚姻礼仪及宗室婚姻的意义。金朝宗室与世婚大贵族之间的累世联姻，使他们之间结成了较稳固的利益集团，控制着整个金朝社会。这与西周实行的"同姓不婚"有着相似的作用，西周只与外姓通婚，通过与异姓宗族、异姓诸侯国的婚姻关系，使外姓承认和服从周族的最高统治，建立起稳固的联盟，保证姬姓万世一统的家天下。金朝也正是通过这样一个庞大的亲属集团巩固着政权，这也是宗室婚姻与其他阶层婚姻的最大不同之处。

① 《金史》卷64《后妃传下》，第1522页。

第六章　金代宗室的教育与文化建树

宗室教育是中国古代教育的重要组成部分。宗室教育作为一项关系到王朝治乱兴衰的政治文化活动，为历代王朝统治者所重视。它是皇帝为培养继承人、对其子弟及所有宗室贵胄所施予的德智体等方面的教育。金王朝建立之后，特别重视宗室教育，从而使得宗室成为一个文化素养较高的群体。金代文物"上掩辽而下轶元"，人们往往将之归功于元好问、赵秉文、王若虚等汉族文人，实际上，宗室的贡献也不可低估。金代宗室之所以能够取得突出成就，与金王朝对中原文化的认同分不开。金代宗室教育状况是历史文化认同的一个侧面和缩影，从中可见金朝这个少数民族政权对华夏文明和中原文化的强烈认同感。探讨和研究金代的宗室教育及其对中原文化的认同，有助于我们深入地了解各民族文化相互融合、相互促进的历史和现状，推动民族融合方面的研究，增强中华民族的凝聚力。

张博泉《金代教育史论》和兰婷《金代教育研究》① 等都对金朝的宗室教育有所提及，但是文中更侧重的是对皇子和亲王府中宗室教育的论述，较少论及普通宗室子弟的教育和宗室子弟入学校接受教育的情况，对于宗室教育的内容也较少涉及女真文化和习武射猎等方面的教育情况。本章将对金朝宗室接受教育的方式和内容等方面做出较全面的论述。

第一节　金代宗室教育中认同中原文化的价值取向

金朝虽然是一个肇兴于东北的少数民族女真族建立的政权，但也以华夏文明的继承者自居，在立国之初就大力支持、提倡学习中原文化，许多统治者笔者就十分仰慕中原的灿烂文化，喜读儒家经典。金朝政权不仅吸

① 张博泉：《金代教育史论》，《史学集刊》1989 年第 1 期；兰婷：《金代教育研究》，长春：吉林大学出版社，2010 年。

纳了大量宋朝的官吏、知识分子参政，并仿照中原王朝设置许多典章制度，许多宗室成员包括皇帝笔者都主动结识汉文化学者并从之求学。金朝太祖时期“已留心于文事”[①]，“得辽旧人用之，使介往复，其言已文”[②]。金朝初年的文化水平虽然比较低，但是金太祖能够重用辽宋的文人，使“金之文治日以盛”[③]。到了金太宗时期，立“选举之法”，使国人学习文化知识，参加科举考试，并且网罗文士，“宋士多归之”[④]。金熙宗即位，“通识汉语，尝授读于韩昉，知诗文，宗室大臣目为汉儿，亶亦鄙宗室大臣若异类”[⑤]。熙宗“谒孔子庙，追悔少年游佚，自是读《尚书》、《论语》、《五代史》及《辽史》，或夜以继日”[⑥]。海陵王登位后，提出了“朕方以文治”[⑦]，他自己“一吟一咏，冠绝当时[⑧]，“国主嗜习经史，一阅终身不复忘。见江南衣冠文物、朝仪位著而慕之”[⑨]。到了世宗、章宗时，“儒风丕变，庠序日盛”[⑩]，文事“粲然可观”。“章宗性好儒术，即位数年后，兴建太学，儒风盛行。”[⑪]“宣宗幼美风姿，好学，善谈论，尤工于诗，多招文学之士，赋诗饮酒。”[⑫]金朝统治者积极学习中原文化，甚至以身示范，大力提倡，为当时社会营造了良好的环境和氛围，这让宗室子弟深受影响，推动了他们努力向学，使得中原文化在他们当中蔓延开来。

金朝的民族迁徙政策也为学习中原文化提供了有利的契机。作为一个兴起于东北并最终疆域囊括中国北方大部的少数民族政权，金朝的兴盛过程也是从东北一隅逐渐攻占领土和掳掠人口的过程。最终金朝领土从东北延伸到中原腹地，囊括了大片的汉族聚集区，而占领区的包括汉族在内的原住民，自然成为其治下的新增人口。其间金朝多次进行民族大迁徙，如天会五年（1127年）金军攻破开封后强制大批汉人迁徙，掠“华人男女，

① （清）赵翼：《廿二史札记》卷28《金代文物远胜辽元》，北京：中国书店，1987年，第389页。以下凡引此书均省略作者和版本。

② 《金史》卷125《文艺传上》，第2713页。

③ 《金史》卷105《传赞》，第2324页。

④ 《金史》卷125《文艺传上》，第2713页。

⑤ （宋）確庵、耐庵编，崔文印笺证：《靖康稗史七种》之《呻吟语》，北京：中华书局，1988年，第225页。

⑥ 《廿二史札记》卷28《金代文物远胜辽元》，第389页。

⑦ 《金史》卷125《文艺传上》，第2720～2721页。

⑧ （宋）宇文懋昭撰，崔文印点校：《大金国志校证》卷15《海陵炀王下》，北京：中华书局，1986年，第212页。

⑨ 《大金国志校证》卷13《海陵炀王上》，第187页。

⑩ 《金史》卷125《文艺传上》，第2713页。

⑪ 《大金国志校证》卷21《章宗皇帝下》，第289页。

⑫ 《大金国志校证》卷25《宣宗皇帝下》，第351页。

驱而北者，无虑十余万”[①]。女真统治者又“虑中国怀二三之意”[②]，在灭亡北宋后，几次大规模地把多达数百万的女真人从东北迁到中原各地，监视汉人。这些民族迁徙活动造成了女真、汉及其他各民族交错杂居。杂居的结果就是先进的民族文明被其他民族学习、吸收，各民族在文化、物质、行为、精神和制度各个层面上逐渐趋同并最终导致民族融合。而在王朝政权方面，为了达到稳定统治的目的，金代统治者也采用了“因俗而治”的手段，大量吸收汉族知识分子参与其政权。特别是从熙宗朝起，一大批优秀的汉族官员被选拔出来担任中央机构中的各种高级官吏，参与了金王朝的政治决策。学者陶晋生做过一个《金代统治阶层种族分配表》，统计出金朝统治阶层中各民族的比例，其中汉人占了40.1%，女真、契丹、渤海、奚族的官员共占59.9%[③]。所有这些都使得金代在民间和官方都不可避免地发生了民族和文化的融合。在这种融合中，中原文化作为先进文化显示了强大的向心力，兼容并蓄地把不同文明凝聚为一个更加丰富的文明，把不同的民族融合为一个你中有我、我中有你的中华民族。作为在社会功能层面上直接关系到整个社会群体的知识结构的教育来说，更是民族融合的一部分，甚至可以说是突出体现了少数民族对中原文化的强烈认同。

少数民族对中原汉族文化的认同，金代并非特例，只是中国各民族间加强融合的趋势和全国多民族统一的文化和民族意识不断推进在金代的一个阶段性体现。中国的历史是中华各民族共同创造的历史，各民族相互影响，不断交流，逐渐形成了共同的民族意识和文化心理。在此过程中，中原先进文化代表着中华民族共同前进的方向，因而受到广泛认同，成为多民族统一和不断发展的具有强大生命力的思想基础。实际上，各民族融合的意识形成得很早，多民族的统一有深刻的历史必然性。中原地区与周边地区互相交流、吸收、融合进而共同向前发展的趋势，早在新石器时代已经开始显现[④]。历夏商周三代，华夏族的核心地位开始奠定。《左传・哀公七年》载“禹会诸侯于涂山，执玉帛者万国”即反映了这样的史实。此后在中华民族多民族统一过程中，汉族（先秦时期是华夏族）起着核心和主干民族的作用，在长期发展过程中不断吸收、融合

① （宋）李心传：《建炎以来系年要录》卷4，建炎元年四月辛酉，上海：上海古籍出版社，1992年，第92页。

② 《大金国志校证》卷36《屯田》，第520页。

③ 陶晋生：《金代的政治结构》，《历史语言研究所集刊》第41本第4分（1969年），第583页。

④ 费孝通等：《中华民族多元一体格局》，北京：中央民族学院出版社，1989年，第7页。

了周边少数民族，因而像滚雪球一样越滚越大，故梁启超曾称汉族系“混血”而成。

中原文化的包容性和凝聚力，自有其自身的理论支持。历史上关于民族关系问题有两种影响深远的观点，一种是强调“华夷之辨”“严夷夏之大防”；另一种则认为“夷”与“夏”可以互变，二者之间并不存在不可逾越的鸿沟。从历史前进的方向看，后一种观点被更普遍地接受。孔子被后世经学家宣传为“尊周室，攘夷狄”的圣人，实则孔子在对待民族问题上态度是理智的。孔子认为“夷狄”和“诸夏”之间存在共同的道德标准，“夷狄”也有长处，有些地方比“诸夏”还好。《论语·季氏》又言：“远人不服，则修文德以来之，既来之，则安之。”孔子的开明观点被儒家今文公羊学派所继承和发扬，最终形成一套从文化上而非从种族上区分“夷”“夏”的思想学说。这一学说是儒家思想的精华，主张“王者无外”“四海一家”，对于促进中华各民族间的友好交流和共同进步有着十分深远的意义。作为中原汉文化核心和历代中原王朝统治思想的儒家思想，被一批降金的辽宋汉官带进金王朝。如受到阿骨打君臣欢迎的一套定君臣上下的朝仪制度，就是降金的原辽朝汉官杨朴制定的。得“燕人韩昉及中国儒士教之”“宛然一汉户少年子”[①]的熙宗上台后首先在都城上京建孔子庙，并在皇统元年（1141年）亲临祭祀，“北面再拜”。他又封孔子四十九代孙孔璠为衍圣公，由此正式确立儒家思想为金王朝的统治思想。世宗时，大力提倡儒家的忠孝观念，使其成为君臣上下和家庭宗族关系的准则。他曾对皇太子允恭和诸亲王说：“人之行，莫大于孝弟，孝弟无不蒙天日之佑。汝等宜尽孝于父母，友于兄弟。”[②]此外，世宗还几次广为散发《孝经》，再三强调“教而后能”。章宗还曾“诏赐贵德州孝子翟巽、遂州节妇张氏各绢十匹、粟二十石”[③]。经由熙宗确认，世宗大力提倡，儒家思想最终确定了在金朝的统治地位，以儒家思想为核心的中原文化在价值取向上得到了广泛的认同。

由以上可见，金王朝对以儒家思想为核心的中原文化的认同和接受，有其历史必然性和内在的理论依据。这种对中原文化的接受和认同体现在衣、食、住、行等物质层面上，体现在风俗、礼仪等行为层面上，体现在思想意识和审美情趣等精神层面上，体现在政治体制和法律典章等制度层面上。作为对文化具有选择、传承和传播功能的教育，其价值取向更能体

---

① 《大金国志校证》卷12《熙宗孝成皇帝四》，第179页。

② 《金史》卷7《世宗本纪中》，第161页。

③ 《金史》卷9《章宗本纪一》，第216页。

现金王朝对中原文化的认同。而宗室教育因为其教育对象的特殊性，其教育内容和从中体现出的教育理念相对于一般官僚及普通百姓家庭更能反映金朝统治者的价值取向和文化认同情况。因此，探讨金代宗室教育，可以说为研究中华民族历史文化认同提供了一个便捷的途径，是展示中华民族凝聚力的典型案例。

第二节　金朝宗室教育的实施方式和具体内容

一、宗室教育实施方式

金朝不像宋朝那样设立专门的宗室教育机构“宗学”和“宫学”，但是金统治者为宗室接受良好教育提供了种种途径，主要包括入学校接受教育、设立专职教育官员、家庭内部定时或即时的教育，以及结交汉族文人从之学习。

1. 入学校受教育

金朝建立后，在教育方面仿效辽朝和宋朝设立学校。《金史·选举志一》记载：“凡养士之地曰国子监，始置于天德三年（1151 年），后定制，词赋、经义生百人，小学生百人，以宗室及外戚皇后大功以上亲、诸功臣及三品以上官兄弟子孙年十五以上者入学，不及十五者入小学。”世宗大定六年（1166 年）始置太学，“初养士百六十人，后定五品以上官兄弟子孙百五十人，曾得府荐及终场人二百五十人，凡四百人”。大定十六年（1176 年）又设置了府学，“凡十七处，共千人。初以尝与廷试及宗室皇家袒免以上亲、并得解举人为之”[①]。同年，诏“定宗室、宰相子程式等第”[②]。府州学所在地区有很多宗室居住，特别是上京，“王业所起”“宗室聚居”[③]，很多宗室子弟入府学接受教育。虽然金朝不像宋朝那样设立专门为宗室子弟提供教育的宗学和宫学，但是从上述《选举志》的记载可见，国子监所收的子弟大部分为宗室子弟及非宗室的贵族子弟，偶尔也收些才华出众者，普通百姓是没有资格入学的。

---

① 《金史》卷 51《选举志一》，第 1131 页。
② 《金史》卷 7《世宗本纪中》，第 164 页。
③ 《金史》卷 72《彀英传》，第 1663 页。

世宗大定十三年（1173年）始设女直国子学，诸路设女直府学，以新进士为教授，“国子学策论生百人，小学生百人。府州学二十二，中都、上京、胡里改、恤频、合懒、蒲与、婆速、咸平、泰州、临潢、北京、冀州、开州、丰州、西京、东京、盖州、隆州、东平、益都、河南、陕西置之。凡取国子学生、府学生之制，皆与词赋、经义生同。又定制，每谋克取二人，若宗室每二十户内无愿学者，则取有物力家子弟年十三以上、二十以下者充”①。可见，在女直国子学、女直府学之中也要有一定比例的宗室子弟，若宗室子弟不愿意就学，要以有物力的贵族子弟充。

宗室子弟入学校后都学到不少知识，取得很大的进步，《金史·宗宪传》记载，宗宪“年十六，选入学。太宗幸学，宗宪与诸生俱谒，宗宪进止恂雅，太宗召至前，令诵所习，语音清亮，善应对”。

在金朝，有不少知识分子、有才华者办私塾，即私人的学校。如高霖，大定二十五年（1185年）进士，调符离主簿，后“以父忧还乡里，教授生徒，恒数百人”②。赵质，“大定末，举进士不第，隐居燕城南，教授为业”③。出使金朝的宋人张邵被扣留在上京会宁后，“金人多从之学”，讲授《易经》，“学者为之期日升僧坐，鸣鼓为候，请说大义，一时听者毕至”④。史书中明确记载有宗室子弟入私学接受教育，宋朝另一位被扣的入金使者朱弁在金朝守节不屈，开馆讲学，“金国名王贵人多遣子弟就学”⑤。

2. 设专职教育官员

对于金朝的宗室子弟而言，金朝虽然没有像宋朝那样为宗室设立“宫学”“宗学”这样的专门教育机构，但是其同中原王朝一样，在东宫、王府设立官署，专掌宗室子弟的教育。

金朝统治者重视教育，更重视对宗室的教育，尤其重视对皇太子、皇子的教育。金朝宫师府内设有太子太师、太子太傅、太子太保、太子少师、太子少傅、太子少保等，专门负责太子的教育。海陵天德四年（1152年），“始定制宫师府三师、三少”⑥，这些人不仅掌保护东宫之事，还“导

---

① 《金史》卷51《选举志一》，第1133页。

② 《金史》卷104《高霖传》，第2289页。

③ 《金史》卷127《赵质传》，第2749页。

④ 《三朝北盟会编》卷222炎兴下帙一百二十二，引《礼部尚书奉使金国待制张公行实》，第1605页。

⑤ 《宋史》卷373《朱弁传》，第11553页。

⑥ 《金史》卷57《百官志三》，第1300页。

以德义”。东宫僚属左谕德、右谕德、左赞善、右赞善，专“掌赞论道德、侍从文章”[①]。东宫官员的人选很严格，海陵主张“上智不学而能，中性未有不由学而成者。太子宜择硕德宿学之士，使辅导之，庶知古今，防过失”[②]，以张用直为太子詹事，教授太子光英。海陵曾对张用直说：“朕虽不能博通经史，亦粗有所闻，皆卿平昔辅导之力，太子方就学，宜善导之。”[③]世宗即位后，宗宪摄行台尚书省事，被召为太子太师，世宗谓宗宪曰：“卿年老旧人，更事多矣，皇太子年尚少，谨训导之。”[④]世宗认为“东宫官属尤当选用正人”[⑤]，时孝子刘政“母老失明，政以舌舐之，经旬复见。……世宗嘉之，授太子掌饮丞”[⑥]。世宗的目的就是让太子时刻以刘政为榜样，遵守并学习孝道。世宗闻儒者郑松贤，“起为左谕德，诏免朝参，令辅太子读书”[⑦]，并先后选用了刘彦宗之子刘仲诲，天眷二年（1139 年）状元石琚、张汝霖、任熊祥等任太子少师。世宗以太子詹事完颜守道从皇太子，召谕守道曰：“卿任执政，所责非轻，自今毋从行。”[⑧]大定二十六年（1186 年）十一月，“以近侍局直长尼厖古鉴纯直通敏，擢皇太孙侍丞”[⑨]。章宗兄弟完颜琮、完颜环，由世宗为他们选女真新进士中有名行的纳坦谋嘉任教，“纳坦谋嘉，上京路牙塔懒猛安人。初习策论进士，大定二十六年，选入东宫，教郓王琮、瀛王环读书”[⑩]。可见世宗朝相当重视对皇太子、皇太孙的教育。显宗也曾说“典教幼子，须用淳谨者”，应“择德行淳谨、才学该通者”[⑪]。贞祐四年（1216 年）三月，延州刺史温撒可喜上疏言：“皇太子宜选正人为师保。”[⑫]

金朝也很重视对亲王府子弟的教育，亲王府设傅一人，“掌师范辅导”，设府文学二人，“掌赞导礼义、资广学问”[⑬]。大定二十六年四月，世宗曰：“今原王府官属，当选纯谨秉性正直者充，勿用有权术之人。”[⑭]章

① 《金史》卷 57《百官志三》，第 1301 页。
② 《金史》卷 82《海陵诸子传》，第 1853 页。
③ 《金史》卷 105《张用直传》，第 2314 页。
④ 《金史》卷 70《宗宪传》，第 1616 页。
⑤ 《金史》卷 7《世宗本纪中》，第 158 页。
⑥ （金）元好问：《续夷坚志》卷 2《刘政纯孝》，北京：中华书局，1986 年，第 36 页。
⑦ 《金史》卷 19《世纪补》，第 410 页。
⑧ 《金史》卷 6《世宗本纪上》，第 131 页。
⑨ 《金史》卷 8《世宗本纪下》，第 196 页。
⑩ 《金史》卷 104《纳坦谋嘉传》，第 2287 页。
⑪ 《金史》卷 98《完颜匡传》，第 2163 页。
⑫ 《金史》卷 14《宣宗本纪上》，第 317 页。
⑬ 《金史》卷 57《百官志三》，第 1301 页。
⑭ 《金史》卷 8《世宗本纪下》，第 192 页。

宗初年，“雅爱诸王，置王傅府尉官以傅导德义”①。金朝对诸王傅的要求也非常严格，非文辞、道德优秀者不可为。大定七年（1167年），“以太学博士王彦潜（皇统九年状元）为府文学，永成师事之”②。以孟宗献（大定年间，曾发解、府试、省试、廷试四试皆第一，号“孟四元”）为曹王府文学。以赵承元（大定十三年词赋第一）任应奉翰林文字兼曹王府文学。章宗为原王时，以张玮（正隆五年进士）兼原王府文学。才学该通的完颜匡“事豳王允成，为其府教读”③。宣宗时以山西浑源名士雷渊（至宁元年词赋进士甲科）为英王府文学。府文学专掌教育王府的宗室子弟，不可管王府其他事情。刘玑，天德三年（1151年）进士。“大定初，为太常博士，改左拾遗，兼许王府文学。玑奏王府事，世宗责之曰：‘汝职掌教道，何预奏事！’因命近侍谕旨永中曰：‘卿有长史，而令文学奏事，何也？后勿复尔。’”④

3. 家庭内部的各种教育

在宗室家庭内部，经常会有各种形式的教育，包括请家庭教师，皇帝不定时的说教、以自身的示范的教育、临终遗言等。

请家庭教师。熙宗“幼时，词臣韩昉已教之学，稍赋诗染翰”，张用直“少以学行称，辽王宗干闻之，延置门下，海陵与其兄充皆从之学”⑤。南峰先生吕豫，“宗室复兴镇大名，闻先生之名，延致门下，以师礼礼之”⑥。宣宗“设学养士，辟馆集贤，……体貌以礼大臣”⑦。完颜希尹“性尤喜文墨，征伐所在获儒士必礼接之，访以古今成败。诸孙幼学，聚之环堵中。凿圆窦，仅能过饮食。先生晨夕教授，其义方如此”⑧。

皇帝的定时、即时教育。皇帝对宗室子弟的教育，往往贯穿于日常的交谈之中，大定二年（1162年）五月，立允迪为皇太子，世宗谓允迪曰：“在礼贵嫡，所以立卿。卿友于兄弟，接百官以礼，勿以储位生骄慢。

① 《金史》卷13《卫绍王本纪》，第290页。

② 《金史》卷85《世宗诸子传》，第1906页。《完颜娄室神道碑》记载王彦潜曾任虞王府文学。虞王允升本名斜不出，一名鹤寿，金世宗完颜雍子。

③ 《金史》卷98《完颜匡传》，第2163页。

④ 《金史》卷97《刘玑传》，第2157页。

⑤ （金）元好问著，姚奠中主编：《元好问全集（上册）》卷24《南峰先生墓表》，太原：山西人民出版社，1990年。

⑥ 《金史》卷105《张用直传》，第2314页。

⑦ （金）赵秉文：《闲闲老人滏水文集》卷18《宣宗谥议》，《四部丛刊初编》本，第185页。

⑧ 罗福颐：《满洲金石志》卷3《贞宪王完颜希尹神道碑》，台北：艺文印书馆，1976年。

日勉学问，非有召命，不须侍食。”[①] 大定十六年（1176）三月，世宗御广仁殿，皇太子、亲王皆侍膳。上从容训之曰：“大凡资用当务节省，如其有余，可周亲戚，勿妄费也。”因举所御服曰：“此服已三年未尝更换，尚尔完好，汝等宜识之。”[②] 大定二十六年（1186年）六月，世宗对原王说：“尔尝读《太祖实录》乎？太祖征麻产，袭之，至泥淖马不能进，太祖舍马而步，欢都射中麻产，遂擒之。创业之难如此，可不思乎。”[③] 世宗还曾对太子说：“朕思汉文纯俭，心常慕之，汝亦可以为则也。”[④] 元光元年（1222年）十二月，宣宗对皇太子说：“吾尝夜思天下事，必索烛以记，明而即行，汝亦当然。”[⑤]

以身示范。皇帝以自身的示范作用影响宗室子弟，以其好学精神令宗室子弟深受影响。正是诸位皇帝自身的好文向学及大力提倡，以致全国上下形成一种良好的风气，无疑对于宗室子弟的努力向学起到一定的推动作用。皇帝（宗室家长们）除了勤学之外，在其他诸如提倡俭素、孝义等品德修养方面，有的也能以身作则，亲为表率。

临终遗训。有的宗室临死之时也不忘记教育其子弟。按答海临终，戒诸子曰：“汝辈勿以生富贵中而为暴戾，宜自谦退。海陵以猜忌剪灭宗室，我以纯谨得免死耳。汝辈惟日为善，勿坠吾家。”[⑥]

皇帝还充分利用把宗室子弟召集起来的机会对其进行教育（宴射），大定十四年（1174年）四月，世宗御垂拱殿，显宗及诸王侍侧。世宗谈论兄弟妻子，世宗说：“妇言是听而兄弟相违，甚哉。”显宗对曰：“《思齐》之诗曰：‘刑于寡妻，至于兄弟，以御于家邦。’臣等愚昧，顾相励而修之。”“因引《棠棣》华萼相承，脊令急难之义，为文见意，以诫兄弟焉。”[⑦]

4. 结交汉族文人从之学

很多宗室成员通过结交汉族文人来学习。完颜亮“延接儒生”[⑧]。完颜允恭“专心学问，与诸儒臣讲议于承华殿。燕闲观书，乙夜忘倦，翼日辄

① 《金史》卷19《世纪补》，第410页。
② 《金史》卷7《世宗本纪中》，第164页。
③ 《金史》卷8《世宗本纪下》，第193页。
④ 《金史》卷89《孟浩传》，第1980页。
⑤ 《金史》卷16《宣宗本纪下》，第364页。
⑥ 《金史》卷73《按答海传》，第1684页。
⑦ 《金史》卷19《世纪补》，第413页。
⑧ 《大金国志校证》卷13《海陵炀王纪》，第185页。

以疑字付儒臣校证”①。完颜永成自幼喜读书，晚年所学益醇，“每暇日引文士相与切磋，接之以礼，未尝见骄色”②。完颜陈和尚，字良佐，“为人爱重士大夫，王渥仲泽在其兄幕府，良佐从之游，学仲泽书，极可观”③。完颜璹与很多汉族文人如赵秉文、杨云翼、雷渊、元好问等交善。可见宗室成员很愿意与汉族文人墨客交往，在与他们的交往之中，宗室们也受到很好的教育与熏陶。

由上可见，金朝统治者非常重视对宗室子弟的教育，为他们提供各种便利的学习条件，创造良好的教育氛围。宗室子弟们的这些教育条件是一般官僚及普通百姓家庭的子弟所不可能达到的，是他们专享的教育特权。金统治者为了自身统治的需要，对宗室的教育内容更侧重于德育，这也与中国古代提倡的“以德治国”的宗旨一致。金朝皇帝的施教目的明确，是为维护、巩固统治服务的，希望把宗室子弟培养成为德才兼备、文武兼通的优秀辅政人才。很多宗室成员担任各种官员，他们所学到的文化知识、培养的政治素养在仕途中必然发挥着重要的作用。尤其是宗室们学习汉族文化，长期受到汉族儒士的熏陶、感染，深通汉籍，了解汉族的纲常礼仪和历代的治乱兴衰，对于他们从政、辅政有着重要的意义。由于金朝统治者重视对宗室子弟的教育，也使得金朝宗室能够取得较高水平的文化成就，这在由北方少数民族所建立之政权的宗室中是相对少见的。

二、宗室的教育内容

金朝宗室的教育目的与历朝一样，就是要把皇太子培养成为合格的帝王，把宗室成员培养成为对国家有用之才，以此为宗旨设置的教育内容主要是儒家的经典之作、道德修养和女真传统文化、治国之策等。

1. 汉文化知识的教育

文化知识的教育主要是指对女真宗室实施的汉文化和儒家学说教育。

网罗汉族文士教育宗室。金朝建国之初已非常注意收罗汉族文士及代表汉文化的书籍，这些为宗室子弟学习文化知识提供了重要的物质保障。“金初未有文字。世祖以来渐立条教。太祖既兴，得辽旧人用之，使

① 《金史》卷19《世纪补》，第410页。
② 《金史》卷85《世宗诸子传》，第1908页。
③ 《归潜志》卷6，第62页。

介往复，其言已文。”[①] 金太宗亦网罗文士，“使宋士多归之”。此后，金朝的各个皇帝都重用文化知识渊博的文士教授宗室子弟，不少皇帝也接受过汉族儒士的熏染和教育。熙宗自幼“得燕人韩昉及中国儒士教之，后能赋诗染翰，雅歌儒服，分茶焚香，弈棋象戏，尽失女真故态矣。视开国旧臣，则曰：‘无知夷狄。’及旧臣视之，则曰：‘宛然一汉户少年子也。’”[②] 海陵王完颜亮与其兄师从汉士张用直。前文已言汉士刘仲诲、石琚、张汝霖、任熊祥等人都任过太子少师，曾对宗室子弟进行汉文化知识的教育。

搜集汉文化典籍。天辅五年（1121 年）伐辽时，太祖曾诏曰：“若克中京，所得礼乐仪仗图书文籍，并先次津发赴阙。”[③]《三朝北盟会编》记载，靖康元年（1126 年）十二月“二十三日甲申，金人索监书、藏经、苏黄文及古文书、《资治通鉴》诸书。金人指名取索书籍甚多，又取苏、黄文墨迹及古文书籍。开封府大拨见（现）钱收买，又直取于书籍铺”。不少宗室成员也嗜书如命，宗宪“未冠，从宗翰伐宋，汴京破，众人争趋府库取财物”，“独载图书以归”[④]。完颜勖，“宗翰、宗望定汴州，受宋帝降。太宗使勖就军中往劳之。宗翰等问其所欲”，他也是“唯好书耳”“载数车而还”[⑤]。世宗时组织人翻译《易》《尚书》《论语》《孟子》《老子》《扬子》《文中子》《刘子》及《新唐书》等汉人的古籍文献。明昌二年（1191 年）四月，“学士院新进唐杜甫、韩愈、刘禹锡、杜牧、贾岛、王建，宋王禹偁、欧阳修、王安石、苏轼、张耒、秦观等集二十六部”[⑥]。金朝收藏的这些图书为宗室成员学习汉文化知识提供了便利的条件。

2. 道德品质的教育

要想把宗室成员，特别是皇子培养成为国家的有用之才，道德品质的教育必不可少。道德品质主要是指儒家的忠、孝、仁、义、礼等方面的教育。道德品质教育也是维护统治、处理好宗室内部关系的重要举措。金朝作为一个少数民族政权，建国之初更注重骑武射猎方面的教育，注重对宗室道德品质的教育，这在世宗时表现得尤为明显。

---

① 《金史》卷 125《文艺传上》，第 2713 页。
② 《大金国志校证》卷 12《熙宗孝成皇帝四》，第 179 页。
③ 《金史》卷 2《太祖本纪》，第 36 页。
④ 《金史》卷 70《宗宪传》，第 1615 页。
⑤ 《金史》卷 66《始祖以下诸子传》，第 1557 页。
⑥ 《金史》卷 9《章宗本纪一》，第 218 页。

金世宗时期格外重视对宗室道德品质的教育，首先倡导的是节俭。世宗曾言："东宫讲书或议论间，当以孝俭德行正身之事告之。"[①] 大定七年（1167 年）十月，孟浩谏曰："皇太子虽为储贰，宜示以俭德，不当与至尊宫室相侔。"[②] 大定十三年（1173 年），太子詹事刘仲诲请增东宫牧人及张设，世宗不许："东宫诸司局人自有常数，张设已具，尚何增益。太子生于富贵，易入于侈，唯当导以淳俭。"[③] 大定十六年（1176 年）三月，世宗在广仁殿，太子、亲王一同侍膳，世宗说："大凡资用当务节省，如其有余，可周亲戚，勿妄费也。"因举所御服曰："此服已三年未尝更换，尚尔完好，汝等宜识之。"[④] 大定二十五年（1185 年），世宗对宗室戚属曰："朕久思故乡，甚欲留一二岁，京师天下根本，不能久于此也。太平岁久，国无征徭，汝等皆奢纵，往往贫乏，朕甚怜之。当务俭约，无忘祖先艰难。"[⑤]

世宗也非常重视教育宗室子弟孝父母、友兄弟。大定二年（1162 年），显宗立为皇太子，世宗谓之曰："在礼贵嫡，所以立卿。卿友于兄弟，接百官以礼，勿以储位生骄慢。日勉学问，非有召命，不须侍食。"[⑥] 大定十一年（1171 年），世宗教诲皇太子曰："以勤修道德为孝，明信赏罚为治。"世宗还曾对皇太子允恭和诸亲王说："人之行，莫大于孝弟。孝弟无不蒙天日之佑。汝等宜尽孝于父母，友于兄弟。自古兄弟之际，多因妻妾离间，以至相违。且妻者乃外属耳，可比兄弟之亲乎？若妻言是听，而兄弟相违，甚非理也。汝等当以朕言常铭于心。"[⑦] 并几次大规模散发《孝经》，一再强调"教而后能"[⑧]。

大定十一年十一月，世宗对皇太子说："吾儿在储贰之位，朕为汝措天下，当无复有经营之事。汝唯无忘祖宗纯厚之风，以勤修道德为孝、明信赏罚为治而已。昔唐太宗谓其子高宗曰：'吾伐高丽不克终，汝可继之。'如此之事，朕不以遗汝。如辽之海滨王，以国人爱其子，嫉而杀之，此何理也。子为众爱，愈为美事，所为若此，安有不亡。唐太宗，有道之君，而谓其子高宗曰：'尔于李勣无恩。今以事出之，我死，宜即授以

① 《金史》卷 78《刘彦宗》，第 1773 页。
② 《金史》卷 6《世宗本纪上》，第 140 页。
③ 《金史》卷 7《世宗本纪中》，第 159 页。
④ 《金史》卷 7《世宗本纪中》，第 164 页。
⑤ 《金史》卷 8《世宗本纪下》，第 189 页。
⑥ 《金史》卷 19《世纪补》，第 410 页。
⑦ 《金史》卷 7《世宗本纪中》，第 161 页。
⑧ 《金史》卷 89《梁肃传》，第 1985 页。

仆射，彼必致死力矣。’君人者，焉用伪为。受恩于父，安有忘报于子者乎。朕御臣下，唯以诚实耳。”[①] 此外，女真人的忠君爱国思想也通过教育得以强化。史载“金源国士多国人，与国俱死”[②]。有学者就做过统计称：“《金史·忠义传》载，金末忠于所事、以身殉国的女真义士 43 人，其中出身科举者竟有 14 人。”[③] 可见教育对女真人思想观念的影响。

金朝亲军多从贵族子弟中选拔，章宗泰和四年（1204 年）十月，“诏亲军三十五以下令习《孝经》《论语》”[④]。

3. 女真文化的教育

女真文化的教育主要是指对女真语、女真字及女真传统道德品质的教育。

金朝初年，“太祖命希尹撰本国字，备制度。希尹乃依仿汉人楷字，因契丹字制度，合本国语，制女直字”，天辅三年（1119 年）八月，字书成。“其后熙宗亦制女直字，与希尹所制字俱行用。希尹所撰谓之女直大字，熙宗所撰谓之小字”[⑤]。天会三年（1125 年），太宗“召耶鲁赴京师教授女直字”[⑥]。此外，还专门设立了女真字学校，以教授女真人掌握女真字，以女真字译汉文经典。世宗大定二十六年（1186 年），“制猛安谋克皆先读女直字经史然后承袭”[⑦]。宣宗、章宗就学于完颜匡，显宗曰：“每日先教汉字，至申时汉字课毕，教女直小字，习国朝语。”[⑧]

女真传统的风俗习惯、道德品质是女真精神的精髓，到了世宗时期，随着宗室对汉文化学习的深入，汉化程度的加深，渐渐忘记了这些女真传统，于是世宗将教育宗室学习女真传统提上了日程。大定十三年（1173 年）三月，世宗谓宰臣：“会宁乃国家兴王之地，自海陵迁都永安，女直人浸忘旧风。朕时尝见女直风俗，迄今不忘。今之燕饮音乐，皆习汉风，盖以备礼也，非朕心所好。东宫不知女直风俗，第以朕故，犹尚存之。恐异时一变此风，非长久之计。甚欲一至会宁，使子孙得见旧俗，庶几习效

---

① 《金史》卷 6《世宗本纪上》，第 150 页。
② （元）郝经：《陵川集》，上海：上海古籍出版社，1987 年。
③ 兰婷：《金代女真科举与女真官学教育》，《黑龙江民族丛刊》2014 年第 6 期。
④ 《金史》卷 12《章宗本纪四》，第 270 页。
⑤ 《金史》卷 73《完颜希尹传》，第 1684 页。
⑥ 《金史》卷 3《太宗本纪》，第 53 页。
⑦ 《金史》卷 8《世宗本纪下》，第 192 页。
⑧ 《金史》卷 98《完颜匡传》，第 2163 页。

之。”[①]大定十三年四月，世宗教诲皇太子及诸王曰：“汝辈自幼唯习汉人风俗，不知女直纯实之风，至于文字语言，或不通晓，是忘本也。汝辈当体朕意，至于子孙，亦当遵朕教诫也。”[②]大定十六年（1176年）正月，世宗与亲王、宰执、从官从容论古今兴废事：“经籍之兴，其来久矣，垂教后世，无不尽善。今之学者，既能诵之，必须行之。然知而不能行者多矣，苟不能行，诵之何益。女直旧风最为纯直，虽不知书，然其祭天地，敬亲戚，尊耆老，接宾客，信朋友，礼意款曲，皆出自然，其善与古书所载无异。汝辈当习学之，旧风不可忘也。”[③]

金朝还作祖宗功德歌，让子孙吟唱，使子孙们不忘女真传统和祖宗功德。世宗朝，显宗曾请完颜匡根据《睿宗皇帝实录》编写《睿宗功德歌》，教给章宗诵读歌唱，以示不忘祖宗传统。大定二十三年（1183年），世宗曰：“朕念睿宗皇帝功德，恐子孙无由知，皇太子能追念作歌以教其子，嘉哉盛事，朕之乐岂有量哉。卿等亦当诵习，以不忘祖宗之功。”[④]大定二十五年（1185年）四月，世宗数月未听宗室歌本朝乐曲，“命宗室子弟叙坐殿下者，皆坐殿上，听上自歌，其词道王业之艰难，及继述之不易，至‘慨想祖宗，宛然如睹’，慷慨悲激，不能成声”[⑤]。世宗欲通过让宗室子弟歌颂祖宗功德，达到缅怀祖宗创业之艰难、告诫子孙守成之难的目的。

4. 习武射猎的教育

女真人用武得国，开国之初，女真宗室个个英勇善战，《金史》卷44《兵志》记载：“金兴，用兵如神，战胜攻取，无敌当世，曾未十年遂定大业。原其成功之速，俗本鸷劲，人多沉雄，兄弟子姓才皆良将，部落保伍技皆锐兵。”[⑥]国家建立后，战事减少，刀枪入库，马放南山，但是金朝皇帝并没有忘记教育宗室子弟习武射猎。

海陵王完颜亮当政时曾对侍臣言：“太子宜择硕德宿学之士，使辅导之，庶知古今、防过失。诗文小技，何必作耶。至于骑射之事，亦不可不

① 《金史》卷7《世宗本纪中》，第158页。
② 《金史》卷7《世宗本纪中》，第159页。
③ 《金史》卷7《世宗本纪中》，第163页。
④ 《金史》卷98《完颜匡传》，第2165页。
⑤ 《金史》卷8《世宗本纪下》，第189页。
⑥ 《金史》卷44《兵志》，第991页。

习，恐其懦柔也。”[①] 世宗多次以身示范，教育宗室子弟不要丢下女真人习武射猎的传统。大定八年（1168 年），世宗击球于常武殿，司天马贵中上疏谏曰：“陛下为天下主，守宗庙社稷之重，围猎击球皆危事也。前日皇太子坠马，可以为戒，臣愿一切罢之。”世宗曰：“祖宗以武定天下，岂以承平遽忘之邪。皇统尝罢此事，当时之人皆以为非，朕所亲见，故示天下以习武耳。”[②] 世宗时，梁肃上言曰：“四时畋猎，虽古礼，圣人亦以为戒。陛下春秋高，属时严寒，驰骋于山林之间。法宫燕处，亦足怡神，愿为宗社自重，天下之福也。”世宗曰：“朕诸子方壮，使之习武，故时一往尔。”[③]

女真宫廷中经常举行射柳、击球等活动，这也是教育宗室子弟勿忘女真人习武射猎的传统。“拜天射柳，岁以为常”[④]，往往命皇太子、亲王皆射。世宗时曾“宴宗室于皇武殿，击球为乐”[⑤]。章宗为原王，诏习骑鞠，守道谏曰：“哀制中未可。”帝曰：“此习武备耳，自为之则不可，从朕之命，庸何伤乎？然亦不可数也。”[⑥] 章宗承安年间还设置安抚司专掌女真人习武之事。上京、东京等路按察司并安抚司使，正三品，其中一个重要的责任是“专管猛安谋克，教习武艺及令本土纯愿风俗不致改易”[⑦]。

5. 治国之策的教育

金朝统治者在对宗室子弟的教育中，不忘记对其治国之策的教育。特别是皇太子为国家的储君，将来要担当治理国家的重任。《金史》卷 88《石琚传》记载，石琚曾对世宗说：“太子天下之本，当使知民事。”建议世宗命太子习政事。刘仲诲为东宫官十五年，多进规诫。

综上所述，可见，金朝宗室作为金朝特殊的群体，在教育上享有普通人无法享有的特权，可以利用国家的一切教育资源接受方方面面的教育。

---

① 《金史》卷 82《海陵诸子传》，第 1853 页。
② 《金史》卷 131《方伎传》，第 2813 页。
③ 《金史》卷 89《梁肃传》，第 1985 页。
④ 《金史》卷 2《太祖本纪》，第 27 页。
⑤ 《金史》卷 78《阿离合懑传》，第 1676 页。
⑥ 《金史》卷 88《完颜守道传》，第 1958 页。
⑦ 《金史》卷 57《百官志三》，第 1309 页。《金史》卷 11《章宗本纪三》，第 247 页。承安三年（1198 年），“并上京、东京两路提刑司为一，提刑使、副兼安抚使、副，安抚专掌教习武事，毋令改其本俗”。

第三节　金代宗室的文化建树及影响

一、金代宗室的文化成就

实际上，金朝宗室文人创造了自身的文化，取得了辉煌的成就，是活跃在金代文化舞台上最为特殊的文人群体。通常一提起少数民族，人们往往很难将其与文学艺术联系到一起。金代文物“上掩辽而下轶元”，对此，人们往往把功劳归于元好问、赵秉文、王若虚等汉族文人，却忽视了女真宗室成员在文学艺术上所取得的成就。实际上，金朝宗室作为一个特殊阶层，创造了自身的文化，取得了辉煌的成就，是活跃在金代文化舞台上最为独特的独特。金朝之所以能够产生宗室自身独特的文化，与金朝统治者对文化的提倡、鼓励和宗室成员个人对文化的追求分不开。应该说金朝宗室成员对金代文化的贡献值得我们重视，但是，时至今日也没有专文关注女真宗室的文学艺术成就。下文将初步探讨金代宗室在文学、史学、艺术三个方面的主要成就，并分析宗室文学艺术形成的原因。

1. 文学追求

从《归潜志》和后人辑录的《全金诗》《全金元词》《金文最》《全辽金诗》等书来看，有姓名可考并有诗文传世的宗室成员主要有完颜亮、完颜雍、完颜璟、完颜允恭、完颜匡、完颜从郁、完颜奉国①、完颜永功、完颜璹等人。

完颜亮（1122～1161年），字元功，女真名迪古乃，是女真族中第一位用汉语写作的诗人，是宗室文学创作的佼佼者。其留传至今的诗、词作品都堪称上乘。宋人岳珂评价完颜亮：“颇知书，好为诗词，语出辄崛强，矫矫有不为人下之意。”②《大金国志》说他“一咏一吟，冠绝当时，沈深严重，莫测其志”③。正是这种讳莫如深的性格，使完颜亮最终成

① 陈衍辑撰，王庆生增订：《金诗纪事》，上海：上海古籍出版社，2003年（此书中将完颜奉国列为宗室，其是否为宗室待考）。

② （宋）岳珂撰、吴企明点校：《桯史》卷8《逆亮怪辞》，北京：中华书局，1981年，第95页。

③ 《大金国志校证》卷15《海陵炀王下》，第212页。

功地登上金国皇帝的宝座。他的政治抱负在早年题写的一首诗中已经完全表露出了，诗云："蛟龙潜匿隐苍波，且与虾蟆作混和。等待一朝头角就，撼摇霹雳震山河。"海陵为藩王时曾书人扇云："大柄若在手，清风满天下。"[①]人知其有大志。他还曾经在一幅名为《临安山水图》的画卷上题了一首七言绝句："万里车书已混同，江南岂有别疆封？屯兵百万西湖上，立马吴山第一峰。"[②]其最著名的文学作品是描写辽阔壮丽的北国风光的词《念奴娇·咏雪》，这首词虽然是咏雪，但全词中没有一个"雪"字，却形象地描绘出了北国雪花飞舞的情景，同时还展示了宋金战争的场面。其词《鹊桥仙·待月》被评为："出语崛强，真是咄咄逼人。"[③]还有词《喜迁莺·赠大将军韩夷耶》等都展现了完颜亮不可一世的气概。完颜亮一生创作的诗词不下数百首，但是流传下来的仅十多首。

完颜雍（1123～1189年），女真名乌禄。太祖孙，金朝第五世皇帝，庙号世宗。据《金史·世宗纪》记载："体貌奇伟。美须髯，长过其腹，胸间有七子如北斗形。性仁孝，沉静明达。"世宗好文，能书，曾书《田不伐望月婆罗门引》[④]。他自幼博览汉文史籍，熟悉并掌握汉族皇帝的治世之道，成为金代历史上有名的"治世名君"。金世宗一生留下的作品不多，《金史·乐志》收录了一曲一词。一曲是女真旧曲，又称本朝乐曲，是世宗于大定二十五年（1185年）重游女真故地时欣然起舞唱出的一首女真旧曲。金世宗《减字木兰花》词："但能了净，万法因缘何足问，日月无为，十二时中更不疑。常须自在，知取从来无挂碍。佛佛心心，佛若修心也是尘。"显示了世宗广博的佛、道知识和在汉文化方面高深的造诣。

完颜允恭（1146～1185年），女真名胡士瓦。世宗第二子，章宗父。宣孝太子完颜允恭，"好文学，作诗善画"[⑤]。刘祁《归潜志》说："宣孝太子，最高明绝人，读书喜文，欲变夷狄风俗，行中国礼乐如魏孝文。天不祚金，不即大位早世。"[⑥]其所作五言律诗《赐右相石琚诗》曰："黄阁今姚宋，青宫旧绮园。绣缔归里社，冠盖画都门。善训怀师席，深仁寄寿尊。所期河润溥，余福被元元。"此诗高度评价了石琚的为人、学问

① 《归潜志》卷1，第3页。
② 《三朝北盟会编》卷242，引张棣《正隆事迹记》，第1741页。
③ （清）徐釚撰，唐圭璋校注：《词苑丛谈》卷3《品藻一》，上海：上海古籍出版社，1981年，第59页。
④ （金）元好问著，姚奠中主编：《元好问全集（上册）》卷4《世宗御书田不伐望月婆罗门引先得楚字韵》，太原：山西人民出版社，1990年，第105页。
⑤ 《归潜志》卷1，第3页。
⑥ 《归潜志》卷12，第136页。

及政绩，格律工稳，讲究对仗，显示出允恭具有很高的汉文化修养和诗技巧。

完颜永成（？～1204），原名允成，避显宗讳改永成，本名鹤野，又曰娄室，自号"乐善居士"，世宗子。"永成风姿奇伟，博学，善属文。世宗尤爱重之。"[①] 大定七年（1167 年）封沈王，"以太学博士王彦潜为府文学，永成师事之"。"永成自幼喜读书，晚年所学益醇，每暇日引文士相与切磋，接之以礼，未尝见骄色"[②] "有文集行于世云"[③]，即《乐善居士集》。今北京大兴区黄村火神庙内"寂照大师实行碑"碑阴附刻一篇疏文《请伦公禅师主持德云寺》就出自允成之手[④]，将疏文的内容置于党怀英、元好问等人的疏文当中，其匠心、文采毫不逊色，这也是完颜允成唯一存世的文章。

完颜璟（1168～1208 年），女真名麻达葛。金朝第六世皇帝，庙号章宗。世宗孙，完颜允恭子。章宗"幼好学，善属文，宽裕温和，朝野属望"[⑤]，"天资聪悟，诗词多有可称者"[⑥]。"章宗聪慧有父风，属文为学，崇尚儒雅，故一时名士辈出。大臣执政，多有文采学问可取，能吏直臣，皆得显用，政令修举，文治烂然，金朝之盛极矣！"[⑦]《金史》称，章宗"在位二十年，承世宗治平日久，宇内小康，乃正礼乐，修刑法，定官制，典章文物粲然成一代治规"[⑧]。其诗词作品有《宫中绝句》："五云金碧拱朝霞，楼阁峥嵘帝子家。三十六宫帘尽卷，东风无处不扬花。"[⑨] 刘祁《归潜志》评论曰"真帝王诗也"[⑩]。还有《翰林待制朱澜侍夜饮诗》《聚骨扇》《软金杯》《送张建致仕归》《吊王庭筠下世诗》《云龙川泰和殿五月牡丹》等作品传世，是金朝帝王中存诗最多的一位。

完颜璹（1172～1232 年），本名寿孙，世宗赐名璹，字子瑜，又字仲实，号樗轩居士，又号如庵，又自名祖敬。世宗之孙，赵王永功次子。璹

① 《金史》卷 85《世宗诸子传》，第 1906 页。

② 《金史》卷 85《世宗诸子传》，第 1908 页。

③ 《归潜志》卷 1 载："豫王允中，世宗第四子也。好文，善歌诗，有《乐善老人集》行于世。疑有误，应为允成，即永成。"

④ 徐平原、孟一楠：《完颜允成及其〈请伦公禅师主持德云寺疏〉》，《北京辽金文物研究》，北京：北京燕山出版社，2005 年。

⑤ 《大金国志校证》卷 19《章宗皇帝上》，第 257 页。

⑥ 《归潜志》卷 1，第 3 页。

⑦ 《归潜志》卷 12，第 136 页。

⑧ 《金史》卷 12《章宗本纪四》，第 285 页。

⑨ 《归潜志》卷 1，第 3 页。

⑩ 《归潜志》卷 1，第 3 页。

是金朝宗室文学家之翘楚，有“百年以来，宗室中第一流人”[①]之称。他是宗室成员中汉化程度最深者，将金代宗室诗、文创作推向最高峰，在诗、词、文方面皆有成就，“平生诗文甚多，晚自刊其诗三百首、乐府一百首，号《如庵小稿》，赵闲闲序之，行于世”[②]，惜今已亡佚。今存诗44首、词7首，诗作主要见于元好问编的《中州集》《中州乐府》和刘祁的《归潜志》。他的作品主要是抒发民族感情，表达对国家命运和宗族、故土的关注。顾奎光的《金诗选》卷2选完颜璹诗《题晋卿王晖宝绘》，评论曰：“密公律诗力求生新，及入浅俗，如‘新诗淡似鹅黄酒，归思浓如鸭绿江’‘富贵倘来终作么，勋名便了又何如’等语，不脱尔时习气。此首富丽精切，乃是王孙风□（佚字原书无法辨认）本色。”[③]金朝丞相蔡松年之子正甫曾云：“密公子瑜，宗室中第一流人物。小词可歌，非比南宋之有张气。”[④]《元好问全集》卷24《蘧然子墓碣铭》：“宗室胙国公，文采风流，照映一时。”《中州集》戊集第五言璹“文笔亦委曲，能道所欲言”；刘祁言“其佳句有《闻闲闲再起为翰林》云云，《过胥相墓》云云，甚有唐人远意。又《绝句》云云，不可谓无志者也”[⑤]。《金文最》辑录了完颜璹的两篇文章《全真教祖碑铭》和《长真子谭真人仙迹碑铭》，现今北京门头沟潭柘寺还存有他的一篇铭文《龙泉禅寺言禅师塔铭》[⑥]。

还有一些宗室远支也在文学上有较深的造诣。完颜匡，始祖九世孙。显宗曾命完颜匡作《睿宗功德歌》，教章宗歌之，其歌词取宗翰与睿宗定策立熙宗及在陕西大破张浚于富平之事。完颜从郁，字文卿，本名瑀，字子玉。金宗室，父金紫公，有《中庸集》《中州集》：“文卿以父任，充符宝。章宗试，一日百篇，赐第。”《中州集》中存《西江月》词一首：“壁断何人旧字，炉寒隔岁残香。洞天人去海茫茫，玩世仙翁已往。西日长安道远，春风赵国台荒，行人谁不悟黄粱，依旧红尘陌上。”[⑦]还有《题柏乡尉兰君碑后》传世，诗云：“乡才皆欲识将军，事简将军少出巡。白酒不沽谁犯禁，黄鸡无祸得司晨。问营抚幼非干誉，止社停巫岂慢神。数尺去

① （金）元好问编：《中州集》卷5《密国公璹小传》，北京：中华书局，1959年，第272页。

② 《归潜志》卷1，第5页。（清）黄虞稷、倪灿、钱大昕等撰：《辽金元艺文志・金艺文志》（北京：商务印书馆，1958年，第61页）记载有：“《樗轩居士集》，越王允常子，世宗孙。”

③ （清）顾奎光辑：《金诗选》卷2，清乾隆十六年（1751年）刻本。

④ （清）沈雄编纂，（清）江尚质增辑：《古今词话》，上海：上海书店，1987年。

⑤ 《归潜志》卷1“密国公璹”，第5页。

⑥ 李速达、娇石：《完颜璹轶文〈龙泉禅寺言禅师塔铭〉》，《北京辽金文物研究》，北京：北京燕山出版社，2005年，第354页。

⑦ （金）元好问：《中州集・中州乐府》，北京：中华书局，1959年，第563页。

思碑上语，后官知劝可书绅。”①

完颜承晖，字维明，本名福兴。世祖重孙。好学，淹贯经史，是女真族著名文人之一。其室内挂司马光、苏轼像，言“吾师司马而友苏公”②。“承晖于五经皆经师授，谨守而力行之，不为虚文。”③

完颜奉国，官华州防御使。曾练军于太华山，于山阴刻其诗《书蒲城壁》。

完颜没里也④，皇统七年（1147年）游览仰天山，作散文《仰天山记》，曰：“登高俯深，野芳夹路，触目可观。比至招提，曳杖履，披薰风，荫嘉树，礼观音相，谒丰济祠，探黑龙渊，息白云洞。听水帘之潺湲，望陂门之屹嵘。凡足迹可到者，皆周行而历览之。乃知尘埃之外，自有佳趣，功名富贵，有不与焉。”⑤其中颇有文采和韵味。

冀国公主，《全金元词》中有冀国公主词2首，有人认为此公主为熙宗女，《金史》载，章宗钦怀皇后蒲察氏，“父鼎寿尚熙宗郑国公主……后之始生，有红光被体，移时不退。就养于姨冀国公主，既长，孝谨如事所生”⑥。其词《骞山溪·游灵源山》不仅把灵源山的风光描绘得栩栩如生，还将自己闲适的心情寄寓其中。《朝中措·游灵源山》一词，写出了作者游山归来的感想，展示了公主的理想和抱负。

我们可以看到，金代君主和宗室文人多有良好的汉文化修养，创造出不少文学作品，其文学创作已经走向了成熟。他们已经能娴熟地掌握汉语并写作文学作品，掌握了汉语的诗、词等主要体裁，熟悉汉语诗文的对偶、用典形式，其作品可以与当时的汉族文学作品媲美。张仓礼《金代词人群体的组成》⑦一文将金代词人群分为五个部分，其中一个部分是完颜氏词人。王昊《论金词创作的形态和群体特征》⑧也划出了女真族贵族“完颜氏词人群体”。金朝的这些完颜氏词人基本上都是宗室成员。刘扬忠先生根据唐圭璋先生所编《全金元词》进行统计，按地域把金代词人划分为七个词人群，其中有女真皇族完颜氏词人群⑨。金代宗室词人被单独划分成为一个创作群体，可见金朝宗室文学成就影响之大。

① （元）纳新：《河朔访古记》卷上，北京：中华书局，1991年，第12页。

② 《金史》卷101《完颜承晖传》，第2227页。

③ 《金史》卷101《完颜承晖传》，第2227页。

④ 此没里也身份不详，疑为太祖子宗杰（完颜没里野）。

⑤ 《金文最》卷22《仰天山记》，第303页。

⑥ 《金史》卷64《后妃传下》，第1526页。

⑦ 张仓礼：《金代词人群体的组成》，《东北师范大学学报》1987年4期。

⑧ 王昊：《论金词创作的形态和群体特征》，《文学遗产》1998年4期。

⑨ 刘扬忠：《金代山西词人群》，《晋阳学刊》2003年第4期。

2. 史学成就

金代宗室关注史学早在金建国之初就开始了。《金史》记载，景祖第八子阿离合懑“为人聪敏辨给，凡一闻见，终身不忘。始未有文字，祖宗族属时事并能默记，与斜葛同修本朝谱牒。见人旧未尝识，闻其父祖名，即能道其部族世次所出。或积年旧事，偶因他及之，人或遗忘，辄一一辨析言之，有质疑者皆释其意义”。当时的军事将领宗翰意识到搜集史料的重要性，天辅三年（1119 年），当阿离合懑卧病时，“宗翰日往问之，尽得祖宗旧俗法度”[①]。所以史称“宗翰好访问女直老人，多得祖宗遗事”[②]。

金代宗室中在史学上贡献最大的是完颜勖，女真名乌野，穆宗第五子。生于公元 1100 年。完颜勖自幼聪敏好学，是女真族有名的才子。太宗天会六年（1128 年），“诏书求访祖宗遗事，以备国史，命勖与耶律迪越掌之”“勖等采摭遗言旧事，自始祖以下十帝，综为三卷。凡部族，既曰某部，复曰某水之某，又曰某乡某村，以别识之。凡与契丹往来及征伐诸部，其间诈谋诡计，一无所隐。事有详有略，咸得其实”[③]。皇统元年（1141 年）十二月，勖撰《祖宗实录》成，“进先朝《实录》三卷，上焚香立受之”[④]，可见熙宗极为重视此事。皇统八年（1148 年），完颜勖又“奏上《太祖实录》二十卷”。他还从事文学写作，“熙宗猎于海岛，……亲射五虎获之，勖献《东狩射虎赋》”“凡游宴有可言者，辄作诗以见意”[⑤]。完颜勖在主修实录的同时，还独自撰定了具有民族特色、地域特色和时代特色的、著名的《女真郡望姓氏谱》，运用唐代盛行的氏族谱学的传统方法结合生女真的具体实际进行著述。《补三史艺文志》（金代部分）说完颜勖撰《熙宗尊号册文》《金源郡王完颜勖集》《金源郡王完颜勖诗集》《金源郡王完颜勖谏表》[⑥]《金艺文志补录》中有完颜勖的《谏表韩昉集》[⑦]，故世宗称他的“谏表诗文甚有典则”。完颜勖子宗秀，亦“涉猎经

---

① 《金史》卷 73《阿离合懑传》，第 1672 页。
② 《金史》卷 66《始祖以下诸子传》，第 1558 页。
③ 《金史》卷 66《始祖以下诸子传》，第 1558 页。
④ 《金史》卷 4《熙宗本纪》，第 78 页。
⑤ 《金史》卷 66《始祖以下诸子传》，第 1559 页。
⑥ （清）黄虞稷、倪灿、钱大昕等撰：《辽金元艺文志・金艺文志》，北京：商务印书馆，1958 年，第 26～30 页。
⑦ （清）黄虞稷、倪灿、钱大昕等撰：《辽金元艺文志・金艺文志》，北京：商务印书馆，1958 年，第 68 页。

史，通契丹大小字”[①]。

除完颜勖之外，金朝还有一些宗室成员也为金朝史学的发展做出了一定的贡献。皇统八年八月，“宗弼进《太祖实录》，上焚香立受之”[②]。泰和三年（1203 年）十月，尚书左丞完颜匡等进《世宗实录》[③]。完颜匡才学该通，教章宗、宣宗汉字、女真字，还作有《睿宗实录》《显宗实录》[④]。完颜宗叙的《金天德朝廷起居注》也为金代史学抹上了厚重的一笔。《金史·艺文略》还著录有完颜孛迭（宗弼子完颜亨）《中兴事迹》[⑤]。

金末，蒙古军攻破金汴京时，金降将张柔“独入史馆，取《金实录》并秘府图书”，于忽必烈中统二年（1261 年）“以《金实录》献诸朝”，成为元修《金史》的第一手系统而完整的珍贵史料。宋、辽、金三史中《金史》撰修得最好：“叙事最详核，文笔亦极老洁，迥出宋、元二史之上。”[⑥]清代金史专家施国祁也说：“金源一代，年祀不及契丹，舆地不及蒙古，文采风流不及南宋，然考其史裁大体，文笔甚简，非《宋史》之繁芜；载述稍备，非《辽史》之阙略；叙次得实，非《元史》之讹谬。”[⑦]“首尾完密，条例整齐，约而不疏，赡而不芜，在三史之中，独为最善。”[⑧]这虽是元脱脱负责编纂的功劳，但是在有金一代的实录创修和金代大量历史文献建设上，完颜勖的奠基作用及众宗室成员的努力不可忽视。

上文所提及的宗室文学家完颜璹还对“通鉴学”有一定的研究，璹“读《通鉴》至三十余过，是非成败，道之如目前”[⑨]。“（密国公）于书无所不读，而以《资治通鉴》为专门。驰骋上下千有三百余年之事，其善恶是非得失成败，道之如目前，穿贯他书，考证同异，虽老于史学者不加详也。”[⑩]《遗山集》卷 36《陆氏通鉴详节序》言：“中州文明百年，有经学，有史汉之学、通典之学，而通鉴则不能如江左之盛，唯蔡内翰伯正甫珪、

① 《金史》卷 66《始祖以下诸子传》，第 1560 页。
② 《金史》卷 4《熙宗本纪》，第 84 页。
③ 《补元史艺文志》（金代部分）记载：“《显宗实录》十八卷，泰和三年，左丞完颜匡等进。”见《辽金元艺文志》，第 36 页。
④ 《金史》卷 98《完颜匡传》，第 2163 页。
⑤ （清）黄虞稷、倪灿、钱大昕等撰：《辽金元艺文志·金艺文志》，北京：商务印书馆，1958 年，第 95 页。
⑥ 《廿二史札记》卷 27《金史》，第 372 页。
⑦ （清）施国祁：《金史详校·卷首》，北京：中华书局，1991 年，第 1 页。
⑧ （清）纪昀总纂：《四库全书总目提要》卷 46 史部“金史”条，石家庄：河北人民出版社，2000 年，第 1265 页。
⑨ （金）元好问：《中州集》卷 5《密国公璹小传》，北京：中华书局，1959 年，第 273 页。
⑩ 《金文最》卷 43《如庵诗文序》，第 619 页。

萧户部真卿贡、宗室秘（密）国公子瑜璹之等十数公，号称专门而已。”[①]

3. 艺术造诣

金代宗室的艺术成就主要是指金代皇室成员在书法、绘画方面的造诣。金朝很多帝王均对书法有极大的热情，这大大地影响了金朝女真宗室对书画的兴趣。其中以完颜允恭、完颜璟、完颜璹的成就最大。金朝宗室驰骋于书画艺术领域，创造了令人瞩目的成绩，为金朝艺术史抹上了浓重的一笔。

完颜允恭（1146～1185），喜好丹青，善画人马，学李公麟，尤工獐鹿，墨竹自成一家。刘祁《归潜志》卷 1 说：“宣孝太子，世宗子，章宗父也。追谥显宗。好文学，作诗，善画人物，马尤工，迄今人间多有存者。”[②] 元代人王逢赞允恭《百骏图》：“金家武元靖燕徼，尝诮徽宗癖花鸟。允恭不作大训方，画马却慕江都王。”[③] 元人刘因赞其《墨竹图》曰：“黑龙江头气郁葱，武元射龙江水中。江声怒号久不泻，破墨挥洒余神功。天人与竹皆真龙，墨竹以来凡马空。”[④] 其于大定二年（1162 年）作有《渴虎图》[⑤]，图以写实院体画画法，以墨色作虎斑纹，虎身丝毛，极为功细，一丝不苟，虎仔饮水解渴，双目虎视眈眈的神情姿态栩栩如生。金寿门所谓：“承华画法直追唐贤两宋画苑，无与伦比。”《绘事备考》著录其画迹《七星鹿图》《衔花鹿图》《解角麋图》《果下马图》《朱鬣马图》《试马图》《墨竹图》[⑥] 等数件；都穆《寓意篇》著录其《雨竹图》[⑦]。可惜允恭早逝，画迹流传甚少，虽有著录但未见其画。

完颜璟，即章宗。其父完颜允恭画“獐鹿人马，学李伯时，墨竹自

① （金）元好问著，姚奠中主编：《元好问全集（下册）》卷 36《陆氏通鉴详节序》，太原：山西人民出版社，1990 年，第 23 页。又见《金文最》卷 42《陆氏通鉴详节序》，第 611 页。

② 《归潜志》卷 1，第 3 页。

③ （元）王逢：《梧溪集》卷 5《金世宗太子允恭〈百骏图〉为舒德源题》，北京：中华书局，1985 年，第 259 页。

④ （元）刘因：《静修先生文集》卷 7《金太子允恭墨竹》，北京：中华书局，1985 年，第 127 页。还有赞扬允恭所画马的诗句“道人神骏心所怜，天人龙种画亦然。房星流光忽当眼，径欲揽辔秋风前”等句。见《金太子允恭唐人马》，第 124 页。

⑤ 《渴虎图》后藏于元故宫。明洪武三年（1370），朱棣（明成祖）初封燕王。三十年（1397）得于元故宫。于“己卯（1399）正月赐姚广孝”。姚广孝（1335～1419），幼名天禧，至正年间（1341～1367）为僧，法号道衍，自称逃虚老人，又称懒阁翁、独庵老人，长洲人。主持庆受寺。入明（1368）还俗，成祖赐名广孝，字斯道，官至太子少师。

⑥ （清）王毓贤：《绘事备考》卷 7《辽金元》，《中国书画全书》，上海：上海书画出版社，1994 年，第 677 页。

⑦ （明）都穆：《寓意篇》，影印文渊阁《四库全书》本。

成一家，虽未臻神妙，亦不涉流俗，章宗每题其签”[①]。这应当是完颜璟热衷于书画艺术的最早动因，后又师从名儒、进士完颜匡和司经徐孝美，更加激发了他研习汉学、雅好丹青的热情，最终成为金帝中对汉文化和书画造诣最深的帝王。章宗酷爱书法，他的书法追摹宋徽宗的“瘦金体”。元人陆友仁曾言：“徽宗御题画，‘图’字内从‘口’，章宗书‘图’字，内从‘厶’，可以验知其书也。”陆友仁又言：“余观中秘所藏前代书画，宋高宗为上，徽宗次之，金章宗最下。”[②]章宗书画可以与徽宗相提并论，这也足以见得其功力不浅。今存世墨迹有《顾恺之〈女史箴图〉题跋》[③]等。刘祁《归潜志》曾说他“尝为《铁券行》数十韵，笔力甚雄”[④]，惜今已亡佚。章宗于明昌三年（1192 年）召王庭筠“为应奉翰林文字，命与秘书郎张汝方品第法书、名画，遂分入品者为五百五十卷”[⑤]，章宗还通过各种途径收集散落在民间和南宋收藏的书画。章宗收藏的作品有北宋失国时徽宗的秘笈，如王羲之《远宦帖》（硬黄摹本上），此作品既有宋徽宗的“宣和”“大观”印，又有金章宗的“明昌御览”印。明人陈继儒《太平清话》云：“金章宗幸蓬莱院内宴时，所陈玉器及诸玩好盈前，视其篆识，多南宋宣和物。”[⑥]可见章宗在书画及收藏方面有很深的修养，章宗时期内府书画收藏非常丰富。

完颜璹，不仅是宗室文学的翘楚，而且对通鉴学有一定的研究，还是一位有极高素养的书画家及收藏大家。璹生于末世，当时宗室虽贵但处境危险，因而璹韬晦于佛道，寄情于翰墨，诗书画之才情，高于时辈。璹“尝学书于任询，工真草书”[⑦]，有出蓝之誉，画墨竹自成一格，亦画人物、佛像。元好问曾云：“胙国公[⑧]诗笔圆美，字画清健。南渡以后，杨、赵诸公无不叹赏，有不待言者。公家所藏名画，当中秘分之二。客至相与展玩，品第高下，至于笔虚笔实，前人不言之秘，皆纤悉道之。故时人推画中有鉴裁者，唯公与庞都运才卿、李治中平甫三二人而已。”[⑨]他所藏书

① （元）夏文彦：《图绘宝鉴》卷 4，上海：商务印书馆，1934 年，第 93 页。
② （清）俞樾：《茶香室丛钞（第四册）》卷 22《宋金三帝书画》，《砚北杂志》，北京：中华书局，1995 年，第 1826 页。
③ 《顾恺之〈女史箴图〉题跋》，现在藏于美国波士顿博物馆。
④ 《归潜志》卷 1，第 3 页。
⑤ 《金史》卷 126《王庭筠传》，第 2731 页。
⑥ （明）陈继儒：《太平清话》卷 1，北京：中华书局，1985 年，第 18 页。
⑦ （明）陶宗仪：《书史会要》卷 8《金·完颜璹》，上海：上海书店出版社，1984 年，第 353 页。
⑧ 完颜璹于贞祐年间所受封号。
⑨ （金）元好问著，姚奠中主编：《元好问全集（下册）》卷 40《题樗轩九歌遗音大字后》，太原：山西人民出版社，1990 年，第 105 页。

画多为世间罕见者，可与中秘相媲美。宣宗南迁时，将所有书画带至汴梁。今仅有跋《草书韵会》[①]书迹存世。《绘事备考》著录其画迹《林下清风图》《淇水修篁图》《折枝竹图》《墨竹图》等。《遗山集》卷14《祖唐臣所藏樗轩画册二首》，一首是咏败荷野鸭，另一首是咏风柳牧牛；刘因《静修集》中的《祖愚庵家藏画册二首》，与《遗山集》所咏内容相同。可见“败荷野鸭”与“风柳牧牛”也是完颜璹的画作。

除以上三人之外，完颜亮、完颜琮等宗室成员的书画成就也很值得一提。完颜亮，夏文彦《图绘宝鉴》卷4谓之“尝作墨戏，多喜画方竹”[②]，《绘事备考》著录其画迹《方竹图》。完颜瑰（？～1192年），本名桓笃。世宗孙，显宗子，于章宗为兄弟。大定二十二年（1182年）封崇国公，章宗即位后封瀛王。“内行修饬，工诗，精于骑射、书艺、女真大小字。”[③]诗文与书迹今皆不传。完颜琮（？～1194年），本名承庆。世宗孙，显宗子，于章宗为兄弟。“性宽厚，好学。世宗选进士之有名行者纳坦谋嘉教之，女直小字及汉字皆通习。及长，轻财好施，无愠色，善吟咏，不喜闻人过，至于骑射绘塑之艺，皆造精妙。”[④]其雕塑、绘画作品，今已不传。完颜守禧（1204～1233年），字庆之，密国公完颜璹第五子，“风神秀彻如仙人，作诗与字皆可喜”[⑤]。璹钟爱此子，曾说“平日所蓄书画将以付斯子”[⑥]。年未三十而卒，字画不传。完颜陈和尚（1192～1232年），名彝，字良佐，世以小字行。系出萧王诸孙。陈和尚“天资高明，雅好文史，自居禁卫日，人以秀才目之。至是，渥授以《孝经》《小学》《论语》《春秋左氏传》，略通其义。军中无事，则窗下作牛毛细字，如寒苦之士，其视世味漠然”[⑦]。完颜永成，不仅在文学上有一定的造诣，在书法上亦有成就。工书，字法黄庭坚，行书以侧险为势，结体长方而不乏横逸之姿。今存世书迹有《请伦公禅师主持德云寺开堂疏》[⑧]，通过这则短文，我们窥见到了“博学，善属文”的宗室完颜允成的书法风采。完颜永功（1154～1221年），本名宋葛，又名广孙，《金史·完颜永功传》言其“涉

① 金正大八年，正书，张天锡临仿刊本，明洪武年间日本翻刻本，存于大连市图书馆。
② （元）夏文彦：《图绘宝鉴》卷4，上海：商务印书馆，1934年，第93页。
③ 《金史》卷93《显宗诸子传》，第2056页。
④ 《金史》卷93《显宗诸子传》，第2056页。
⑤ （明）陶宗仪：《书史会要》卷8，上海：上海书店出版社，1984年，第353页。
⑥ 《金史》卷85《世宗诸子传》，第1905页。
⑦ 《金史》卷123《忠义传三》，第2680页。
⑧ 明昌二年（1191年）刊石，行书，现存于北京大兴黄村火神庙。见北京市文物局：《北京辽金史迹图志（下册）》，北京：北京燕山出版社，2003年。

书史，好法书名画”[①]。

除上述宗室在文学、史学、书画上的成就之外，也有爱好、通晓音乐者。世宗喜琴声，琴工因天寒无法弹琴，“赐之貂鼠帐，炽炭其前，使鼓之。世宗好此艺，殊有父风，寝殿外设琴工，幕次鼓至夜分乃罢。尝言‘吾非好琴，人主心无所住’”[②]。《南村辍耕录》中燕南芝庵先生之《唱论》言：“帝王知音者五人：唐玄宗、后唐庄宗、南唐后主、宋徽宗、金章宗。”[③]可见章宗对音乐有一定的涉猎和了解。

上文中笔者收集整理了金朝宗室在文学、史学、艺术等方面所取得的成就，从中可以看出金朝宗室具有很高的文化素养，远远比人们所想象的水平高。辽代宗室成员中也有人在文学、艺术等方面取得了成就。辽代宗室有很多诗歌传世，辽诗留存下来的作品只有七十余首，其中契丹诗人大多是辽代君主、皇族和后妃，也是最能体现辽诗特色的。如东丹王耶律倍、道宗宣懿皇后萧观音等，史书记载，宣懿皇后“姿容冠绝，工诗，善谈论。自制歌词，尤善琵琶”[④]。

二、宗室文化成就的形成原因

金朝宗室在文学、艺术等方面的建树颇丰，不少宗室具有很高的文化素养，远远比人们所想象的水平要高。除了上节所说金朝重视对宗室进行文化教育这一最重要原因之外，以下几点因素也是宗室能够创作出如此丰富的文化成就的重要原因。金朝宗室能创造出如此高水平的文学艺术作品，可以归纳为以下几个方面的原因：

1. 统治者提倡文化学习

金朝宗室之所以能够创造出自己的文化成就，与金朝统治者对文化的提倡、鼓励及统治者个人对文化的追求分不开。金朝太祖时期“已留心于文事”[⑤]，“得辽旧人用之，使介往复，其言已文”[⑥]。金朝初年的文化水平

① 《金史》卷85《世宗诸子传》，第1902页。
② （金）元好问著，姚奠中主编：《元好问全集（下册）》卷36《琴辨引》，太原：山西人民出版社，1990年，第33页。
③ （明）陶宗仪：《南村辍耕录》卷27《燕南芝庵先生唱论》，北京：中华书局，1959年，第335页。
④ 《辽史》卷71《后妃传》，第1205页。
⑤ 《廿二史札记》卷28《金代文物远胜辽元》，第389页。
⑥ 《金史》卷125《文艺传上》，第2713页。

虽然比较低，但是金太祖能够重用辽宋的文人，使“金之文治日以盛”[①]。到了金太宗时期，立“选举之法”，使国人学习文化知识，参加科举考试，并且网罗文士，“使宋士多归之”。金熙宗即位，“通识汉语，尝授读于韩昉，知诗文，宗室大臣目为汉儿，亶亦鄙宗室大臣若异类”[②]，“谒孔子庙，追悔少年游佚，自是读《尚书》、《论语》、《五代史》及《辽史》，或夜以继日”[③]。海陵王登位后，提出了“朕方以文治”[④]，他笔者“一吟一咏，冠绝当时”[⑤]，“国主嗜习经史，一阅终身不复忘。见江南衣冠文物、朝仪位著而慕之”[⑥]。到了世宗、章宗时，“儒风丕变，庠序日盛”[⑦]，文事“粲然可观”。世宗时期虽然曾不鼓励学习汉文化，极力发扬本民族文化，但女真文化与汉文化是殊途同归的。“章宗性好儒术，即位数年后，兴建太学，儒风盛行。”[⑧]“宣宗幼美风姿，好学，善谈论，尤工于诗，多招文学之士，赋诗饮酒。”[⑨]金朝统治者积极学习中原文化，甚至以身示范，大力提倡，为当时社会营造了良好的学习环境和氛围。这让宗室子弟深受影响，推动了他们努力向学，使得中原文化在他们当中蔓延开来。

2. 宗室成员对文化的渴求

如果没有宗室成员个人对文化知识的渴求，再好的政治氛围和教育、生活环境也没有作用。

金朝女真民族的宗室成员表现出对文化知识的强烈渴求。宗雄“好学嗜书，尝从上猎，误中流矢，而神色不变，恐上知之而罪及射者。既拔去其矢，托疾归家，卧两月，因学契丹大小字，尽通之”[⑩]。“宗翰能以两月尽通契丹大小字。”[⑪]完颜勖“少时，即好学问，国人呼为秀才，能以契丹字为诗文，凡游宴辄作诗以见意”。宗宪从宗翰伐宋，“汴京破，众人争

① 《金史》卷105《传赞》，第2324页。
② 《靖康稗史七种》之《呻吟语》，第225页。
③ 《廿二史札记》卷28《金代文物远胜辽元》，第389页。
④ 《金史》卷125《文艺传上》，第2720页。
⑤ 《大金国志校证》卷15《海陵炀王下》，第212页。
⑥ 《大金国志校证》卷13《海陵炀王上》，第187页。
⑦ 《金史》卷125《文艺传上》，第2713页。
⑧ 《大金国志校证》卷21《章宗皇帝下》，第289页。
⑨ 《大金国志校证》卷25《宣宗皇帝下》，第351页。
⑩ 《金史》卷73《宗雄传》，第1680页。
⑪ 《廿二史札记》卷28《金代文物远胜辽元》，第389页。《金史》卷66《始祖以下诸子传》，第1558页，记载：“宗雄能以两月尽通契丹大小字。”

趋府库取财物，宗宪独载图书以归”[①]。刘祁《归潜志》言：“宣孝太子最高明绝人，读书喜文，欲变夷狄风俗，行中国礼乐如魏孝文。”[②]“温王玠本名谋良虎，母王氏，后封裕陵婉仪。玠幼颖秀，性温厚，好学。”[③]宗室成员甚至对学习汉族服饰文化表现出了浓厚的兴趣。南宋范仲熊《北记》传闻粘罕二太子初入中国时，“止着褐布衫。既拔京城，其下无不衣锦绣。至月旦及视事，则幞头、公服、靴、笏，皆如中国之制”[④]。宗室子弟好学上进的精神，成为宗室文化成就产生的重要前提。

3. 汉族文人的影响

金朝涌现出的元好问、王若虚、赵秉文等汉族诗词创作巨人，对宗室的文学创作也产生很大的影响。很多宗室成员与这些汉族文人学士唱和往来，有的甚至成为王府的常客。完颜承晖，世祖重孙。好学，淹贯经史，是女真族中著名文人之一。室内挂司马光、苏轼像，言“吾师司马而友苏公”[⑤]。完颜永成“每暇日引文士相与切磋，接之以礼，未尝见骄色”[⑥]。完颜璹，少时学诗于朱润、学书于任询，有出蓝之誉。璹迷恋书画，“日以讲诵吟咏为事，时时潜与士大夫唱酬，然不敢明白往来。永功（璹父）薨后，稍得出游，与文士赵秉文、杨云翼、雷渊、元好问、李汾、王飞伯辈交善。初，宣宗南迁，诸王宗室颠沛奔走，璹乃尽载其家法书名画，一帙不遗。居汴中，家人口多，俸入少，客至，贫不能具酒肴，蔬饭共食，焚香煮茗，尽出藏书，谈大定、明昌以来故事，终日不听客去，乐而不厌也”[⑦]。宗室成员与汉族文人的密切往来，使他们受到了潜移默化的熏陶。可见，汉族文人的诗词创作成就对宗室文化成就的形成产生了巨大的影响。

综上所述，金朝宗室成员能够取得如此辉煌的文学艺术成就，与以上诸方面的作用分不开。宗室成员好学向上的精神是宗室文化成就产生的重要前提；金朝统治者大力提倡学习文化，为宗室文化成就之产生创造了良好的社会氛围；优越的教育条件造就了一批优秀的、有创造力的宗室人

---

① 《金史》卷70《撒改传》，第1615页。

② 《归潜志》卷12《辩亡》，第136页。

③ 《金史》卷93《显宗诸子传》，第2058页。

④ 《三朝北盟会编》卷99靖康中帙七十四，引范仲熊《北记》，第731页。

⑤ 《金史》卷101《承晖传》，第2227页。

⑥ 《金史》卷85《世宗诸子传》，第1908页。《归潜志》卷1第4页，疑有误：“豫王允中，世宗第四子也。好文，善歌诗，有《乐善老人集》行于世”。

⑦ 《金史》卷85《世宗诸子传》，第1904页。

才；优越的生活环境为宗室成员从事文学艺术创作提供了重要的物质保证；汉族优秀的诗词创作巨人对宗室文人的形成也产生了巨大的影响。

总之，虽然金与辽、元都是起源于北方的少数民族政权，但是就文学艺术成就而言，金却为辽、元所不及，这与金朝宗室成员创造的文化成果分不开。正如《金史》所言："金用武得国，无以异于辽，而一代制作，能自树立唐、宋之间，有非辽世所及，以文而不以武也。"[①]金代"帝王宗亲，性皆与文事相浃，是以朝野习尚，遂成风会。金源一代文物，上掩辽而下轶元，非偶然也"[②]。宗室的文学艺术成就具有导向性，从价值取向、审美情趣等方面规定和制约着金代文化的历史走向，对整个金朝文化的发展和进步起到了极其重要的推动作用。

三、宗室文化成就的特点与影响

（一）宗室文化建树的特点

通过对金朝宗室文化成就的分析，笔者认为其文化成就具有全面性、阶段性、家族性等几个方面的特点，下面分述之：

1. 全面性

金代宗室在文学、史学、书法、绘画、收藏、音乐等方面均有建树。

文学方面。从《归潜志》和后人辑录的《全金诗》《全金元词》《金文最》《全辽金诗》等书来看，有姓名可考并有诗文传世的宗室成员主要有：完颜亮、完颜雍、完颜璟、完颜允恭、完颜匡、完颜从郁、完颜奉国[③]、完颜永功、完颜璹等人，这些宗室成员创作了很多优秀的诗词作品。阎凤梧等主编的《全辽金诗》就收录金代宗室诗六十五首：海陵王《题西湖图》等诗五首、《题扇》等残诗二首，金世宗《本朝乐曲》一首，金章宗《宫中绝句》等诗七首、《送张建致仕归》残诗一首，完颜奉国《书蒲城壁》诗一首，完颜璹《秋郊雨中》等诗四十四首、《寄王革》残诗一首，完颜匡《睿宗功德歌》一首，完颜允恭《风筝》等诗二首。且在金

---

① 《金史》卷125《文艺传上》，第2713页。

② 《廿二史札记》卷28《金代文物远胜辽元》，第389页。

③ 陈衍辑撰、王庆生增订：《金诗纪事》，上海：上海古籍出版社，2003年（此书将完颜奉国列为宗室，是否为宗室待考）。

朝，很多宗室成员的词作堪称上乘，前文已经叙述了研究金代词作的学者都将金代宗室词人划分为一个独立的群体去研究，可见宗室词作成就之大。

史学成就。根据金朝的史籍及金代的《艺文志》，可以看出宗室成员在史学方面也有很深的造诣。景祖第八子阿离合懑与斜葛同修《本朝谱牒》[①]，完颜勖撰写了《祖宗实录》三卷，《太祖实录》二十卷，《女真郡望姓氏谱》《补三史艺文志（金代部分）》，还著录有《熙宗尊号册文》《金源郡王完颜勖集》《金源郡王完颜勖诗集》《金源郡王完颜勖谏表》[②]，《金艺文志补录》有完颜勖的《谏表韩昉集》[③]，故世宗称其“谏表诗文甚有典则”[④]。皇统八年（1148 年）八月，“宗弼进《太祖实录》。上焚香立受之”[⑤]。大定二十年（1180 年），完颜守道撰成了《熙宗实录》。泰和三年（1203 年）十月，尚书左丞完颜匡等进《世宗实录》[⑥]。《辽金元艺文志》著录有宗弼之子完颜亨迭的《中兴事迹》[⑦]。

书画方面。金代宗室的艺术成就也令人瞩目，其中以完颜允恭、完颜璟、完颜璹的成就最大。见于著录的作品主要有完颜允恭的《百骏图》《渴虎图》《墨竹图》《七星鹿图》《解角麋图》《朱鬣马图》《衔花鹿图》《果下马图》《试马图》等数件；完颜璟的存世墨迹《顾恺之〈女史箴图〉题跋》[⑧]；完颜璹的存世书迹跋《草书韵会》[⑨]，史书著录其画迹《林下清风图》《淇水修篁图》《折枝竹图》等；完颜亮“尝作墨戏，多喜画方竹”[⑩]，《绘事备考》著录其画迹《方竹图》。除以上三人之外，史书上还记载宗室完颜瑰、完颜琮、完颜守禧、完颜陈和尚、完颜永成、完颜永功等人也热爱书画创作。

收藏方面。金朝的宗室成员还是收藏大家，章宗完颜璟通过各种途径收集散落在民间和南宋收藏的书画。完颜璹也爱好收藏，所藏书画多为世间罕见者，可与中秘媲美。

---

① （清）黄虞稷、倪灿、钱大昕等：《辽金元艺文志·金艺文志》，北京：商务印书馆，1958 年。

② 《辽金元艺文志·金艺文志》，第 26～30 页。

③ 《辽金元艺文志·金艺文志》，第 68 页。

④ 《金史》卷 66《始祖以下诸子传》，第 1560 页。

⑤ 《金史》卷 4《熙宗本纪》，第 84 页。

⑥ 《补元史艺文志》（金代部分）记载：“《显宗实录》十八卷，泰和三年，左丞完颜匡等进。”见《辽金元艺文志·金艺文志》，第 36 页。

⑦ 《辽金元艺文志·金艺文志》，第 95 页。

⑧ 《顾恺之〈女史箴图〉题跋》，现在藏于美国波士顿博物馆。

⑨ 金正大八年，正书，张天锡临仿刊本，明洪武年间日本翻刻本，存于大连市图书馆。

⑩ （元）夏文彦：《图绘宝鉴》卷 4，上海：商务印书馆，1934 年，第 93 页。

音乐方面。金朝宗室也有通晓音乐者，世宗喜琴声，章宗知音律，前文有述。

2. 阶段性

宗室文化成就具有其自身的发展历程。金初刚刚起步，是打基础的阶段；金中叶出现了宗室文化创作的繁荣局面；到了金后期，宗室文学艺术创作逐渐衰落。

金朝初年即太祖、太宗、熙宗朝有意识地鼓励宗室学习文化知识，《廿二史札记》载："盖自太祖起事，即谓'诏令宜选善属文者为之'。令所在访求博学雄文之士，敦遣赴阙（《本纪》）。又以女真无字，令希尹仿汉人楷字，因契丹字形，合本国语，制女真字颁行之（《希尹传》）。是太祖已留心于文事。及破辽获契丹汉人，通汉语，于是诸王子皆学之。"①熙宗朝也一心向文，"宛然一汉家少年""徒失女真之本态"②。金朝初年，虽然女真宗室在军事战争中是征服者，但是在文化上却是被征服者。他们积极学习汉族文化，掠夺汉文典籍，重用汉族文士，皇帝以自身的示范作用影响宗室子弟。其好学精神令宗室子弟深受影响。正是诸位皇帝自身的好文向学及大力提倡，使全国上下形成了一种良好的风气，这无疑会对宗室子弟的努力向学起到一定的推动作用，从而为金朝产生宗室文学艺术创作队伍打下了坚实的基础。金初由辽宋入金的文人也在一定程度上推动了金朝文化事业的发展。

海陵、世宗、章宗时期，宗室的文学艺术创作出现了繁荣局面。由于太祖、太宗、熙宗朝宗室成员对文化知识的积淀，加之海陵、世宗、章宗几位皇帝笔者大力倡导学习文化知识，对创作文学艺术作品有极大热情，使这一时期出现了宗室文学艺术创作的高峰。首先，海陵笔者是第一位用汉语写诗的女真人，是宗室文学创作者中的佼佼者。其留传至今的诗、词作品都堪称上乘。宋人岳珂评价他："颇知书，好为诗词，语出辄崛强，矫矫有不为人下之意。"③"世宗天资仁厚，善于守成，……，偃息干戈，修崇学校，议者以为有汉文景风。"④"大定间，天子留意儒术，建学

---

① 《廿二史札记》卷 28《金代文物远胜辽元》，第 389 页。

② 《三朝北盟会编》卷 166，引张汇《金虏节要》，第 297 页。

③ （宋）岳珂撰、吴企明点校：《桯史》卷 8《逆亮辞怪》，北京：中华书局，1981 年，第 95 页。

④ 《归潜志》卷 12，第 136 页。

养士，以风四方，举遗湮，兴废坠，旷然欲以文治太平。”[①]“金朝大定以还，文治既洽，教育亦至。……一变五代、辽季衰陋之俗。”[②]“章宗聪慧，有父风，属文为学，崇尚儒雅，故一时名士辈出。”[③]章宗“谈经论道，吟哦自造，群臣中有诗文稍工者，必籍姓名，擢居要地”[④]，“大臣执政，多有文采学问可取，能吏直臣皆得显用，政令修举，文治烂然，金朝之盛极矣”[⑤]。在章宗的大力倡导下，这一时期金朝文化达到了空前的繁荣，故史书言：“金国之典章文物，唯明昌为盛”[⑥]“承世宗治平日久，宇内小康，乃正礼乐，修刑法，定官制，典章文物粲然成一代治规”[⑦]。郭元釪说：“大定明昌承平底定，文治为盛，不減于他代。”[⑧]这个时期涌现了完颜亶、完颜亮、完颜雍、完颜允恭、完颜璟、完颜永成、完颜匡等著名的宗室文人，创造出了绚烂的文化成就。

从卫绍王时开始，金朝面临着内忧外患，到哀宗时，“纪纲大坏，亡征已见”，这一时期，宗室失去了以前的好学上进的积极状态，但是在明昌时期余辉的照耀下，仍然涌现出了完颜璹、完颜承晖、完颜陈和尚等几位宗室文人，特别是完颜璹被誉为金朝宗室文学家之翘楚，有“百年以来，宗室中第一流人”之称。但不可否认的是，完颜璹等人的文学艺术创作功底是在前代练就的，虽然他们个人取得了很大的成就，但是仍然抵挡不住宗室文学艺术创作最终走向衰落的步伐，直到金朝灭亡，宗室在文学艺术上再没有什么造诣。

3. 家族性

家族中父子皆为文人、画家。金朝宗室文化成就呈现出一个非常明显的特点，即文学艺术创作的大家基本集中在世宗之子孙中。

世宗笔者好文能书，世宗之子完颜允恭亦好文学，作诗善画；世宗另一子完颜永成博学善属文，工书，字法黄庭坚；世宗之子完颜永功涉书史，好法书名画；世宗之孙、永功之子完颜璹是宗室文学家之翘楚，且爱

---

① 《金文最》卷70《重建郓国夫人殿碑》，第1027页。

② （金）元好问著，姚奠中主编：《元好问全集（上册）》卷18《内相文献杨公神道碑铭》，太原：山西人民出版社，1990年，第493页。

③ 《归潜志》卷12《辩亡》，第136页。

④ 《大金国志校证》卷21《章宗皇帝下》，第289页。

⑤ 《归潜志》卷12《辩亡》，第136页。

⑥ （宋）周密撰、吴企明点校：《癸辛杂识》，北京：中华书局，1988年。

⑦ 《金史》卷12《章宗本纪四》，第285页。

⑧ 郭元釪：《全金诗·序》，影印文渊阁《四库全书》本。

好书画及收藏书画作品；世宗之孙完颜璟，为完颜允恭之子，好学，善属文；世宗之孙完颜璟的同父兄弟完颜瑰、完颜琮等人也均在文学艺术上有很深的造诣。在金朝宗室中，这种文学创作的家族性在世宗一系体现得尤为明显，家族中父子皆文人、皆书画家。这与世宗家族多年深厚的文化积累有一定的关系。其家族成员也正是在这种熏陶下，在文学艺术创作上取得了卓越的成就。清人徐釚在《词苑丛谈》中谈到金章宗词时，评论其“亦南唐李氏父子之流也”[①]，当然不仅仅是说章宗的词风有南唐李氏父子的风范，更主要的是说章宗家族父子皆为文人这一点。

（二）宗室文化建树的影响

金代宗室文化建树作为女真人文化成就的核心部分，对当时和后世都产生了较大的影响。

1. 宗室的文化建树促进了金代文化事业的发展与进步

金代宗室的学风促成了金代社会的尚学之风，从而造就了更多优秀的宗室人才，也促进金代文学人才辈出。比如，金朝书法达到空前的繁荣是在章宗朝，章宗笔者热爱书画，带来了金朝书画的黄金时期。上有所好，下必从之，金朝顶级的书法家党怀英、赵沨、王庭筠和赵秉文等都出现于章宗之世，这与章宗的身体力行所产生的影响有着重要的关系。宗室成员已经能娴熟地掌握汉语并写作文学作品，且其大体走向已逼近于当时的汉族文学。他们掌握了汉文学的诗、赋、骈文等主要体裁，熟悉汉语诗文的对偶、用典形式，且其对文学的推崇与喜爱促进了金代文学的进步。宗室收藏家完颜璟、完颜璹等人，收藏了大量珍贵的书画作品，经常与当时的文人学士观摩学习，促进了金朝艺术的发展。完颜璟还充实和完善了金朝宫廷中的各种绘画机构和府藏机构，包括祗应司、笔砚局、书画局、图画署和中秘等。这些机构为发展金朝的绘画创造了良好的条件。金朝的僧人元悟禅师“能诗书，墨竹学樗轩”[②]，可见完颜璹的画作影响了他所处时代的僧人。

金朝宗室的文化成就具有导向性，对整个金朝文化的发展进步起到了较大的推动作用，且在一定程度上制约和规定着金代文化的历史走向。

① （清）徐釚撰，唐圭璋校注：《词苑丛谈》卷3《品藻一》，上海：上海古籍出版社，1981年，第59页。

② （元）夏文彦：《图绘宝鉴》卷4，上海：商务印书馆，1934年，第96页。

2. 宗室的文化建树对文化传播、文化交流、南北文化的交融做出了贡献

金朝宗室所取得的文化成就可以说是深受汉族文士的影响与熏陶，但是反过来，宗室的文化成就也对汉人产生了一定的影响。

值得一提的是完颜亮的作品，金启孮先生评价完颜亮时，说他“在汉文学上的造诣不可轻视。所作虽不多，在立意上格律上都不愧为当时佳作。虽宋人亦推许之”①。洪迈《夷坚志》记载：“建康归正官王和尚，济南人，能诵金主亮小词。”②岳珂《桯史》称亮“颇知书，好为诗词，出语辄倔强，矫矫有不为人下之意，境内多传之”③。元代诗人刘因也曾言：“辽制诰一卷，金正隆词人制作，附今姚、窦诸人跋语一卷。予观之，谓辽、金迄今自北而南渐，以大其文，物之变也亦然。”④金正隆词人的影响“自北而南渐”主要是指完颜亮的诗词。从接受美学和文化传播学角度看，完颜亮的诗词在金朝和南宋广泛传播，被读者所接受，对金代文学、南宋文学及中国后世文学的发展产生了重要的影响。《遗山集》谈到了宗室完颜璹的作品得到汉人的赞赏：“胙国公诗笔圆美，字画清健。南渡以后，杨、赵诸公无不叹赏，有不待言者。”⑤很多宗室创作的文学作品已经与汉族文人的作品别无二致了，且完颜亮、完颜璹等宗室的作品一般汉人都觉得难以匹敌。刘祁《归潜志》称：“天兴初，北兵犯河南，公已卧疾。予（刘祁）候之，因论及时事，公曰：‘敌势如此，不能支，止可以降，全吾祖宗；且本夷狄，如得完颜氏一族归我国中，使女直不灭，则善矣，余复何望？’”⑥有学者指出：“这段话是完颜璹在卧病期间向刘祁倾诉的心里话，是他临终前的最大愿望。在国势危亡的情况下，他希望能够保全完颜氏家族，让女真族的血脉延续下去，这当然是一种朴素的家族情感和民族情感。他把这种情感毫无保留地向汉族文人刘祁倾诉，说明他们之间已经不存在民族间的隔阂，而是情意相通。”⑦

---

① 金启孮：《论金代的女真文学》，《内蒙古大学学报》1984年第4期。

② （宋）洪迈：《夷坚志》丙卷四，北京：中华书局，1985年。

③ （宋）岳珂撰，吴企明点校：《桯史》卷8《逆亮怪辞》，北京：中华书局，1981年，第95页。

④ （元）刘因：《静修先生文集》卷3《题辽金以来诸人辞翰后》，北京：中华书局，1985年，第52页。

⑤ （金）元好问著，姚奠中主编：《元好问全集（下册）》卷40《题樗轩九歌遗音大字后》，太原：山西人民出版社，1990年，第105页。

⑥ 刘祁：《归潜志》卷1《密国公璹》，北京：中华书局，1983年，第4页。

⑦ 徐文海、陈永春主编：《草原文学研究》，北京：民族出版社，2013年，第182页。

3. 宗室的文化成就对后世产生了重要的影响

谭宗浚在《金文最·序》中言，晚清人在论及金代文化对后代影响时说："世多以金偏安一隅，又国祚稍促，遂谓其文化不及宋元，不知有元一代文章皆自金源启之。"[①] 可见元代文化受金代文化影响颇深，这其中当然也包括金代的宗室文化。

完颜亮诗词语言自然质朴、以俗为美、俗雅兼备。对元曲崇尚本色、以俗为美的语言风格的形成及通俗文学的发展有直接的促进作用。完颜允恭、完颜永成、完颜璹的绘画风格为元人所效仿。元代刘氏，号尚温居士，"能临古人字逼真，喜吟小诗。墨竹效金显宗（允恭），亦初可观"；元人范庭玉，保定人，"善墨竹，师乐善老人笔法"；韩绍晔，字子华，燕人，"墨竹学乐善老人"[②]。

金代宗室的文化建树在北方少数民族所建立之政权的宗室中是相对少见的，他们所创造的绚烂的文化成就基本上代表了金朝女真人所能达到的文化水平。金代宗室文化建树中能体现北方民族粗犷豪放性格特征的作品，为整个金代文化注入了新鲜血液、增添了新的活力，不仅丰富了中国文学艺术的宝库，而且对整个中华文化的发展都有着明显的积极意义。

辽、金、元均是起源于北方的少数民族政权，但是就其文学艺术成就而言，金朝文化成就为辽、元所不及，这与宗室成员所创造的文化成果密不可分。正如《金史》所言："金用武得国，无以异于辽，而一代制作，能自树立唐、宋之间，有非辽世所及，以文而不以武也。"[③] 金代"帝王宗亲，性皆与文事相浃，是以朝野习尚，遂成风会。金源一代文物，上掩辽而下轶元，非偶然也"[④]。宗室的文学艺术成就是具有导向性，从价值取向、审美情趣及社会风尚等方面规定和制约着金代文化的历史走向，对整个金朝文化的发展和进步起到了极其重要的推动作用。有人认为金代文化主要是汉人、渤海人的建树，女真文化水平不高，其统治下的北中国文学基本上是北方汉人的文学，不仅绝大多数作者是汉人，而且作品的思想和风格也是赵宋王朝的延续，只是在特殊情况下略有变化而已[⑤]。鉴于以上我们所论述的代表女真人文化成就的金代宗室文化如此丰

---

① 《金文最·序》，第 7 页。

② （元）夏文彦：《图绘宝鉴》卷 5，上海：商务印书馆，1934 年，第 109、99、100 页。

③ 《金史》卷 125《文艺传上》，第 2713 页。

④ 《廿二史札记》卷 28《金代文物远胜辽元》，第 389 页。

⑤ 范宁：《金代的诗歌创作》，《文学遗产》1982 年第 4 期。

富、绚烂，这种说法应不攻自破了。宗室成员有诗文集《如庵小稿》《乐善居士集》《金源郡王完颜勖诗集》等，这说明他们并非一时的心血来潮，而是已经具备了独立创作文学作品的能力。但是必须说明，金代宗室的文化成就从总体上来讲还是无法与唐宋的文学大家、书画巨擘同日而语，我们也不能以他们的水准来估量金代文人的总体文化修养。

本章论述金代宗室受教育的方式和内容。宗室子弟接受教育的途径主要包括入学校接受教育、设立专职教育官员、家庭内部定时或即时的教育，以及结交汉族文人从之学习。宗室的教育内容主要是汉文化知识、道德修养和女真传统文化、习武射猎、治国之术等。本章还对金代宗室文学、史学、艺术三个方面的主要成就进行了全面的梳理，并对宗室文学艺术成就产生的原因作出分析，认为宗室之所以能够创造出如此绚烂的文化成就，除了金朝重视对宗室进行文化教育这一要因之外，统治者个人对文化学习的大力提倡、宗室成员们对文化知识的渴求、优越的生活条件、汉族文人的影响等也是其中的重要原因。通过对金朝宗室文化成就的分析，笔者认为其文化成就具有全面性、阶段性、家族性等特点。金代宗室的文化建树作为金代女真人文化成就的核心部分，促进了当时文化事业的发展与进步，对文化传播、文化交流及南北文化的交融做出了贡献，并对后世产生了重要的影响。文化成就是检测一个民族文化水平的最主要标准，代表女真族文化的金朝宗室所取得的成就可以说在北方民族所建立政权的宗室中非常罕见。另一方面，金朝宗室的较高文化建树——金代文物“上掩辽而下轶元”——也是对中原文化认同的结果。马克思论述过：“野蛮的征服者，按照一条永恒的历史规律，本身被他们所征服的臣民的较高文明所征服。”[①] 近代史家梁启超也提出过“政治上之征服者，变为文化上之被征服者”[②] 的精辟论点。马克思和梁启超这种相互吻合的观点，也会鲜明地反映在金代宗室的文化成就上。

---

① 马克思：《马克思恩格斯选集》卷 1，《不列颠在印度统治的未来结果》，北京：人民出版社，1995 年，第 768 页。

② 梁启超：《梁任公近著下》，《中国历史上民族之研究》，上海：商务印书馆，1923 年，第 93 页。

第七章 金代宗室法律思想的文化认同取向

法律作为政治和文化的重要组成部分，其变革必定受所处历史时期的诸多社会因素的影响，甚至会反过来促进社会的发展和变迁。金朝曾与南宋并称华夏正统，其治下的汉、女真、契丹、渤海及奚等各族之间在政治、经济、文化等各个方面互相影响，民族融合相对于其他少数民族王朝来说也更为深入。面对这一社会状况不断变化的、以认同汉文化为主的历史潮流，金朝统治者以较为积极、开放的姿态应对，具体表现之一即是因时制宜地修改法律条文。在中国古代的君主专制社会里，皇帝笔者的法律思想和个人意志对法律条文的修改和制订起着至关重要的作用。如前所述，金代宗室是一个汉学修养较高的群体，皇帝的法律思想在宗室群体中很有代表性。本章中，我们通过考察金代皇帝有关法律制订和变革的言行，来了解金代宗室群体的法律思想，同时也力求对蕴含于其中的对中原王朝的文化认同取得更进一步的认识。

第一节 金代认同中原汉法的法制变革

随着金朝社会在政治制度、经济生产和思想文化方面与中原汉王朝逐渐趋同，随着涉及汉、女真、契丹、渤海、奚等各族的以汉化为主的民族融合逐步深入，金朝的法律制度也有了巨大变革。其法律制度从不成文的民族习惯法开始，不断吸纳辽、宋、唐等王朝的相关律文，最终产生了可为后世所宗的一代成法，带有鲜明的时代烙印。

在金朝立国之前，处于原始的氏族社会和部落联盟时期的女真族与历史上绝大多数其他民族一样，产生了用于处理部落之间的纠纷和调整部落内部成员相互关系的行为准则。根据记载，女真完颜部早期首领、始祖函普曾立约，“凡有杀伤人者，征其家人口一、马十偶、牸牛十、黄金六两、与所杀伤之家，即两解，不得私斗。女直之俗，杀人偿马牛三十自此始"[①]。这可以看成是女真族最早的不成文习惯法，带有浓厚的氏族制色彩。随着社会生产的发展和私有制的出现，完颜部女真习惯法的内容不断丰富，同时不可避免地带有残酷野蛮的特征，而且这种特征一直到太宗朝还很突出。为了威慑犯罪和叛乱，"轻罪笞以柳蒌，杀人及盗劫者击其脑杀之，没其家资……并以家人为奴隶"[②]。金太宗时规定凡是"窃盗赃一钱以上"者、"拾遗钱于市"者、"菜圃中拔葱"者，都要被处以死刑。不仅轻罪可获死刑，施刑的方式还保存和参用了原部落时期的刑罚，如割鼻、割耳、断手足、割舌、投高崖、剥皮等，刑罚手段极为残酷。除了这种简单粗暴的特征外，金朝法律还有值得称道的地方，那就是女真族的传统习惯法中有朴素的平等观念。"金初，法制简易，无轻重贵贱之别。"[③]例如，"金国置库收积财货"，君臣"誓约唯发兵用之"，结果太宗自己却"私用过度"，被谙班勃极烈完颜杲告于粘罕，"请国主违誓约之罪。于是，群臣扶下殿，杖二十毕，群臣复扶上殿。谙班、粘罕以下谢罪"[④]。可见金初的官制中还保留着部落时代朴素的平等观念，而且凌然不可侵犯的君主专制体制在当时也尚未确立。

金朝立国之初"法制未定，兵革未息"[⑤]，太祖、太宗两朝在"一切依本朝旧制"[⑥]和"姑宜仍旧"[⑦]思想指导下立法。太祖说，"吾虽处大位，未易改旧俗也"[⑧]。收国二年（1116年）五月，"东京州县及南路系辽女直皆降。诏除辽法，省税赋，置猛安谋克一如本朝之制"[⑨]。这里针对新占领的辽地的女真人，实行的也还是女真习惯法。天辅五年（1121年）太祖征辽前，立其弟吴乞买（后来的太宗）辅政，赐诏曰："汝惟朕之母弟，义均一体，是用汝贰我国政。凡军事违者，阅实其罪，从宜处之。其余事无大小，一依本朝旧制。"[⑩]

对于立国之初的太祖、太宗两位皇帝来说，当时国家面临的主要问题

---

① 《金史》卷1《世纪·始祖本纪》，第2页。
② 《金史》卷45《刑志》，第1014页。
③ 《金史》卷45《刑志》，第1013页。
④ 《三朝北盟会编》卷165《云燕录》，炎兴下帙六十五，引《云燕录》，第1194页。
⑤ 《金史》卷46《食货志一》，第1032页。
⑥ 《金史》卷3《太宗本纪》，第47页。
⑦ 《金史》卷27《河渠志》，第675页。
⑧ 《金史》卷70《撒改传》，第1614页。
⑨ 《金史》卷2《太祖本纪》，第29页。
⑩ 《金史》卷3《太宗本纪》，第47页。

是对外征战，“文物度数，曾不遑暇”[①]，还顾不上整顿内政和健全法制，因此他们的法律思想是“一切依本朝旧制”[②]，针对新占领的辽地的女真人也“置猛安谋克一如本朝之制”[③]。这里面“兵革未息”固然是一方面原因，另一方面原因也是因为守旧势力大多反对，即使变革法制阻力也太大。史载“太祖即位后，群臣奏事，撒改等前跪，上起，泣止之曰：‘今日成功，皆诸君协辅之力，吾虽处大位，未易改旧俗也。’撒改等感激，再拜谢。凡臣下宴集，太祖尝赴之，主人拜，上亦答拜。天辅（1117～1123年）后，始正君臣之礼焉”[④]。从一个“感激”就可以看出撒改等大臣、贵族对“旧俗”的态度。这种情况并不鲜见。早在立国前，仅仅是想改动不成文的习惯法，受到的阻力一样很大：“昭祖欲稍立条教，诸父、部人皆不悦，欲坑杀之。”由此也可以看到，法制变革何等艰难，若无统治者的大力推行几乎是不可能的。尽管此时未曾出现法律的根本性变革，但是太祖、太宗的法律思想已经在向中原王朝靠近了。

在女真故地或者针对女真人时，还可以“一切依本朝旧制”，但是对于已经被一定程度汉化的契丹族和中原地区的汉族，女真习惯法就不能完全适应统治的需要了。于是出于稳固统治的需要，“太宗虽承太祖无变旧风之训，亦稍用辽、宋法”[⑤]。天辅七年（1123年）十二月，金攻占燕京，以原辽知枢密院事左企弓等人，抚定燕京诸州县，始行辽南面、北面官之制。这里的“南北面官”是辽朝创立的制度。到了熙宗天眷三年（1140年），“复取河南地”“约所用刑法皆从律文，罢狱卒酷毒刑具，以从宽恕”，这里所说的律文即辽、宋的法律条文。为安定人心，熙宗甚至于天会五年（1127年）册立汉人张邦昌为“大楚皇帝”，又于天会八年（1130年）册立汉人刘豫为“大齐皇帝”，用傀儡皇帝对汉地进行统治。熙宗同时制定了一些对渤海人和汉人的政策，如天眷元年（1138年）“诏官诰命，女直、契丹、汉人各用本字，渤海同汉人”。在这一时期，金朝尚处于因地制宜、借法代用的阶段，称得上是女真、契丹、汉的“一国三制”。

等到政权趋于稳定，熙宗罢伪齐政权，废勃极烈制度，进行了史称“天眷新制”的汉化官制改革。在统一政令后，熙宗也很快开始了编纂系

---

① （宋）洪皓撰，阳羡生校点：《松漠纪闻续》，《宋元笔记小说大观》，上海：上海古籍出版社，2007年，第2806页。

② 《金史》卷3《太宗本纪》，第47页。

③ 《金史》卷2《太祖本纪》，第29页。

④ 《金史》卷70《撒改传》，第1614页。

⑤ 《金史》卷45《刑志》，第1014页。

统的成文法，于皇统年间，“诏诸臣，以本朝旧制，兼采隋、唐之制，参辽、宋之法，类以成书，名曰《皇统制》，颁行中外”①。这是金朝第一部成文法典，史称《皇统新制》，内容千余条，但早已散佚。其内容“大抵依仿大宋，其间亦有创立者，如殴妻致死，非用器刃者不加刑”②。这里所说的异于宋律而“创立者”，很可能源于女真习惯法。海陵王弑君自立后，于正隆年间编订了《正隆续降制书》。这部法典由“海陵虐法，率意更改”而来，其内容“伤于苛察”，故而质量不高。世宗即位后，“以正隆之乱，盗贼公行，兵甲未息，一时制旨多从时宜，遂集为军前权宜条理”③。这是一部临时性法规，内容并不完善，但对大定初年稳定政治局势、整顿社会秩序起到了积极作用。后来金世宗考虑到《皇统新制》《正隆续降制书》《军前权宜条理》并用，“是非淆乱，莫知适从，奸吏因得上下其手”④，遂置局，进行法律修订，名为《大定重修制条》。大定二十八年（1188年），为使百姓通晓，还对《大定重修制条》进行了删修。从熙宗到世宗，尽管修订了一系列成文法规，但是尚未出现为后世所宗的一代成法。

到了章宗时期，承平日久，宇内小康。章宗鉴于当时“礼乐刑政因辽、宋旧制，杂乱无贯”⑤，于明昌元年（1190年）下令详定所审定律令。明昌三年（1194年），详定所“用今制条，参酌时宜，准律文修订，历采前代刑书宜于今者，以补遗阙，取《（宋）刑统》疏文以释之，著为常法，名为《明昌律义》”⑥，另将榷货、边部、权宜等事集为《敕条》，虽未颁行，但为泰和制律奠定了基础。泰和二年（1202年）五月，金朝修成《泰和律令敕条格式》，它是金朝最具代表性的成文法典。此法典共囊括四大部分：分别是《泰和律义》《律令》《新定敕条》《六部格式》。因为这一法典产生于民族融合大发展的金章宗时期，此时金朝的发展形势较为乐观，而且这一法典的诸多内容都融入了汉族文化的元素，再加上金统治者执政以来的诸多立法与执法经验，所以形成了这部相对完善的成文法典。金朝在此后相当长的一段时期内（直至其退出历史舞台），基本上一直在沿用之。其制定标志着金朝法制文化汉化的高度完成，对元朝也产生了较

① 《金史》卷45《刑志》，第1015页。
② 《大金国志校证》卷12《熙宗孝成皇帝四》，第173页。
③ 《金史》卷45《刑志》，第1015页。
④ 《金史》卷45《刑志》，第1018页。
⑤ 《金史》卷73《完颜守贞传》，第1689页。
⑥ 《金史》卷45《刑志》，第1022页。

大的影响。“元兴，其初未有法守，百司断理狱讼，循用金律”[①]，元世祖忽必烈在元朝正式建立之后才宣布“禁行金泰和律”[②]。

第二节　宗室的法律思想和刑罚观念

金代从熙宗朝开始，宗室大多具有一定的汉学修养，熟知历代王朝帝王治国的经验。由于相关史料所录多是帝王言行，其中尤以世宗和章宗的相关记载为多。故本章拟从金代帝王的治国言论中一窥宗室群体的法律思想及其反映出的文化认同。

一、“罪疑从轻”的执法原则

金朝的法律绝不是天无私、法无情。虽然对于罪责确凿的犯人力排人情、秉公执法，但是对于那些证据不足而被屈打成招的，也为皇帝所反对。世宗在史书中号称“小尧舜”，治国具有宽仁之风。他在法律思想上主张“罪疑惟轻、慎防冤情”。如大定七年（1167 年），“左藏库夜有盗杀都监郭良臣盗金珠，求盗不得。命点检司治之，执其可疑者八人鞫之，掠三人死，五人诬伏。上疑之，命同知大兴府事移剌道杂治。既而亲军百夫长阿思钵鬻金于市，事觉，伏诛。上闻之曰：‘箠楚之下，何求不得，奈何鞫狱者不以情求之乎。’”[③]在证据不足的情况下，以刑逼人、认罪伏法，造成了冤假错案，对于官吏这种不负责任的行为，世宗皇帝责问为何不能在证据不足的情况下来用人情事理断案审刑呢？这表现了世宗皇帝在案件不明的情况下以情夺理的儒化关怀，但这绝不等同于那些罪行确凿而有意开脱的“人情世故”。正是这种关怀使这一年的死刑犯仅二十人，极其鲜明地表现出法者非置人于死地的法制观念，突破了死刑越多越好的狭隘看法，也是对“法者，缘人情而制，非设罪以陷人也”[④]“法意、人情，实同一体，徇人情而违法意，不可也；守法意而拂人情，亦不可也。权衡于二者之间。使上不违于法意，下不拂于人情，则通行而无弊矣”[⑤]的中原法

① （明）宋濂：《元史》卷 102《刑法一》，北京：中华书局，1976 年，第 2603 页。

② （明）宋濂：《元史》卷 7《世祖本纪》，北京：中华书局，1976 年，第 138 页。

③ 《金史》卷 45《刑志》，第 1015 页。

④ （汉）桓宽：《盐铁论》卷 10《刑德》，上海：上海人民出版社，1974 年，第 115 页。

⑤ 胡石壁：《典卖田业合照当来交易或见钱或钱会中半收赎》，《名公书判清明集》卷 9《户婚门 • 取赎》，北京：中华书局，1987 年，第 311 页。

律观念的认同，使女真族朝着文明法律的方向前进。另一个罪疑从轻的例子是，“北京民曹贵谋反，大理议廷中，谓贵等阴谋久不能发，在法‘词理不能动众，威力不足率人’，罪止论斩。石是之。又议从坐，久不能决。石曰：‘罪疑惟轻。’入，详奏其状，上从之，缘坐皆免死”。世宗曾说：“天下大器归于有德”“海陵失道，朕乃得之，但务修德，余何足虑”[①]。可以看出世宗对德政的重视。但是世宗也不主张帝王用法“专务宽慈”，提出“夫朝廷之政，太宽则人不知惧，太猛则小玷亦将不免于罪，唯当用中典耳”[②]，意思是讲求适度，这符合儒家的中庸原则。

世宗皇帝在对待那些因有司对法律宣传不到位而导致罪犯不知法的案件和难以确定施法标准的案件时，一般也会选择施法从轻，体现其审慎的态度。大定四年（1164年），“尚书省奏，大兴民男子李十、妇人杨仙哥并以乱言当斩。上曰：‘愚民不识典法，有司亦未尝丁宁诰戒，岂可遽加极刑。’以减死论”[③]。李十、杨仙哥应该是说了一些叛乱言论，犯了乱言罪，依法当斩。但是世宗皇帝认为这是司法官员普法不力造成的，故而驳回了尚书省的奏议，进而采取了“减死论”。这从侧面反映出在世宗时犯乱言罪者要被判处死刑。而到了章宗时，则规定“口陈欲反之言，心无真实之计，而无状可寻者，徒四年”[④]。考虑到了乱言者有无计划和行状是否可寻等因素，改变了世宗时期乱言者一律处死的规定，显示出金朝这个时期对“口陈欲反之言”罪认定的理性化趋势。

再有，“尚辇局本把石抹阿里哥，与钉校匠陈外儿，共盗宫中造车银钉叶。（梁）肃以阿里哥监临，当首坐。他寺官以陈外儿为首，抵死”[⑤]。梁肃与其他官员在“盗宫中造车银钉叶”主犯认定问题上存在纷争，梁肃认为石抹阿里哥是首犯，其他大臣认为陈外儿是首犯。在此情况下，一人与群体之争的结果很可能会定陈外儿为首犯而处以极刑，这时世宗皇帝的决定尤为重要，世宗的决定是“罪疑惟轻，各免死，徒五年，除名”[⑥]。在案情不明、主犯难以确定的情况下，世宗皇帝这种判决体现了“以人为本”的儒化关怀，也是减少冤情的最好方法。金律多准重典，对于有争议的疑难案件“避重取轻”的处理，在一定程度上减少了因滥刑而发生妄杀。

---

① 《金史》卷7《世宗本纪中》，第157页。
② 《金史》卷7《世宗本纪中》，第171页。
③ 《金史》卷45《刑志》，第1015页。
④ 叶潜昭：《金律之研究》，台北：商务印书馆，1972年，第111页。
⑤ 《金史》卷89《梁肃传》，第1983页。
⑥ 《金史》卷89《梁肃传》，第1983页。

还应该注意的是，世宗的慎刑主张并不意味着毫无原则。世宗曾对大臣说："比者马琪主奏高德温狱，其于富户寄钱事皆略不奏。朕以琪明法律而正直，所为乃尔，称职之才何其难也。古人虽云'罪疑惟轻'，非为全尚宽纵也。"①明确地指出了"罪疑惟轻"不等同于宽纵不管。"时将陵主簿高德温大收税户米，逮御史狱。汝霖具二法上。世宗责之曰：'朕以卿为公正，故登用之。德温有人在宫掖，故朕颇详其事。朕肯以宫掖之私挠法耶？不谓卿等顾徇如是。'汝霖跪谢。久之，上顾左谏议大夫杨伯仁曰：'台官不正如此。'伯仁奏曰：'罪疑惟轻，故具二法上请，在陛下裁断耳。且人材难得，与其材智而邪，不若用愚而正者。'上作色曰：'卿辈皆愚而不正者也。'"②官员在审理高德温案件时的偏袒行为，遭到了世宗皇帝的痛斥，鲜明地表达出"罪疑惟轻"施刑的实质所在，即不是开逃避罪责之门径，而是少生冤案、保人性命的举措。这种原则上的把握是女真族法律文化进步的重要体现，刑之以礼、刑而有仁，很好地体现了中原法律文化尚礼崇仁的理念。世宗皇帝坚持的"罪疑惟轻"实质上是对儒家所倡导的"德礼观"的认同，使无罪者少生冤情、感怀正义；使有罪者不逃法网，也为其欲改其行提供机会。

二、"慎刑""轻刑"的量刑方法

世宗尊崇儒家文化，推崇宽仁治国。在案情不明的情况下，他主张罪疑从轻；当案情明确时，他也主张"慎刑"和减轻刑罚。大定九年（1169年）三月丁卯，"以尚书省定纲捕走兽法，或至徒，上曰：'以禽兽之故而抵民以徒，是重禽兽而轻民命也，岂朕意哉。自今有犯，可杖而释之。'"③大定二十五年（1185年），"五月庚寅，平章政事襄、奉御平山等射怀孕兔。上怒杖平山三十，召襄诫饬之，遂下诏禁射兔"④。世宗大怒平章政事襄、奉御平山射杀怀孕兔，但是在盛怒之下，世宗却仅处以奉御平山杖三十、诫饬平章政事襄的惩罚。实际上，处以杖刑即意味着刑罚从轻。世宗之怒与惩罚之轻形成了鲜明的对比，也充分体现了"重人轻物""以民为本"的儒化关怀。

金代帝王认同儒家文化中"以民为本"的思想，这突出体现在对农业

① 《金史》卷95《马琪传》，第2117页。
② 《金史》卷83《张汝霖传》，第1865～1866页。
③ 《金史》卷6《世宗本纪上》，第144页。
④ 《金史》卷8《世宗本纪下》，第189页。

经济的重视上。女真族原为以渔猎为生的民族，因为入主中原而获得大量从事农耕生产的人口，更是随着受儒家文化影响的加深，统治者越来越重视农业及其劳动力。从杖刑的量刑上看，随意践踏禾稼和盗取谷物者的判罚要远重于射杀禽兽。大定十年（1170年）七月，“乙巳，勒扈从人纵畜牧蹂践禾稼者，杖之，仍偿其直”①。不过当时并没有申明践踏禾稼者究竟应该被施杖以多少，到了大定二十年（1180年）才将其明确规定下来。“上见有蹂践禾稼者，谓宰相曰：‘今后有践民田者杖六十，盗人谷者杖八十，并偿其直。’”②即规定破坏庄稼者杖六十、盗人谷者杖八十，其杖刑处罚重于犯捕走兽法杖刑处罚一倍以上，可见随着汉化程度的加深，金朝统治者对农业经济的重视程度正在逐步超过对狩猎经济的重视程度。

在判罪量刑上，金代皇帝也倾向于轻刑。早在太宗天会七年（1129年），“诏凡窃盗，但得物徒三年，十贯以上徒五年，刺字充下军，三十贯以上徒终身，仍以赃满尽命刺字于面，五十贯以上死，征偿如旧制”③。这条法令规定了盗窃罪的量刑标准，虽然较之立国前的盗贼一律处死要轻得多，但是盗窃五十贯以上仍要被处以死刑。世宗在大定十五年（1175年）“诏有司曰：‘朕惟人命至重，而在制窃盗赃至五十贯者处死，自今可令至八十贯者处死。’”④又将盗窃处死的标准上升为八十贯。五十贯到八十贯处死的量刑标准的变化，正反映出世宗皇帝对人命的珍惜，也体现出“刑”不是目的，“刑而后改”才是目的。这种“刑而后改”的执法目标，在对贪污官员的处理上有所体现。如，世宗大定十八年（1178年）七月，“上谓宰臣曰：‘职官始犯赃罪，容有过误。至于再犯，是无改过之心。自今再犯不以赃数多寡，并除名。’”⑤“容有过误”体现了慎刑的理念，“再犯不以赃数多寡”体现了对“无改过之心”者既然达不到教化目的则绝不姑息的明确立场。

对于有争议案件的处理更能彰显金朝法律原则的“慎刑”“轻刑”特点。大定二十三年（1183年）七月，“博兴县民李孜收日炙盐，大理寺具私盐及刮碱土二法以上。宰臣谓非私盐可比，张仲愈独曰：‘私盐罪重，而犯者犹众，不可纵也。’上曰：‘刮鹻非煎，何以同私？’仲愈曰：‘如此则渤海之人恣刮鹻而食，将侵官课矣。’力言不已，上乃以孜同刮鹻科

① 《金史》卷6《世宗本纪上》，第147页。
② 《金史》卷45《刑志》，第1018页。
③ 《金史》卷45《刑志》，第1014、1015页。
④ 《金史》卷45《刑志》，第1017页。
⑤ 《金史》卷7《世宗本纪中》，第170页。

罪，后犯则同私盐法论”[1]。由于对李孜的“收日炙盐”行为量刑存在异议，最终大理寺上呈给世宗皇帝两个处理办法，一是以“犯私盐罪”判处，一是以“犯刮碱土罪”判处，而“犯私盐罪”要重于“犯刮碱土罪”。世宗皇帝并未因为李孜的行为“侵官课”而处以重罪，而是处其“犯刮碱土罪”，并规定后世再有犯者就以“犯私盐罪”论处。世宗皇帝做出了避私盐重罪、取刮碱土轻罪的慎重决定，体现了儒家的仁政理念和民本思想。

三、以“民无冤滞”作为评判官员称职与否的标准

金朝皇帝笔者当然可以坚持“罪疑惟轻”“慎刑”“轻刑”的主张，但是他们不可能对所有案件都亲力亲为，法律原则的贯彻还是要依靠众多官吏。为此，金朝皇帝对秉公执法官吏的嘉奖除了给予口头赞扬外，也会给予晋升的奖励，既有精神褒扬，又有切实的政治利益。同时，在评价一个官员是否称职时，“民无冤滞”成为其中一条重要标准。

章宗时“陕西提刑司举揆‘刚直明断，狱无冤滞。禁戢家人，百姓莫识其面。积石、洮二州旧寇皆遁，商旅得通’。于是，进官一阶，仍诏褒谕”[2]。指出了为官刚直明断、狱无冤滞就可以进官一阶。泰和四年（1204 年）“定考课法，准唐令，作四善、十七最之制”。十七最之制，“……三曰决断不滞，与夺当理，为判事之最。……十三曰谨察禁囚，轻重无怨，为狱官之最。……十六曰议狱得情，处断公平，为法官之最”[3]。考课法“十七最之制”中有三条规定官吏审案要“决断不滞”“轻重无怨”“议狱得情”，可以看出章宗皇帝对官吏秉公执法、慎防冤狱的重视程度之高。紧接着在第二年即泰和五年（1205 年），章宗皇帝又下敕谕：“自今若纠察得实，民无冤滞，能使一路镇静者为称职。其或烦紊使民不得伸诉者，是为旷废。”[4]将“民无冤滞”作为官吏称职的标准，而不是晋升的标准，可以看出在章宗皇帝眼中，“民无冤滞”、秉公审案是每一位官吏都应具备的素质。如果一味以“民无冤滞”作为官员升迁的标准，无疑会使官吏本应具备的这种素质少数化和高尚化，其结果只能是为官吏徇私枉法寻找借口、开脱罪责提供门径，于吏治良善、“民无冤滞”有害无益。

---

① 《金史》卷 49《食货志四》，第 1096 页。
② 《金史》卷 93《显宗诸子传》，第 2067 页。
③ 《金史》卷 55《百官志一》，第 1227～1228 页。
④ 《金史》卷 12《章宗本纪四》，第 270 页。

四、施刑重视精神惩戒

儒家思想主张“刑不上大夫，以励廉耻”，一方面，“励廉耻”是目的，另一方面，“大夫”受刑实属大辱。金朝的杖刑更注重精神上的惩戒而非肉体上的惩罚，以此达到教化的目的。海陵认为：“古者大臣有罪，贬谪数千里外，往来疲于奔走，有死道路者，朕则不然，有过则杖之，已杖则任之如初。”① 明确指出了杖刑这种刑罚非欲置宗亲、大臣于死地，而是为杖后能自勉其行、以绝再犯。由此可以看出儒家“仁者爱人”“知耻而后勇”的意在教化的理念之端倪。

金朝皇帝深谙此道，对“大夫”施杖刑可谓司空见惯。大定八年（1168年），“制品官犯赌博法，赃不满五十贯者其法杖，听赎。再犯者杖之。且曰‘杖者所以罚小人也。既为职官，当先廉耻，既无廉耻，故以小人之罚罚之’”②。对于那些触犯赌博之法的宗亲、大臣，第一次可以赎免杖刑，若是再犯就以杖刑罚之。在世宗看来累犯其罪已是不顾廉耻，故用惩罚“小人”的杖刑来对其加以惩戒。金朝对宗亲、大臣施以杖刑，虽然杖数有多少之别，但很少能见到通过杖刑杖杀宗亲、大臣的。用杖刑这种惩罚“小人”的刑罚，实则更多的是为了唤起宗亲、大臣的廉耻之心。“凡有官者，将决杖之廊庑，赐以酒肉。官尊者，决于堂上。已杖，视事如故”③，明显带有一种精神惩罚的意味。因而杖刑在宗亲、大臣群体中，施杖那种“使人身受到痛苦和损伤，达到处罚、惩戒”④ 降为次要目的，虽然有时施杖多达一二百下，但其精神惩罚的意义要远重于肉体惩罚的意义。太祖起兵反辽时曾经说过：“辽人知我将举兵，集诸路军备我，我必先发制之，无为人制。”⑤ 在如此危急的情况下太祖“使婆卢火征移懒路迪古乃兵”⑥，不过当“太祖进军宁江州，次寥晦城。婆卢火征兵后期，杖之，复遣督军”⑦。虽然婆卢火征兵失期，身受杖刑，但受刑之后婆卢火仍能指挥作战，可以看出

① 《金史》卷76《太宗诸子传》，第1735页。
② 《金史》卷45《刑志》，第1016页。
③ 齐木德道尔吉：《辽夏金元史徵·金朝卷》，呼和浩特：内蒙古大学出版社，2007年，第300页。
④ 安国楼：《宋代笞杖刑罚制度论略》，《河南大学学报》1991年第1期。
⑤ 《金史》卷2《太祖本纪》，第23页。
⑥ 《金史》卷2《太祖本纪》，第24页。
⑦ 《金史》卷2《太祖本纪》，第24页。

对其杖刑并未过重，更主要的目的是精神惩戒。

为确保杖刑以精神惩戒为主的作用，金朝还严格规定了铜杖的规格。曾于承安四年（1199 年）五月“诏颁铜杖式”[①]，对刑具作了具体的规范。不过到了泰和元年（1201 年）正月，“尚书省奏，以见行铜杖式轻细，奸宄不畏，遂命有司量所犯用大杖，且禁不得过五分”[②]。由于铜杖式轻细造成了杖刑的威慑力减弱，因而尚书省请奏准使用大杖，不过其长度仍被限制在五分之内，可以看出金朝对杖刑的认识是很明确的。杖刑更多的是用来进行精神惩罚，如果施杖过重造成以杖杀人的现象发生，杖刑也就失去了设置的意义，正如海陵所言：“有过则杖之，已杖则任之如初。如有不可恕，或处之死，亦未可知。”[③]明确指出了杖刑的施杖原则不是使受刑者命丧杖下，更不是用杖刑来代替死刑。这与唐代“本属于惩罚轻罪的杖刑实际上成了死刑的代名词”[④]和宋代“杖杀作为死刑的执行方式在宋朝被载入法典”[⑤]有着原则上的区别,在金朝杖刑真正成为了“一种比较人性的惩罚方式”[⑥]。

金朝对宗亲、大臣犯罪施以杖刑，一是刑杖轻细不会轻易夺人性命，减少了许多“人死不能复生”带来的遗憾；二是施杖之后受杖的宗亲、大臣多会官复原职，以睦上下，从而减少了对立，巩固了王朝的统治基础，加强了统治。应该说，金朝统治能够长达百余年，与其刑罚意在教化不无关系。在金朝的刑法中，杖刑是较为常用的刑罚之一，甚至达到了“金代杖刑是主刑”[⑦]的程度。金朝的杖刑正是对儒家文化中“民本”“人本”思想的继承，有着浓重的儒学意味。杖刑作为金朝的刑罚，是偏重于“罚”而非“刑”，重在勉励教化而非杀戮，受罚者录用如前即说明了这一点。金朝杖刑的这一特点更蕴含了儒家“知耻而后勇”的内涵，处处充溢着中原文化、礼制文明的味道。

五、以法律维护儒家伦理道德

金朝的许多刑罚案例体现了对儒家伦理道德的认同和维护。礼是

---

① 《金史》卷 11《章宗本纪三》，第 251 页。
② 《金史》卷 45《刑志》，第 1024 页。
③ 《金史》卷 76《太宗诸子传》，第 1735 页。
④ 张艳云：《唐代杖刑考述》，《唐史论丛》2006 年 1 月。
⑤ 彭炳金：《论唐代杖刑制度的发展变化》，《通化师范学院学报》2004 年第 9 期。
⑥ 李玉君、杨柳：《金代皇族赃罪考述》，《北方文物》2010 年第 1 期。
⑦ 傅百臣：《金代杖刑管窥》，《北方文物》1986 年第 4 期。

儒家伦理的核心内容。中原王朝以“礼”立国。金朝皇帝为了强调自身的正统性，对“礼”更是备加重视，“懂礼即中国”[①]的观念深入其心。正是基于对“礼”的重视，皇帝对那些有失礼节的大臣也会施以惩罚，其中多用杖刑加以精神惩戒。贞元三年（1155年），磁州僧人法宝欲离去，但左丞相张浩、平章政事张晖及许多朝官却欲留法宝不希望其离去。海陵得知其事，诏集三品以上官员上殿严加申斥，“闻卿等每到寺，僧法宝正坐，卿等皆坐其侧，朕甚不取”。并指出“僧者，往往不第秀才，市井游食，生计不足，乃去为僧，较其贵贱，未可与簿尉抗礼”[②]。海陵以左丞相张浩、平章政事张晖“失大臣体，各杖二十。僧法宝妄自尊大，杖二百”[③]。海陵指出僧人多出身微贱，而登科之士的地位应该在僧人之上，故而大臣坐在僧人之下是以贵事贱、有违尊卑之序。海陵对左丞相张浩、平章政事张晖杖二十，而对僧人法宝却施杖以二百，这种差别正是肯定了“士贵僧贱”的伦理，体现了礼在等级上的差别。

对于代表金朝出使别国的使臣，若在出使期间有失大臣之礼，其身遭施杖之刑更是屡见于史册。大定十三年（1173年），璋（胡麻急）为贺宋正旦使，受命出使宋国。在出使宋国之前世宗派人谕令璋“宋人若不遵旧礼，慎勿付书。如不令卿等入见，即持书归。若迫而取之，亦勿赴宴，其回书及礼物一切勿受”。而到了临安，“宋人就馆迫取书，璋与之，且赴宴，多受礼物”[④]。璋违反了世宗的谕令，作为出使宋国的金使其代表的是金朝皇帝，金使上呈给宋朝皇帝的国书应当面呈递给宋朝皇帝以视平等，而璋将国书随意授以“宋人”，有失国家体面。世宗闻之，大怒，欲处以极刑，若不是左丞相良弼上奏请饶则璋死罪难逃。虽然死罪已免，但世宗仍然处以其杖一百五十的惩罚。

无视儒家伦理纲常的权贵、宗亲、大臣，也会受到杖刑的惩罚。文（胡剌）“贞元元年，除秘书，坐与灵寿县主阿里虎有奸，杖二百，除名”[⑤]。贞元二年（1154年），“八月丙午，以左丞相昂去衣杖其弟妇，命杖之”[⑥]。左丞相昂之所以“去衣杖其弟妇”是由于“昂怒族弟妻”[⑦]，也就是左丞相昂在大怒之下做出的冲动行为。虽然其情可悯，但去衣杖其弟

① 赵永春：《试论金人的“中国观”》，《中国边疆史地研究》2009年第4期。
② 《金史》卷83《张通古传》，第1861页。
③ 《金史》卷5《海陵本纪》，第103～104页。
④ 《金史》卷65《始祖以下诸子传》，第1552页。
⑤ 《金史》卷74《宗望传》，第1710页。
⑥ 《金史》卷5《海陵本纪》，第102页。
⑦ 《金史》卷84《昂传》，第1887页。

妇于儒家伦理实在有不宜之处，故而海陵要对左丞相昂施杖加以惩戒。正隆五年（1160年）七月，“壬午，以张弘信被命讨贼，称疾逗遛莱州，与妓乐饮燕，杖之二百”①。当时“东海县人徐元、张旺作乱”，“州、府皆遣使效随真等诣东海观贼形势，皆为贼所害。州、府合兵攻之，累月不下”②。在如此危急的情况下张弘信却置军国大事于不顾，而与“妓乐饮燕”有违金朝皇帝之重托，也违反了君臣之道，故而对其施杖二百以示惩戒。大定十八年（1178年）十一月，“承元前为曹王府文学，与王邸婢奸，杖百五十除名”③。哀宗时“（完颜赛不）子按春，正大中充护卫，坐与宗室女奸，杖一百收系”④。

除了朝廷礼制，对违反家族礼制和孝道的行为皇帝也主张予以严厉处罚。章宗于泰和六年（1206年）三月“敕尚书省‘祖父母、父母无人侍养，而子孙远游至经岁者，甚伤风化，虽旧有徒二年之罪，似涉太轻。其考前律，再议以闻’”⑤。中国自古便有“父母在，不远游”的说法，这是中国古代孝道的体现。金朝皇帝认同儒家文化，禁子孙远游以致祖父母、父母无人侍养，用严厉的刑法进一步制止不孝行为，这也是章宗“以礼入法”思想的体现。

不应该忽略的是，金毕竟是从较为低级的社会组织形式中发展而来，一些野蛮的法律处罚在金代也屡见不鲜。金朝皇帝也有滥刑妄杀之弊，如熙宗时“迭兴大狱”⑥，晚年更是“酗酒妄杀”⑦，最终被海陵篡弑。但“醉心于中国传统文化的熙宗，同时对唐律作深刻的研究，而且求得此一治国之道”⑧。《金史》也给予熙宗“守文之治”⑨的赞美，这其中就包括对“赦上京囚”⑩的褒扬。海陵王虽有“剪灭宗室”⑪的擅杀行为，但也强调“慎刑罚”⑫。宣宗虽“喜刑罚”⑬“用法急”⑭，但也能屡遣重臣审决

① 《金史》卷5《海陵本纪》，第111页。
② 《金史》卷79《徐文传》，第1786页。
③ 《金史》卷7《世宗本纪中》，第172页。
④ 《金史》卷113《完颜赛不传》，第2483页。
⑤ 《金史》卷12《章宗本纪四》，第274页。
⑥ 《金史》卷129《酷吏传》，第2777页。
⑦ 《金史》卷4《熙宗本纪》，第87页。
⑧ 叶潜昭：《金律之研究》，台北：商务印书馆，1972年，第5页。
⑨ 《金史》卷4《熙宗本纪》，第87页。
⑩ 《金史》卷4《熙宗本纪》，第86页。
⑪ 《金史》卷129《酷吏传》，第2777页。
⑫ 《金史》卷5《海陵本纪》，第94页。
⑬ 《金史》卷129《酷吏传》，第2778页。
⑭ （清）张金吾：《金文最》卷33《毛氏宗支石记》，北京：中华书局，1990年，第465页。

冤狱，虽未能创建中兴之业，但也获得了有“励精图治之志”[①]的认可。金朝皇帝这些看似矛盾的行为，实则反映出金代宗室在本民族法律传统的基础上认同中原王朝法制文化的动态的历史过程。

宋朝的包拯认为：“法令者，人主之大柄，而国家治乱安危之所系焉，不可不慎。”[②]这种看法一方面说明在古代社会中法律的优劣关系到社会秩序是否安定，另一方面也道出了法律乃是统治者藉以维护其统治地位的重要手段。在金政权从部落联盟形式到君主专制的发展过程中，统治者大多渴慕中原文化，从而主动学习、积极吸纳中原王朝的优秀文化。正是因为女真统治者对中原文化的认同和学习，金朝在经济、文化等各方面都得到了迅速发展。金代法律也才能一步步趋于汉化，最终达到与中原王朝相当的水平。在诸国对峙的战乱年代，虽然“金法严密，律文虽因前代而增损之，大抵多准重典”[③]，但金朝皇帝努力突破时代局限，并力图摆脱“治乱世用重典”的窠臼，执行了施法从轻与“罪疑惟轻”的政策，这是难能可贵的。这使得金朝法制在残酷的外表下显露出一丝温情，有助于缓和尖锐的阶级、民族矛盾，体现出了儒家仁政理念与人文关怀。

---

① 《金史》卷16《宣宗本纪下》，第370页。

② （宋）赵汝愚编：《宋朝诸臣奏议》，上海：上海古籍出版社，1999年，第403页。

③ 《金史》卷129《酷吏传》，第2777页。

结　语

宗室阶层是金朝社会的一个特权阶层、特殊群体，他们与最高统治者——皇帝之间有着或远或近的血缘关系。他们的出身与高贵的血统不是一般人所能相比的，他们中的某些人也有着成为一国之君的可能性。正是因为如此，处理好宗室之间的关系，协调宗室与皇权的冲突成为统治者面临的一大难题。金朝初年，在特殊的历史条件下重用、倚仗宗室开国立业，海陵以后开始防范打击宗室，使得宗室近属渐渐远离了权力中心。但是为了行"亲亲之道"，金朝皇帝还在诸多方面优宠宗室。整个金朝，统治者对宗室的态度都充满着矛盾，皇帝经常会面临着权力与亲情间的抉择。另外，由于宗室与皇帝的远近亲疏的不同，他们所受到的待遇也有所差别。金朝的不同时期，宗室在各方面的状况也有所差异。

本书分七章阐述金代宗室政治、经济、文化、婚姻、管理等方面的情况。第一章界定本书所要研究的宗室范围，澄清学界一直以来对"郎君"的误解并对《金史・宗室表》做出补充；第二章阐述宗室在政治上入仕、任官的特权；第三章论述宗室的经济生活状况、经济来源及在经济上所享有的特权；第四章首次论述宗室的管理机构大宗正府的机构设置、府官员的选任及官员的职掌，还论述了宗室的相关兼管机构，论述了宗室犯罪及惩罚状况；第五章通过分析宗室婚姻状况，总结出宗室婚姻的特点及影响；第六章阐述宗室的教育状况及其文化建树，并总结出宗室阶层文化建树的特点；第七章论述了金代宗室法律思想的文化认同取向。通过上文的论述，笔者认为还要从以下几个方面做出说明。

首先，金朝宗室在各个方面享受着普通人无法享有的特权。

宗室作为皇帝的宗亲，从出生之日起就有了尊贵的身份和各种常人不可能享有的特权，这些特权也是宗室高贵身份的象征。正是由于宗室如此尊贵，享有诸多特权，所以，为了维护宗室血统的纯洁，不允许异姓进入。海陵天德三年（1151 年）曾下诏，凡赐姓者皆复本姓，完颜元宜复姓耶律氏。承安五年（1200 年），还制定宗室收养异姓男为子者徒三年的法规。金朝宗室成员在政治上享有特权，由于宗室成员与皇帝的特殊的血缘关系，其出生后即享有受封、任官的特权。宗室的入仕途径比普通人的渠道更多、更宽泛，入仕时还享有各种各样的特权。宗室在中央重要机构中的任职比例较高，特别是金初勃极烈制度中全部任用宗室成员。金朝宗室所任的职务基本都有实权，比如尚书省的最高长官是左丞相，为百官之首，位高权重，金朝任左丞相一职者绝大多数是宗室成员。金朝宗室在经济上也享有特权，他们的经济来源渠道比较多，不仅国家对宗室的恩养政策非常优厚，定期发放养赡的钱粮且数目都比较大，宗室为官者还可以领取俸禄和皇帝的不定期的大量恩赏，如领取王俸，无官者任散官发薪等。宗室们还可以利用自己特殊的身份和地位及手中的权力获得各种经济利益。宗室的这些经济来源是他们能过上奢侈生活的物质基础。宗室成员在接受教育和科举上也有特权。金朝统治者重视对宗室子弟的教育，为他们提供各种便利的条件，创造良好的教育氛围，而宗室子弟的这些教育条件都是一般官僚及普通百姓家庭子弟所不可能达到的，是他们专享的教育特权。金朝对宗室犯罪大多从轻处罚，只要不触犯君权、不危害国家政权，大都从宽发落。这一点还有法律上的依据，就是“八议”，“八议”中的“议亲”即指皇帝的宗亲触犯了法律可以获得减刑或免刑。当一些宗室因犯罪而被监察官员弹劾，将要绳之以法之时，金朝皇帝常予以开脱，减少制裁，而代之以精神处罚及告诫，即便给予免官等处分，也很快会官复原职，甚至高升。金朝统治“以亲亲之故”，怕“失亲亲之道”，对宗室成员的犯罪常常是“曲为全贷”，加以宽宥，对于一些危及皇权或法当议死的犯罪，因为是宗室，也会从宽发落。金朝宗室婚姻也与一般贵族或平民有着不同之处。他们的婚配对象大多是从累世通婚的世家大族中选取。由于宗室的特殊身份，他们在婚姻中所选取的婚配对象在各个方面都应是很优秀的，嫁来的女子贤良淑德，尚主的男子英勇善战。

其次，金朝宗室为金朝社会的发展做出了很大的贡献。

最主要的是在创业开国中，宗室功勋卓著。清人赵翼在《廿二史札记》中说：“金初创业皆兄弟子侄，出则领兵，入则议国事，为相者多兼元帅，其时枢密院虽主兵柄，而节制仍属尚书省。”“完颜氏父子兄弟，代以战斗为事，每出兵，必躬当矢石，为士卒先，故能以少击众，十余年间，横行无敌。”金初，在平辽灭宋的战争中，宗室出生入死，立下了汗马功劳。金朝建国后，很多宗室出任要职，参与国家事务的管理，对金朝的稳定发展起到了重要的作用。金代不少宗室成员有很高的气节和修养，愿与国家同生死，这在《金史》中有多处记载，如郓王昂子鹤寿曾言“吾宗室子，受国厚恩，宁杀我，不能与贼俱反”；完颜勖曾言“苟利国家，岂敢私邪”；完颜承晖曾“约（抹撚）尽忠同死社稷”，“一死以报国家”；宗室从坦曾上书曰“皇族与国同休戚哉”。

宗室作为金朝的一个特殊阶层，为金朝社会的发展做出了一定贡献。金朝宗室与世婚大贵族之间的累世联姻，使他们之间结成了较稳固的利益集团，有效地控制整个金朝社会。宗室婚配对象的出身，大多是门第显赫的大族和勇武战将之家，他们在金初的征战中屡建功勋，为金朝的建立做出了重要贡献，且之后在金朝的管理、统治中也起到了不可低估的作用。宗室的配偶大多为贤良淑德者，为辅佐宗室做出了重要贡献。金朝宗室婚媾的对象不仅有女真族，还有契丹、渤海、汉族等，皇家的这种婚姻模式在一定程度上加速了民族文化交流与融合的进程。

宗室占有优越的教育资源，能够接受良好的教育，所以其文化水平较高，这有利于让他们从事管理国家的事务，为国家和社会发展做贡献。宗室成员比普通人更关注王朝的兴衰，因为王朝的命运也关系到他们自身的利益，如宗室宗叙、宗浩等人多次上书言河患、边患、人民生计之事。宗室接受汉文化的熏陶，取得了丰富的文化成就，基本上代表了金朝女真人文化成就的最高水平，如果没有宗室文化成就，那么金代女真人的文化成就会逊色很多。金代宗室的文化建树在北方少数民族所建立之政权的宗室中是相对少见的，他们所创造的绚烂的文化成就为金朝文化发展进步做出了一定的历史贡献。金代宗室文化建树中能体现北方民族粗犷豪放性格特征的作品，为整个金代文化注入了新鲜血液、增添了新的活力，不仅丰富了中国文学艺术的宝库，而且对整个中华文化的发展都有着明显的积极意义。

再次，在认识到宗室的贡献的同时，还要认识到这个阶层给社会带来的消极影响。

宗室们从出生之日起就在政治、经济、文化等诸多方面享受各种特权，对普通百姓来说这本身就是一种不公平的表现。在法律管理上，对宗室的犯罪往往是施以较轻的刑罚，经常使用的是精神惩罚，这使宗室藐视法律、横行无忌，加速了统治集团的腐化。宗室成员也对金代的社会经济造成一定的消极影响。宗室的大量赐田、私自占田，不仅使国家财政收入减少，也使占地地区的很多百姓流离失所，有的甚至沦为奴隶；宗室王俸、岁俸等养赡的数量之大，给政府造成了很大的负担，加速了国家财政的崩溃；金朝的宗室还利用其特殊身份，贪赃枉法、索贿受贿、巧取豪夺、以权谋私等，给其他社会阶层带来了灾难，造成了极坏的社会影响，激化了阶级矛盾。金朝宗室与世婚大贵族之间的联姻，结成较稳固的利益集团，这个集团是一个特权阶层，形成后他们共同瓜分社会财富，吮吸劳动人民的血汗，饱食民脂民膏。宗室们利用手中的权力，通过各种方式侵夺民田，欺诈百姓，为己牟利，从而给百姓带来灾难，给社会造成了危害。另外，金朝宗室内部的权力斗争、篡位事件等在一定程度上削弱了金王朝的政治力量，加速了王朝走向衰败的步伐。

最后，笔者认为对金朝宗室的研究需要确立两个基本原则：

（1）要分清宗室的近属与疏属。

因为其随着与皇帝亲疏远近不同而待遇不同。在宗室内部，亲疏就是等级。在金代史籍中，经常会看到"一品皇族""皇家袒免之亲""皇家袒免以上亲""缌麻袒免以上宗室郎君""宗室近属"等字句，可见宗室是有等级、品级的。宗室也根据中国古代丧礼的五服制度，以与皇帝的父系血缘关系的亲疏远近来确定亲疏关系。在金朝，五服以内的宗室所享受的权力远远要高于五服之外者，与皇帝血缘关系越近所享受的权力越多、越大。

特别是在宗室任官问题上，要区别宗室近属与远支，我们不应该对其作出笼统的结论，而是应该合理地区分宗室近属与疏属之间的差别。金朝前期，中央重要机构任用的基本都是宗室近支，海陵以后有不少宗室疏属跻身重要官职，宗室近属渐少，疏属的政治地位得到提升，在金朝政治中的影响较大，不少人担任要职，正如《金史》所言："金朝防近族而用疏属，故白撒、承立、兀论辈皆腹心倚之。"宗室近属的经济生活可以用"锦衣玉食"和"钟鸣鼎食"等词语来形容，但与皇帝血缘关系疏远的很多宗室成员的生活情况却并不乐观，甚至很窘迫。在世宗时期的科举中，五服以内的宗室有很多优势，大定十六年（1176 年），"命皇家两从以上亲及宰相子，直赴御试。皇家袒免以上亲及执政官之子，直赴会试"。"袒免"亲是指五服以外的远亲，"袒免以上亲"主要指五服以内亲，这显然是宗室近支在科举考试时所享有的特殊权力。也就是说出五服的宗室参加科举考试，不享受这样的特权。在世宗时，诸多宗室事务中宗室袒免以上亲均有特权，而且根据亲疏远近的不同而享有不同的权力。大定十七年（1177 年），诏以宗室袒免以上亲，虽无官爵封邑，若与宴，当有班次。礼官言："按唐典，皇家周亲视三品，大功亲、小功尊属视四品，小功亲、缌麻尊属视五品，缌麻袒免以上视六品。"世宗命以此制为班次（《金史·礼志九》）。大定二十五年（1185 年）四月，世宗"宴宗室、宗妇于皇武殿，大功亲赐官三阶，小功二阶，缌麻一阶，年高属近者加宣武将军，及封宗女，赐银、绢各有差"（《金史·世宗本纪》）。《金史·宗室表》言：

"大定、泰和之间，袒免以上亲皆有属籍，以叙授官，大功以上，薨卒辍朝，亲亲之道行焉。"

（2）宗室的社会地位、生活状况等各个方面的发展呈现出一定的阶段性，在不同的阶段其情况有所差异。

如在宗室入仕途径上，金朝前期没有以科举入仕的宗室，且金初以军功入仕的宗室最多，随着国家的安定，战事的减少，以军功入仕的人数减少。对宗室的任用情况，在金朝的不同时期有所变化。金朝初年，重要职位基本上都由宗室充任；海陵疏忌宗室、剪灭宗支，致使当时对宗室的任用明显减少；世宗时期虽然有所提升，但是提升的幅度并不大；在章宗、宣宗、卫绍王时期宗室的任用比例又有所下滑。宗室的经济生活状况在金朝建国初期并没有什么特殊之处，甚至皇帝的生活与普通人也没有什么区别。入主中原以后，随着物质财富的丰富，且对汉文化的接触与学习加深，形成了尊卑等级，也渐染了汉人皇室的奢靡之风。宗室的经济来源在金朝初年的战争中还包括战争掠夺的收入，但到国家太平时期则没有了这项收入。金朝后期，战事频仍，国家军费开支巨大，导致宗室俸禄与前期相比也有所减少。宗室文化建树也具有其自身发展的阶段性，金初刚刚起步，是打基础的阶段，金中叶出现了宗室文化创作的繁荣局面，到了金后期宗室文学艺术创作逐渐衰落。

以上两个原则是我们在研究金朝宗室的时候需要注意的，如果不对以上两点原则加以贯彻，就容易在研究中产生以偏概全的错误，从而影响对整个金朝宗室的总体评价。

总之，金朝宗室作为金朝社会的一个特殊阶层，其发展是一个多侧面的过程。宗室教育影响整个宗室阶层的素质品行，宗室的文化造诣对整个社会文化的进步具有导向作用，特别是皇帝个人的喜好、素质、行政作风等对社会具有举足轻重的影响。理解金朝宗室的历史，恰如其分地考察、评价宗室的管理机构、教育科举、政治贡献、社会地位、婚姻关系、文化成就，不仅有益于加深我们对历史上宗室制度变迁的了解，有利于我们全面地、客观地认识金朝社会，而且有助于我们从一个新的视角去审视金朝兴衰的历史。

附图　金代宗室谱系图*

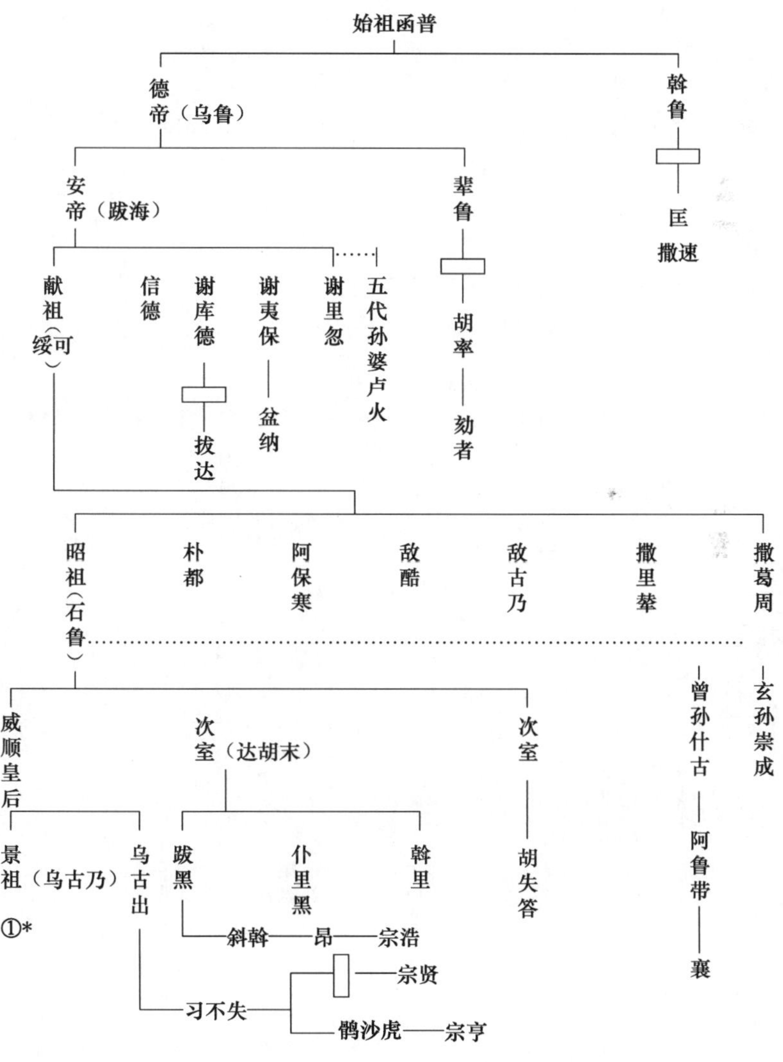

* 此表仅列有世的宗室情况，无世系可考者不列入其中。图中的①②③④⑤⑥表示连续之意，由于页面大小有限，不能将有世袭可考的函普所有子孙于一页连续列出，故用此表示连接。如本页的①连接的是下页的“①景祖”。

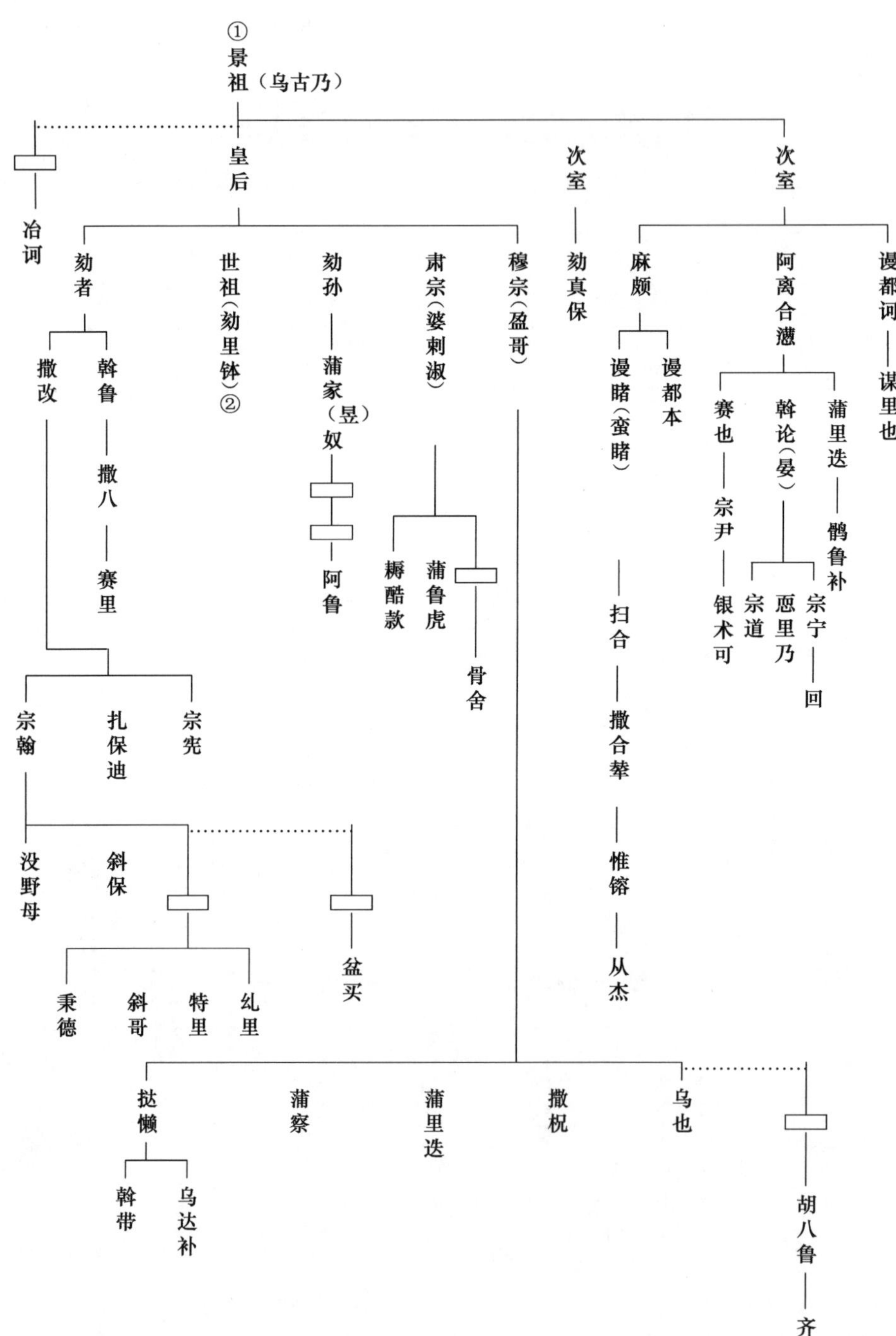
①
景祖（乌古乃）
冶诃
皇后
次室
次室
劾者
世祖（劾里钵）②
劾孙
肃宗（婆剌淑）
穆宗（盈哥）
劾真保
麻颇
阿离合懑
谩都诃
撒改
斡鲁
撒八
赛里
蒲家（昱）奴
阿鲁
耨酷款
蒲鲁虎
骨舍
谩睹（蛮睹）
谩都本
扫合
撒合辇
惟镕
从杰
赛也
宗尹
银术可
斡论（晏）
宗道
愿里乃
宗宁
回
蒲里迭
鹘鲁补
谋里也
宗翰
扎保迪
宗宪
没野母
斜保
秉德
斜哥
特里
纥里
盆买
挞懒
蒲察
蒲里迭
撒柷
乌也
斡带
乌达补
胡八鲁
齐

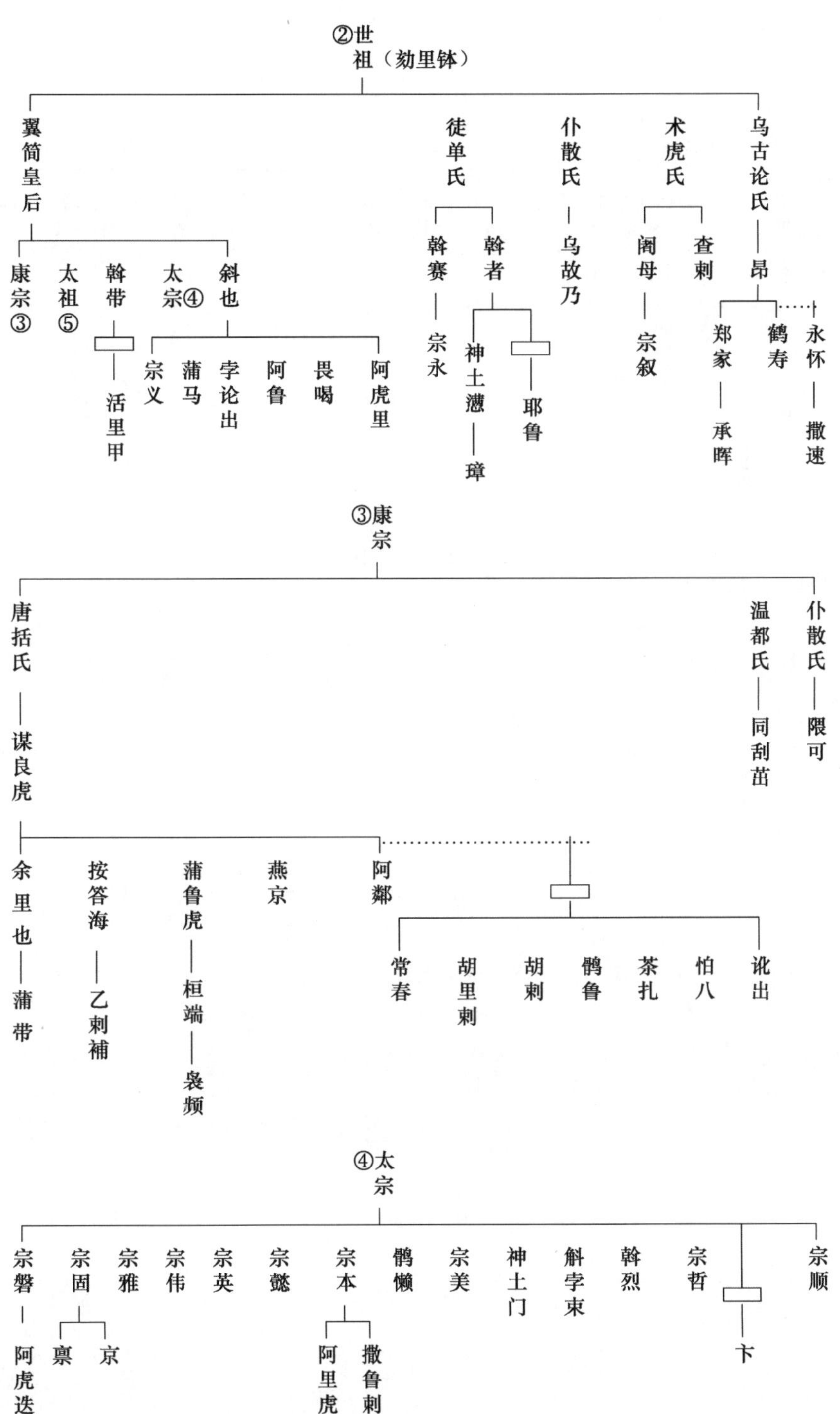
②世祖（劾里钵）
翼简皇后
康宗③
太祖⑤
斡带
活里甲
太宗④
斜也
宗义
蒲马
孛论出
阿鲁
畏喝
阿虎里
徒单氏
斡赛
宗永
斡者
神土懑
璋
耶鲁
仆散氏
乌故乃
术虎氏
阇母
宗叙
查剌
乌古论氏
昂
郑家
承晖
鹘寿
永怀
撒速
③康宗
唐括氏
谋良虎
余里也
蒲带
按答海
乙剌補
蒲鲁虎
桓端
袅频
燕京
阿鄰
常春
胡里剌
胡剌
鹘鲁
茶扎
怕八
讹出
温都氏
同刮茁
仆散氏
隈可
④太宗
宗磐
阿虎迭
宗固
禀
京
宗雅
宗伟
宗英
宗懿
宗本
阿里虎
撒鲁剌
鹘懒
宗美
神土门
斛孛束
斡烈
宗哲
卞
宗顺

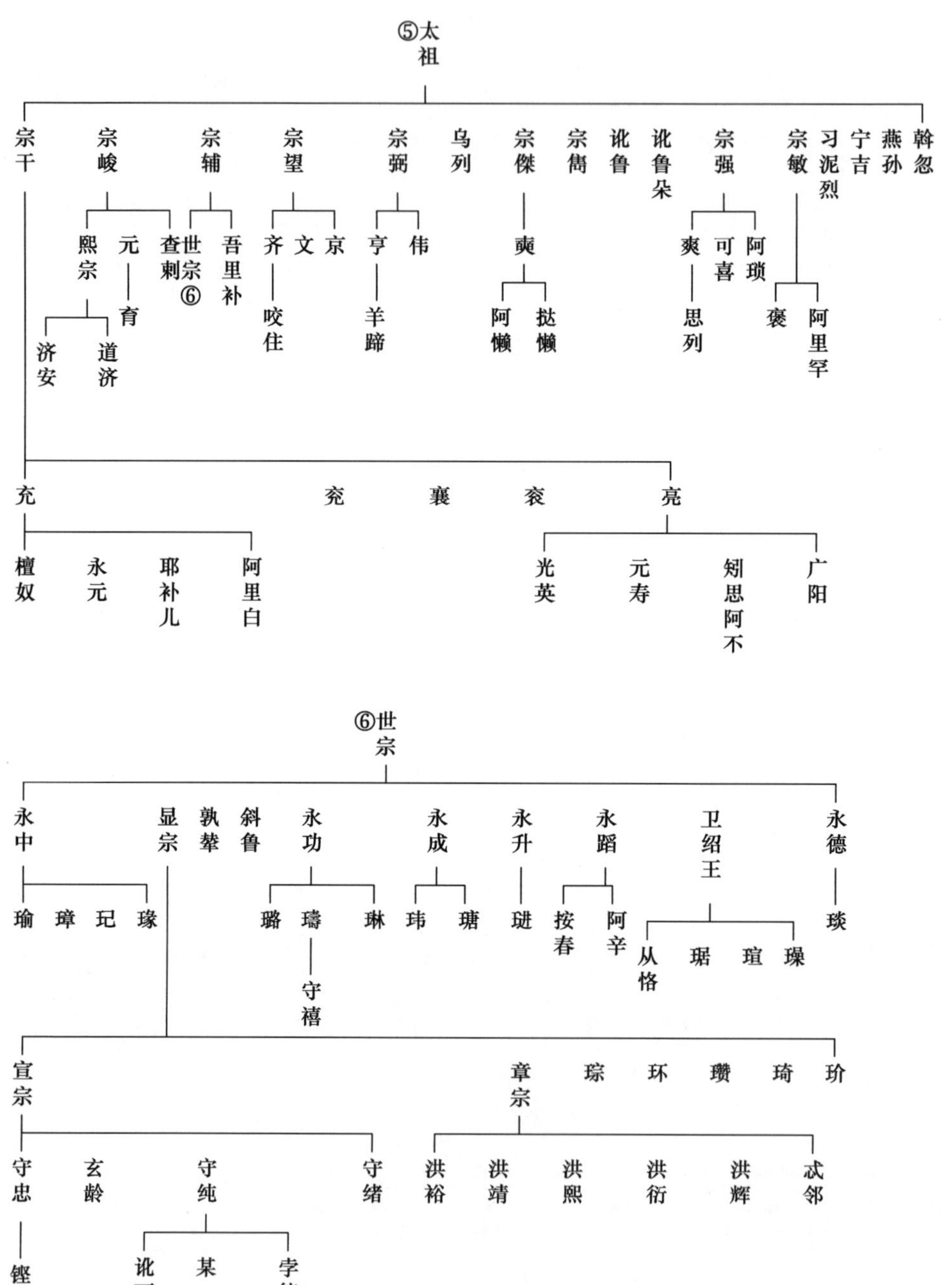
⑤太祖
宗干 宗峻 宗辅 宗望 宗弼 乌列 宗杰 宗隽 讹鲁 讹鲁朵 宗强 宗敏 习泥烈 宁吉 燕孙 斡忽
熙宗 元 查剌 世宗⑥ 吾里补 齐 文 京 亨 伟 爽 爽 可喜 阿琐
育 咬住 羊蹄 阿懒 挞懒 思列 褒 阿里罕
济安 道济
充 兖 襄 衮 亮
檀奴 永元 耶补儿 阿里白 光英 元寿 矧思阿不 广阳
⑥世宗
永中 显宗 孰辇 斜鲁 永功 永成 永升 永蹈 卫绍王 永德
瑜 璋 玘 瑑 璐 璹 琳 玮 瑭 琎 按春 阿辛 从恪 琚 瑄 璪 琰
守禧
宣宗 章宗 琮 环 瓒 琦 玠
守忠 玄龄 守纯 守绪 洪裕 洪靖 洪熙 洪衍 洪辉 忒邻
铿 讹可 某 孛德

附表　补《金史·宗室表》一览表[①]

名字	身份	庙号、谥号或封号、仕历	资料来源及卒年
掴保	昭祖族人		《金史》卷66《宗室传》
斜斡(施)	景祖弟跋黑子		《金史》卷84《昂传》
乌葛名	昭祖之孙习不失外兄		《金史》卷70《习不失传》
思烈(陈)(钱)(施)	系出昭祖，襄（唵）子	奉御、中京留守、权参知政事	《金史》卷111《思烈传》
丑汉（衷）(陈)	世祖曾孙	大睦亲府丞、顺义军节度使、镇西节度使，追赠辅国上将军	《金史》卷66《宗室传》 泰和六年卒
叟阿	穆宗族人		《金史》卷135《高丽传》
思列(陈)(钱)	宗强孙、爽子	符宝祗候、忠顺军节度副使	《金史》卷69《太祖诸子传》
骨舍(陈)	颇剌淑之孙	镐国王	《大金国志》卷27《开国功臣传》
允猷(陈)	世宗子	晋王、谥为元悼太子	《大金国志》卷18《世宗圣明皇帝下》
阿里剌（亶）[②]	内族	知大兴府事、左右宣徽使、尚书右丞、泰定军节度使、知济南府	《金史》卷66《宗室传》
酬斡	宗室子	谋克、赠奉国上将军	《金史》卷71《斡鲁传》
大辨[③](陈)	永中子[④]	初封遂宁郡王，明昌初迁爰王	《大金国志》卷19《章宗皇帝上》
雄(陈)	大辨子	三大王	《大金国志》卷20《章宗皇帝中》
悟烈(陈)	衷父	特进	《金史》卷66《宗室传》
限喝(陈)	太祖子，崇妃萧氏生	任王	《金史》卷63《后妃传上》 被海陵杀害
鹘沙虎(施)	习不失子	国初有功	《金史》卷70《习不失传》

① 凡为前人补充过的宗室成员均有标注。(施)表示施国祁在《金史详校》中做过补充，(钱)表示钱大昕在《廿二史考异》中做过补充，(陈)表示陈述先生在《金史拾补五种》中做过补充。

② 1934《曲阜县志》卷8《相国完颜亶昭告至圣文》，承安四年：“相国完颜公自尚书右丞出镇兖郡”“相公系出皇族”。《全元文（第一册）》，第117页。根据都任尚书右丞一职，应为同一人。

③《大金国志》世系图，陈述《金史拾补五种》，第14页。

④《大金国志校证》卷19《章宗皇帝上》，第260页：“大辨，郑王允蹈子也。”《大金国志校证》一书怀疑大辨为永中子，第268页。

续表

名字	身份	庙号、谥号或封号、仕历	资料来源及卒年
阿虎迭㊓	宗盘子		《金史》卷63《后妃传上》
术鲁	宗室子	谋克、赠镇国上将军	《金史》卷66《宗室传》天辅四年卒，年四十一
胡石改	宗室子	永定军节度使、武定军节度使、汴京留守、世袭猛安	《金史》卷66《宗室传》天德三年卒，年六十八
吾母（卞[①]）		北京留守、知大兴府事、御史大夫、金吾卫上将军	《金史》卷66《宗室传》
合住（育）㊒㊔	胙王元子	南京副留守、大宗正丞、劝农副使	《金史》卷69《太祖诸子传》
天下奴㊔㊓	宗浩子	宿直将军	《金史》卷93《宗浩传》
莎鲁啜（剌）㊓㊒	宗本子		《金史》卷5《海陵本纪》
胡里剌㊓㊒	宗固子		《金史》卷5《海陵本纪》
纠里㊔㊓	秉德弟		《金史》卷132《秉德传》
特里㊔㊓㊒	秉德弟		《金史》卷132《秉德传》
蒲里迭㊔㊓	阿离合懑子		《金史》卷73《阿离合懑传》
守禧，字庆之㊓	完颜璹第五子		《金史》卷85《世宗诸子传》/《归潜志》卷1
胡石赉/胡失打（京）	太宗孙	左宣徽使，大定二年，赠金吾卫上将军	《金史》卷5《海陵本纪》天德二年被杀
胡什赉[②]	宗室	殿前右副都点检	《金史》卷61《交聘表中》
活里甲㊓	魏王斡带之孙		《金史》卷5《海陵本纪》天德二年十月被杀
阿鲁瓦	银术可子彀英之侄		《金史》卷72《银术可传》
剖叔[③]㊓	婆卢火子	袭猛安、泰州副都统	《金史》卷71《婆卢火传》
斡带㊔㊓	剖叔子、婆卢火孙	广威将军	《金史》卷71《婆卢火传》
惟弼	内族	权同签枢密院事	《金史》卷16《宣宗本纪下》
草火讹可	内族	护卫出身	《金史》卷111《完颜讹可传》
板子讹可	内族	护卫出身	《金史》卷111《完颜讹可传》
某㊓	承麟父	汉王	《汝南遗事》

① 疑与太宗孙卞为一人。

②《金史》卷61《交聘表中》记载："大定二十一年八月，以殿前右副都点检宗室胡什赉、尚书左司郎中邓俨为贺宋生日使。"此宗室胡什赉与太宗孙、宗固子胡石赉定不为一人，因为宗固子胡石赉天德二年已经被杀。

③ 婆卢火还有一子，名为"婆速"，《宗室表》中有列，婆速应该就是剖叔，陈述先生的理解有误。

续表

名字	身份	庙号、谥号或封号、仕历	资料来源及卒年
承麟㊧	字君祥，小字胡屯，内族	都尉、东面元帅、末帝	《金史》卷18《哀宗本纪下》/《汝南遗事》
狗儿㊧	承麟子		《金史》卷113《白撒传》
斜烈	内族	殿前右卫将军、权左副都点检	《金史》卷18《哀宗本纪下》
大娄室	内族	鹰扬都尉	《金史》卷44《兵志》
中娄室	内族	元帅、同签枢密院事	《金史》卷119《完颜娄室传》
小娄室	内族	左翼元帅、副点检	《金史》卷119《完颜娄室传》
裔①	内族	彰化军节度使、参知政事	《金史》卷27《河渠志》
九（久）住	宗室子	武州刺史，赠临海军节度使，加骠骑卫上将军	《金史》卷121《忠义传一》贞祐二年十一月，与大元兵战死
乌里雅	宗室	宿直将军	《金史》卷61《交聘表中》
辟合土	宗室	同签大宗正事	《金史》卷61《交聘表中》
靖	宗室	尚书吏部侍郎、翰林待制兼同修国史、右宣徽使	《金史》卷61《交聘表中》
三宝（奕）	宗室	左卫副将军、右副都点检、提点尚厩局使、同签大睦亲府事	《金史》卷66《宗室传》
阿喜	宗室子	袭父猛安，多次任各处防御使、节度使	《金史》卷66《宗室传》
纟	宗室	大宗正丞	《金史》卷61《交聘表中》
崇肃	宗室	宿直将军、殿前左卫将军	《金史》卷61《交聘表中》
赛补	宗室	少府少监	《金史》卷61《交聘表中》
方②	宗室	同签大宗正事	《金史》卷61《交聘表中》
婆卢火③	宗室	西京留守	《金史》卷61《交聘表中》
鹘杀虎	宗室	近侍局使	《金史》卷61《交聘表中》
完颜兖④	宗室	同签大睦亲府事	《金史》卷62《交聘表下》
和尚⑤	内族	尚书工部侍郎	《金史》卷62《交聘表下》

① 同卷还有“知大名府事内族裔”，与此人是否为同一人，待考。

② 《金史》卷80《阿鲁补传》中阿鲁补子方亦任为同签大宗正事，且同为大定时人，疑此方与彼方为一人。

③ 大定二十三年（1183年）闰十一月，以西京留守宗室婆卢火为贺宋正旦使。与金初泰州都统宗室婆卢火定不是同一个人，因为他们两个人存在的时间相差半个世纪。

④ 章宗明昌二年（1191年）七月，遣同签大睦亲府事完颜兖等为贺宋生辰使。此兖与宗干子兖定不为同一人，因为宗干子兖已在天德四年（1152年）十二月卒。虽然《金史》中未言完颜兖为宗室或内族，但是从其担任的职位“同签大睦亲府事”来看定为宗室。《金史》卷55《百官志一》：“同签大宗正事一员，正三品，宗室充，大定元年置。泰和六年（1206年）改同签大睦亲事。”

⑤ 与前文和尚非同一个人，此和尚在贞祐四年（1216年）十一月出现，此时前文和尚早已去世。

续表

名字	身份	庙号、谥号或封号、仕历	资料来源及卒年
安达海(陈)	宗室		《金史》卷 63《后妃传上》
乙剌补(陈)	安达海之子		《金史》卷 63《后妃传上》
守贞	宗室		《金史》卷 110《赵秉文传》
永怀(陈)	宗室承晖从兄子	历亭县丞、器物局直长	《金史》卷 14《宣宗本纪上》 《金史》卷 101《承晖传》
撒速[①](陈)	永怀子	奉御	《金史》卷 101《承晖传》
从坦	宗室子	尚书省祗候郎君、宣差都提控、辉州刺史，权河平军节度使、孟州经略使、权元帅左监军、行元帅府事	《金史》卷 122《忠义传二》 兴定二年从坦自杀
道哥	从坦族人		《金史》卷 122《忠义传二》
重福	宗室	商州防御使	《金史》卷 110《冯璧传》
扫合(施)(陈)(钱)	蛮睹子，麻颇孙	袭父猛安	《金史》卷 65《始祖以下诸子传》
撒合辇(施)(陈)(钱)	扫合子	袭父猛安	《金史》卷 65《始祖以下诸子传》
没烈（惟镕）(施)(陈)(钱)	撒合辇子	袭父猛安，泰安军节度副使、都水少监、东平府治中、邳州经略使	《金史》卷 65《始祖以下诸子传》
从杰(施)(陈)(钱)	惟熔子	袭父猛安，累功遥授镇南军节度副使	《金史》卷 65《始祖以下诸子传》
猪儿(陈)	系出萧王	南面元帅	《金史》卷 130《列女传》 天兴二年战死黄陵冈
长住(陈)	猪儿弟	补护卫	《金史》卷 130《列女传》
阿禄带	内族	元帅都监	《金史》卷 111《完颜讹可传》
撒合辇[②]	字安之，内族	同签枢密院事、同判睦亲府事、中京留守	《金史》卷 111《撒合辇传》 正大九年，投濠水死
乘庆	内族	国信使	《金史》卷 111《纥石烈牙吾塔传》
达鲁欢	内族		《金史》卷 112《移剌蒲阿传》
按出虎[③]	内族		《金史》卷 113《白撒传》

① 不知与始祖九世孙是否为同一人，姑且放在这里备考。

② 与宗敏子舒国公撒合辇、扫合子撒合辇同姓、同名，但不知是否为同一人，姑且放在这里备考。

③ 此按出虎出现在哀宗正大九年，与下文所补大定二十四年（1184 年）的奉国斡准之子按出虎相差半个世纪，应当不为同一人。

续表

名字	身份	庙号、谥号或封号、仕历	资料来源及卒年
长乐	内族	宿直将军、权近侍局使	《金史》卷114《斜卯爱实传》
探春	内族	陕州同知	《金史》卷116《徒单兀典传》
习显	内族		《金史》卷116《蒲察官奴传》
转奴	内族	莱州节度经略使	《金史》卷15《宣宗本纪中》
斡准(陈)	宗室	奉国	《金史》卷73《阿离合懑传》
按出虎(陈)	斡准子		《金史》卷73《阿离合懑传》
泰和	内族	权近侍局直长	《金史》卷119《张天纲传》
仆忽得	宗室	赠昭义大将军	《金史》卷121《忠义传一》 天辅五年九月卒，年四十三
斜鲁	内族	唐州刺史	《金史》卷123《忠义传三》 天兴二年病卒。
完颜绛山	系出始祖	哀宗奉御	《金史》卷124《忠义传四》
胡沙（承裕）	宗室子	河南东路统军使、参知政事、元帅右监军兼咸平府路兵马都总管，同判大睦亲府事、辽东宣抚使、临海军节度使	《金史》卷93《承裕传》 贞祐年间卒
虞划(陈)	阿鲁补（冶诃之子，冶诃系出景祖）兄		《金史》卷68《冶诃传》 天会初卒
从郁	宗室，字文卿，本名璃，字子玉	符宝、安肃刺史	元好问《中州集》/《金文最》卷114
	从郁父	金紫公	元好问《中州集》
禅赤	宗室	殿前左卫将军	《金史》卷61《交聘表中》
承充	宗室	上京元帅	《金史》卷130《列女传》
鹘鲁补(施)(陈)	晏（阿离合懑子）兄子		《金史》卷73《阿离合懑传》
完颜(陈)和尚(陈)	（彝），字良佐，系出萧王诸孙	世以小字行，丰州人	《金史》卷123《完颜陈和尚传》
乞哥(陈)	陈和尚父	以功授同知阶州军事。宋复阶州战殁于嘉陵江	《金史》卷123《完颜陈和尚传》
斜烈(陈)	（鼎），字国器，陈和尚从兄	毕里海世袭猛安、安平都尉	《金史》卷123《完颜陈和尚传》
银术可①(陈)(施)	景祖玄孙	袭猛安	《金史》卷73《宗尹传》

① 此银术可为世宗朝宗尹之子。《金史》还有2位宗室银术可：《金史》卷72《银术可传》"银术可，宗室子，封蜀王，赠金源郡王，金初灭辽立下汗马功劳"；《金史》卷59《宗室表》"银术可，拔离族子，同中书门下平章事"。

续表

名字	身份	庙号、谥号或封号、仕历	资料来源及卒年
耶鲁(施)	世祖子鲁王斡者孙		《金史》卷 84《杲传》
兀答补(陈)(钱)(施)	乌带（言）子	袭猛安谋克、同知大兴尹	《金史》卷 132《秉德传》
乌也阿补（瑭）(施)(陈)(钱)	兀答补子	笔砚祗候	《金史》卷 132《秉德传》
突合速	宗室子	彰德军节度使、元帅监军、济南尹、世袭千户。封定国公、追赠应国公	《金史》卷 80《突合速传》天德年间卒，年七十二
南家(陈)	突合速子		《金史》卷 63《后妃传上》
沙离质	阿离补兄，系出景祖	猛安、亲管谋克	《金史》卷 80《阿离补传》
泥河	宗室	京兆少尹	《金史》卷 87《徒单合喜传》
神土懑[①](陈)	胡速鲁改子	曷速馆节度使、婆速路兵马都总管	《金史》卷 91《神土懑传》
胡速鲁改(陈)		赠银青光禄大夫	《金史》卷 91《神土懑传》
某	守纯次子	封戴王	《金史》卷 93《守纯传》
神谷[②]	宗室		《金史》卷 91《石抹荣传》
阿琐	宗强子	中都留守	《金史》卷 65《始祖以下诸子传》
斡鲁古	宗室子	勃堇、咸州路都统，赠特进，谥庄翼	《金史》卷 71《斡鲁古勃堇传》天辅六年病卒
回里不(陈)	系出萧王	五朵山宣差提控	《金史》卷 130《列女传》
益都(陈)	忙哥叔父	节度秦州	同上
忙哥(陈)	回里不子		同上
阇哥	宗室子	咸州路都统	《金史》卷 71《斡鲁古勃堇传》
设野马	宗翰长子	珍珠大王	南宋佚名《呻吟语》
斜保	宗翰次子	宝山大王	南宋佚名《呻吟语》
阿可	宗室	同知永宁军节度使事	《金史》卷 7《世宗本纪中》
斡带[③](陈)(施)	挞懒（昌）子		《金史》卷 77《挞懒传》天眷二年谋反被诛

① 不同于前两个神土懑。

② 陈述：《金史拾补五种》，第 47 页，认为神谷为谷神之误，此观点不正确。

③《大金国志校证》卷 27《开国功臣传》记载“其（挞懒）子大拽马亦被囚，因赦得出。庶子乌拽马名勖，字勉道，后为平章”，第 386 页。此条记载疑有误，勖，字勉道者为穆宗五子，应是挞懒的兄弟。这里说是其庶子，难道是名与字号与其兄重？待考。苗耀《神麓记》记载：“鲁国王挞懒（昌）罢都元帅，以四太子兀术代之，差吏部尚书亨作天使就祁州问罪。挞懒谓无罪见诬，遂与三子宗武、宗旦、宗望，同妻荣格妃共议曰：‘虽夺我元帅府兵马，尚有本千户，及强壮得力家人部曲，可从山后诈伪趋凉，径往阙下，问因何罪，如是罢权。’忽有亲信契丹人召哲郎君知其谋，遂告讦于兀术，急点兵强五百骑，追至虎北口，逢挞懒父子有车营，诱而执之。闻奏，遂赐死于祁州。三子及妃皆遇害。”

续表

名字	身份	庙号、谥号或封号、仕历	资料来源及卒年
乌达补(陈)(施)	挞懒（昌）子		《金史》卷 77《挞懒传》 天眷二年谋反被诛
伟(陈)	兀术次子		《大金国志》卷 17、卷 19
挞懒[1]	宗室子	授谋克、银青光禄大夫、特进、世袭猛安	《金史》卷 66《宗室传》 天德年间卒，卒年六十五
活离胡土	宗人		《金史》卷 77《挞懒传》
宗渊	宗室		《金史》卷 79《张中彦传》
廪	宗宁子	符宝郎、韩州刺史	《金史》卷 73《阿离合懑传》
宗安[2]		大宗正丞	《金史》卷 63《后妃传上》
远(陈)		统军使	《金华文集》35《王府军墓志铭》
思孝(陈)	字移忠，远子		《金华文集》35《王府军墓志铭》
福海(陈)	鄯阳父		《金史》卷 13《卫绍王本纪》
鄯阳(陈)	宗室子	修武校尉、符宝祗候	《金史》卷 121《忠义传一》
有德大师	内族		《清容居士集》卷 27《赠翰林学士嘉议大夫马公神道碑铭》
劾御(陈)	武元文烈之从弟，不知谁子	封国于赵	《元遗山集》卷 28《临淄县令完颜公神道碑》
斜不出(陈)	劾御子	封金源郡王	《元遗山集》卷 28《临淄县令完颜公神道碑》
阿鲁(陈)	斜不出子	平章政事	《元遗山集》卷 28《临淄县令完颜公神道碑》
习捏(陈)	阿鲁子	骠骑上将军，义州节度副使。娶郭氏，封金源夫人	《元遗山集》卷 28《临淄县令完颜公神道碑》
完颜公，讳怀德，字辅之(陈)	习捏子	隶上京路司属司。娶郭药师女孙，封金源郡夫人	《元遗山集》卷 28《临淄县令完颜公神道碑》
从政(陈)	怀德子	天兴壬辰，河南破，率老幼千人归东平	《元遗山集》卷 28《临淄县令完颜公神道碑》
阿海(陈)	从政子		《元遗山集》卷 28《临淄县令完颜公神道碑》
守英(陈)	从政子		《元遗山集》卷 28《临淄县令完颜公神道碑》
守杰(陈)	从政子		《元遗山集》卷 28《临淄县令完颜公神道碑》

① 此挞懒非天眷二年谋反被诛之穆宗子挞懒（昌）。

② 与撒离喝子、天德二年的同判大宗正事、御史大夫宗安不是一个人，因为此宗安在天德二年十月被杀。大宗正丞宗安出现在大定十九年。《金史》中没有谈及宗安为宗室或内族，但是从其名字及任职上来看很可能是宗室。

续表

名字	身份	庙号、谥号或封号、仕历	资料来源及卒年
赛一㊛	世祖九世孙匡兄	奉御	《金史》卷 98《完颜匡传》
安住㊛	于元太祖十三年降元，译姓王氏，改名安	怀远大将军，安州刺史	《新元史》卷 173《王庭玉传》
庭玉，字国宝㊛	安住子	保定清苑人，朝列大夫、招信路总管府达鲁花赤	《新元史》卷 173《王庭玉传》/《蒙兀儿史记》51《传》。元大德二年卒，年七十一
斜婆㊛		西南路世袭合札谋克	《金史》卷 94《完颜安国传》
完颜安国㊛	字正臣，本名阇母，为斜婆孙	其先占籍上京，世有战功	《金史》卷 94《完颜安国传》
合周	内族	元帅左监军、御史大夫、右丞、参知政事	《金史》卷 107《张行信传》
完颜守祥	哀宗兄弟行		长白清子《完颜麟庆及女真皇族完颜氏后裔》
安之[①]	宗室	提点近侍局	《元好问全集》卷 21《大司农丞康君墓表》
惟宏	宗室	招抚使	《元好问全集》卷 30《冠氏赵侯先茔碑》
长寿	宗室		《元好问全集》卷 18《内相文献杨公神道碑铭》
庆山	宗室		《元好问全集》卷 46《续夷坚志一》
众僧奴	宗室	宿州节度	《元好问全集》卷 28《归德府总管范阳张公先德碑》
完颜仲希	金宗室后裔	羽林宿卫	《全元文》卷 179《王恽一三》/《秋涧先生大全集》
赛不	始祖弟保活里之后		《金史》卷 113《完颜赛不传》
兀论	赛不之侄		《金史》卷 116《承立传》
完颜讹出	保活里之世	入殿小底	《金史》卷 98《完颜匡传》

① 注曰："宗室安之。"赵考："本传作宗室萨哈连。《归潜志》康锡小传作完颜萨哈勒，旧作完颜撒合。《金石例》作宗室安石。"

参考文献

A 原始文献

（汉）司马迁：《史记》，北京：中华书局，1959年。

（三国·魏）何晏等注，（宋）邢昺疏：《论语注疏》，上海：上海古籍出版社，1990年。

（唐）长孙无忌：《唐律疏议》，上海：商务印书馆，1933年。

（唐）房玄龄等：《晋书》，北京：中华书局，1974年。

（唐）李林甫等撰，陈仲夫点校：《唐六典》，北京：中华书局，1995年。

（宋）程颢等：《二程遗书》，上海：上海古籍出版社，2008年。

（宋）邓肃：《栟榈文集》，《丛书集成初编》，北京：中华书局，1985年。

（宋）范成大：《揽辔录：范成大笔记六种》，北京：中华书局，2002年。

（宋）洪皓：《鄱阳集》，台北：商务印书馆影印文渊阁《四库全书》本，1986年。

（宋）洪皓：《松漠纪闻》，长春：吉林文史出版社，1986年。

（宋）洪迈：《夷坚志》，北京：中华书局，1981年。

（宋）黎靖德编，王星贤点校：《朱子语类》，北京：中华书局，1986年。

（宋）李焘：《续资治通鉴长编》，北京：中华书局，1985年。

（宋）李心传：《建炎以来系年要录》，北京：中华书局，1956年。

（宋）李心传撰，徐规点校：《建炎以来朝野杂记》，北京：中华书局，2000年。

（宋）楼钥：《北行日录》，北京：商务印书馆影印文渊阁《四库全书》本，1986年。

（宋）陆游撰，李剑雄、刘德权点校：《老学庵笔记》，北京：中华书局，1979年。

（宋）罗大经：《鹤林玉露》，北京：中华书局，1983年。

（宋）确庵、耐庵编，崔文印笺证：《靖康稗史笺证》，北京：中华书局，1988年。

（宋）文惟简：《虏廷事实》，北京：中国书店据涵芬楼《说郛》影印，1986年。

（宋）熊克：《中兴小纪》，福州：福建人民出版社，1985年。

（宋）徐梦莘：《三朝北盟会编（上、下）》，上海：上海古籍出版社，2008年。

（宋）叶梦得撰，宇文绍奕考异，侯忠义点校：《石林燕语》，北京：中华书局，1984年。

（宋）宇文懋昭撰，崔文印校证：《大金国志校证（上、下）》，北京：中华书局，1986年。

（宋）岳珂撰，吴企明点校：《桯史》，北京：中华书局，1981年。

（宋）周密：《癸辛杂识》，北京：中华书局，1988年。

（宋）周应合：《景定建康志》，台北：商务印书馆影印文渊阁《四库全书》本，1986年。

（宋）庄绰：《鸡肋编》，北京：中华书局，1983年。

（金）孔元措：《祖庭广记》，《丛书集成初编》，北京：中华书局，1985年。

（金）李俊民：《庄靖集》，太原：山西古籍出版社，2006年。

（金）刘祁撰，崔文印点校：《归潜志》，北京：中华书局，1983年。

（金）王寂：《拙轩集》，《丛书集成初编》，北京：中华书局，1985年。

（金）王若虚：《滹南遗老集》，《丛书集成初编》，北京：中华书局，1985年。

（金）王庭筠：《黄华集》，《辽海丛书》，沈阳：辽沈书社，1985年。

（金）佚名编，金少英校补，李庆善整理：《大金吊伐录校补》，北京：中华书局，2001年。

（金）元好问：《中州集（上、下）》，北京：中华书局，1959年。

（金）元好问著，姚奠中主编：《元好问全集》，太原：山西人民出版社，1990年。

（金）元好问撰，常振国点校：《续夷坚志》，北京：中华书局，1986年。

（金）张玮等：《大金集礼》，清光绪二十一年（1895年）广雅书局刊本。

（金）张师颜：《南迁录》，北京：中华书局，1985年。

（金）赵秉文：《闲闲老人滏水文集》，《丛书集成初编》，北京：中华书局，1985年。

（元）刘因：《静修先生文集》，北京：中华书局，1981年。

（元）马端临：《文献通考》，杭州：浙江古籍出版社影印，2007年。

（元）纳新撰：《河朔访古记》，北京：中华书局，1991年。

（元）脱脱等：《金史》，北京：中华书局，1975年。

（元）脱脱等：《辽史》，北京：中华书局，1974年。

（元）脱脱等：《宋史》，北京：中华书局，1977年。

（元）王鹗：《汝南遗事》，《丛书集成初编》，北京：中华书局，1985年。

（元）王逢：《梧溪集》，北京：中华书局，1985年。

（元）王恽撰：《秋涧先生大全文集》，《四部丛刊》初编本，影印上海商务印书馆缩印明弘治刊本。

（元）夏文彦：《图绘宝鉴》，上海：商务印书馆，1934年。

（元）熊梦祥：《析津志辑佚》，北京：北京古籍出版社，1983年。
（元）耶律楚材著，谢方点校：《湛然居士文集》，北京：中华书局，1986年。
（明）陈继儒：《太平清话》，北京：中华书局，1985年。
（明）都穆：《寓意篇》，台北：商务印书馆影印文渊阁《四库全书》本，1986年。
（明）黄淮、杨士奇等：《历代名臣奏议》，上海：上海古籍出版社影印本，1989年。
（明）宋濂等：《元史》，北京：中华书局，1983年。
（明）陶宗仪：《南村辍耕录》，北京：中华书局，1959年。
（明）陶宗仪：《书史会要》，上海：上海书店，1984年。
（明）杨循吉：《金小史》，明万历十三年（1585年）徐景凤刻本。
（清）阿桂等撰，孙文良、陆玉华点校：《满洲源流考》，沈阳：辽宁民族出版社，1988年。
（清）毕沅：《续资治通鉴》，北京：中华书局，1986年。
（清）顾奎光选辑：《金诗选》，清乾隆十六年（1751年）刻本。
（清）顾炎武著、黄汝成集释：《日知录集释》，上海：上海古籍出版社，1985年。
（清）杭世骏：《金史补》，东方文化研究所藏清抄本。
（清）金门诏：《补三史艺文志》，北京：中华书局，1985年。
（清）况周颐著，王幼安校订：《蕙风词话》，北京：人民文学出版社，1960年。
（清）李有棠撰，崔文印整理：《金史纪事本末》，北京：中华书局，1980年。
（清）凌廷堪：《校礼堂文集》，北京：中华书局，1998年。
（清）陆增祥：《八琼室金石补正》，北京：文物出版社，1985年。
（清）倪灿、黄虞稷等：《辽金元艺文志》，北京：商务印书馆，1958年。
（清）钱大昕：《廿二史考异》，《丛书集成初编》，北京：中华书局，1985年。
（清）乾隆官修：《续通典》，杭州：浙江古籍出版社影印，2000年。
（清）乾隆官修：《续文献通考》，杭州：浙江古籍出版社影印，1988年。
（清）沈雄编纂，江尚质增辑：《古今词话》，上海：上海书店，1987年。
（清）施国祁：《金史详校》，北京：中华书局，1991年。
（清）王昶：《金石萃编》，上海：上海古籍出版社，1995年。
（清）王毓贤：《绘事备考》，《中国书画全书》，上海：上海书画出版社，1994年。
（清）徐松：《宋会要辑稿》，北京：中华书局影印本，1957年。
（清）徐釚著，唐圭璋校注：《词苑丛谈》，上海：上海古籍出版社，1981年。
（清）俞樾：《茶香室丛钞》，北京：中华书局，1995年。
（清）张金吾编纂：《金文最》，北京：中华书局，1990年。
（清）赵翼：《廿二史札记》，北京：中国书店，1987年。
（清）庄仲方辑：《金文雅》，苏州：江苏书局重刊本，1891年。

曹漫之主编：《唐律疏议译注》，长春：吉林人民出版社，1989 年。
陈澔注：《礼记》，上海：上海古籍出版社，1987 年。
陈戍国点校：《周礼》，长沙：岳麓书社，1989 年。
陈相伟等：《金碑汇释》，长春：吉林文史出版社，1989 年。
董克昌：《大金诏令释注》，哈尔滨：黑龙江人民出版社，1993 年。
二十五史刊行委员会：《二十五史补编》，上海：开明书店，1936 年。
傅朗云编注：《金史辑佚》，长春：吉林文史出版社，1990 年。
汪潜：《唐代司法制度——唐六典选注》，北京：法律出版社，1985 年。
阎凤梧、康金声：《全辽金诗（1 ~ 3）》，太原：山西古籍出版社，1999 年。
阎凤梧、康金声：《全辽金文（1 ~ 3）》，太原：山西古籍出版社，1999 年。
赵永春编注：《奉使辽金行程录》，长春：吉林文史出版社，1995 年。

B　近现代著作

中文著作

《辞源》修订组、商务印书馆编辑部：《辞源》，北京：商务印书馆，1983 年。
安作璋主编：《简明中国历代官制词典》，济南：齐鲁书社，1990 年。
白寿彝总主编、陈振主编：《中国通史（第七卷）》，上海：上海人民出版社，2007 年。
陈佳华等：《宋辽金时期民族史》，成都：四川民族出版社，1996 年。
陈述：《金史拾补五种》，北京：科学出版社，1960 年。
陈衍辑撰、王庆生增订：《金诗纪事》，上海：上海古籍出版社，2003 年。
程方平：《辽金元教育史》，重庆：重庆出版社，1993 年。
程妮娜：《金代政治制度研究》，长春：吉林大学出版社，1999 年。
崔文印：《金史人名索引》，北京：中华书局，1980 年。
邓广铭、程应镠：《中国历史大辞典》，上海：上海辞书出版社，1984 年。
董杰英等：《元好问及辽金文学研究》，北京：中国国际广播出版社，1998 年。
葛金芳：《宋辽夏金经济研析》，武汉：武汉出版社，1991 年。
郭长海：《金代名臣名将传》，哈尔滨：哈尔滨出版社，1998 年。
郭志猛：《中国宋辽金夏科技史》，北京：人民出版社，1994 年。
何俊哲、张达昌、于国石：《金朝史》，北京：中国社会科学出版社，1992 年。
何兆泉：《两宋宗室研究——以制度考察为中心》，上海：上海古籍出版社，2016 年。

胡传志：《金代文学研究》，合肥：安徽大学出版社，2000年。

黄本骥编：《历代职官表》，上海：上海古籍出版社，1980年。

黄惠贤、陈锋主编：《中国俸禄制度史》，武汉：武汉大学出版社，2005年。

贾志扬：《天潢贵胄——宋代宗室史》，南京：江苏人民出版社，2005年。

翦伯赞：《中国史纲要》，北京：人民出版社，1979年。

降大任：《元遗山新论》，太原：北岳文艺出版社，1988年。

金毓黻：《宋辽金史》，台北：乐天出版社，1971年。

景爱：《金上京》，北京：生活·读书·新知三联书店，1991年。

景爱：《历史上的金兀术》，北京：中国社会科学出版社，2008年。

柯大课：《中国宋辽金夏习俗史》，北京：人民出版社，1994年。

赖惠敏：《天潢贵胄——清皇族阶层结构与经济生活》，台北：近代史研究所，1997年。

李桂芝：《辽金简史》，福州：福建人民出版社，1996年。

李唐：《金太祖》，台北：河洛图书出版社，1978年。

李锡厚：《中国政治制度通史（第7卷）》，北京：人民出版社，1996年。

李正民、董国炎主编：《辽金元文学研究》，北京：文化艺术出版社，1999年。

李中清、郭松义主编：《清代皇族人口行为和社会环境》，北京：北京大学出版社，1994年。

梁启超：《饮冰室合集》，北京：中华书局，1989年。

辽宁省博物馆：《辽宁省博物馆藏碑志精粹》，北京：文物出版社，2000年。

刘浦江：《辽金史论》，沈阳：辽宁大学出版社，1999年。

刘庆、毛元佑：《中国宋辽夏金军事史》，北京：人民出版社，1994年。

刘肃勇：《金世宗传》，西安：三秦出版社，1987年。

鲁亦冬：《中国全史·中国宋辽金夏经济史》，北京：人民出版社，1994年。

罗竹凤：《汉语大词典》，上海：上海辞书出版社，1991年。

马克思、恩格斯：《马克思恩格斯选集》，北京：人民出版社，1972年。

穆鸿利：《中国北方各族人物传·金代卷》，沈阳：辽海出版社，2002年。

彭利云：《宋代婚俗研究》，台北：新文丰出版公司，1988年。

漆侠、乔幼梅：《辽夏金经济史》，保定：河北大学出版社，1994年。

乔幼梅：《宋辽夏金经济史研究》，济南：齐鲁书社，1995年。

三民书局大辞典编撰委员会：《大辞典》，台北：三民书局股份有限公司，1985年。

宋德金：《金代的社会生活》，西安：陕西人民出版社，1988年。

宋德金等：《辽金西夏史研究》，天津：天津古籍出版社，1997年。

孙进己等：《女真史》，长春：吉林文史出版社，1987年。

孙文政:《金代黑龙江人物研究》，长春：吉林文史出版社，2007年。
陶晋生:《女真史论》，台北：食货月刊出版社，1981年。
王春蕾、杨力:《金上京历史文物研究文集》，北京：人民文学出版社，2002年。
王德朋:《金代汉族士人研究》，北京：中国社会科学出版社，2006年。
王可宾:《女真国俗》，长春：吉林大学出版社，1988年。
王善军:《宋代宗族和宗族制度研究》，保定：河北教育出版社，2000年。
王禹浪:《辽金书画家辞典》，哈尔滨：哈尔滨出版社，2007年。
王曾瑜:《金朝军制》，保定：河北大学出版社，1996年。
吴梅:《辽金元文学史》，上海：商务印书馆，1934年。
徐连达、朱子彦:《中国皇帝制度》，广州：广东教育出版社，1996年。
徐连达主编:《中国历代官制词典》，合肥：安徽教育出版社，1991年。
薛瑞兆:《金代科举》，北京：中国社会科学出版社，2004年。
杨树藩:《辽金中央政治制度》，北京：商务印书馆，1978年。
杨树森、穆鸿利:《辽宋夏金元史》，沈阳：辽宁教育出版社，1986年。
叶潜昭:《金律之研究》，台北：商务印书馆，1972年。
游彪:《宋代特殊群体研究》，北京：商务印书馆，2006年。
于杰、于光度:《金中都》，北京：北京出版社，1989年。
曾代伟:《金律研究》，台北：五南图书出版有限公司，1995年。
詹杭伦:《金代文学史》，台北：贯雅文化事业有限公司，1993年。
张邦炜:《宋代皇亲与政治》，成都：四川人民出版社，1993年。
张博泉:《金代经济史略》，沈阳：辽宁人民出版社，1981年。
张博泉:《金史简编》，沈阳：辽宁人民出版社，1984年。
张博泉:《金史论稿（1、2）》，长春：吉林文史出版社，1986年。
张践:《中国宋辽金夏宗教史》，北京：人民出版社，1994年。
张晶:《辽金诗史》，长春：东北师范大学出版社，1994年。
张晶:《辽金元诗歌史论》，长春：吉林教育出版社，1995年。
张廷荣、刘庆:《耶律阿保机 完颜阿骨打》，北京：军事科学出版社，1992年。
张作耀等:《中国历史辞典》，北京：国际文化出版公司，2000年。
章正:《中国宋辽金夏文学史》，北京：人民出版社，1994年。
赵评春等:《金代服饰——金齐国王墓出土服饰研究》，北京：文物出版社，1998年。
赵绍铭:《中国宋辽金夏政治史》，北京：人民出版社，1994年。
赵永春:《金宋关系史》，北京：人民出版社，2005年。
《中文大辞典》编纂委员会:《中文大辞典》，台北：中国文化学院出版部，1968年。
周峰:《完颜亮评传》，北京：民族出版社，2002年。

周惠泉:《金代文学论》, 长春:东北师范大学出版社,1997年。

周惠泉:《金代文学学发凡》, 长春:东北师范大学出版社,1994年。

周惠泉:《金代文学研究》, 台北:文津出版社,2000年。

周腊生:《辽金元状元奇谈》,《辽金元状元谱》, 北京:紫禁城出版社,2000年。

朱瑞熙等:《辽宋西夏金社会生活史》, 北京:中国社会科学出版社,1998年。

外文著作

〔美〕Tillman, Hoyt Cleveland. *West, Stephen H. China Under Jurchen Rule: Essays On Chin Intellectual and Cultural History SUNY Series in Chinese Philosophy and Culture.* New York: State University of New York Press, 1995.

〔日〕三上次男:《金史研究・金代女真社会の研究》, 东京:中央公论美术出版,1972年。

〔日〕三上次男:《金史研究・金代政治社会の研究》, 东京:中央公论美术出版,1973年。

〔日〕三上次男:《金史研究・金代政治制度の研究》, 东京:中央公论美术出版,1970年。

〔日〕外山军治:《金朝史研究》, 东洋史研究会,1964年10月。

〔日〕外山军治著,李东源译:《金朝史研究》, 哈尔滨:黑龙江朝鲜民族出版社,1988年。

C 相关论文

中文论文

安贵臣等:《金代的忠孝意识评析》,《中央民族大学学报》1997年第2期。

暴鸿昌:《清代的辽金史学》,《史学集刊》2000年第4期。

蔡雅文、张德玉:《女真妇女在政治生活中的作用》,《北方民族》2000年第2期。

岑家梧:《金代女真和汉族及其他民族的经济文化联系》,《民族研究》1979年第2期。

常晓宇、李秀莲:《阿骨打拜天射柳》,《黑龙江史志》2008年第13期。

陈安丽:《女真法律简述》,《满族研究》1992年第3期。

陈峰:《北宋皇室与“将门”通婚现象探析》,《文史哲》2004 年第 3 期。

陈国良:《金代杰出的政治家军事家——完颜宗翰》,《东北地方史研究》1988 年第 4 期。

陈国良:《金代蒲峪路六任节度使考略》,《辽金史论集(第 7 辑)》,郑州:中州古籍出版社,1996 年。

陈国良:《女真族史学开拓者、金代史学奠基人——完颜勖》,《黑河学刊》1989 年第 2 期。

陈述:《金史氏族表初稿(上、下)》,《历史语言研究所集刊》1935 年 5 本 3、4 分。

陈述:《金史氏族表例言》,《中山大学文史学研究所月刊》1934 年 1 月第 2 卷 3、4 期。

陈述:《契丹舍利横帐考释》,《燕京学报(新八期)》,北京:北京大学出版社,2000 年。

陈天宇:《“王权支配”下的辽代官僚荫补阶层探究》,《辽宁工程技术大学学报(社会科学版)》2015 年第 4 期。

陈相伟:《从史书和碑刻看金代礼仪制度的改革》,《北方民族》1991 年第 2 期。

程妮娜:《金代监察制度探析》,《中国史研究》2000 年第 1 期。

程妮娜:《论金世宗、章宗时期宰执的任用政策》,《史学集刊》1998 年第 1 期。

崔明德:《和亲文化与婚姻文化比较研究》,《文史哲》2004 年第 2 期。

崔文印:《〈金史〉人名杂考》,《文史(第 20 辑)》,北京:中华书局,1983 年。

崔文印:《略谈金海陵王完颜亮的评价问题》,《辽金史论集(第 1 辑)》,上海:上海古籍出版社,1987 年。

邓荣臻:《金代女真族“妻后母”说考辨——兼论女真宗族接续婚》,《北方文物》1990 年第 1 期。

东梁:《完颜晏史事考辨》,《北方文物》1991 年第 2 期。

董克昌:《关于评价完颜亮的几个问题》,《北方文物》1987 年第 4 期。

董四礼:《金朝后妃制度初探》,《黑龙江档案》2006 年第 2 期。

董四礼:《金代皇位继承制度的演变及影响》,《求是学刊》(史学专刊)1988 年。

董四礼:《金代皇位继承制度试探》,《史学集刊》1995 年第 3 期。

董四礼:《试论金天会十年的皇储之争》,《求是学刊》1989 年第 3 期。

董四礼、王金玲:《金代质子制度探析》,《北方文物》2007 年第 4 期。

都兴智:《金代官制的几个问题》,《辽宁师范大学学报》1999 年第 4 期。

都兴智:《金代皇帝的“春水秋山”》,《北方文物》1998 年第 3 期。

都兴智:《金代教育述论》,《辽宁师范大学学报(哲学社会科学版)》1988 年第 2 期。

都兴智:《金代科举的女真进士科》,《黑龙江民族丛刊》2004年第6期。

都兴智:《金代女真人与佛教》,《北方文物》1997年第3期。

都兴智:《金章宗时期的宗室之祸》,《辽金史论集(第9辑)》,郑州:中州古籍出版社,1996年。

都兴智:《女真族的婚姻习俗》,《松辽文物》1985年第1期。

都樾:《略论宋代宗室的宗法文化特征》,《南通师范学院学报》2000年第1期。

都樾:《宋代宗室的文化成就及其影响》,《中国典籍与文化》2000年第2期。

范军:《北京金代碑刻叙录》,《北京文博》2000年第1期。

范军、周峰:《论金章宗的文治》,《北京文物与考古(第6辑)》,北京:民族出版社,2004年。

范宁:《金代的诗歌创作》,《文学遗产》1982年第4期。

范寿琨:《略论完颜雍》,《北方民族》1994年第2期。

方旭东:《平等之难——宋代科举论议的政治哲学解读》,《北大中国文化研究》2012年第2辑。

方状猷:《辽金元科举年表》,《说文月刊》1944年3卷12期。

冯继钦:《〈尚书〉对金代统治者的影响》,《东北地方史研究》1990年第4期。

傅百臣:《金代法制初探》,《史学集刊》1986年第4期。

傅百臣:《金代杖刑管窥》,《北方文物》1986年第4期。

傅百臣:《论金代女真族的"计口授田"》,《松辽文物》1985年第1期。

傅百臣:《女真法与金朝法制》,《辽金史论集(第8辑)》,长春:吉林文史出版社,1994年。

富育光、孟慧英:《金代女真族的萨满教》,《黑河学刊》1988年第3期。

葛洪源:《金世宗道德思想建设述论》,《辽宁大学学报(哲学社会科学版)》2002年第3期。

葛亮:《论汉代的民族"和亲"并非民族间的政治联姻——释两汉时期民族"和亲"之含义》,《河北学刊》2003年第6期。

葛庆华:《宋代宗室教育及应试问题散论》,《中州学刊》1999年第1期。

关树东:《金朝宫中承应人初探》,《民族史研究(第1辑)》,北京:民族出版社,1999年。

郭长海:《大金皇家寺院储庆寺及两位国师考》,《东北史研究》2005年第2期。

郭长海:《金源古城皇帝寨考》,《辽金史论集(第9辑)》,郑州:中州古籍出版社,1999年。

郭长海:《新发现海陵王完颜亮赐僧人诗》,《东北史研究》2005年第4期。

郭殿忱:《女真服饰史论》,《黑龙江民族丛刊》1993年第2期。

郭强：《黑龙江发现金开国元勋撒改墓地》，《工人日报》2002 年 5 月 21 日。

郭正忠：《宋金时代官吏人数的最高纪录》，《中州学刊》1986 年第 2 期。

韩世明：《金完颜始祖史事探赜》，《吉林大学社会科学学报》1993 年第 3 期。

韩世明：《女真姓氏及其相关问题》，《东北亚历史与文化》，沈阳：辽沈书社，1991 年。

韩世明：《女真姓氏及姓氏集团研究》，《辽金史论集（第 8 辑）》，长春：吉林文史出版社，1994 年。

韩世明：《女真族国相考论》，《社会科学探索》1994 年第 3 期。

郝庆云：《简评金兀术的历史作用》，《哈尔滨学院学报》2003 年第 1 期。

何根生：《金世宗的人才观初探》，《无锡教育学院学报》1996 年第 2 期。

何宛英：《金代史学与金代政治》，《北京师范大学学报》1998 年第 3 期。

胡传志：《完颜亮诗词命运的启示——对因人废文的典型个案的观察》，《民族文学研究》2007 年第 3 期。

胡淑慧：《论完颜璟的汉文化成就及汉化政策》，《西南交通大学学报》2008 年第 3 期。

华立：《清代的满蒙联姻》，《民族研究》1983 年第 2 期。

华泉：《完颜忠墓神道碑与金代的恤品路》，《文物》1976 年第 4 期。

黄凤岐：《论金朝的教育与科举》，《北方文物》2002 年第 2 期。

蒋金玲：《辽代荫补制度考》，《史学集刊》2010 年第 2 期。

蒋松岩：《金代提刑司与按察司初探》，《平原大学学报》1987 年第 3 期。

金北人：《金代晚期卓越的爱国者——完颜承晖》，《蒲峪学刊》1991 年第 1 期。

金北人：《金上京二十七任首脑考述》，《蒲峪学刊》1994 年第 2 期。

金北人：《完颜勖与金代女真史学》，《蒲峪学刊》1992 年第 1 期。

金启孮：《论金代的女真文学》，《内蒙古大学学报（哲学社会科学版）》1984 年第 4 期。

景爱等：《谈完颜亮的诗词》，《满族文学研究》1984 年第 1 期。

景爱：《北京完颜氏遗族考》，《辽金史论集（第 5 辑）》，北京：文津出版社，1991 年。

景爱：《金上京宫室考》，《文史（第 36 辑）》，北京：中华书局，1992 年。

景爱：《金上京女真贵族的社会生活》，《学习与探索》1986 年第 3 期。

景爱：《贞懿皇后与清安寺之变》，《文物天地》1985 年第 6 期。

敬知本：《试论女真族民族英雄阿骨打》，《历史教学》1982 年第 7 期。

兰婷：《金代宫廷教育》，《东北史地》2007 年第 6 期。

兰婷：《金代教育研究》，长春：吉林大学出版社，2010 年。

兰婷:《金代女真族教育特点、历史地位及影响》,《社会科学战线》2005年第4期。

兰婷、孙运来:《金代女真官学》,《东北史地》2006年第2期。

兰婷、孙运来:《金代女真教育制度》,《黑龙江民族丛刊》2005年第6期。

兰婷、王晖:《试论金世宗的教育思想》,《吉林师范大学学报》2004年第2期。

兰婷、王梅:《金代武举与武学教育》,《黑龙江民族丛刊》2007年第5期。

雷庆、杨军、郑玉艳:《金朝宫廷及官场风气略论》,《松辽学刊(社会科学版)》1999年第5期。

李成:《论女真帝王海陵完颜亮的诗词艺术》,《黑龙江民族丛刊》2004年第1期。

李成:《女真文学简论》,《辽金史论集(第9辑)》,郑州:中州古籍出版社,1999年。

李建勋:《金海陵王婚姻之分析》,《黑龙江农垦师专学报》1994年第4期。

李健才:《金代女真墓葬的演变》,《辽金史论集(第4辑)》,北京:书目文献出版社,1989年。

李禄峰:《金熙宗与宇文虚中》,《文史杂志》2006年第6期。

李淑岩:《完颜璟的文化素养和诗词品质》,《黑龙江教育学院学报》2006年第6期。

李淑岩:《完颜雍〈本朝乐曲〉的复旧情结》,《边疆经济与文化》2007年第1期。

李速达、矫石:《完颜璹佚文〈龙泉禅寺言禅师塔铭〉》,《北京辽金文物研究》,北京:北京燕山出版社,2005年。

李文泽:《金代女真族科举考试制度研究》,《四川大学学报》2003年第3期。

李西亚、刘洋:《试论金代女真人的民族文化教育》,《东北史地》2006年第2期。

李锡厚:《金朝的“郎君”与“近侍”》,《社会科学辑刊》1995年第5期。

李秀莲:《阿骨打称都勃极烈与金朝开国史之真伪研究》,《史学月刊》2008年第6期。

李秀莲:《金源文化阶段性发展述论》,《北方论丛》2005年第5期。

李旭:《略论辽金礼制汉化问题》,《史学月刊》1992年第1期。

李艺:《金代词人群体研究》,中国社会科学院研究生院博士学位论文,2002年。

李玉君:《金完颜亮时期的民族政策研究》,吉林大学硕士学位论文,2007年。

李忠芝:《金代世婚制度与萨满文化》,《长春大学学报》2008年第11期。

连群:《小议金世宗昭德皇后》,《黑龙江农垦师专学报》2002年第4期。

林沄:《完颜忠神道碑再考》,《北方文物》1992年第4期。

刘春迎:《金汴京(开封)皇宫考略》,《文物》2005年第9期。

刘丹:《略论女真文学的文化艺术特征》,《辽宁教育行政学院学报》2005年第9期。

刘凤翥、王云龙:《契丹大字〈耶律昌允墓志铭〉之研究》,《燕京学报(新十七期)》,北京:北京大学出版社,2004年。

刘刚:《辽代皇帝的体育》,《体育文史》1994年第2期。

刘嘉逵:《金代女真汉化探微》,《北方民族》1992年第1期。

刘京雨:《简论金太宗、熙宗时统治阶级的内部斗争》,《满族研究》1988年第2期。

刘军:《北魏宗室阶层研究》,吉林大学博士学位论文,2009年。

刘丽丽:《略论金源郡忠毅王完颜撒改》,《黑龙江史志》2007年第4期。

刘浦江:《渤海世家与女真皇室的联姻》,《北大史学(第3辑)》,北京:北京大学出版社,1995年。

刘浦江:《渤海世家与女真皇室的联姻——兼论金代渤海人的政治地位》,《大陆杂志》1995年90卷1期。

刘浦江:《金代户口研究》,《中国史研究》1994年第2期。

刘浦江:《女真的汉化道路与大金帝国的覆亡》,《国学研究(第7卷)》,北京:北京大学出版社,2002年。

刘庆:《金代女真官制的演变道路》,《民族研究》1987年第2期。

刘庆:《金代刑法简述》,《辽金契丹女真史研究》1985年第1期。

刘思怡:《唐代宗室管理制度研究》,陕西师范大学博士学位论文,2009年。

刘肃勇:《渤海遗民与金朝的政治关系》,《北方民族》1990年第1期。

刘肃勇:《金代窝鲁欢墓志所记史事考探》,《社会科学辑刊》1996年第3期。

刘肃勇:《金世宗对金源故地的经略》,《黑龙江民族丛刊》2009年第1期。

刘肃勇:《金世宗治国方略》,《辽金契丹女真史研究》1987年第1期。

刘筝筝:《金代女真的婚姻形式和习俗》,《内蒙古农业大学学报》2009年第1期。

鲁琪:《金窝鲁欢墓志考释》,《燕京春秋》1982年。

鲁任:《金代渤海族女政治家贞懿皇后》,《北方民族》1993年第1期。

罗继祖:《完颜亮小议》,《辽金史论集(第2辑)》,北京:书目文献出版社,1987年。

罗贤佑:《金、元时期女真人的内迁及演变》,《民族研究》1984年第2期。

孟东风:《金代女真人的汉化与民族融合》,《东北师大学报》1994年第6期。

孟繁清:《金代的令史制度》,《宋辽金史论丛(第2辑)》,北京:中华书局,1991年。

苗书梅:《宋代宗室、外戚与宦官任用制度述论》,《史学月刊》1995年第5期。

苗志刚:《辽金体育简论》,《昭乌达蒙族师专学报》1996年第2期。

穆朝庆:《宋代科举解额分配制度初探》,《黄河科技大学学报》2008年第1期。

穆鸿利：《完颜娄室——智勇双全的女真名将》，《东北师大学报》1984 年第 1 期。

倪士毅：《赵宋宗室中之士大夫》，《杭州大学学报》1984 年增刊。

彭海涛：《汉代宗室王侯犯罪研究》，首都师范大学博士学位论文，2012 年。

彭占杰：《金长城东北路缔造者婆卢火事迹述略》，《辽金史论集（第 7 辑）》，郑州：中州古籍出版社，1996 年。

齐心：《金陵陪葬人物——完颜宗干、宗弼墓考》，《辽金史论集（第 10 辑）》，北京：中国社会科学出版社，2007 年。

钱万慧：《金祖西迁前后考略》，《东北史研究动态》2003 年第 1 期。

庆春：《阿骨打是女真族的民族英雄》，《四平师院学报（哲学社会科学版）》1981 年第 2 期。

曲英杰：《论金海陵王》，《学习与思考》1981 年第 3 期。

任崧：《试论金代改革家完颜宗干》，《北方论丛》1986 年第 6 期。

桑秀云：《金室完颜氏婚制之试释》，《历史语言研究所集刊（39 上）》，1969 年。

沈淦：《试论金哀宗》，《佳木斯教育学院学报》1999 年第 3 期。

沈刚：《汉代宗正考述》，《社会科学战线》2002 年第 1 期。

石岩：《阿城刘秀屯金代皇家宫殿遗址》，《文史知识》2007 年第 2 期。

史许福、付旸来：《简析海陵王文化心理》，《黑龙江农垦师专学报》2001 年第 2 期。

史韵：《金废帝的个性探究和历史评价》，《和田师范专科学校学报》2005 年第 5 期。

舒焚：《金初女真族知识分子群》，《北方文物》1986 年第 1 期。

蜀春：《辽末婚姻政策与辽末政治》，《吉林大学社会科学学报》1986 年第 5 期。

树林娜：《金代贞懿皇后述略》，《辽东史地》2006 年创刊号。

宋德辉：《婆卢火墓地考》，《辽金史论集（第 10 辑）》，北京：中国社会科学出版社，2007 年。

宋德金：《金代的学校考试和铨选考试》，《社会科学战线》1995 年第 2 期。

宋德金：《金代的衣食住行》，《辽金史论集（第 3 辑）》，北京：书目文献出版社，1987 年。

宋德金：《金代女真的汉化、封建化与汉族士人的历史作用》，《宋辽金史论丛（第 2 辑）》，北京：中华书局，1991 年。

宋德金：《金代女真族俗述论》，《历史研究》1982 年第 3 期。

宋德金：《金代文化概述》，《历史教学》1982 年第 2 期。

宋德金：《金章宗简论》，《民族研究》1988 年第 4 期。

宋馥香：《论金代女真族的“汉化”教育》，《松辽学刊（社会科学版）》1998 年第 3 期。

宋馥香：《试论辽代圣宗朝儒化教育与吏风建设》，《松辽学刊（社会科学版）》1999 年第 5 期。

宋立恒：《金代社会等级结构研究》，中央民族大学博士学位论文，2005 年。

宋文炳：《女真汉化考略》，《海天》1934 年 1 卷 2 期。

苏钦：《辽金元二元制法的形成及其意义》，《法学杂志》1995 年第 5 期。

隋喜文：《金世宗的人才思想》，《北京社会科学》1994 年第 2 期。

孙昌武、姜剑云：《论完颜璹创作中的佛禅意蕴》，《河北大学学报（哲学社会科学版）》2003 年第 2 期。

孙光妍：《金初法制的特点》，《齐齐哈尔大学学报（哲学社会科学版）》1998 年第 4 期。

孙俊：《略论唐代宗室制度及其影响》，《北方论丛》2012 年第 4 期。

孙俊：《隋代宗室制度考论》，《历史教学问题》2011 年第 3 期。

孙瑞相等：《女真族的杰出领袖阿骨打》，《历史知识》1984 年第 2 期。

孙孝伟：《金朝科举制度探析》，《长春师范学院学报（人文社会科学版）》2007 年第 2 期。

孙玉敏：《鉴史治世的金代明君——完颜雍》，《黑龙江农垦师专学报》2001 年第 4 期。

索宝祥：《论金室中兴的政治思想因素》，《黑龙江民族丛刊》1999 第 2 期。

唐长孺：《金初皇位继承制度及其破坏》，《山居存稿》，北京：中华书局，1989 年。

唐长孺：《金代收继婚》，《山居存稿》，北京：中华书局，1989 年。

陶晋生：《金代初期女真的汉化》，《台湾大学文史哲学报》1968 年第 17 期。

陶晋生：《金代的女真进士科》，《政治大学边政研究所年报（台北）》1970 年 9 月第 1 期。

陶晋生：《金代的政治冲突》，《历史语言研究所集刊》1971 年 43 本 1 分。

陶晋生：《金代的政治结构》，《历史语言研究所集刊》1969 年 41 本 4 分。

陶晋生：《金完颜宗弼论》，《国史释论（上册）》，台北：食货出版社，1987 年。

陶晋生：《金元之际女真与汉人通婚之研究》，《田村博士颂寿东洋史论丛》，退官司纪念事业会，1968 年。

陶晋生：《岳飞与完颜宗弼》，《岳飞研究（第 4 辑）》，北京：中华书局，1996 年。

田同旭：《论金元帝王诗与民族文化融合》，《民族文学研究》2008 年第 2 期。

佟光英：《金代女真族的成就》，《历史月刊》2001 年第 166 期。

汪圣铎：《宋朝宗室制度考略》，《文史（第 33 辑）》，北京：中华书局，1990 年。

汪延奎：《金世宗重人材》，《淮北煤师院学报（社会科学版）》1983 年第 2 期。

王崇时:《略论完颜阿骨打》,《延边大学学报(社会科学版)》1980 年第 2 期。

王崇时:《论金代女真族文化教育的发展》,《延边大学学报》1995 年第 2 期。

王德厚:《金世宗与女真人的“汉化”》,《黑龙江民族丛刊》1991 年第 4 期。

王德忠:《金朝宗室与汉文化》,《北方民族文化》1992 年(增)。

王德忠:《金世宗与宋孝宗之比较研究》,《史学月刊》1999 年第 6 期。

王德忠:《论金朝女真族的社会阶层流动及其评价》,《东北师大学报》2007 年第 1 期。

王德忠:《女真政权传世方式琐谈》,《北方文物》1989 年第 2 期。

王登科:《金代书法及其文化征候》,《社会科学辑刊》2006 年第 3 期。

王冬芳:《联姻政策在女真统一中的作用》,《社会科学辑刊》1987 年第 5 期。

王尔春:《汉代宗室问题研究》,吉林大学博士学位论文,2015 年。

王昊:《论金词创作的形态和群体特征》,《文学遗产》1998 年第 4 期。

王宏志:《金世宗崇尚节俭及其原因》,《文史知识》1987 年第 8 期。

王化钰:《金代职官致仕制度研究》,《东北地方史研究》1992 年第 2、3 期。

王景义:《略论金代的勃极烈制度》,《社会科学辑刊》1997 第 3 期。

王久宇:《金世宗以女真为本的民族政策述评》,《黑龙江史志》2007 年第 10 期。

王久宇:《完颜斡鲁墓碑碑额考释》,《哈尔滨学院学报》2008 年第 4 期。

王久宇、李卫星:《完颜斡鲁墓碑史事考述》,《哈尔滨学院学报》2007 年第 3 期。

王久宇、王锴:《阿城金代贵族墓碑的发现和考证》,《北方文物》2007 年第 4 期。

王菊艳:《女真民族文化心理的折射——简析女真族作家的元曲作品》,《社会科学战线》1995 年第 4 期。

王菊艳:《完颜璹的诗词创作与与金代的民族文化融合》,《辽金史论集(第 9 辑)》,郑州:中州古籍出版社,1999 年。

王凯霞:《金朝书法史论》,《书法研究》2005 年第 4 期。

王可宾:《穆宗子蒲察事迹考略》,《北方文物》1998 年第 3 期。

王可宾:《女真公主述要》,《北方文物》1990 年第 3 期。

王可宾:《试论女真人的部落外婚》,《北方民族》1990 年第 2 期。

王利静:《金世宗对外关系考略》,《本溪社会科学》1990 年第 4 期。

王利静、关玉华:《金代女真策选制度考》,《东北亚历史与文化》,沈阳:辽沈书社,1991 年。

王明荪:《金代华北汉人四大家族之研究》,《国科会计划报告论文》,1988 年。

王世华:《完颜希尹家族墓地略考》,中国人民政治协商会议吉林省舒兰市委员会文史资料委员会内部发行,1996 年。

王世莲:《金代非女真后妃刍议》,《求是学刊》1992 年第 2 期。

王世莲：《论金代的考课与廉察制度》，《辽金史论（集 4 辑）》，北京：书目文献出版社，1989 年。

王世莲：《试论完颜勖》，《北方论丛》1985 年第 6 期。

王世莲：《完颜晏及其家世考述》，《学术交流》1989 年第 2 期。

王守稼：《试论明代的宗室人口问题》，《中国史研究》1990 年第 1 期。

王叔言：《女真“妻后母”复议》，《北方文物》1991 年第 2 期。

王淑玲：《略谈金代的科举取士》，《博物馆研究》1997 年第 1 期。

王通、牛小东：《完颜亮及其诗词特点》，《中北大学学报（社会科学版）》2005 年第 6 期。

王文素：《金初名将完颜娄室》，《黑龙江农垦师专学报》1999 年第 2 期。

王文素：《抗辽名将完颜宗雄》，《学术交流》1996 年第 2 期。

王文素：《论历史上的完颜斜也》，《绍兴文理学院学报》2008 年第 3 期。

王文素：《女真族杰出的军事家完颜银术可》，《黑龙江民族丛刊》2008 年第 3 期。

王文素：《勇谋兼备文武双全的完颜宗雄》，《北方民族》1996 年第 3 期。

王武钰：《北京王佐乡金代女真贵族墓》，《北京考古信息》1989 年第 2 期。

王禹浪：《关于金代完颜宗翰家族墓地的研究报告》，《满族研究》2003 年第 1 期。

王月珽：《辽朝皇帝的崇佛及其社会影响》，《内蒙古大学学报（哲学社会科学版）》1994 年第 1 期。

王则：《金代女真族的萨满教》，《博物馆研究》1993 年第 3 期。

王则：《完颜守道评述》，《博物馆研究》2006 年第 4 期。

王曾瑜：《宋朝的奴婢、人力、女使和金朝奴隶制》，《文史（第 29 辑）》，北京：中华书局，1988 年。

王止峻：《金主亮之淫杀与南侵》，《醒狮》1973 年 11 卷 3 期。

文军：《金代的学官》，《东北地方史研究》1990 年第 2 期。

吴本祥：《试论完颜宗干的历史作用》，《辽金史论集（第 9 辑）》，郑州：中州古籍出版社，1999 年。

吴凤霞：《金代女真学的兴衰及其历史意义》，《社会科学辑刊》2005 年第 4 期。

吴凤霞：《金代文教政策探析》，《辽宁师范大学学报》2005 年第 2 期。

吴凤霞：《金代兴学与教育发展》，《史学集刊》2005 年第 1 期。

吴凤霞：《辽代宫廷变乱与其制度的关系》，《河北学刊》2001 年第 4 期。

吴凤霞：《女真贵族的史学自觉与金代实录的编纂》，《史学集刊》2008 年第 2 期。

吴吉远：《清代宗室教育述论》，《社会科学辑刊》1997 年第 6 期。

吴旭霞：《试论宋代宗室之婚姻》，《江西社会科学》1996 年第 4 期。

吴正格：《金代女真族食俗窥略》，《满族研究》1986 年第 3 期。

武忱：《金制迭勃极烈官职唯斡鲁一人出任》，《沈阳师范学院学报（社会科学版）》1982年第3期。

武玉环：《金朝中央官制的改革》，《北方文物》1987年第2期。

向文史：《“小尧舜”以俭治国》，《理论与实践》2001年第6期。

辛更儒：《金初的祖庙和十帝传说》，《文史知识》2007年第2期。

辛更儒：《有关完颜宗弼生平和评价的几个问题》，《学习与探索》1993年第6期。

邢晓莹、穆笑冰：《金代齐国王完颜晏研究》，《金上京文史论丛（第二集）》，哈尔滨：哈尔滨出版社，2008年。

徐秉愉：《金代女真进士科制度的建立及其对女真政权的影响》，《“台湾大学”历史学报》2004年第33期。

徐炳昶：《金俗兄弟死其妇当嫁于其弟兄考》，《史学集刊》1937年第3期。

徐平原、孟一楠：《完颜允成及其〈请伦公禅师主持德云寺疏〉》，《北京辽金文物研究》，北京：北京燕山出版社，2005年。

徐松巍：《关于金朝倡廉惩贪措施的考察》，《东北师大学报》1998年第3期。

徐松巍：《金代监察官员的任选、奖罚及其作用》，《北方文物》1990年第2期。

徐松巍：《金代监察制度初论》，《民族研究》1992年第2期。

徐松巍：《金代监察制度的整体反思》，《牡丹江师范学院学报（哲学社会科学版）》1990年第4期。

徐松巍：《金代监察制度特点刍议》，《求是学刊》1991年第3期。

徐玉虎：《女真建都上京时期的风俗》，《科学汇报》1957年第6期。

杨保隆：《金朝亡后女真人的去向》，《中国民族史研究（第4辑）》，北京：改革出版社，1992年。

杨保隆：《试谈金代废除勃极烈制度的最初动因》，《社会科学战线》1994年第1期。

杨果：《辽、金俸禄制度研究》，《大陆杂志》1997年94卷5期。

杨军：《金熙宗心理变态原因初探》，《吉林大学古籍研究所建所二十周年纪念文集》，长春：吉林文史出版社，2004年。

杨茂盛：《试论完颜家族在生女真社会发展中的作用》，《辽金史论集（第4辑）》，北京：书目文献出版社，1989年。

杨启：《略论金世宗》，《湘潭大学学报（哲学社会科学版）》1982第1期。

杨树藩：《辽金地方监察制度论略》，《中国历史论文集》，北京：商务印书馆，1986年。

杨树藩：《辽金文官任用制度》，《宋史研究集（9辑）》，《中华丛书》编审委员会，1977年。

杨志玖：《金朝皇位继承问题探讨》，《中国社会历史评论（第3卷）》，北京：中华书局，2001 年。

姚从吾：《女真汉化的分析》，《大陆杂志》1953 年 2 月 15 日 6 卷 3 期。

姚大力：《金泰和律徒刑附加决杖考——附论元初的刑政》，《复旦学报》1999 第 4 期。

一丁：《金代监察系统构成及其职能述论》，《牡丹江师范学院学报（哲学社会科学版）》1990 第 1 期。

伊葆力：《完颜斡鲁神道碑残石考略》，《哈尔滨学院学报》2005 第 6 期。

伊葆力：《完颜璹佚文〈龙泉禅寺言禅师塔铭〉》，《金代碑石丛稿》，郑州：中州古籍出版社，2004 年。

伊葆力、郭聪：《金代皇后的“花株冠”与“纳言”》，《北京文博》2003 年第 6 期。

伊永文：《辽金饮食生活习俗漫述》，《北方文化研究（第 2 集）》，哈尔滨：黑龙江教育出版社，1989 年。

游彪：《宋代荫补制度研究》，中国社会科学院博士学位论文，2000 年。

于国石：《熙宗皇后裴满氏干政小考》，《辽金契丹女真史研究》1990 年第 1 期。

于国石、汪世珍：《女真族杰出的政治家宗干》，《辽金史论集（第 7 辑）》，郑州：中州古籍出版社，1996 年。

余育德：《金章宗思想和作为略论》，《金史研究论丛》，哈尔滨：哈尔滨出版社，2000 年。

云梦秦墓竹简整理小组：《云梦秦简释文（三）》，《文物》1976 年第 8 期。

曾代伟：《金朝诉讼审判制度论略》，《民族研究》1999 年第 2 期。

曾代伟：《金朝职官管理制度述略》，《民族研究》1993 年第 3 期。

曾代伟：《试论金朝婚姻制度的二元制特色》，《西南民族学院学报》1995 年第 5 期。

曾资生：《金元的举荐制度》，《东方杂志》1946 年 42 卷 6 期。

曾资生：《宋辽金元的考核制度概况》，《东方杂志》1945 年 41 卷 12 期。

曾资生：《宋辽金元的制举概略》，《东方杂志》1944 年 40 卷 17 期。

张邦炜：《宋代对宗室的防范》，《北京师范学院学报》1988 年第 1 期。

张博泉：《金代黑龙江“宰执”探赜》，《学习与探索》1991 年第 1 期。

张博泉：《金代吉林“宰执”探赜》，《博物馆研究》1990 年第 2 期。

张博泉：《金代教育史论》，《史学集刊》1989 年第 1 期。

张博泉：《略论完颜宗弼》，《学习与探索》1983 年第 5 期。

张博泉：《论金完颜亶时期统治阶级内部的矛盾和斗争》，《吉林大学社会科学学报》1978 年第 4 期。

张博泉：《宗翰和金初的派系斗争》，《史学集刊》1982 年第 3 期。

张仓礼:《金代词人群体的组成》,《东北师范大学学报》1987年第4期。

张创新:《金朝致仕制度浅议》,《史学集刊》1986年第3期。

张达昌:《金代女真政权经济基础考》,《辽金史论集(第7辑)》,郑州:中州古籍出版社,1996年。

张帆:《金代国子监钩沉》,《辽金史论集(第5辑)》,北京:文津出版社,1991年。

张帆:《论金元皇权与贵族政治》,《元代文化研究(第1辑)》,北京:北京师范大学出版社,2001年。

张瀚:《金代社会阶层研究》,辽宁大学硕士学位论文,2007年。

张晶:《金代文化变异与女真诗人风格》,《民族文学研究》1998年第2期。

张晶:《论金代教育的儒学化倾向及其文化功能》,《教育研究》1994年第3期。

张晶:《试论金代女真民族文化心理的变迁》,《中央民族学院学报(哲学社会科学版)》1988年第4期。

张克等:《试论女真族诗人完颜亮》,《湖北师范学院学报》1987年第1期。

张克、杨旸:《完颜亮论》,《学习与探索》1988年第3期。

张涛:《金代法制略探》,《东北史地》2008年第2期。

张维慎、周五龙:《略论金世宗对官吏贪赃枉法的预防与惩罚》,《陕西教育学院学报》2004年第1期。

张啸虎:《论金朝文化结构及其宫廷文学》,《中南民族学院学报》1987年第2期。

张新艳:《金朝统治汉人政策浅析》,《民大史学(第2辑)》,北京:民族出版社,1998年。

张志勇、陈振斌:《论金世宗的法律思想》,《东北史地》2006年第1期。

赵葆寓:《略论完颜亮的功与罪》,《宋辽金史论丛(第2辑)》,北京:中华书局,1991年。

赵冬晖:《金初勃极烈官制的特点》,《辽金史论集(第1辑)》,上海:上海古籍出版社,1987年。

赵冬晖:《金代科举年表考订》,《北方文物》1989年第2期。

赵冬晖:《金代科举制度研究》,《辽金史论集(第4辑)》,北京:书目文献出版社,1989年。

赵评春:《金代女真服饰研究》,《黑龙江民族丛刊》1995年第1期。

赵萍:《金世宗维护女真旧俗原因试探》,《东北史研究》2006年第1期。

赵永春:《金朝始祖函普族属考辨》,《满族研究》2006年第1期。

赵永春:《金初女真族名将银术可》,《北方民族》1995年第2期。

赵永春:《金代完颜亮研究述略》,《中国史研究动态》1992年第3期。

赵永春、李玉君:《〈金史〉婆卢火身份新证》,《黑龙江民族丛刊》2010年第1期。

周峰:《金代近侍初探》,《内蒙古社会科学》1998年第2期。

周怀宇:《金王朝科举制考论》,《安庆师院社会科学学报》1995年第4期。

周惠泉:《金代女真族诗人完颜璹简论》,《社会科学战线》1985年第2期。

周惠泉:《论完颜璹》,《北方民族》2000年第4期。

周腊生:《金代贡举考略》,《四川大学学报》1997年第3期。

周延良:《金源完颜璟文行诗词考评》,《民族文学研究》2004年第2期。

周延良:《完颜璹的文化翰藻与词旨归趣》,《民族文学研究》2000年第4期。

周延良:《完颜雍心性素养与文化词品》,《民族文学研究》2002年第4期。

朱希祖:《金源姓氏考》,《中山大学文史学研究所月刊》1934年第2卷3、4期。

朱子方:《金世宗简论》,《东北地方史研究》1990年第2期。

祝注先:《金代女真族的诗歌》,《北方文物》1988年第3期。

外文论文

〔朝〕金庠基:《关于金始祖》,《国史上之诸问题(5辑)》,1959年。

〔朝〕李东馥:《关于金朝始祖传说的考察》,《东国史学》1981年15、16期合刊。

〔美〕陈学霖:《从部落酋长到中国皇帝:女真——金国领导权的争夺与继承危机(1115—1234)》,《亚洲历史杂志(英文)》1999年33卷2号。

〔日〕长白清子:《完颜麟庆及女真皇族完颜氏后裔》,《金史研究论丛》,哈尔滨:哈尔滨出版社,2000年。

〔日〕村田治郎:《金兀术的传说》,《学海》1947年4卷4号。

〔日〕桂华淳祥:《关于金代皇室佛教信仰的史料》,《印度学佛教学研究》1983年第12期32卷1号。

〔日〕三上次男:《金朝皇室完颜氏始祖的传说》,《史学杂志》1941年第11期52编11号。

〔日〕三上次男:《金朝始祖的传说》,《史学杂志》1940年第7期51编7号。

〔日〕三田村泰:《关于金景祖》,《东方学》1977年第7期54号。

〔日〕藤原崇人:《金室・按虎完顔家における主権確立と通婚家の選択》,《大谷大学研究年報》2004年56号。

〔日〕田坂兴道:《关于完颜氏的三祖传说》,《历史学研究》1938年第6期8卷6号。

〔日〕外山军治:《金朝的海陵王》,《东洋史研究》1942年第8期7卷4号。

〔日〕外山军治:《金将宗翰在山西的活动》,《东洋史研究》1936年第8期1卷6号。

〔日〕外山军治:《金章宗与李妃》,《大阪外国语大学学报》1973 年第 2 期 29 号。

〔日〕小川裕人:《关于完颜世祖的崇天》,《东洋史研究》1938 年第 8 期 3 卷 6 号。

〔日〕野上俊静:《金帝室与佛教》,《大谷学报》1934 年第 1 期 15 卷 1 号。

〔日〕增井宽也:《初期完颜氏政权及其基本结构》,《立命馆文学》1980 年第 7 期 418—421 号。

〔英〕罗文:《完颜宗翰:作为汉学家的女真将军》,《宋元研究》1996 年 26 号。

D 网络电子资料库

超星数字图书馆 http://www. ssreader. com/

国学数典 http://gxsd.com. cn/

国学网站 http://www.guoxue.com/

历史语言研究所 http://www.ihp.sinica.edu.tw/

台湾瀚典资料库 http://www.sinica.edu.tw/

中国古籍全录 http://guji.artx.cn/

中国知网 http://www. edu. cnki.net/

索　　引

A

阿古乃　26，27，54，83

阿骨打　12，18，34，50，67，98，104，107，167，185，205

B

保活里　1，26，27，54，79，80，83，268

勃极烈制度　5，67，72，73，240，253

D

大宗正府　18，19，21，22，24，42，44，88，110~113，116~122，124，125，156，252

都元帅府　19，68，69，85，124

F

法律思想　20，236，240，242，252

法制变革　238，240

H

海陵王　5，6，13，16，36，37，44，81，82，102，103，117，134，148，155，159，203，212，215，228，230，241，250

函普　19，25～27，33，54，168，238，257

汉化　7，9，14，20，57，87，101，102，111，182，184，185，194，214，220，238，240，241，245，251

《皇统制》 145，241

婚姻九家　159，167，171，175，181

J

《金史・宗室表》 19，21，28，42，46，54，252，255

京、都长官　80，82

经济生活　1，24，87，91，100，109，252，255，256

精神处罚　23，144，157，253

K

开府仪同三司　49，51～54，82～85，166，170，172，191

L

郎君　5，19，22，25，28～42，47，54，61，63，107，160，198，252，255，264，266

流刑　23，122，135，136，141，147

M

猛安谋克　51，56～58，65，66，80，88，92，93，99，130，214，216，239，240，266

民无冤滞　246

N

内族　23，25～29，47，49，50，53，54，57，59，61，79，80，106，108，121，132，133，135～139，143，160，181，261～265，267，268

奴告主案　23，147，149

P

判大睦亲事　111，116，117，124，130

判大宗正事　22，47，111，112～114，116～119，121，124，139，172，267

婆卢火　19，22，40，49～54，82，92，95，132，166，170，172，191，247，262，263

Q

轻刑　244～246

R

儒家　102，153，155，156，182，184，202，205，211，212，243～251

S

撒改　16，41，47，60，67，68，79，229，239，240

慎刑　244～246

生活方式　19，87，101，102，109

世婚家族　158，159，176，181，194，195

枢密院　19，27，63，68，69，71，72，78，85，114，115，124，141，142，240，253，262～264

死后赠官　19，23，55，82，85

T

《泰和律令敕条格式》 241

天潢贵胄　1

天眷新制　240

徒单婆卢火　51～54

徒单氏　12，22，51～53，117，133，161～171，175，179～181，184，186，187，191，193，198

W

完颜亶　67，233

完颜璟　7～9，217，219，224，225，230，231，233，234

完颜婆卢火　22，52，54

完颜璹　8，9，18，48，101，108，211，217，219，220，223～226，229～231，233～236，262

完颜希尹　32，33，35，69，78，209，214

完颜勖　10，42，82，90，95，212，222，223，228，231，237，253

完颜雍　8，9，18，59，113，116，155，209，217，218，230，233

完颜允恭　210，217～219，224，

230，231，233，234，236
王若虚　202，217，229
文化成就　2，7，18，24，195，217，227，229，230，232～237，254，256
文化认同　6，18，20，87，101，102，109，155，202，206，237，238，242，252
吴乞买　13，67，127，145，239
吴矢　30，34

X

行为礼仪　87，101，109
刑罚观念　242

Y

养赡钱粮　19，87，91
移剌古　22，48
移剌屋　22，48
御史台　19，72～74，80，122～124，142，148，156
元好问　8，46，48，50，70，101，108，124，129，133，134，152，160，202，208，209，211，217～220，223～225，227，229，233，235，265，268
元帅府　19，31，48，68，69，72，85，124，138，140，180，264，266

Z

扎里海　37，41
赵秉文　131，202，209，211，217，229，234，264
宗室犯罪　18，20，23，120，124，125，134～136，138，140，141，144，145，147，150，157，252，253
宗室管理　2，18，21，24，110，121
宗室婚姻　11，12，20，24，158，161，172，179，183，184，186，187，189，190，200，201，252，253
宗室教育　1，10，202，206，256
宗室谱系　2，43，257
宗室人口　43～45
宗室入仕　22，56，61，65，66，72，256
宗室文化　7，18，24，227，229，230，232～234，236，237，254，256
宗正官　22，112，116，118，119，121，124
罪疑从轻　242～244

后　记

《金代宗室研究》一书的主体部分是我的博士学位论文。本书在 2015 年获得国家社科基金后期资助立项后，我在此基础上又经过半年的修改，几次增删，现今终于得以付梓。此时此刻，内心虽有欣悦，但更多的却是忐忑。毕竟在做出了不少思考和努力后，我仍不敢说所呈交的是一份能让自己十分满意的答卷。

回想 2007 年至 2010 年在吉林大学攻读博士学位期间，我的学位论文从选题、立意到最后定稿，都得到我的导师赵永春教授的悉心指导。在论文成稿以后，尽管恩师工作繁忙，且身体常有不适，但他仍然以非常严谨认真的态度批阅我每次的修改稿，提出很多宝贵的意见。多赖恩师的鼓励和督促，我的学位论文才得以如期顺利完成。三年的学习中，恩师不仅教会了我如何治史，更教会了我怎样做人。这些都将使我终身受益，是我一生的宝贵财富。

2010 年博士毕业后，我来到辽宁师范大学工作，到如今已经整整 6 个春秋了。回想这 6 年来，我总觉得时间不够用，几乎每天都在马不停蹄地忙着教学上、科研上和行政上的各种事情。尽管如此，我一直在用点滴的时间努力，希望能够把自己的博士论文进一步深入拓展、丰富与完善。赵老师也一再提醒、督促我：若我能尽快将论文出版，它将是第一部全面、系统地研究金代宗室群体的史学专著，对学界同仁的学术研究会有很大参考价值。有幸在去年得到国家社科基金的资助后，我终于能够有一段时间专门致力于论文的修改完善。

从获得资助到现在，历时半年多，书稿的出版工作行将就绪。回想中间的点点滴滴，我抑制不住发自内心的对关心支持我的师长、同事和亲友的感激之情。我首先特别感谢于我亦师亦父的导师赵永春教授。书稿能够按照计划出版，离不开赵老师的指导、批阅和督促。得知本书即将出版，老师更是欣然为本书作序。

感谢吉林大学程妮娜老师、韩世明老师、杨军老师、宋卿老师，山东大学王育济先生，东北师范大学王德忠老师，中国政法大学黄震云老师在我攻读博士学位期间给予的指导和帮助。特别感谢中央民族大学李鸿宾老师，李老师不仅耐心审阅我的书稿，还多次督促鼓励我尽快完成。还要特别感谢李浩楠博士，他一直关注我的书稿进展，为我提供了很多研究资料！感谢刘晓飞和孙建权博士，以及我的研究生崔健、林娜、姜宇、谢环环、孔维京、陈晓晓！他们协助我完成了书稿的修改和校对工作。感谢辽宁师范大学历史文化旅游学院赵毅教授、田广林教授、刘贵福教授对我完成书稿的诸多指导和关爱！

感谢科学出版社的郝莎莎、肖丽娟！她们不仅以非常严谨的态度编辑了书稿，而且还以极大的耐心容忍我一再推迟完成校对工作。无奈分身乏术，实在是身不由己，在此对二位致以深深的感激和歉意！

感谢我的母亲、爱人在物质和精神上的帮助与鼓励，特别要感谢我的爱人杨永彪博士！虽然远在大洋彼岸，但他一如既往地包容与溺爱我，他的爱与宽容、信任始终是我前行的动力。

论文行将付梓之际，我心中不免仍有少许沉重。由于传统史学的局限，金王朝作为少数民族政权使得其历史并未得到应有的重视；史籍的简略和考古材料的匮乏导致金代宗室的很多问题在学界还存有不少争议。因此，本书的出版不但不是我的金代宗室研究的结束，反而是我学术生涯的一个新起点。我将继续致力于这一课题，关注考古界的新发现和学界的新成果，将一己微薄之力贡献于金史研究。

由于时间和自身水平所限，本书难免有诸多不足和不当之处，敬请学界同仁批评斧正！

李玉君

2016年5月30日于大连